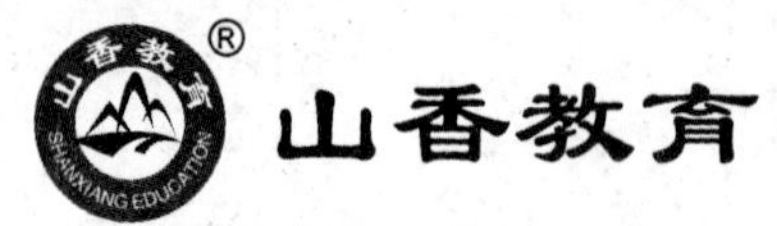

国家教师资格考试

高分题库

1000

山香教师资格考试命题研究中心 主编

幼儿园·保教知识与能力

关注公众号，点击“笔试练习”领取历年真题及预测卷20套！

图书在版编目(CIP)数据

高分题库. 保教知识与能力 : 幼儿园 / 山香教师资格考试命题研究中心主编. -- 北京 : 首都师范大学出版社, 2017.4(2022.4 重印)

国家教师资格考试

ISBN 978-7-5656-3406-2

Ⅰ. ①高… Ⅱ. ①山… Ⅲ. ①学前教育 - 幼教人员 - 资格考试 - 习题集 Ⅳ. ①G451.1-44

中国版本图书馆 CIP 数据核字(2017)第 061486 号

国家教师资格考试高分题库

BAOJIAO ZHISHI YU NENGLI YOUERYUAN

保教知识与能力·幼儿园

山香教师资格考试命题研究中心　主编

策划编辑　张文强

责任编辑　曹亮亮　王慕飞　　　封面设计　山香教育

首都师范大学出版社出版发行

地　　址　北京市西三环北路 105 号

邮　　编　100048

电　　话　010 - 68418523(总编室)　　010 - 68982468(发行部)

网　　址　http://cnupn.cnu.edu.cn

印　　刷　河南黎阳印务有限公司

经　　销　全国新华书店

版　　次　2017 年 4 月第 1 版

印　　次　2022 年 4 月第 13 次印刷

开　　本　787mm × 1092mm　1/16

印　　张　18

字　　数　470 千

定　　价　42.00 元

前　言

一、考情说明

中小学教师资格考试是由国家建立考试标准，省级教育行政部门组织的全国统一考试，包括笔试和面试两部分。笔试主要考查申请人从事教师职业所应具备的教育理念、职业道德、法律法规知识、科学文化素养、阅读理解、语言表达、逻辑推理和信息处理等基本能力；教育教学、学生指导和班级管理的基本知识；拟任教学科领域的基本知识，活动设计实施评价的知识和方法，运用所学知识分析和解决教育教学实际问题的能力。笔试一般在每年 3 月和 11 月各举行一次，笔试单科成绩有效期为 2 年。笔试科目均合格的考生，可参加教师资格考试面试。下表为各学段的笔试科目及面试相关情况。

<table>
<tr><th colspan="3" rowspan="2">类别</th><th colspan="3">笔试科目</th><th rowspan="2">面试</th></tr>
<tr><th>科目一</th><th>科目二</th><th>科目三</th></tr>
<tr><td colspan="3">幼儿园</td><td>综合素质</td><td>保教知识与能力</td><td rowspan="2">——</td><td rowspan="5">教育教学实践能力</td></tr>
<tr><td colspan="3">小学</td><td>综合素质</td><td>教育教学知识与能力</td></tr>
<tr><td rowspan="5">中学</td><td colspan="2">初级中学</td><td rowspan="5">综合素质</td><td rowspan="5">教育知识与能力</td><td rowspan="3">学科知识与教学能力</td></tr>
<tr><td colspan="2">高级中学</td></tr>
<tr><td rowspan="2">中职</td><td>文化课教师</td></tr>
<tr><td>专业课教师</td><td rowspan="2">（试点省自行组织）</td><td rowspan="2">（试点省自行组织）</td></tr>
<tr><td colspan="2">中职实习指导教师</td></tr>
<tr><td colspan="7">注 1. 初级中学的《学科知识与教学能力》科目分为：语文、数学、英语、物理、化学、生物、道德与法治、历史、地理、音乐、体育与健康、美术、信息技术、历史与社会、科学等 15 个学科。
注 2. 普通高级中学的《学科知识与教学能力》科目分为：语文、数学、英语、物理、化学、生物、思想政治、历史、地理、音乐、体育与健康、美术、信息技术、通用技术等 14 个学科。</td></tr>
</table>

二、图书特点

为了让考生有针对性地备考，使复习有方向有条理，作为国内研究开发教师资格考试辅导教材的专业机构，山香教育在调研历年教师资格考试真题的基础上，结合考试标准和考试大纲，策划出版了本套题库，致力于帮助广大考生实现教师之梦。

本套题库具有如下特点：

第一，精选真题，契合考纲。

本套题库选择真题时注重其是否契合《中小学教师资格考试·保教知识与能力（幼儿园）笔试大纲》。精选真题按照学前儿童发展、学前教育原理、生活指导、环境创设、游戏活动的指导、教育活动的组织与实施和教育评价七个部分划分归类，又具体分出各个专题，使考生能够根据专题的知识点、重点进行强化训练，以达到提升应试能力的目的。

第二，题量丰富，解析详尽。

本套题库试题丰富，题型全面，且所有试题都附有详细的答案和解析，思路清晰，要点明确，考生可通过做题达到巩固知识、熟悉题型、强化记忆的效果。

三、图书使用说明

1. 本套题库在"核心知识提要"部分对重要知识与考点挖空，并在"参考答案及解析"册增设"核心知识提要"部分答案，考生可在默写后对照答案查漏补缺，有针对性地巩固薄弱点。

2. 本套题库的"经典真题回顾"部分选用2017—2022年的经典真题，覆盖范围广，知识点全面，有助于考生了解教师资格考试命题趋势，发现自身不足，及时进行复习。

3. 本套题库在每一章各部分及专题名右下方增设"答案页码"图标➢答案见P1，为考生提供便利，考生可在完成试题后快速找到"参考答案及解析"册对应页码处，查阅试题答案解析。

本套题库难免存在一些不足之处，衷心希望各位读者朋友批评指正，同时希望这套题库能为考生顺利通过教师资格考试提供帮助。

编　者

目　录

2019(下)——2022(上)真题考点分布表

第一模块　过关必刷题库

第二模块　全真模拟试卷

参考答案及解析单独成册

模块 \ 年份	2022年	2021
	上半年	下半年
学前儿童发展	影响儿童心理发展的因素;幼儿动作发展的基本规律;前运算阶段幼儿思维发展的特点;幼儿言语的形成阶段;幼儿情绪的自我调节化表现;幼儿概念的发展	最近发展区;幼儿动作发展的规律;方位知觉的发展;注意发展的特征;记忆发展的特点;自我评价发展的特点;情绪的作用
学前教育原理	蒙台梭利的教育思想	《幼儿园教育指导纲要(试行)》;《幼儿园教师专业标准(试行)》
生活指导	幼儿园教育应渗透于一日生活的各项活动之中;学前儿童健康检查	眼内异物的处理
环境创设	幼儿园环境创设的原则	家园合作;幼小衔接
游戏活动的指导	幼儿的自发性游戏	——
教育活动的组织与实施	大班语言活动	种植活动的价值;学前儿童社会教育的原则;大班秋游工作计划
教育评价	——	——

)真题考点分布表

	2020 年	2019 年
上半年	下半年	下半年
杰的认知发展阶段理论;皮的道德发展阶段理论;班杜社会学习理论;幼儿的攻击为;气质的发展	班杜拉的社会学习理论;思维的特点;自我概念的发展;数概念的发展;气质特征;移情的发展;依恋的类型;幼儿的攻击性行为	幼儿动作发展的规律;皮亚杰的认知发展阶段理论;最近发展区;数概念的发展;言语的发展;情绪的特点;个性的发展
琴的教育思想;《幼儿园教业标准(试行)》	学前教育机构的产生与发展	《3～6 岁儿童学习与发展指南》;《幼儿园教育指导纲要(试行)》
听觉器官的保育要点	班级管理工作的内容	营养基础知识
幼小衔接	幼儿园与社区的合作	——
游戏的类型	游戏的类型;游戏的特点及指导	游戏的价值
育活动中幼儿运动量的判断;科学教育的方法;大班社会动	小班主题活动	中班社会活动
——	——	幼儿园教育评价的类型

第一模块　过关必刷题库

第一章　学前儿童发展

核心知识提要

答案见 P1

- 学前儿童发展
  - 婴幼儿发展概述
    - 婴幼儿发展的涵义
    - 婴幼儿发展的过程
    - 婴幼儿身心发展的年龄特征及发展趋势★
      - 婴儿期的年龄特征(0～1 岁)
      - 先学前期的年龄特征(1～3 岁)
        - 学会独立行走
        - 使用工具
        - 心理的发展
        - ①________的萌芽
      - 幼儿期的年龄特征(3～6 岁)
        - 幼儿初期(3～4 岁)的心理特点
        - 幼儿中期(4～5 岁)的心理特点
        - 幼儿晚期(5～6 岁)的心理特点
      - 婴幼儿心理发展的基本趋势
        - 从简单到复杂
        - ②________
        - 从被动到主动
        - ③________
    - 影响学前儿童发展的因素:遗传素质、环境、教育、幼儿的主观能动性★★
  - 儿童发展理论流派
    - 精神分析理论
      - 弗洛伊德的精神分析理论★
      - 埃里克森的人格发展阶段理论★
        - (0～1 岁)基本的信任感对不信任感:培养信任感
        - (1～3 岁)④________:培养自主性
        - (3～6 岁)⑤________:培养主动性
        - (6～11 岁)勤奋感对自卑感:培养勤奋感
        - (12～18 岁)自我同一性对角色混乱:培养自我同一性

- 学前儿童发展
  - 儿童发展理论流派
    - 皮亚杰的认知发展阶段理论★★★
      - 感知运动阶段(0～2岁):客体永久性
      - ⑥________(2～7岁):⑦________、⑧________、⑨________
      - 具体运算阶段(7～11岁):去自我中心性、可逆性、守恒
      - 形式运算阶段(11岁～成人)
    - 维果斯基的社会文化理论
      - 文化—历史发展理论
      - 发展的实质
      - 教学与发展的关系(最近发展区)★★
      - 内化学说
    - 行为主义学派的心理发展观
      - 华生的经典行为主义
      - 斯金纳的操作行为主义
      - 班杜拉的社会学习理论
        - 观察学习
        - 强化的种类:直接强化、⑩______⑪______
    - 成熟势力说
  - 幼儿身体发育和动作发展
    - 幼儿身体发育的规律和特点★
      - 幼儿身体发育的规律
      - 幼儿身体发育的特点
      - 幼儿身体发育的评价指标:⑫________、生理功能指标、心理指标
    - 幼儿动作发展的规律和特点★★
      - 幼儿动作发展的特点
        - 粗大动作的发展
        - 精细动作的发展
      - 幼儿动作发展的基本规律
        - ⑬________
        - ⑭________
        - ⑮________
        - ⑯________
        - ⑰________
  - 幼儿认知的发展★★
    - 幼儿注意的发展
      - 注意的概念
      - 3～6岁幼儿注意发展的主要特征
        - 无意注意占优势
        - ⑱________
      - 注意的规律:注意的选择性、⑲________、⑳________、注意的广度
      - 幼儿注意发展中容易出现的问题及教育措施
    - 幼儿感知觉的发展
      - 幼儿感觉的发展
      - 幼儿知觉的发展
        - 空间知觉:形状知觉、大小知觉、方位知觉、距离知觉
        - 时间知觉
      - 感知觉规律在幼儿教育中的运用
    - 幼儿观察的发展

- 学前儿童发展
  - 幼儿认知的发展★★
    - 幼儿记忆的发展
      - 记忆的概念
      - 幼儿记忆的发展趋势
        - 记忆保持时间的延长
        - 记忆容量的增加
        - 记忆内容的变化
        - 记忆的意识性与记忆策略的形成
      - 幼儿记忆发展的特点
        - ㉑______占优势，㉒______逐渐发展
        - 记忆的理解和组织程度逐渐提高
        - ㉓______占优势，㉔______逐渐发展
        - 幼儿记忆的意识性和记忆方法逐渐发展
      - 幼儿记忆发展中易出现的问题及教育措施
    - 幼儿想象的发展
      - 想象的含义
      - 幼儿想象发展的特征
        - ㉕______为主，㉖______开始发展
        - 再造想象为主，㉗______开始发展
        - 幼儿想象的夸张性
      - 在活动中发展幼儿的想象
    - 幼儿思维的发展
      - 思维的概念和基本特点
      - 幼儿思维发展的趋势
      - 幼儿思维发展的特点
        - 幼儿初期的思维仍具有一定的㉘________
        - ㉙________是幼儿思维的主要特征
        - 幼儿晚期抽象逻辑思维开始萌芽
      - 幼儿思维基本过程的发展：分析与综合、比较、抽象、概括、分类
      - 幼儿概念的发展
        - 幼儿掌握概念的一般特点
        - 幼儿实物概念的发展
        - 幼儿掌握数概念的发展
      - 幼儿判断、推理的发展
      - 幼儿理解的发展
      - 学前儿童思维能力的培养
    - 幼儿言语的发展
      - 语言和言语
      - 言语的发生和形成
        - 言语的发生
        - 言语的形成
      - 幼儿言语发展的主要特征
        - 幼儿口语的发展
        - 书面言语掌握的可能性
      - 幼儿的言语与活动

- 学前儿童发展
  - 幼儿情绪、情感的发展★
    - 情绪、情感概述
    - 情绪发展的特点：易冲动性、不稳定性、㉚________、㉛________
    - 幼儿情感的发展：㉜________、㉝________、美感
    - 幼儿情绪情感发展的一般趋势
    - 幼儿情绪的培养与调节
  - 幼儿个性的发展
    - 个性概述
    - 幼儿自我意识的发展：自我概念、㉞________、自我体验、自我控制★★
    - 幼儿气质的发展★
    - 幼儿性格的发展
    - 幼儿能力的发展
  - 幼儿社会性的发展
    - 幼儿社会性发展的内容与意义
    - 幼儿亲子关系的发展★★
    - 幼儿同伴关系的发展
    - 幼儿性别角色的发展★
    - 幼儿社会性行为的发展★
  - 幼儿的个体差异★
    - 幼儿个体差异的概念
    - 幼儿个体差异类型
    - 个体差异形成的原因
    - 尊重幼儿个体差异
  - 幼儿教育研究的基本方法：观察法、谈话法、作品分析法、实验法
  - 幼儿期的问题行为及其矫治
    - 幼儿的身体发展常见问题
      - 发育迟缓
      - 肥胖
    - 幼儿的心理发展常见问题
      - 口吃
      - 多动症
      - 自闭症
    - 幼儿的品行障碍问题
      - 说谎
      - 偷盗

经典真题回顾

答案见 P1

一、单项选择题（每小题 3 分，共 34 小题。参考时限 70 分钟）

1. 提出“最近发展区”这一概念的心理学家是（　　）

A. 弗洛伊德　　B. 马斯洛

C. 皮亚杰　　D. 维果斯基

2. 幼儿期注意发展的特点是（　　）

A. 无意注意占优势，有意注意逐渐发展　　B. 有意注意占优势，无意注意逐渐发展

C. 无意注意逐渐发展，有意注意未出现　　D. 有意注意逐渐发展，无意注意未出现

3. 幼儿时期占优势的记忆类型是(　　)

A. 意义记忆　　B. 形象记忆

C. 语词逻辑记忆　　D. 动作记忆

4. 小明搭房子时缺一块长条积木，他发现苗苗手里有一块，就直接过去抢。小明的这种行为属于(　　)

A. 工具性攻击　　B. 言语性攻击

C. 生理性攻击　　D. 敌意性攻击

5. 梅梅和芳芳在玩娃娃家游戏，俊俊走过来说："我想吃点东西。"芳芳说："我们正忙呢。"俊俊说："我来当爸爸炒点菜吧。"芳芳看了看梅梅，说："好吧，你来吧。"从俊俊的社会性发展来看，下列哪一选项最贴近他的最近发展区(　　)

A. 能够找到一个自己喜欢的玩伴

B. 开始使用一定的策略成功加入游戏小组

C. 在 4 ~5 名幼儿的角色游戏中进行合作性互动

D. 能够在角色游戏中讨论装扮的角色行为

6. 下列选项中不符合幼儿自我评价特点的是(　　)

A. 依从性　　B. 表面性

C. 主观情绪性　　D. 全面性

7. 毛毛第一次看到骆驼时惊呼道："快看，大马背上长东西了。"根据皮亚杰的理论，毛毛的反应可以用(　　)解释。

A. 平衡　　B. 同化

C. 顺应　　D. 守恒

8. 田田因为想妈妈哭了起来，冰冰见状也哭了。过了一会儿，冰冰边擦眼泪边对田田说："不哭不哭，妈妈会来接我们的。"冰冰的表现属于(　　)行为。

A. 依恋　　B. 移情

C. 自律　　D. 他律

9. 萌萌怕猫，当她看到青青和小猫一起玩得很开心时，她对小猫的恐惧也降低了。从社会学习理论的视角看，这主要是(　　)形式的学习。

A. 替代强化　　B. 自我强化

C. 操作性条件反射　　D. 经典条件反射

10. 菲儿把一颗小石头放进小鱼缸里，小石头很快就沉到了缸底。菲儿说："小石头不想游泳了，想休息了。"从这里可以看出，菲儿思维的特点是(　　)

A. 直觉性　　B. 自我中心性

C. 表面性　　D. 泛灵论

11. 人的个性心理特征中，出现最早、变化最缓慢的是(　　)

A. 性格　　B. 气质　　C. 能力　　D. 兴趣

12. 芳芳在数积木，花花问她有几块三角形的，芳芳点数，“1、2、3、4、5、6，6 个三角形”。花花又给了她 4 块，问她现在有多少块三角形积木，芳芳边点数边说：“1、2、3、4、5、6、7、8、9、10，我有 10 块啦！”就数学领域而言，下列哪一条最贴近芳芳的最近发展区（　　）

A. 认识和命名更多的几何图形

B. 默数、接着数等计数能力

C. 以一一对应的方式数 10 个以内的物体，并说出总数

D. 通过实物操作进行 10 以内加、减法的运算能力

13. 一名从未见过飞机的幼儿，看到蓝天上飞过的一架飞机说：“看，一只很大的鸟！”从语言发展的角度来看，这一现象反映的特点是（　　）

A. 过度规范化　　B. 扩展不足

C. 过度泛化　　D. 电报句式

14. 有时一名幼儿哭会惹得周围的幼儿跟着一起哭。这表明幼儿的情绪具有（　　）

A. 冲动性　　B. 易感染性　　C. 外露性　　D. 不稳定性

15. “我跑得快”“我是个能干的孩子”“我会讲故事”“我是个男孩”，这样的语言描述主要反映了幼儿（　　）方面的发展。

A. 自我概念　　B. 形象思维　　C. 性别认同　　D. 道德判断

16. 有些婴幼儿既寻求与母亲接触，又拒绝母亲的爱抚，其依恋类型属于（　　）

A. 焦虑—回避型　　B. 安全型

C. 焦虑—反抗型　　D. 紊乱型

17. 幼儿如果能够认识到他们的性别不会随着年龄的增长而发生改变。说明他已经具有（　　）

A. 性别倾向性　　B. 性别差异性

C. 性别独特性　　D. 性别稳定性

18. 生活在不同环境中的同卵双胞胎的智商测试分数很接近，这说明（　　）

A. 遗传和后天环境对儿童的影响是平行的　　B. 后天环境对智商的影响较大

C. 遗传对智商的影响较大　　D. 遗传和后天环境对智商的影响相当

19. 妈妈带三岁的岳岳在外度假。阿姨打来电话问：“你们在哪里玩？”岳岳说：“我们在这里玩。”这反映了岳岳思维具有（　　）特征。

A. 具体性　　B. 不可逆性　　C. 自我中心性　　D. 刻板性

20. 根据埃里克森的心理社会发展理论，1～3 岁儿童形成的人格品质是（　　）

A. 信任感　　B. 主动性　　C. 自主性　　D. 自我同一性

21. 皮亚杰的“三山实验”考察的是（　　）

A. 儿童的深度知觉　　B. 儿童的计数能力

C. 儿童的自我中心性　　D. 儿童的守恒能力

22. 下列哪一种活动重点不是发展幼儿的精细动作能力（　　）

A. 扣纽扣　　B. 使用剪刀　　C. 双手接球　　D. 系鞋带

23. 下面几种新生儿的感觉,发展相对最不成熟的是(　　)

A. 视觉　　B. 听觉　　C. 嗅觉　　D. 味觉

24. 幼儿认真完整地听完教师讲的故事,这一现象反映了幼儿注意的什么特征(　　)

A. 注意的选择性　　B. 注意的广度　　C. 注意的稳定性　　D. 注意的分配

25. 小红知道九颗花生吃掉五颗,还剩四颗,却算不出"9 - 5"等于多少。这说明小红的思维具有(　　)

A. 具体形象性　　B. 抽象逻辑性　　C. 直观动作性　　D. 不可逆性

26. 下列幼儿行为表现中,数概念发展最低的是(　　)

A. 按数取物　　B. 按物说数　　C. 唱数　　D. 默数

27. 下列表述中,与大班幼儿实物概念发展水平最接近的是(　　)

A. 理解本质特征　　B. 理解功能性特征

C. 理解表面特征　　D. 理解熟悉特征

28. 2~6 岁儿童掌握的词汇数量迅速增加,词类范围不断扩大,该时期儿童掌握词汇的先后顺序通常是(　　)

A. 动词、名词、形容词　　B. 动词、形容词、名词

C. 名词、动词、形容词　　D. 形容词、动词、名词

29. 婴儿出生大约 6~10 周后,人脸可以引发其微笑。这种微笑称为(　　)

A. 生理性微笑　　B. 自然微笑

C. 社会性微笑　　D. 本能微笑

30. 如果母亲具有敏感、接纳、合作、易接近等特征,其婴儿容易形成的依恋类型是(　　)

A. 回避型依恋　　B. 安全型依恋

C. 反抗型依恋　　D. 紊乱型依恋

31. 研究儿童自我控制能力和行为的实验是(　　)

A. 陌生情景实验　　B. 点红实验

C. 延迟满足实验　　D. 三山实验

32. 午餐时,盘子不小心掉在了地上,看到这一幕的亮亮对教师说:"盘子受伤了,它难过得哭了。"这说明亮亮的思维特点是(　　)

A. 自我中心　　B. 泛灵论

C. 不可逆　　D. 不守恒

33. 关于幼儿言语的发展顺序,下列表述正确的是(　　)

A. 言语理解先于言语表达　　B. 言语表达先于言语理解

C. 言语理解与言语表达平行发展　　D. 言语理解与言语表达独立发展

34. 婴儿动作发展的正确顺序是(　　)

A. 翻身→坐→抬头→站→走　　B. 抬头→翻身→坐→站→走

C. 翻身→抬头→坐→站→走　　D. 抬头→坐→翻身→站→走

二、简答题(每小题 15 分,参考时限 10 分钟。共 8 小题)

1. 教师应当如何对待不同气质的幼儿？请举例说明。

2. 根据右图说明儿童动作发展规律。

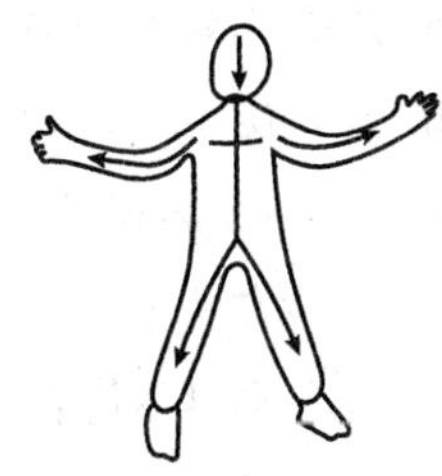

3. 教师可以从哪些方面观察幼儿的注意力是否集中。

4. 简述幼儿工具性攻击和敌意性攻击的异同。

5. 简述移情对儿童亲社会性行为发展的影响。

6. 简述幼儿口语表达能力的发展趋势。

7. 婴幼儿调节负面情绪的主要策略有哪些?

8. 父母陪伴对幼儿健康成长有何意义?

三、论述题(每小题20分,参考时限15分钟。共1小题)

为什么要让幼儿通过直接感知、实际操作和亲身体验的方式进行学习?请结合实例分别说明。

四、材料分析题(每小题 20 分,参考时限 20 分钟。共 4 小题)

1. 材料:

新入职的王老师第一次带大班小朋友做操时,发现大家的动作有些混乱,有的胳膊向左转,有的向右伸,这是为什么呢?昨天老教师带操时,明明大家动作很整齐呀!王老师有点不明白。

问题:

(1)请从幼儿左右概念发展水平的角度,分析幼儿动作混乱的原因。

(2)针对材料中的问题,提出建议。

2. 材料:

教师为幼儿制作了一个玩具灶(见下图),并投放了羽毛、棉花、小木棒、乒乓球等不同材质的物品和扇子,让幼儿猜测哪些物品能被风吹起来并进行验证。小牛猜想羽毛和棉花能飞起来,就开始扇风,结果发现他们确实能飞起来。他使的劲大了,发现乒乓球也飞起来了。一直旁观的小雷惊讶地说:"原来用劲儿扇,乒乓球也能飞起来呀!"

问题:材料中小雷、小牛都在学习吗?请分别说明理由。

3. 材料：

小班张老师观察发现，小明和甘甘上楼时都没有借助扶手，而是双脚交替上楼梯；下楼时小明扶着扶手双脚交替下楼梯，甘甘则没有借助扶手，每级台阶都是一只脚先下，另一只脚跟上慢慢下。

问题：

(1)请从幼儿身心发展角度，分析小班幼儿上下楼梯的动作发展特点。

(2)分析两名幼儿表现的差异及可能原因。

4. 材料：

4 岁的石头在班上朋友不多，一次，他看见林琳一个人在玩，就冲上去紧紧地抱住林琳。林琳感到不舒服，一把推开石头。石头跺脚大喊："我是想和你做朋友的啊！"

问题：

(1)请根据上述材料，分析石头在班里朋友不多的原因。

(2)教师应如何帮助石头改善朋友不多的现状？

过关必刷题库

专题一　婴幼儿发展概述

答案见 P6

一、单项选择题(每小题 3 分，共 22 小题，参考时限 45 分钟)

1. 小班幼儿兴趣爱好多变，大班幼儿则开始形成较稳定的个性倾向，这说明幼儿心理发展的趋势是(　　)

A. 从简单到复杂　　B. 从具体到抽象

C. 从被动到主动　　D. 从零乱到成体系

2. 明明是个很喜欢玩游戏的小班小朋友，在幼儿园时，看见丽丽在玩小火车，他也玩小火车，看见涛涛

在堆积木,明明也想去堆积木。明明的行为体现了幼儿(　　)的心理特点。

A. 爱模仿
B. 爱玩、会玩
C. 合作意识强
D. 独立性强

3. "染于苍则苍,染于黄则黄"这用来说明(　　)对人的成长发展影响是巨大的。

A. 颜色
B. 环境
C. 遗传
D. 物质

4. 每个年龄阶段的孩子有其不同的特点,小班幼儿心理发展的特征主要是(　　)

A. 更加活泼好动、爱玩、会玩
B. 好学好问
C. 个性初具雏形
D. 思维带有直觉行动性

5. 幼儿一岁以前的触觉探究行为呈现出的特征是(　　)

A. 主要运用口腔对周围进行探究
B. 主要运用手对周围进行探究
C. 主要运用脚对周围进行探究
D. 主要运用眼睛对周围进行探究

6. 下列哪一项属于幼儿中期的心理年龄特征(　　)

A. 学会独立行走
B. 行为具有强烈的情绪性
C. 开始自己组织游戏
D. 个性初具雏形

7. 婴儿喜欢将东西扔在地上,成人捡起来给他,他又扔在地上,如此反复,乐此不疲。这说明婴儿喜欢(　　)

A. 玩东西
B. 重复连锁动作
C. 手的动作
D. 抓握物体

8. 儿童心理发展最为迅速和心理特征变化最大的阶段是(　　)

A. 婴儿期　B. 先学前期　C. 学前期　D. 学龄期

9. "三岁之魂,百岁之才。"儿童发展到三岁,可以说完成了人生第一个发展时期。下面对三岁儿童特点的表述不正确的是(　　)

A. 强烈的情绪性
B. 好模仿
C. 初步的生活自理
D. 有意性行为开始发展

10. 下列哪种现象能表明新生儿视听协调(　　)

A. 有些婴儿听到音乐会露出笑容
B. 听到巨大的声响,婴儿会瞪大眼睛
C. 婴儿听到母亲叫"宝宝",就会去找妈妈
D. 婴儿看到大人逗他说话,会一跳一跳表现出快乐的样子

11. 如果对六个月大的婴儿进行步行训练,不仅无益,而且有碍于其他方面的发展。这说明(　　)

A. 遗传素质为人的发展提供了可能性
B. 遗传素质的成熟过程制约着人的发展的过程及阶段
C. 遗传素质的差异性对人的发展有负面影响
D. 遗传素质具有可塑性和可逆性

12. “蓬生麻中，不扶而直；白沙在涅，与之俱黑。”这句话反映了(　　)对儿童的身心发展的影响。

A. 遗传素质
B. 环境
C. 学校教育
D. 幼儿的主观能动性

13. 一般情况下，幼儿自我意识萌芽出现的年龄阶段是(　　)

A. 2 ~ 3 岁
B. 3 ~ 6 岁
C. 8 ~ 9 岁
D. 10 ~ 11 岁

14. 老师带着幼儿到户外观察果树，小班时，幼儿东张西望，不能完成老师要求的观察任务；到了大班，幼儿能认真完成老师的要求，完整地说出果树的特征。这说明幼儿心理的发展趋势是(　　)

A. 从简单到复杂
B. 从具体到抽象
C. 从被动到主动
D. 从零乱到成体系

15. 晶晶与合合是同卵双胞胎，他们的遗传基因相同，但是性格却不相同，这表明了(　　)

A. 遗传物质决定心理发展
B. 遗传物质为心理发展提供动力
C. 遗传物质为心理发展提供现实条件
D. 遗传物质为心理发展提供可能性

16. 下列属于 5 ~ 6 岁幼儿的特征的是(　　)

A. 认识依靠行动
B. 开始掌握认知方法
C. 开始接受任务
D. 最初步的生活自理

17. 关于遗传对心理发展的影响，下列说法正确的是(　　)

A. 遗传决定人的智力
B. 遗传对人的发展起决定作用
C. 遗传决定了人的性格
D. 遗传因素是心理发展的生理基础和物质前提

18. “童言无忌”从儿童心理学的角度看是(　　)

A. 儿童心理落后的表现
B. 符合儿童年龄特征的表现
C. “超常”的表现
D. 父母教育不当所致

19. 儿童的各种心理过程和特性，出生时并不齐备，而是在发展过程中先后出现的。这说明学前儿童心理发展的一个总趋势是(　　)

A. 由笼统到分化
B. 由具体到抽象
C. 由被动到主动
D. 由不齐全到齐全

20. (　　)的幼儿已能计划游戏的内容和情节，会自己安排角色。怎么玩，有什么规则，基本都能商量解决，但是游戏过程中产生的矛盾仍需要教师帮助才能解决。

A. 小班
B. 中班
C. 大班
D. 学前班

21. 儿童心理发展的年龄特征是指儿童在每个年龄阶段形成并表现出来的(　　)

A. 一般的、典型的、本质的心理特征
B. 一般的、稳定的、典型的心理特征
C. 本质的、一般的、可变的心理特征
D. 一般的、稳定的、本质的心理特征

22. 如果新生儿的一只手或双手被压住，他会转头张嘴；当手掌上的压力减去时，他会打呵欠。这是(　　)

A. 巴宾斯基反射　　B. 游泳反射

C. 莫罗反射　　D. 巴布金反射

二、简答题(每小题15分，参考时限10分钟。共4小题)

1. 简述影响学前儿童发展的因素。

2. 简述学前儿童心理发展的基本趋势。

3. 简述幼儿初期(3～4岁)的心理特点。

4. 简述婴儿早期(1～6个月)的年龄特征。

三、材料分析题(每小题20分，参考时限20分钟。共1小题)

材料：

明明是个3岁零3个月的孩子，十分活泼可爱，父母很喜欢他。可令其父母不解的是：明明在做什么事情之前从不多思考。例如，玩插塑时，让他想好了再去插，而他却是拿起插塑就开始随便地插，插出什么样，就说插的是什么。在绘画或要解决别的问题时也是这样。父母认为这样不好，便总是要

求孩子想好了再去行动，可明明却常常做不到。明明的父母时常为此烦恼。

问题：

(1)请问明明父母的态度和行为对吗？请从儿童思维发展的角度分析明明的这一类行为。

(2)针对明明父母的行为提出科学合理的教育建议。

专题二　儿童发展理论流派

➢答案见 P7

一、单项选择题(**每小题 3 分，共 25 小题，参考时限 50 分钟**)

1. 埃里克森认为，在心理发展的每个阶段，个体都会面临着一个需要解决的心理社会问题，该问题引起个体心理发展的矛盾和危机，3～6 岁幼儿主要面临的矛盾和危机是(　　)

A. 基本的信任感对基本的不信任感　　B. 自主感对羞耻感

C. 主动感对内疚感　　D. 勤奋感对自卑感

2. 教师拟定教育活动目标时，以幼儿现有发展水平与可以达到水平之间的距离为依据。这体现的是(　　)

A. 维果斯基的最近发展区理论　　B. 班杜拉的观察学习理论

C. 皮亚杰的认知发展理论　　D. 布鲁纳的发展教学法

3. 刚学会抓握的婴儿，当他看见床上的毛绒玩具，会用抓握的方式去获得玩具；当他看见远处的拨浪鼓时，他也想要用抓握的动作去获取拨浪鼓。从皮亚杰的认知发展观出发，这属于(　　)

A. 同化　　B. 顺应

C. 图式　　D. 平衡

4. 幼儿看到同伴因讲礼貌而受到表扬时，就会增强其产生同样行为的倾向。根据班杜拉的强化理论，这属于(　　)

A. 直接强化　　B. 自我强化

C. 替代强化　　D. 负强化

5. 上课了，某幼儿看见同伴带了口琴，他很想玩，但意识到不能做和课堂无关的事情，因为那样会被老师批评，于是准备下课后向同伴借。这体现了(　　)

A. 本我　　B. 自我　　C. 超我　　D. 真我

6. 小明特别想吃西瓜，就告诉妈妈，爸爸想吃西瓜。这表明其认知发展处于(　　)

A. 感知运动阶段　　B. 前运算阶段

C. 具体运算阶段　　D. 形式运算阶段

7. 三岁的甜甜知道自己有个妹妹，但她却无法明白自己就是妹妹的姐姐，根据皮亚杰的儿童认知发展阶段理论，甜甜的认知发展处于(　　)

A. 形式运算阶段　　B. 具体运算阶段

C. 感知运动阶段　　D. 前运算阶段

8. (　　)强调“学习的最佳期限”问题，他认为，技能的学习不应当错过最佳年龄，否则，对儿童的发展不利。

A. 劳伦兹　　B. 米德　　C. 维果斯基　　D. 苏霍姆林斯基

9. 五岁的童童独立完成拼图游戏后，感到很开心，奖励给自己一个糖果，紧接着更加投入地完成下一次的游戏活动，这种行为属于(　　)

A. 直接学习　　B. 间接学习

C. 自我强化　　D. 替代强化

10. 月月和爸爸玩捉迷藏的游戏，躲好后让爸爸来找她。爸爸一看，月月的脸被窗帘遮住了，但一大截腿在窗帘下面露了出来。这表明月月的思维处于(　　)

A. 自我中心阶段　　B. 去自我中心阶段

C. 可逆性阶段　　D. 感知运动阶段

11. 照料者对婴儿的需求应给予及时回应是因为：根据埃里克森的观点，在生命中第一年婴儿面临的基本冲突是(　　)

A. 主动感对内疚感　　B. 基本的信任感对基本的不信任感

C. 自我同一性对角色混乱　　D. 自主感对羞耻感

12. 皮皮是个吃饭“困难户”，每天吃饭的时候总爱跑东跑西，妈妈要追着喂饭才行。后来，妈妈想了个好办法，如果皮皮吃饭时很乖就可以看动画片，睡觉前还可以听故事。该案例中，妈妈想到的好办法属于(　　)

A. 正强化　　B. 负强化

C. 负惩罚　　D. 替代强化

13. 可用来解释儿童因为经常观看电视上的暴力镜头，攻击性行为增加的现象是(　　)

A. 直接强化　　B. 替代强化　　C. 自我强化　　D. 负强化

14. 下列选项中，(　　)主张教育万能论，认为后天教育能够完全决定人的发展。

A. 华生　　B. 维果斯基　　C. 斯金纳　　D. 班杜拉

15. 下列说法不符合前运算阶段幼儿认知的是(　　)

A. 和一个女孩打电话时，她也许会说：“看看我的新芭比娃娃。”就好像你能通过电话看到那边的情况一样

B. 如果一个孩子滑了一跤，头磕到了桌子上，他也许会抱怨这张“坏桌子”为什么会伤害他

C. 莉莉和达达都有一个装有一样多葡萄干的盒子，莉莉看见达达将盒子里的葡萄干洒在桌子上，她想："哇，达达所拥有的葡萄干要比我那小盒子里装的葡萄干多得多。"

D. 如果有两串珠子，珠子的个数相同、大小一样，其中红的一串拉成直线，而蓝的一串堆成一堆，孩子能理解两串珠子的个数是一样多的

16. 幼儿认为月亮在跟他走，只要他不走，月亮也就不走了，这种现象反映了儿童(　　)的心理特点。

A. 泛灵论　　B. 自我中心

C. 思维不可逆　　D. 思维的刻板性

17. 豆豆原本只知道用小勺子盛面糊做饼干。在老师的提示和示范下，豆豆可以用大勺子做更多花样的糕点，豆豆这一变化的过程体现了(　　)的概念。

A. 关键期　　B. 不平衡期

C. 敏感期　　D. 最近发展区

18. 每次吃东西时小涵的爸爸妈妈总是先把最好的给爷爷奶奶，久而久之，小涵在吃东西时也会把最好的给爷爷奶奶。这表明(　　)

A. 幼儿可以通过操作性条件反射习得某种行为　　B. 幼儿可以通过奖惩习得某种行为

C. 幼儿可以通过观察和模仿习得某种行为　　D. 幼儿可以通过反复练习习得某种行为

19. (　　)是指幼儿的现有发展水平和在成人的指导下或与有较高能力的同伴的合作中所能达到的解决问题的水平之间的差异。

A. 最近发展区　　B. 最佳期

C. 敏感期　　D. 最佳学习期限

20. 埃里克森在他的人格发展阶段理论中提出，人格发展的每一阶段都有相应的发展任务，即解决该阶段的发展危机，成功地度过这一危机，就会获得该阶段良好的人格品质而克服不良品质。根据他的理论，1～3岁的幼儿的发展任务是(　　)

A. 获得信任感，克服不信任感　　B. 获得自主感，克服羞怯和疑虑

C. 获得主动感，克服内疚感　　D. 获得勤奋感，克服自卑感

21. 皮亚杰认为，婴儿的客体永久性真正出现发生在(　　)阶段。

A. "被动地期望"　　B. "客体位移后寻找"

C. "探索部分被遮盖的物体"　　D. "儿童开始主动寻找"

22. 最近发展区是指儿童无法依靠自己来完成，但可在成人和更有技能的儿童帮助下来完成的任务范围。其上限是(　　)

A. 儿童无法依靠自己来完成的任务　　B. 儿童已能独立完成的任务

C. 他人已能独立完成的任务　　D. 他人还不能独立完成的任务

23. 当一个不守纪律的学生表现出良好的守纪行为时，老师便撤销对他的批评，老师的这一做法属于(　　)

A. 正强化　　B. 负强化

C. 消退　　D. 惩罚

3. 人的身心发展是一个从低级到高级、由简单到复杂、由量变到质变的连续不断的发展过程，这体现了人的身心发展规律中的(　　)

A. 顺序性　　B. 阶段性

C. 不平衡性　　D. 互补性

4. 一些家长为了让自己的孩子能够在上小学时获得“领跑”优势，在入学前就通过各种培训班的“先导性课程”，强迫孩子掌握小学阶段的特定知识内容与技能。这些家长的做法主要违背了儿童身心发展的(　　)

A. 不平衡性　　B. 差异性

C. 阶段性　　D. 互补性

5. 学前儿童的动作发展最先从头部和躯干的动作开始，最后发展到臂、腿等部位，最后是手的精细动作的发展，这体现了学前儿童动作发展具有的规律之一是(　　)

A. 从大到小　　B. 由近及远

C. 从上到下　　D. 从无意到有意

6. 下列符合儿童动作发展规律的是(　　)

A. 从局部动作发展到整体动作　　B. 从边缘部分动作发展到中央部分动作

C. 从粗大动作发展到精细动作　　D. 从下部动作发展到上部动作

7. 在体育活动中，教师不仅要观察幼儿动作发展的情况，还要善于进行设计和指导，让每位幼儿每天都有机会进行使用大肌肉和小肌肉的活动。下列活动中，属于发展幼儿小肌肉动作的活动是(　　)

A. 用手指拾起豆子　　B. 走高度、宽度适宜的平衡木

C. 投掷“沙包”练习　　D. 模仿动物走

8. 因儿童的遗传基因不同、成长环境不同、所受的家庭教育不同，所以儿童在发展上会呈现出不同的特点和优势。这体现了幼儿生长发育的(　　)

A. 整体性　　B. 开放性

C. 稳定性　　D. 个别差异性

9. 幼儿从抱着奶瓶喝奶，到可以自己用筷子吃饭。这说明儿童动作发展具有(　　)

A. 大小规律　　B. 近远规律

C. 首尾规律　　D. 从整体到局部规律

10. 关于幼儿身体发育的主要规律，下列说法不正确的是(　　)

A. 幼儿生长发育的速度是波浪式的　　B. 幼儿的身体发育是连续性和阶段性的统一

C. 身体发育是不具有程序性的　　D. 身体发育具有个体差异性

11. 斌斌和轩轩出生时身高、体重差不多，到两岁时，斌斌长得高高胖胖的，轩轩却瘦瘦小小的，这说明学前儿童的生长具有(　　)规律。

A. 阶段性　　B. 不均衡性

C. 个体差异性　　D. 相互关联性

12. 评价幼儿生长发育最基本的指标是(　　)

A. 体重和头围　　B. 头围和胸围

C. 身高和胸围　　D. 身高和体重

13. 幼儿会跑、会跳,但是自己穿鞋子却很困难。这是因为幼儿(　　)

A. 大肌肉群发育早,小肌肉群发育晚　　B. 腕骨未完全发育,手劲小

C. 手部肌肉能量储备少　　D. 腕关节韧带不够结实

14. (　　)的发育在童年时期(即第一个十年)几乎没有什么进展,而在全身第二次发育开始以后才迅速发展。

A. 生殖系统　　B. 神经系统

C. 循环系统　　D. 淋巴系统

15. 评价幼儿生长发育的指标不包括(　　)

A. 形态指标　　B. 动作指标

C. 生理功能指标　　D. 心理指标

16. 幼儿的发展从身体的中部开始,越接近躯干的部分,动作发展越早,而远离身体躯干的肢端动作发展较迟。这是幼儿动作发展中的(　　)

A. 首尾规律　　B. 近远规律

C. 大小规律　　D. 从整体到局部规律

17. 幼儿身体发展遵循(　　)规律。

A. 头部→躯干→颈部→下肢　　B. 头部→颈部→下肢→躯干

C. 翻身→抬头→坐→爬→站→行走　　D. 抬头→翻身→坐→爬→站→行走

18. 儿童先学会站,后学会走。这说明儿童的发展具有(　　)的特点。

A. 方向性和顺序性　　B. 连续性和阶段性

C. 不平衡性　　D. 个别差异性

二、简答题(每小题 15 分,参考时限 10 分钟。共 2 小题)

1. 简述幼儿动作发展的基本规律。

2. 简述幼儿身体发育的特点。

专题四　幼儿认知的发展

➢答案见 P11

一、单项选择题(每小题 3 分,共 79 小题,参考时限 160 分钟)

1. 幼儿想象的形象之间常常毫无联系。例如,琪琪绘画常常是画了“太阳”,又画“铅笔”;画了一把“牙刷”,又画一朵“小花”。这表明幼儿想象的一个特点是(　　)

A. 以想象过程为满足　　B. 想象主题不稳定,内容零散、无系统

C. 想象的目的性不明确　　D. 想象受情绪和兴趣的影响

2. 玲玲跳舞时,既能使自己的动作与音乐合拍,又能与同伴保持一致,还能配上适当的表情。这属于(　　)

A. 注意的分配　　B. 注意的广度

C. 注意的范围　　D. 注意的稳定性

3. 吉布森和沃克进行的“视崖实验”被称为发展心理学的经典实验之一,是一项旨在研究幼儿(　　)的实验。

A. 空间知觉　　B. 方位知觉

C. 深度知觉　　D. 距离知觉

4. 王老师按顺序出示“冰箱、香蕉、自行车、芒果、电饭煲、小汽车”的图片让幼儿进行记忆,明明很快表示记住了,他回答说:“刚刚老师的图片里有香蕉和芒果,有自行车和小汽车,还有电饭煲和冰箱。”明明运用的记忆策略是(　　)

A. 特殊定位策略　　B. 复述策略

C. 提取策略　　D. 组织性策略

5. 幼儿正在听老师讲故事,这时候教室外电闪雷鸣、狂风大作,孩子们不由自主地探头去看、去听。这种注意形式是(　　)

A. 选择性注意　　B. 有意注意

C. 有意后注意　　D. 无意注意

6. 东东喜欢画猫,但他画的猫常常眼睛特别大,身躯特别小,嘴巴、耳朵更是小得几乎看不见,完全不合理。对他这样画猫的原因分析不正确的是(　　)

A. 幼儿想象力丰富,比成人更善于想象

B. 幼儿认知水平较低,往往抓不住事物的本质

C. 幼儿的心理过程有显著的情绪性,常常过于夸大感兴趣的东西

D. 幼儿的想象力具有夸张性

7. 游览过八达岭长城的人,头脑中重现长城的形象是(　　)

A. 思维　　B. 表象　　C. 注意　　D. 联想

8. 2 岁孩子往往会伸手要求站在楼上的妈妈抱。这说明他的(　　)

A. 大小知觉发展不足　　B. 形状知觉发展不足

C. 距离知觉发展不足　　D. 想象力不够丰富

9. 教师在浅黄色的背景上标了小白兔的图片，小朋友反映看不清，原因是教师忽视了(　　)

A. 幼儿思维特点，图片不够生动　　B. 幼儿注意特点，图片不够鲜明

C. 幼儿视觉发展现状，幼儿距离图片太远　　D. 感觉对比规律，白色与浅黄色对比不强烈

10. 问一个3岁的儿童"你有姐姐吗？"他会说："有。"再问："你姐姐有弟弟吗？"他却说："没有。"这说明学前儿童的思维具有(　　)的特点。

A. 片面性　　B. 经验性　　C. 固定性　　D. 不可逆性

11. 2岁半的豆豆还不会自己吃饭，可偏要自己吃；不会穿衣，偏要自己穿。这反映了幼儿(　　)

A. 情绪的发展　　B. 动作的发展

C. 自我意识的发展　　D. 认知的发展

12. (　　)的儿童已经能初步辨认红、橙、黄、绿、蓝等基本色，但在辨认混合色或近似色时，往往比较困难，也难以说出颜色的正确名称。

A. 幼儿前期(1~3岁)　　B. 幼儿初期(3~4岁)

C. 幼儿中期(4~5岁)　　D. 幼儿晚期(5~6岁)

13. 幼儿园小朋友听老师讲《龟兔赛跑》的故事，头脑中呈现出乌龟和兔子赛跑的生动形象，这种心理活动属于(　　)

A. 再造想象　　B. 创造想象　　C. 无意想象　　D. 幻想

14. 小朋友们在活动室内进行活动时，突然窗外飞进一只小鸟，小朋友们都兴奋地去看小鸟。小朋友们这时的注意是(　　)

A. 随意注意　　B. 无意注意

C. 有意后注意　　D. 有意注意

15. 一名幼儿对小朋友说："我爸爸可高了，有三层楼那么高。"这是因为该幼儿(　　)

A. 喜欢撒谎

B. 认知存在障碍

C. 思维相对性差，片面性大，在想象中过分夸大事物的某个部分或某种特征

D. 记忆与想象相混淆，把自己的想象当做真实的事情描述出来了

16. 幼儿看到天上白云的形状，一会儿想象它是一匹飞奔的"骏马"；一会儿想象它是一座会动的"山"。这种想象属于(　　)

A. 无意想象　　B. 有意想象　　C. 再造想象　　D. 幻想

17. 幼儿学习后第三天测得学习的保持量比当即测得学习的保持量多的现象是(　　)

A. 记忆扩张现象　　B. 记忆回涨现象

C. 记忆潜伏现象　　D. 记忆提取现象

18. 从记忆的内容来看，儿童最早出现的记忆是(　　)

A. 运动记忆　　B. 情绪记忆　　C. 形象记忆　　D. 语词记忆

19. 学前儿童最早能辨别的几何图形是(　　)

A. 菱形　　B. 平行四边形　　C. 半圆形　　D. 圆形

20. 白天从电影院看完电影走出来，觉得阳光非常刺眼，什么都看不清，过了一会视觉才恢复正常。这种现象是(　　)

A. 对比现象　　B. 视觉现象　　C. 定位现象　　D. 适应现象

21. 大班幼儿萱萱对妈妈说："妈妈，我长大以后也想和你一样，做一个医生。"这是一种(　　)

A. 经验性想象　　B. 情境性想象

C. 愿望性想象　　D. 拟人化想象

22. 活动室的布置过于花哨，更换的次数过于频繁，教学辅助材料过于有趣、繁多，教师的衣着打扮过于新奇，都可能分散儿童的注意。这说明(　　)可引起儿童分心。

A. 无关刺激的干扰　　B. 疲劳

C. 焦虑　　D. 缺乏兴趣

23. 亮亮看见人生病时要打针吃药，当他看到小树长虫时，就从地上捡起一根小棍给树打针。这说明幼儿思维的(　　)

A. 经验性　　B. 固定性　　C. 抽象性　　D. 近视性

24. 幼儿在认识"方""万"和"日""月"等形近符号时出现混淆。这是由(　　)所致。

A. 观察的无序性　　B. 观察的目的性不够

C. 观察的跳跃性　　D. 观察的细致性不够

25. 教师面向幼儿领操，要求幼儿举左手，教师应该(　　)

A. 举自己的右手　　B. 转身背对幼儿举自己的右手

C. 举自己的左手　　D. 请一位幼儿面向大家举起右手

26. 教师在向小班幼儿描述常规时应避免使用否定性的语句，这是由于(　　)

A. 按规定不能用　　B. 小班幼儿年龄小，语言理解能力弱

C. 说否定句有损教师形象　　D. 容易造成幼儿的逆反心理

27. 下列属于 4 ~5 岁幼儿想象特点的是(　　)

A. 想象出现了有意成分　　B. 想象活动没有目的，没有前后一贯的主题

C. 想象的形象力求符合客观逻辑　　D. 想象依赖于成人的语言提示

28. 许多幼儿在医院看到穿白大褂的医生就开始哭了，幼儿对白大褂医生的记忆类型属于(　　)

A. 形象记忆与情绪记忆　　B. 形象记忆与运动记忆

C. 情绪记忆与逻辑记忆　　D. 运动记忆与情绪记忆

29. 瑞瑞说："妈妈，我要吃饼干。"妈妈把饼干给了瑞瑞。吃完饼干，瑞瑞走进自己房间拿出积木自言自语："先搭一个吊车，再给大吊车搭一个停车场。"根据皮亚杰的理论，瑞瑞的前后两句话属于(　　)

A. 自我中心言语和社会性言语　　B. 都属于自我中心言语

C. 都属于社会性言语　　D. 社会性言语和自我中心言语

30. 幼儿在词汇的发展上一般先掌握实词，然后掌握虚词，实词中最先掌握的是(　　)

A. 名词　　B. 动词　　C. 形容词　　D. 数量词

31. 老师在讲故事时，经常会用不同的语气、语速来表现故事中不同角色，这样做是为了引起幼儿的（　　）

A. 无意注意　　B. 有意注意

C. 有意后注意　　D. 注意转移

32. 贝贝请求妈妈给她买一种手工材料，但想不起名称，后来逛超市时，她很快就找到了这种材料，告诉妈妈后顺利地买到了材料。贝贝的这种记忆现象属于记忆环节中的（　　）

A. 识记　　B. 保持

C. 再认　　D. 再现

33. 幼儿计算"5 个苹果吃掉 3 个，还剩几个"时，呈现的思维形态属于（　　）

A. 直观行动思维　　B. 抽象思维

C. 具体形象思维　　D. 发散思维

34. 关于幼儿空间知觉的发展，下列说法错误的是（　　）

A. 3 岁可以辨别上下方位　　B. 4 岁开始辨别前后方位

C. 5 岁可以准确辨别左右方位　　D. 孩子一出生，就具备听觉定位能力

35. 幼儿学习的图书一般都是鲜艳的图画书，和大学课本单纯的白纸黑字不一样。这是利用了感知规律中的（　　）

A. 适应现象　　B. 对比现象

C. 联觉　　D. 知觉中对象与背景的关系

36. 在幼儿园里我们经常看到，老师出示贴绒小鸭，问幼儿有几只鸭子，有的幼儿却答成鸭子是黄颜色的。这种现象是心理学中的（　　）现象。

A. 中心记忆　　B. 偶发记忆

C. 主观臆想　　D. 客观臆想

37. 为适应幼儿无意注意占优势这一特点，要求幼儿文学作品（　　）

A. 开头要尽量长一些　　B. 篇幅宜长一些

C. 人物和发展线索出现要晚　　D. 故事情节要紧张

38. 某小朋友在活动中，一直认真地、完整地听完了老师讲故事。这体现了（　　）

A. 注意的选择性　　B. 注意的稳定性

C. 注意的范围　　D. 注意的分配

39. 幼儿边给自然角的花浇水边说："小花啊小花，你一定要快快地长大。"这是一种（　　）

A. 社会化言语　　B. 外部性言语

C. 自我中心言语　　D. 告知性言语

40. 四岁的磊磊在画画时，画了一棵树，突然想起什么，又开始画一把剑，等会又画小鸭、蛋糕等，这说明磊磊（　　）

A. 想象内容具有系统性　　B. 想象主题不稳定

C. 以想象过程为满足　　D. 想象具有预定性

41. 老师发现小班幼儿在活动中不专心，基于幼儿的特点，老师的最佳提示是(　　)

A. 注意听讲　　B. 什么什么最乖乖

C. 小眼睛看老师　　D. 不要不专心

42. 幼儿知道"冬天太冷，最好不要到户外去"反映了幼儿(　　)

A. 感觉的概括性　　B. 知觉的概括性

C. 思维的概括性　　D. 记忆的概括性

43. 由于幼儿是以自我为中心辨别左右方向的，幼儿教师在动作示范时应该(　　)

A. 背对幼儿，采用镜面示范　　B. 面对幼儿，采用镜面示范

C. 面对幼儿，采用正常示范　　D. 背对幼儿，采用正常示范

44. 幼儿能以自我为中心辨别左右是在(　　)

A. 4 岁　　B. 5 岁　　C. 6 岁　　D. 7 岁

45. 3 岁的鹏鹏在不理解古诗词含义的情况下，也能很熟练地背诵古诗，这是(　　)

A. 意义识记　　B. 机械记忆　　C. 理解记忆　　D. 抽象记忆

46. 涵涵通过多次尝试拉桌布取得放在桌布中央的玩具，下次看到床单上的玩具就会通过拉床单来拿到，说明涵涵的思维处于(　　)

A. 具体形象思维阶段　　B. 直观行动思维阶段

C. 抽象逻辑思维阶段　　D. 发散思维阶段

47. 幼儿难以理解反话的含义，是因为幼儿理解事物具有(　　)

A. 双关性　　B. 表面性　　C. 形象性　　D. 绝对性

48. 桌面上一边摆四颗糖，另一边摆三颗糖，教师问："一共有几颗糖？"从幼儿的下列表现来看，数学能力发展水平最高的是(　　)

A. 把一边的四颗糖和另一边的三颗糖放一起，然后一个个数

B. 看了一眼四颗糖，说出 4，暂停一下，接着数 5、6、7

C. 左手伸出四根手指，右手伸出三根手指，暂停一下，说出 7 颗

D. 幼儿先看四颗糖，后看三颗糖，暂停一下，说出 7 颗

49. 方方看到姐姐，把玩具拿给姐姐说："姐姐拿，姐姐拿。"方方的句子属于(　　)

A. 单词句　　B. 关联句　　C. 复合句　　D. 双词句

50. 早上天阴沉沉的，佳佳对妈妈说："天黑了，晚上了，爸爸要下班了。"这说明佳佳对时间的知觉(　　)

A. 与语言发展相关　　B. 与情感相关

C. 与生活经验相关　　D. 与想象能力相关

51. 下列行为中，属于有意注意的是(　　)

A. 一名幼儿突然摔倒大哭，其他幼儿的目光纷纷转向他

B. 老师烫了头发，幼儿们都新奇地注意着老师的头发

C. 上课时，幼儿们自始至终都认真地听老师讲课

D. 老师突然拿来一个新玩具，幼儿们都不由自主地围了过来

52. 幼儿认为物体会浮是因为它想洗澡，球会从椅子上滚下去是因为它不愿意待在椅子上。这种判断是按（　　）进行的。

A. 直接的逻辑　　B. 生活的逻辑

C. 客观的逻辑　　D. 类比的逻辑

53. 教师对小班幼儿说，站到靠墙一边，而不是站到右边是因为（　　）

A. 幼儿的方位知觉发展落后于方位词的理解

B. 幼儿方位知觉的发展还未达到“恒常”水平

C. 幼儿的方位辨别能力比较弱

D. 幼儿的方位知觉发展早于方位词的掌握

54. “六一”儿童节聚会时，小朋友们一听到《我爱北京天安门》这首歌曲时，就知道自己曾经唱过，这种记忆现象在心理学上叫做（　　）

A. 再认　　B. 识记　　C. 回忆　　D. 保持

55. 幼儿认为“下午是午睡起来以后”。这说明幼儿对时间的知觉依靠的是（　　）

A. 日历的变化　　B. 季节的变化

C. 针表的变化　　D. 生活作息制度

56. 在小(1)班的美术活动中，张老师让孩子们穿上了印有 Kitty 猫的围裙，这个围裙太有吸引力了，孩子们忍不住左摸摸右看看，张老师几次提醒孩子们不要看围裙，集中注意听老师说话都没效果。这是因为围裙引起了幼儿（　　）

A. 注意的分配　　B. 注意的转移

C. 注意的选择　　D. 注意的分散

57. 李老师写了自己的电话号码在黑板上看看谁先记住，结果小明把这组数据按顺序编成一个小故事，很快就记住了老师的电话号码。小明对这组数据的识记属于（　　）

A. 情绪记忆　　B. 无意识记　　C. 机械记忆　　D. 意义识记

58. 关于幼儿记忆的年龄特征不正确的是（　　）

A. 记得快忘得也快　　B. 语词记忆占优势

C. 较多运用机械记忆　　D. 容易把现实与想象混淆

59.（　　）是儿童处于由不会分类向开始发展初步分类能力的过渡时期。

A. 5～6 岁　　B. 2～3 岁　　C. 6～7 岁　　D. 3～4 岁

60. 学前儿童能对事物进行比较，他们比较的发展趋势是（　　）

A. 先学会找物体的相同之处，后学会找物体的不同之处，最后学会找物体的相似之处

B. 先学会找物体的相似之处，后学会找物体的相同之处，最后学会找物体的不同之处

C. 先学会找物体的不同之处，后学会找物体的相同之处，最后学会找物体的相似之处

D. 先学会找物体的不同之处，后学会找物体的相似之处，最后学会找物体的相同之处

61. “小班幼儿保持注意力集中的时间大约是 3～5 分钟”指的是注意的（　　）

A. 稳定性　　B. 广度　　C. 选择　　D. 范围

62. 东东看动画片着迷了,饭也不吃。妈妈说:“那你就看个够吧,别吃饭了。”东东就一直看,以为真的不用吃饭了。东东不能理解妈妈说的是反话,是因为幼儿的思维具有(   )

A. 表面性　　B. 概括性　　C. 形象性　　D. 抽象性

63. (   )是对同一物体的凹凸程度或不同物体的近远程度的知觉,它对于了解环境中各种物体的位置排列,从而引导人的运动活动是非常重要的。

A. 大小知觉　　B. 方位知觉　　C. 深度知觉　　D. 时间知觉

64. 下列各项表述,(   )不能表现幼儿语音意识的产生。

A. 对自己和别人的发音感兴趣,并意识到自己发音弱

B. 能比较稳定地、正确地叫爸爸

C. 评价他人的发音,追求自己发音准确

D. 意识到同音字有不同意义

65. 儿童一进商场就被漂亮的玩具吸引,儿童在这一刻出现的心理现象是(   )

A. 注意　　B. 想象　　C. 需要　　D. 思维

66. 最开始儿童观察图画只能认识到个别对象,后来逐渐能观察到图画的整体内容,把握图画的主题。这说明儿童观察(   )

A. 目的性的加强　　B. 方法的形成

C. 概括性的提高　　D. 细致性的增加

67. 小朋友听老师讲《猴子捞月》的故事,头脑中就会形成各种猴子的形象,如老猴子沉稳持重,小猴子调皮灵活等。这是(   )

A. 符号表象　　B. 创造想象　　C. 再造想象　　D. 直觉思维

68. 下列选项中学前儿童最难认识的事物是(   )

A. 沙、石　　B. 土　　C. 水　　D. 空气

69. 在游戏时,一边做动作,一边说话,用言语补充和丰富自己的行动的言语是(   )

A. 对话言语　　B. 内部言语　　C. 游戏言语　　D. 独白言语

70. 幼儿说:“我妈妈给我买了一辆玩具汽车!”其实,他妈妈只是答应过他,还没有真的给他买。这反映了幼儿想象的(   )特点。

A. 夸张性　　B. 虚幻性　　C. 情境性　　D. 过程性

71. 贝贝喝糖水之后吃橘子,觉得橘子好酸;妈妈喂他喝了苦瓜汤后,他觉得喝白开水都有点甜。这体现了(   )的现象。

A. 同时对比　　B. 联觉

C. 继时对比　　D. 感觉的补偿作用

72. 儿童从会算“两个苹果加三个苹果等于五个苹果”,上升到“2 + 3 = 5”的思维变化,体现的发展趋势是(   )

A. 从动作思维到形象思维　　B. 从形象思维到抽象逻辑思维

C. 从发散思维到辐合思维　　D. 从常规性思维到创造性思维

73. 幼儿抱着一只玩具鸭子，只是静静地坐着，当老师说："鸭子要游水了。"幼儿的想象才活跃起来。这说明(　　)

A. 经验性想象对幼儿的重要作用

B. 成人的语言提示对幼儿有意想象的发展起重要作用

C. 实际行动对幼儿的想象具有重要作用

D. 幼儿的想象受个人愿望的影响

74. 幼儿时常提出一些不平常的问题，是以下哪方面的具体表现(　　)

A. 再造想象　　B. 创造想象

C. 无意想象　　D. 有意想象

75. 幼儿把香蕉、玉米归为一类，认为它们都是"黄颜色的"。这反映了幼儿(　　)

A. 受自我中心的影响

B. 带有模仿性，缺乏有意性

C. 开始根据事物的表面属性、功用和情境进行分类

D. 能初步根据事物的本质属性进行分类

76. 情境性言语与连贯性言语的主要区别在于(　　)

A. 是否完整连贯　　B. 是否反映了完整的思想内容

C. 是否为双方所共同了解　　D. 是否直接依靠具体事物做支柱

77. 幼儿容易掌握代表实际东西的概念，如"小汽车""飞机"等，不容易掌握比较抽象的概念，如"交通工具"等。这反映出幼儿的思维具有(　　)特点。

A. 表面性　　B. 具体性　　C. 经验性　　D. 固定性

78. 在指导幼儿观察绘画时，下面哪句指导语易把幼儿的观察引向观察个别事物(　　)

A. 图上有些什么呢　　B. 图上的小松鼠在做什么呢

C. 这张图告诉我们一件什么事呢　　D. 图上讲的是个什么故事

79. 让一个4岁半的幼儿看"牛、人、船、猪"四张图，要求拿出不同的一张，他拿出了"船"，是因为(　　)

A. 他认为牛、人、猪经常在一起出现，而船不是

B. 他认为船是没有生命的，而另外的都是有生命的

C. 他认为牛、人、猪都有头、脚和身体，而船没有

D. 以上理由都不正确

二、简答题(每小题15分，参考时限10分钟。共19小题)

1. 简述幼儿有意注意产生的条件。

2. 简述学前儿童理解能力的发展趋势。

3. 简述幼儿观察力的发展。

4. 简述幼儿想象夸张性的表现。

5. 简述幼儿创造想象的发展与特点。

6. 简述幼儿颜色视觉的发展特点。

7. 简述幼儿注意分散的原因及预防措施。

8. 简述活动中影响幼儿注意稳定性的因素。

9. 简述学前儿童常见的记忆策略。

10. 简述学前儿童思维能力的培养措施。

11. 简述幼儿方位知觉的发展趋势。

12. 简述幼儿实物概念的发展。

13. 简述幼儿记忆发展的特点。

14. 简述 2 岁以后儿童语言发展的主要表现。

15. 简述幼儿时间知觉的发展。

16. 简述幼儿直观行动思维的主要特征。

17. 简述幼儿思维发展的特点。

18. 简述幼儿掌握数概念的三个成分。

19. 简述学前儿童判断的发展趋势。

三、论述题(每小题 20 分,参考时限 15 分钟。共 3 小题)

1. 试述幼儿具体形象思维的表现特点。

2. 试述幼儿教师在实践中如何提高幼儿的语言能力。

3. 为什么意义记忆比机械记忆效果好?

四、材料分析题(每小题 20 分,参考时限 20 分钟。共 15 小题)

1. 材料:

涂鸦活动中,小朋友正在画画,刘老师很有心,不停地指导幼儿。"小泽,天空怎么是绿色的呢?你抬头看看,天多么蓝!""方方,太阳再小一点就好了,一幅画就一个太阳。""你的小鸟怎么像飞机,要……"关于刘老师的做法,有两种观点。一种认为老师干涉过多,绿天空又如何?重要的是孩子的想象力。第二种认为画画就是要画出个样子,哪来的绿色天空?小朋友一旦形成绿色天空这种认识,以后就很难改正了。

问题:你认为刘老师的做法对吗?并谈谈对上述两种观点的看法。

2. 材料：

周一上午，中(2)班幼儿一到班级就发现活动室四周挂满了彩带和红灯笼，孩子们高兴极了，在活动室里追逐起来。穿着红色新裙子的王老师开始上公开课了，只见平平盯着头顶上摇动的红灯笼，红红跟兰兰小声议论着王老师的新裙子，明明和东东聊着刚才的游戏，看到这一情景，王老师不时地停止活动，提醒孩子们。为了完成教学任务，王老师匆匆走完了活动流程。活动结束后，王老师认为今天的活动没组织好。

问题：

(1)从注意影响因素的角度，分析本次活动未达到预期效果的原因。

(2)对本次活动提出改进建议。

3. 材料：

离园时，三岁的小凯兴奋地对妈妈说："妈妈，今天我得了一个'小笑脸'，老师还贴在我的脑门儿上了。"妈妈听了很高兴。连续两天，小凯都这样告诉妈妈。后来妈妈和老师沟通后才得知，小凯并没有得到"小笑脸"。妈妈生气地责怪小凯："你这么小，怎么就说谎呢?"

问题：小凯妈妈的说法是否正确？试结合幼儿想象的特点分析上述现象。

4. 材料：

轩轩把小狗玩具丢在地上，妈妈说："轩轩，你的小狗躺在地上会感冒哦！"轩轩马上把小狗捡起来，并给它盖上小毛巾，然后安心地玩起了搭积木的游戏。搭好桥墩，要选一个桥面，轩轩看了看桥墩，又瞅瞅桥面，从九个大大小小的桥面中选了和桥墩差不多大的桥面搭上去，刚刚好呢！正当轩轩玩得开心时，妈妈叫他吃饭，叫他几遍都不应，妈妈生气地说："你就玩个够吧，别吃饭了！"轩轩高兴地说："好！"又继续搭积木。

问题：请结合以上材料分析轩轩的思维水平，并结合材料阐述该思维水平的特点。

5. 材料：

有时候幼儿教师花大力气教幼儿记住某首儿歌，孩子们仍然不能完全记牢，但他们偶尔听到的某首童谣，看到的某个电视广告，只需一两次就能把广告词熟记于心。

问题：结合幼儿记忆的这一现象，请你分析一下影响幼儿无意记忆的因素。

6. 材料：

乐乐今年四岁，特别喜欢自言自语。搭积木时，他边搭边说："这块放在哪里呢……不对，应该这样……这是什么……就把它放在这里做门吧……"搭完一个机器人后，他会兴奋地对着它说："你不要乱动，等我下了命令后，你就去打仗！"

问题：请根据学前儿童言语功能发展的有关原理，对材料加以分析。

7. 材料：

大班开学第一周，李老师试图教班里的幼儿在课堂上应该怎样做。他说："当我提问时，你应该举起右手，我将会叫你回答。你们能够像我这样举起右手吗？"二十只手举起来了，但都是左手。

问题：试分析出现这种现象的心理原因。

8. 材料：

陈老师带小班幼儿到户外观察幼儿园的果树，幼儿瞧瞧这棵，看看那棵，摸摸那棵。集中谈话时，许多小朋友说不出其中任何一棵树的特征、形状等。但小朋友能说出，看到了天上有小鸟在飞，水池里有小金鱼在游来游去，果树上有蝴蝶在飞舞，操场上有小朋友在玩“老鹰抓小鸡”的游戏。陈老师对此很是无奈。

问题：

(1)请分析材料中所反映的幼儿注意发展的特点。

(2)结合材料，提出合理的教育建议。

9. 材料：

三岁幼儿画画时总是随手涂鸦，偶尔画出图形，看着像什么就说是什么，拼图也是这样。比如幼儿涂鸦后会高兴地说：“我画了一只小鸟。”“我画了一个毛毛虫。”等等。有时候成人会责怪孩子：“你想画什么？要想好再画！”

问题：

(1)3 岁幼儿这种行为反映了学前儿童思维发展的什么趋势？

(2)家长的做法合适吗？请对这一行为提出有效的建议。

10. 材料：

某幼儿园一位新教师在教幼儿 10 以内减法时，为了帮助幼儿理解，用非常形象的语言描述“3 - 1 = 2”：“森林里有三只漂亮的小白兔，一天来了一只大灰狼，把其中一只小白兔给叼走了，最后只剩下了两只。”老师刚说完，有个孩子突然大哭起来，整个课堂一下子乱了套。

问题：结合材料，请分析幼儿理解发展的特点。

材料：

丫丫已经 2 岁零 7 个月了。近些天，丫丫的“言行举止”总是让妈妈弄不明白，究竟是为什么呢？这个问题一直萦绕在妈妈的脑海。前几天，妈妈和丫丫一块儿坐在院子里乘凉，丫丫看到天空中那如洗的圆月、调皮地眨巴着眼睛的星星，非常兴奋，和妈妈有说不完的话。可丫丫哪里知道劳累了一天的妈妈的心思。妈妈说：“天黑了，该睡觉……”“月亮为什么不睡觉？”“那星星为什么还眨眼睛？”孩子的反问让妈妈惊讶！妈妈和丫丫一块到大街上，她极不愿意让妈妈拉她的手，总是那样不听话。最让妈妈担心的是平坦的道路她不走，却偏偏一摇三晃地走那凸凸凹凹的地方，正如在饭桌上，本来会自己好好地用汤匙吃饭，却故意把米粒撒一饭桌，用手捡着放到嘴巴里。不过有时也挺可爱的。比如，前天中午，妈妈把做好的饭菜刚送到饭桌上，还未来得及解围裙，丫丫却一脸认真地说：“妈妈，你辛苦了。”

问题：

(1)丫丫的“言行举止”说明了什么？

(2)这个时期，幼儿教育中应注意的问题是什么？

12. 材料：

有人做了一个实验，实验要求儿童想办法利用一个木棍取得用手拿不到的糖果。实验设置了三种条件，第一种，在儿童面前的桌子上放有木棍和按要求摆放的糖；第二种，提供画有木棍和糖果的图画；第三种，只口头言语布置任务，实验结果如下。

不同年龄儿童完成任务占比情况表

年龄(岁)	第一种	第二种	第三种
3～4	55	17.5	0
4～5	85	53.8	0
5～6	87.5	56.4	15

问题：

(1)分析三种条件下儿童所使用的思维方式，并说出原因。

(2)利用表中数据分析儿童思维方式的变化。

13. 材料：

大(2)班陈老师正进行古诗《咏鹅》的教学。为了加深幼儿对内容的理解，陈老师出示了一幅挂图，挂图中有一只仰着脖子的大白鹅，红色的脚掌划着清澈的湖水(红色的脚掌是抽拉式的)。陈老师先富有表情、绘声绘色地朗读，接着结合挂图，一边讲解古诗一边演示能移动的抽拉式的红色脚掌。

问题：请根据感知觉规律，分析评价材料中陈老师的做法。

14. **材料：**

娜娜4岁了，已经上了幼儿园，但是最近，幼儿园老师向娜娜妈妈反映的情况，让娜娜妈妈很是无奈。原来老师发现娜娜的普通话和别的小朋友差很多，总是带着方言的感觉，有时候和小朋友交流，会突然蹦出几句方言，不仅是小朋友连老师也听不懂。娜娜妈妈也没有办法，娜娜爷爷奶奶经常在家里讲方言，时间久了，娜娜也学会了。

问题：请根据学前儿童言语发展中的问题的有关原理，对材料进行分析。

15. **材料：**

新学期开始不久，孩子们在寒假休息了大半个月回来后，我发现班上出现了这么一个现象：当孩子们需要移动小椅子进行活动的时候，总是习惯用一只手拎住椅背拖行，或是把椅背夹在腋下，像拄着拐杖一样一摇一晃地行走。每当这个时候教室里总是充斥着椅子在地板上敲打摩擦的声音，很是刺耳，也不安全。起先是一两个新生，接着是班上一大半的孩子都有这种行为。由于这学期新加了9个新生，为此，我一方面在课堂教学中对一些行为习惯重新进行了指导，另一方面在平时不断进行强调和纠正。但收到的效果却差强人意，每次孩子们总是要在老师的提醒下才改变搬椅子的姿势。

在一次教学活动中，我要求孩子们把小椅子放在指定地方，有个别孩子的动作很慢，我担心影响教学时间，便伸手帮了一把。正当我一手一把地拎着小椅子时，有个孩子突然开口说："老师，要两只手搬椅子。"孩子们的目光一下子都集中在了我身上，我一愣，马上把小椅子放了下来，用双手搬起了一把椅子。下课的时候，我在指导孩子们搬动小椅子的时候，自己先用双手把小椅子搬了起来。不需要太多的语言，更没有平时的大喊大叫，孩子们安静地用规范的动作把小椅子搬到了指定地方，并且没有一个孩子拖椅子。

问题：试分析上述这种现象的原因。

专题五　幼儿情绪、情感的发展

➢答案见 P19

一、单项选择题(每小题 3 分,共 15 小题,参考时限 30 分钟)

1. 入园时,小丁看到妈妈离开就哭了起来,老师过来给了他喜欢的玩具,他马上破涕为笑。这体现了幼儿情绪表现具有(　　)

A. 不稳定性　　B. 情境性
C. 易冲动性　　D. 控制性

2. 当询问幼儿喜爱某位教师的原因时,小班的幼儿会强调长相和声音等外在因素。而中大班的幼儿则会把关注点聚集到性格、能力和教育态度等内在因素上。这反映的幼儿情绪与情感发展特点和趋势是(　　)

A. 丰富化　　B. 深刻化
C. 稳定性　　D. 社会化

3. 幼儿园中班的小凡看见同伴把幼儿园的小椅子全部推倒了,于是他就跑去向老师告状,小凡的行为主要是受(　　)的激发。

A. 理智感　　B. 道德感
C. 美感　　D. 正义感

4. 幼儿园老师常常把刚入园的哭着要找妈妈的孩子及班内其他孩子暂时隔离开来。这主要是因为(　　)

A. 老师不喜欢哭闹的孩子　　B. 该幼儿不适合上幼儿园
C. 幼儿的情绪容易受感染　　D. 幼儿常常处于激动的情绪状态

5. 孩子摔倒会引起本能的哭泣,但刚一哭,马上就自己对自己说:“我不哭,我不哭……”这时的孩子脸上还挂着泪珠,甚至还在继续哭。这主要是因为(　　)

A. 幼儿情绪的易冲动性　　B. 幼儿的意志力差
C. 幼儿的情绪是不稳定的　　D. 幼儿情绪的外露性

6. 中班幼儿告状现象频繁,这主要是因为幼儿(　　)

A. 道德感的发展　　B. 羞愧感的发展
C. 美感的发展　　D. 理智感的发展

7. 婴儿对看得见而又拿不到的玩具,产生了不愉快情绪,但当玩具在眼前消失时,不愉快情绪也很快消失。这是(　　)

A. 情绪的内隐性　　B. 情绪的依赖性
C. 情绪的受感染性　　D. 情绪的情境性

8. “没有观众看戏,演员也没劲了”,可以比喻使用(　　)帮助孩子控制情绪。

A. 冷处理法　　B. 转移法
C. 消退法　　D. 反思法

9. 以下关于儿童情绪的表述,不正确的是(　　)

A. 游戏带来的欢乐对儿童心理发展是有益的,成人应该高度重视

B. 身体和心理的分离是引起婴幼儿痛苦的重要原因

C. 婴幼儿的情绪非常不稳定,容易变化,常常破涕为笑

D. 6 岁左右幼儿情绪稳定性逐渐增强,基本可以不受家庭和老师感染

10. 豆豆摔倒刚要大哭时,妈妈立即说:"我们豆豆很勇敢,摔倒从来不哭!"豆豆听了妈妈的话,一骨碌从地上爬了起来。豆豆妈妈运用(　　)的方式调控幼儿的情绪。

A. 耐心倾听　　　　B. 理解幼儿情绪

C. 接纳幼儿情绪　　　　D. 积极暗示

11. 2 ~3 岁年幼的儿童,不太在意小朋友是否和他一起玩;而 3 ~4 岁的幼儿,对朋友的孤立以及成人的不理睬,特别是误会、不公正对待、批评等,会特别在意。这体现了儿童情绪情感的(　　)

A. 易感化　　　　B. 自我调节化

C. 深刻化　　　　D. 丰富化

12. 5 岁的小华很喜欢问问题,好奇心很强,并因为提问和得到满意的回答而感到愉快。这是由于(　　)的发展。

A. 道德感　　　　B. 理智感

C. 美感　　　　D. 成就感

3. 婴幼儿的情绪最初主要是由生理需求引起,渐渐地发展到交往的需求。这反映婴幼儿情绪发展的(　　)特点。

A. 社会化　　　　B. 丰富化

C. 自我调节化　　　　D. 深刻化

14. 幼儿看到故事书中的"坏人",常常会把它抠掉。这表现了幼儿情绪的(　　)

A. 冲动性　　　　B. 不稳定性

C. 外露性　　　　D. 内隐性

15. 在幼小的儿童身上常常见到破涕为笑,脸上挂着泪水又笑起来的情况。这主要是因为(　　)

A. 幼儿情绪是由生理需要控制着　　　　B. 幼儿的意志力差

C. 幼儿的情绪是不稳定的　　　　D. 幼儿自我意识还未形成

二、简答题(每小题 15 分,参考时限 10 分钟。共 2 小题)

1. 简述情绪与情感的区别。

2. 简述如何在活动中帮助幼儿克服不良情绪。

三、论述题(**每小题** 20 **分**,**参考时限** 15 **分钟**。**共** 2 **小题**)

1. 试述幼儿情绪情感发展的一般趋势。

2. 论述幼儿情绪发展的特点,并分析教师应如何培养幼儿的情绪控制能力。

四、材料分析题(**每小题** 20 **分**,**参考时限** 20 **分钟**。**共** 3 **小题**)

1. 材料:

甜甜今年三岁了,她最喜欢吃冰激凌,有一次因为天气冷,妈妈没有给她买,她就伤心地哭了起来,这时爸爸给她一块巧克力,她就笑了。还有一次,她看见邻居家小朋友哭了,她也跟着哭了起来。

问题:根据材料分析学前儿童情绪的发展趋势,并谈谈如何在活动中帮助幼儿克服不良情绪。

2. 材料：

小班幼儿莉莉的妈妈是个善于帮助孩子控制情绪的母亲。一天，莉莉跟着妈妈逛商店时看到一个玩具要妈妈买，妈妈认为这与家里已有的一个玩具很类似，便不想给她买，可莉莉又哭又闹，一定要买这个玩具。这时，莉莉妈妈略一沉思，便对莉莉说："莉莉，走，咱们到另外一个地方去看看有没有比这更好的玩具。"说完便领着孩子迅速离开了原地，接着就给孩子讲故事、做游戏，一起唱歌……莉莉很快就沉浸在妈妈所引发的欢乐的情绪中。

问题：

(1)莉莉妈妈所采用的是哪种帮助幼儿控制情绪的方法？

(2)联系实际说说成人帮助幼儿控制情绪的另几种方法。

3. 材料：

一个3岁的小男孩东东，原来一直和奶奶在一起，不愿上幼儿园，每次妈妈送他上幼儿园离园时，东东总是又哭又闹，但当妈妈的身影消失后，东东很快和小朋友高兴地一起玩了起来，妈妈怕东东哭坏身体有时候又返回来看看，但当东东再次见到妈妈时，又立刻哭了起来。

问题：

(1)东东的行为说明幼儿情绪具有什么特点？并简要说明。

(2)东东妈妈的担心是否必要？她应当怎么做才对？为什么？

专题六　幼儿个性的发展

➢答案见 P21

一、单项选择题（每小题 3 分，共 35 小题，参考时限 70 分钟）

1. 个体对自己身心状态、自己与客观世界关系的意识是（　　）

A. 自我体验　　B. 自我评价

C. 自我认识　　D. 自我调节

2. 明明小朋友在回答自己为什么是个好孩子时说："我不撒谎，我认真参加游戏，并把玩具让给别人。"这是（　　）

A. 依从性评价　　B. 对自己外部行为的评价

C. 对自己的内在品质评价　　D. 对自己个别方面的评价

3. 大班孩子在做"木头人"游戏，游戏规则是一分钟内谁先动谁就输，当孩子们在做各种造型木头人时，老师在旁不停给孩子们挠痒痒或做鬼脸，但孩子们都一动不动。这一游戏促进孩子们意志品质中（　　）的发展。

A. 独立性　　B. 坚持性

C. 果断性　　D. 自制力

4. 浩浩不喜欢参加集体游戏，活动时，受了委屈从不大哭，但自己会不开心很久，遇到开心的事情也不会明显地表现出来，浩浩的气质类型属于（　　）

A. 黏液质　　B. 多血质　　C. 胆汁质　　D. 抑郁质

5. "我喜欢自己这个样子""我觉得自己很讨厌"。这属于自我意识中的（　　）

A. 自我控制　　B. 自我观察

C. 自我体验　　D. 自我辩解

6. 问两岁半的康康："你是个乖孩子吗？"康康回答："乖的，老师都说我很乖的。"这说明 2 ~ 3 岁儿童的自我评价（　　）

A. 具有主观情绪性　　B. 主要依赖成人的评价

C. 具有自主性　　D. 具有情境性

7. 小张同学活泼好动、反应迅速、喜欢与人交往、注意力容易转移、兴趣容易变换，其气质类型最可能是（　　）

A. 胆汁质　　B. 多血质

C. 黏液质　　D. 抑郁质

8. 从一个人行为的一个方面可看出他的个性，这是个性（　　）的表现。

A. 独特性　　B. 整体性　　C. 稳定性　　D. 社会性

9. 下列关于幼儿气质的说法，错误的是（　　）

A. 气质无好坏之分　　B. 气质是天生的，不会发生变化

C. 气质是人最早表现出来的个性特征　　D. 不能凭借幼儿的某些行为确定其气质类型

10. 对幼儿来说，个性发展的主要内容是(　　)开始形成。

A. 自我意识　　B. 个性特征

C. 调控系统　　D. 情绪状态

11. 微微妈妈发现微微具有优势智能，于是重点培养孩子，认为她会成为舞蹈演员。说明微微具有(　　)智能。

A. 语言　　B. 视觉—空间

C. 音乐　　D. 身体—动觉

12. 王老师改变了以往的就餐方式，以自助餐的方式，让幼儿学会按照自己的食量大小拿取食物，王老师的这种做法有利于培养孩子的(　　)

A. 独立性　　B. 总结性　　C. 合作性　　D. 研究性

13. 自我意识萌芽最重要的标志是(　　)

A. 会叫"妈妈"　　B. 思维出现　　C. 学会评价　　D. 掌握代词"我"

14. 3 岁的君君在家里最喜欢说的话就是"我自己来""我要自己吃饭""我自己可以穿衣服"等，从个体自我意识发展的历程来看，君君此时最有可能处于(　　)阶段。

A. 理想自我　　B. 生理自我

C. 社会自我　　D. 心理自我

15. "多元智能理论"是加德纳提出的智力结构理论，而儿童多元智力评估核查表则是根据该理论设计的多元智力评估方法。其中"是否喜欢文字游戏""是否善于记人名、地名"属于核查儿童多元智力中的(　　)

A. 视觉—空间智力　　B. 言语—语言智力

C. 逻辑—数理智力　　D. 交往—交流智力

16. "我好开心，今天我当了值日生，老师表扬了我。"这句话反映的是幼儿自我意识心理结构中的(　　)

A. 自我认识　　B. 自我体验

C. 自我评价　　D. 自我监控

17. 独立性的出现是以下哪一种心理现象开始产生的明显表现(　　)

A. 社会性　　B. 自我意识　　C. 情绪　　D. 意志

18. "老师说我是好孩子"说明幼儿对自己的评价是(　　)

A. 独立性的　　B. 个别方面的

C. 多方面的　　D. 依从性的

19. 丽丽脾气急，在生活中还表现出：动作快、吃饭快、做事喜欢一口气做完、易冲动……这反映丽丽个性的(　　)特征。

A. 整体性　　B. 开放性　　C. 稳定性　　D. 独特性

20. 君君一遇到困难就怯懦退缩，这反映的是性格的(　　)

A. 态度特征　　B. 情绪特征　　C. 理智特征　　D. 意志特征

21. 对不同品质类型的幼儿应采取针对性的教育措施,发扬其气质中的长处,培养良好的性格。对黏液质的幼儿应培养的良好品质是积极精神,应防止的不良品质是(　　)

A. 粗暴任性　B. 粗枝大叶　C. 墨守成规　D. 疑虑孤独

22. 小峰是李老师班上一名让人头疼的学生,他的自制力很差,而且很容易冲动暴躁。小峰的气质类型最可能是(　　)

A. 胆汁质　B. 多血质　C. 黏液质　D. 抑郁质

23. 研究者使用一种叫做"镜像测验"的方法是为了测试幼儿(　　)的发展。

A. 自我意识　B. 角色意识　C. 独立性　D. 气质

24. 与儿童自我意识的真正出现相联系的是(　　)

A. 言语的发展　B. 动作的发展

C. 情感的发展　D. 意志的发展

25. 针对多血质儿童,教育时应注意(　　)

A. 培养其勇敢进取、豪放的品质,防止任性、粗暴

B. 培养其热情开朗的性格及稳定兴趣,防止粗枝大叶、虎头蛇尾

C. 培养其积极探索精神及踏实、认真的特点,防止墨守成规、谨小慎微

D. 培养其机智、敏锐和自信心,防止疑虑、孤独

26. 自我意识的萌芽发生在幼儿(　　)岁。

A. 1 ~ 2　B. 2 ~ 3　C. 3 ~ 4　D. 4 ~ 5

27. 在幼儿园学习跳舞的活动中,一个叫毛毛的小朋友由于没有学会老师的跳跃动作而受到其他小朋友的嘲笑,由此,毛毛对舞蹈课感到恐惧、焦虑和害羞,开始不喜欢上舞蹈课。请问与毛毛的情感相联系的是(　　)

A. 自我意识　B. 想象　C. 思维活动　D. 感知觉

28. 培养机智、敏锐和自信心,防止疑虑、孤僻。这些教育措施主要是针对(　　)的幼儿。

A. 抑郁质　B. 多血质　C. 黏液质　D. 胆汁质

29. 小晶怕挨批评,每做一件事,只要有人说不好,她就不做了。这说明小晶(　　)

A. 胆怯　B. 自制性差　C. 自信心不足　D. 主动性差

30. 小明剪纸时动作不协调,剪得不整齐,说明他的(　　)需要发展。

A. 认知能力　B. 社会能力　C. 操作能力　D. 模仿能力

31. 幼儿性格的典型特点不包括(　　)

A. 模仿性强　B. 喜欢交往　C. 好奇好问　D. 稳定性强

32. 下列关于个性的说法不正确的是(　　)

A. 它属于心理现象

B. 个性是相对稳定的

C. 个性心理特征包括能力、气质和性格等成分

D. 个性形成的基础是人的内在需要

33. 表现出“精力旺盛、表里如一、刚强、易感情用事”特征的气质类型是(　　)

A. 胆汁质　　B. 多血质　　C. 黏液质　　D. 抑郁质

34. 下列各项中,不是用来描述个性的词是(　　)

A. 自私自利　　B. 心胸狭窄　　C. 宽容大度　　D. 相貌出众

35. 健健进入大班后,不再看见玩具就闹着要买,而是会听从大人的意见,并自我说服道:“家里玩具太多了,不需要再买了。”从儿童心理发展的角度说明健健(　　)

A. 形成节约的概念　　B. 学会自我安慰

C. 理解玩具太多无益　　D. 自制力获得发展

二、简答题(每小题 15 分,参考时限 10 分钟。共 9 小题)

1. 简述幼儿自我评价发展的特点。

2. 简述幼儿自我控制发展的趋势。

3. 简述幼儿自我意识的培养策略。

4. 简述幼儿能力发展的特点。

5. 简述幼儿性格的培养措施。

6. 简述加德纳的多元智能理论。

7. 简述学前儿童气质发展的特点。

8. 简述幼儿性格的年龄特点。

9. 简述幼儿自我概念的发展特点。

三、论述题(每小题20分,参考时限15分钟。共1小题)

试述影响学前儿童性格形成和发展的因素。

四、材料分析题(每小题20分,参考时限20分钟。共6小题)

1. **材料:**

幼儿东东,因打了人,没有拿到小红花,而其他小朋友都拿到了。当天妈妈来接他时,他不肯回

家,非要拿到小红花才肯离园。经过说服,他明白了道理。从第二天起,他自觉控制自己的行为,每天都要问老师:“我今天表现好吗?”一天,老师说他有进步,给他一朵小红花,东东高兴极了。

问题:结合材料,分析学前儿童自我意识发展主要表现在哪些方面。

2. **材料**:

问:小朋友,你叫什么名字,几岁啦?

答:我叫刘雨薇,我5岁了。

问:你是男孩还是女孩?

答:那还用问,我当然是女孩啦,你看我扎了小辫子,我表弟才是男孩子。

问:你有什么本领啊?

答:我会值日,会擦桌子,会分碗筷,会讲故事,我打针也不哭,所以我是好孩子。

问:你喜欢什么啊?

答:我很喜欢芭比娃娃,可是妈妈不给我买新的了,因为妈妈说家里有很多,不能再买了。

问:那你不喜欢什么呢?

答:我不喜欢吃胡萝卜,可是老师和妈妈说吃了对眼睛好,我就吃了。

问题:

(1)材料中体现了该小朋友的何种心理现象?

(2)结合材料分析该小朋友这种心理现象的特点。

3. 材料：

辉辉是个腼腆害羞的孩子，平时很少说话，几乎从不发言。在今天的美术欣赏活动中，小朋友们的兴趣很高，纷纷举手回答问题，连辉辉也举起了小手。老师高兴极了，连忙请他发言。可辉辉站起来，小脸涨得通红，什么也不说，老师表扬辉辉有进步，能勇敢举手，并说没想好没关系，请他坐下来再想想。过一会儿老师提出新问题时，辉辉又举起了小手，老师再次请他回答，辉辉挠挠头还是什么也说不出来。老师依然鼓励他继续努力，想好了再举手。又过了一会儿，老师给了辉辉第三次机会，辉辉依然什么也没说出来。

问题：结合材料，分析教师的教育行为和辉辉的行为表现，并提出帮助辉辉学会大胆表达自己想法的策略。

4. 材料：

亮亮是个活泼的孩子，平时一刻也停不下来，一天，他看见班上有一架遥控飞机，就问："老师，这是什么？""这是遥控飞机。"亮亮又问："它为什么会飞啊？""因为有遥控器。""为什么有遥控器就会飞啊？""因为遥控器里面有电池。"趁老师不注意，亮亮偷偷撬开了遥控飞机。老师看见了，很生气地批评了他，亮亮大哭着说："我想看看里面有什么秘密。"

问题：

(1)亮亮的行为体现了哪些性格特点？请根据材料分析。

(2)结合材料提出合理的教育建议。

5. 材料：

强强对妈妈提出了一个要求，让他独自在洗衣机中洗自己的袜子，并且要把手伸到洗衣机里去操作，他说大人都是这样做的，他也要这样做。妈妈告诉他小孩子是不可以去摆弄洗衣机的，这样很危险的。强强不愿意听，偏要去弄，妈妈只得拔掉了洗衣机的电源插头。强强折腾了半天，这边扳扳摸摸，那边敲敲打打，发现洗衣机还是没能转动起来，于是他大怒，哭闹着说："我自己来，我要。"

问题：请你运用儿童心理发展的有关理论对上述材料进行分析。

6. 材料：

明明是幼儿园大班的孩子，无论参加什么活动，他都十分积极主动，精力旺盛。明明平时做事很急，想干什么就立即行动，想要的东西也必须马上得到，否则会坐立不安。明明做事有闯劲，但时常马马虎虎。待人大方，热情直率，爱打抱不平。他喜欢别人听从他的支配，否则便大发脾气，甚至动手打人。事后虽也后悔，但当时总是难以克制。

问题：

(1)根据明明的上述行为表现，你认为他基本上属于什么气质类型？为什么？

(2)谈谈应如何根据幼儿四种不同的气质类型特点，有针对性地进行教育。

专题七　幼儿社会性的发展

➢答案见 P25

一、单项选择题(每小题 3 分,共 23 小题,参考时限 45 分钟)

1. 儿童选择同性别的同伴倾向日益明显的时期约在(　　)

A. 2 岁以后　　B. 3 岁以后

C. 4 岁以后　　D. 5 岁以后

2. “儿童在陌生情境中,难以主动地去探究周围环境,而且探究活动很少,表现出明显的陌生焦虑。母亲离开时相当忧伤,但重逢时又难以被安慰。”这属于哪种依恋类型(　　)

A. 安全型依恋　　B. 回避型依恋

C. 反抗型依恋　　D. 缺乏型依恋

3. 小(2)班的欣欣从小身体就弱,经常生病,个头也很小,不喜欢和别人说话,经常会因为没有小朋友跟她一起玩而大哭。在同伴交友关系中,欣欣属于(　　)

A. 被排斥型幼儿　　B. 被忽视型幼儿

C. 被欣赏型幼儿　　D. 被关注型幼儿

4. 在一次区域活动期间,糖糖要去厕所,跟夏老师说过后就急匆匆地跑出门,不小心撞到了同学,糖糖立即向其道歉。夏老师看到后,夸奖糖糖懂礼貌,之后糖糖的文明礼貌行为出现得更多。夏老师采用的学前儿童亲社会行为的培养策略是(　　)

A. 角色扮演法　　B. 行为描述法

C. 善用精神奖励　　D. 移情训练法

5. 对于 2 岁儿童,男孩喜欢汽车,女孩喜欢毛绒玩具,对于玩具的选择体现了儿童的(　　)

A. 性别认同　　B. 性别角色认同

C. 性别角色标准　　D. 性别偏爱

6. 儿童显示出性别意识,并能正确辨别自己和他人是男孩或者女孩的年龄是(　　)

A. 3 岁　　B. 4 岁　　C. 5 岁　　D. 6 岁

7. 在刚入幼儿园时,与家人暂时分离后,幼儿会出现情绪不安的表现,称为(　　)

A. 分离性障碍　　B. 分离异常

C. 分离断乳　　D. 分离焦虑

8. 攻击性行为产生的直接原因主要是(　　)

A. 榜样　　B. 强化　　C. 父母的惩罚　　D. 挫折

9. 下列引起攻击性行为的原因,表述错误的是(　　)

A. 成人或环境对他们过于宽松,缺乏足够的身体活动

B. 通过攻击性行为的表现引起别人的注意

C. 儿童的自我价值受到打击、侵犯、伤害

D. 教师处理问题不公

10. 中班的乐乐性格比较孤僻,不喜欢和别人说话,自主游戏时常常自己一个人在旁边玩耍,遇到困难时也常常采取逃避的态度,特别害怕失败。在同伴交往关系中,乐乐属于(　　)

A. 受欢迎型儿童　　B. 被拒绝型儿童

C. 被忽视型儿童　　D. 一般型儿童

11. 幼儿能区别一个人是男的还是女的,就说明他已经(　　)

A. 形成了性别角色习惯　　B. 具有了性别概念

C. 产生了性别行为　　D. 对性别角色有明确的认识

12. 在性别角色发展的过程中,5 岁的孩子可能发生的事情是(　　)

A. 知道自己的性别　　B. 有明显的自我中心

C. 认为男孩子穿裙子也很好　　D. 认为男孩要胆大,女孩要文静

13. 慧慧上幼儿园,和妈妈分开时哭了起来,但妈妈离开不久,她便恢复了平静,跟其他小朋友一起玩。傍晚,妈妈来接她时,她快乐地投入到妈妈怀里。慧慧这种依恋行为表现属于(　　)

A. 焦虑—回避型依恋　　B. 安全型依恋

C. 焦虑—抗拒型依恋　　D. 焦虑—安全型依恋

4. 关于攻击性行为的特点,下列说法不正确的是(　　)

A. 攻击型儿童受惩罚时其攻击性行为加剧

B. 惩罚能抑制非攻击型儿童的攻击性

C. 父母的惩罚本身就给孩子树立了攻击性行为的榜样

D. 惩罚是抑制儿童攻击性行为的有效手段

5. 幼儿园大班儿童的攻击行为的特点是(　　)

A. 工具性攻击行为显著大于敌意性攻击行为　　B. 敌意性攻击行为显著大于工具性攻击行为

C. 以言语攻击行为为主　　D. 没有性别差异

16. 小白很喜欢和小朋友交往,在与同伴的交往中活跃、主动,但他经常被其他小朋友抱怨爱抢玩具和喜欢推打别人,因而常被同伴排斥。按照幼儿不同交往类型的心理特征划分,小白属于(　　)儿童。

A. 被抛弃型　　B. 被忽略型

C. 被拒绝型　　D. 受欢迎型

17. 小红看到小兰买了一个新的铅笔盒,觉得很喜欢,为了拿走小兰的铅笔盒便打了小兰,小红的行为属于(　　)

A. 敌意性攻击　　B. 工具性攻击

C. 随意性攻击　　D. 自我攻击

18. 小虎上幼儿园的第一天就又哭又闹,不和小伙伴玩耍,闹着要回家。小虎表现出(　　)

A. 分离焦虑　　B. 攻击性行为　　C. 反抗行为　　D. 混合型依恋

19. 帮助幼儿设身处地为他人考虑,“如果你是他们,会怎样想”是使用了(　　)的行为矫正技术。

A. 自然后果法　　B. 生活锻炼法

C. 移情训练法　　D. 同伴交流法

20. 能显著提高儿童的角色承担能力和亲社会水平的学前教育方法是(　　)

A. 角色扮演法　　B. 语言法　　C. 讨论法　　D. 移情法

21. 儿童在早期生活中,除亲子关系之外在同龄伙伴中建立的社会关系属于(　　)

A. 同伴关系　　B. 师生关系

C. 依赖关系　　D. 一般关系

22. 豆豆看到丁丁一个人搬积木搬不动,他就跑过去帮忙。豆豆的这种行为属于(　　)

A. 亲社会行为　　B. 反社会行为

C. 攻击性行为　　D. 依恋行为

23. 儿童性别角色的认识经历了四个发展阶段,其中 3 ~4 岁儿童性别角色的发展阶段是(　　)

A. 知道自己的性别,并初步掌握性别角色知识

B. 自我中心地认识性别角色

C. 刻板地认识性别角色

D. 去自我中心地认识性别角色

二、简答题(每小题 15 分,参考时限 10 分钟。共 8 小题)

1. 简述培养幼儿形成良好依恋的措施。

2. 简述影响学前儿童同伴关系发展的因素。

3. 简述幼儿形成不同依恋类型的原因。

4. 简述影响幼儿亲社会行为的因素。

5. 简述幼儿性别角色认知的发展阶段。

6. 简述移情能力发展的特点。

7. 简述帮助儿童建立良好同伴关系的策略。

8. 简述控制和减少儿童攻击性行为的方法。

三、论述题(每小题20分,参考时限15分钟。共3小题)

1. 试述学前儿童亲子依恋的类型及不同类型对儿童心理发展的影响。

2. 试述幼儿期攻击性行为的特点。

3. 试述幼儿性别角色差异的具体体现。

四、材料分析题(每小题20分,参考时限20分钟。共7小题)

1. 材料:

阳阳的父母在外地工作,把阳阳长期托付给爷爷奶奶抚养。爷爷奶奶之间关系不融洽,经常争吵,对阳阳也疏于照料,只注意让阳阳吃饱穿暖,很少关心亲近阳阳。渐渐地,阳阳变得越来越不爱说话,不爱和其他小朋友玩,情绪不稳定,性情越来越孤僻。活动的积极性大大降低,坚持性也变差……父母回来看望她,阳阳也显得很冷漠,并且回避父母的亲近。

问题:结合材料,分析阳阳所形成的依恋类型及其影响,并提出帮助阳阳形成安全型依恋的合理建议。

2. 材料：

大一班有两位小朋友，一位叫明明，另一位叫强强。明明衣着整齐、乐于助人、有同情心、对人友好、有礼貌、善于与人分享合作、喜欢交往，深受同伴的喜爱。强强穿着邋遢、脾气暴躁、对人很有敌意，还喜欢打人、骂人，经常欺负小朋友，班上小朋友见到他就远远地躲开，没人愿意与他在一起。

问题：

(1)请根据材料写出两位小朋友所表现出的同伴交往类型。

(2)请结合材料分析影响他们同伴交往的主要因素。

. 材料：

琳琳有一双美丽的大眼睛，楚楚动人，但是性格内向，各方面能力都很弱。一次，班里开展“好朋友”的主题活动，琳琳的“朋友树”上挂着许多好朋友的名字，老师问琳琳，你的好朋友是谁？琳琳说是明明，可明明却说：“我不是琳琳的好朋友。”琳琳又说嘟嘟是她的好朋友，嘟嘟也说：“我不是琳琳的好朋友。”……琳琳一连说了几个小朋友的名字，都被小朋友否定了。

问题：请运用儿童心理发展的有关理论对上述材料进行分析。

4. 材料：

辉辉带来一个陀螺玩具，在课间自由活动时，他招呼明明一起玩，明明转不起来辉辉就教他。后面军军和强强也围过来要一起玩。辉辉说："我们轮流玩吧。"军军和强强抢着玩，辉辉说："要不我们剪刀石头布，谁赢了就谁先玩吧。"明明说："要不我们比比看谁转得最久吧。"辉辉说："好。"正玩着，涛涛也凑过来说他想玩。辉辉说："人太多了，你不要玩了。"涛涛就用脚蹭了一下陀螺，结果陀螺就停了，辉辉一急就用力推了涛涛，两个孩子打了起来，辉辉大哭。

问题：

(1)结合材料，分析辉辉的人际交往典型表现。

(2)提出解决幼儿冲突的指导策略。

5. 材料：

浩浩是某幼儿园大班的孩子，在幼儿园里，他是出了名的"身强体壮"的顽皮鬼，和其他小朋友矛盾不断，今天上午又挨了老师的一顿狠批。事情是这样的：前几天，浩浩所在的班刚转来了一个小朋友李明，李明个子也比较高，这样，浩浩和李明成为该班仅有的两个"高个"。浩浩主动找李明一块玩，可李明不太喜欢动，尤其不爱和浩浩这样风风火火的孩子玩。今天上午刚到班里，浩浩又找李明教他"玩魔术"，李明不同意，浩浩就这样动起手来……

在老师眼中，浩浩就是这样：总是主动和小朋友接触，可好景不长，一来二去，也就没人愿意和他玩了。然而，他自己仍别出心裁地玩得有滋有味。

问题：

(1)材料中浩浩的行为以及他和小朋友们的关系说明了什么？请用幼儿社会性发展的有关知识回答。

(2)这种儿童的表现是什么？怎样帮助他处理好和伙伴的关系？

6. 材料：

每天早晨一入园，涵涵就会急匆匆地跑进他所喜欢的区角。一会儿到娃娃家烧饭，一会儿去“画画我自己”画画。过了一会儿，他又对搭积木产生了兴趣，看见影影小朋友在玩一辆自己带来的警车，他跑过去二话不说就抢了警车，开始独自玩耍。影影小朋友“呜呜呜”哭着跑来告状，指着涵涵说：“老师，他抢我的汽车……”

问题：结合材料试分析涵涵的争抢行为产生的原因，并据此提出教育对策。

7. 材料：

某省颁布的《普通幼儿园建设标准》中规定：幼儿园中班和大班的男、女厕位宜合理分隔，以后普通幼儿园新建、迁建都应按照这样的标准来设计规划。

问题：请结合学前儿童性别角色的发展阶段理论，分析材料中该行为的合理性。

专题八　幼儿的个体差异

➢答案见 P28

一、单项选择题(每小题 3 分,共 5 小题,参考时限 10 分钟)

1. 有的幼儿偏爱自己阅读,喜欢从书本上学习知识,不愿意别人来解释;有的幼儿喜欢与其他小朋友一起讨论,交换意见。这表现了(　　)

A. 幼儿智力差异　　B. 幼儿性格差异

C. 幼儿性别差异　　D. 幼儿学习类型差异

2. 幼儿个体差异主要表现为智力差异、性格差异、学习类型差异和(　　)

A. 性别差异　　B. 能力差异　　C. 经验差异　　D. 家庭背景差异

3. 在个体差异形成的主观因素中,(　　)是最活跃的因素。

A. 自我意识　　B. 心理状态　　C. 需要　　D. 兴趣和爱好

4. 场独立型的人容易将知觉目标从背景中分离出来,其特点是(　　)

A. 判断时以内部参照为准,不受外部因素影响

B. 以外部因素为判断依据

C. 善于察言观色,并注意记忆言语信息中的社会因素

D. 认识问题时,谨慎全面、错误少

5. 小王擅长逻辑推理,但缺乏音乐才能;小李擅长绘画,但在数学计算方面表现较差。这反映出不同个体的(　　)

A. 智力类型差异　　B. 发展速度差异

C. 发展水平差异　　D. 发展过程差异

二、简答题(每小题 15 分,参考时限 10 分钟。共 2 小题)

1. 简述个体差异形成的原因。

2. 简述尊重幼儿个体差异的举措。

专题九　幼儿教育研究的基本方法

➢答案见 P28

一、单项选择题(每小题 3 分,共 5 小题,参考时限 10 分钟)

1. 为了了解幼儿同伴交往的特点,研究者深入幼儿所在的班级,详细记录其交往过程的语言和动作等。这一研究方法属于(　　)

A. 访谈法　　B. 观察法　　C. 实验法　　D. 作品分析法

2. 在对学前儿童心理进行研究中,通过控制和改变儿童的活动条件,以发现由此引起心理现象的规律性变化,从而揭示特定条件与心理现象之间的联系。这种方法称为(　　)

A. 观察法　　B. 实验法　　C. 调查访问法　　D. 测验法

3. 吴老师为了研究儿童的同伴互助行为,在一段时间内,连续且尽可能地记录被观察儿童的表现和活动。吴老师使用的是(　　)观察法。

A. 实况记录　　B. 事件取样　　C. 日记描述　　D. 时间取样

4. 林老师通过分析幼儿观察豆子生长变化的记录表,评价幼儿观察的细致性、系统性等发展情况。林老师使用的研究方法是(　　)

A. 问卷法　　B. 观察法　　C. 调查法　　D. 作品分析法

5. 在儿童的日常生活、游戏等活动中,创设或改变某种条件,以引起儿童心理的变化。这种研究方法是(　　)

A. 观察法　　B. 自然实验法

C. 测验法　　D. 实验室实验法

二、简答题(每小题 15 分,参考时限 10 分钟。共 3 小题)

1. 简述观察法的注意事项。

2. 简述作品分析法的特点。

3. 简述自然实验法的优缺点。

三、论述题(每小题 20 分,参考时限 15 分钟。共 1 小题)

试述观察法的优缺点。

专题十　幼儿期的问题行为及其矫治

➢答案见 P29

一、单项选择题(每小题 3 分,共 14 小题,参考时限 30 分钟)

1. 预防学前儿童肥胖的关键是(　　)

A. 使其热量的消耗与摄入取得平衡

B. 树立“孩子越胖越好”的观念

C. 节食

D. 每月定时称体重

2. 如何对待 3 岁前儿童的“口吃”现象(　　)

A. 应强迫孩子再说一遍

B. 应进行心理治疗

C. 应反复练习加以矫正

D. 这是学话初期常见的现象,不必紧张

3. 丁丁喜欢吸吮大拇指,小朋友经常向李老师告状:“丁丁又吃手指了!”以下李老师采取的教育策略中,不适宜的是(　　)

A. 向丁丁说明吸吮手指的坏处

B. 引导丁丁定时定量进食

C. 分散丁丁的注意力

D. 告诉丁丁:“你再吃手指,就不让小朋友和你玩。”

4. 关于幼儿口吃,下列不正确的说法是(　　)

A. 口吃并非生理上的缺陷或发音器官的疾病

B. 大部分口吃患者是幼小时学别人口吃所致

C. 受惊吓是常见原因

D. 幼儿说话时发生口吃,周围人应该及时提醒“你结巴了”,并耐心帮助孩子纠正

5. 东东 4 岁了,近来不知道什么原因说话老是结巴。面对东东这种情形,应该(　　)

A. 一出现结巴,立刻提醒

B. 刻意要求东东多说话,学会正确表达

C. 严肃地提醒东东:“说话之前,先想清楚。”

D. 关注但不评价,深入了解口吃的原因

6. 下列情形一般不会体现在患有多动症的儿童身上的是(　　)

A. 能保持有意注意力的集中,但不能保持无意注意力的集中

B. 经常不经思考就突然发生一些行动,自我控制能力差

C. 总是在活动,运动量大大超过同龄的孩子

D. 学习缺乏毅力,难以认真做作业

7. 矫治幼儿咬指甲癖的最佳方法是(　　)

A. 戴手套　　B. 不予理睬

C. 转移注意　　D. 手指涂黄连

8. 关于小儿肥胖症的预防,下列描述不正确的是(　　)

A. 培养良好进食习惯　　B. 禁止暴饮暴食,禁止饮酒

C. 积极参加体育活动　　D. 酌情使用生长激素

9. 幼儿园一个小朋友常以奇异、刻板的方式对待某些事物。如着迷于旋转锅盖,单调地摆放积木,有时甚至出现自我伤害,如反复挖鼻孔、抠嘴、咬唇、吸吮等动作。对一般儿童喜欢的玩具、游戏、衣物不感兴趣,往往对一般儿童不喜欢的玩具或物品非常感兴趣,这位小朋友可能患有(　　)

A. 自闭症　　B. 恐惧症

C. 焦虑症　　D. 缄默症

10. 口吃是幼儿期语言障碍的一种常见问题,造成这个问题的主要原因是(　　)

A. 神经系统发育障碍　　B. 发音器官发育障碍

C. 正常机能发育迟缓　　D. 紧张创伤所致的障碍

11. 三岁半的圆圆来幼儿园 3 个月,但从不与同伴交往,也不回答老师的问题,总是独处,反复玩同一种类型的玩具。这一表现反映的心理问题是(　　)

A. 多动症　　B. 感觉统合失调

C. 儿童焦虑症　　D. 儿童自闭症

12. 2 ~5 岁的幼儿词汇日渐丰富,但说话时常有迟疑、不流畅的现象。这种现象被称为(　　)

A. 发育性口齿不流利　　B. 语言发育迟缓

C. 语言节奏障碍　　D. 口吃

13. 下列不属于儿童多动症表现的是(　　)

A. 学习困难　　B. 焦虑

C. 注意障碍　　D. 神经和精神发育异常

14. 下列(　　)不属于自闭症幼儿的性格特点。

A. 对外界事物不感兴趣

B. 不能主动与人交往

C. 行为兴趣和活动方面狭窄、刻板和重复性质

D. 不能按父母的指导行事

二、简答题(每小题 15 分,参考时限 10 分钟。共 3 小题)

1. 简述幼儿偷盗行为的原因。

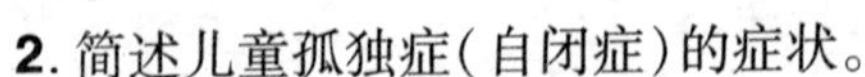

2. 简述儿童孤独症(自闭症)的症状。

3. 简述幼儿肥胖的诱因。

三、论述题(每小题 20 分,参考时限 15 分钟。共 3 小题)

1. 试述幼儿多动症的原因。

2. 试述引起幼儿口吃的诱因及矫治措施。

3. 试述儿童自闭症产生的原因以及矫治措施。

四、材料分析题(每小题 20 分,参考时限 20 分钟。共 1 小题)

材料:

3 岁的轩轩,有着大大的眼睛、白里透红的皮肤,一看就很招人喜欢。然而,到幼儿园里没有几天,老师就发现轩轩特别好动,她所进行的活动都很短暂,总是一个接着一个地换,如在活动室里,她几乎每分钟都在改变活动,一会儿玩积木,一会儿玩小汽车,一会儿玩拼图。更加让老师担心的是,稍不注意她就会爬上窗台往外看,还会袭击其他小伙伴……

问题:结合材料,分析轩轩为什么会有以上的行为表现。针对此类儿童,幼儿教师应如何教育?

第二章　学前教育原理

核心知识提要

➢答案见 P31

- 学前教育原理
  - 教育与幼儿教育
    - 教育的内涵与目的
    - 教育与政治、经济和人的发展的关系★
    - 幼儿教育概述
      - 幼儿教育的含义与性质
      - 幼儿教育的意义
    - 我国学前教育的目标
      - 学前教育目标的含义及现阶段我国学前教育的目标
      - 学前教育目标制定的依据
    - 我国幼儿园教育的任务★
  - 中外幼儿教育的发展
    - 中外幼儿教育发展简史
    - 国外幼儿教育家的学前教育思想★★
    - 我国幼儿教育家的学前教育思想★★
  - 学前教育的基本原则与特点
    - 学前教育的一般原则★
      - 尊重儿童的人格尊严和合法权益的原则
      - ①________
      - 目标性原则
      - ②________
      - ③________
      - 充分发掘教育资源，坚持开放办学的原则
      - 整合性原则（综合性原则）
    - 学前教育的特殊原则★
      - ④________
      - ⑤________
      - 教育的活动性和直观性原则
      - 生活化和一日活动的整体性原则
    - 幼儿园教育的特点
  - 幼儿园班级管理★
    - 幼儿园班级管理的含义和意义
    - 幼儿园班级管理的目的
    - 幼儿园班级管理的内容
  - 幼儿教育法律法规★★★
    - 《3～6岁儿童学习与发展指南》
    - 《幼儿园教育指导纲要（试行）》
    - 《幼儿园教师专业标准（试行）》

经典真题回顾

答案见 P31

一、单项选择题(每小题 3 分,共 21 小题,参考时限 40 分钟)

1. 在幼儿绘画活动中,教师最应该强调的是(　　)

A. 画面干净、美观　　B. 画的和教师的一样

C. 按照自己的意愿大胆表达　　D. 画得越像越好

2. 教师从生活中选择幼儿感兴趣的事物和问题作为教学内容的主要原因是(　　)

A. 教师容易制作教具　　B. 便于教师教学

C. 符合家长的希望　　D. 符合幼儿的学习特点

3. 在引导幼儿感知和理解事物"量"的特征时,恰当的做法是(　　)

A. 引导幼儿感知常见事物的大小、高矮、粗细等

B. 引导幼儿识别常见事物的形状

C. 和幼儿一起手口一致地点数物体、说出总数

D. 为幼儿提供"按数取物"的机会

4. 下列最能体现幼儿平衡能力发展的活动是(　　)

A. 跳远　　B. 跑步

C. 投掷　　D. 踩高跷

5. 教师在幼儿书写准备的指导中,不恰当的做法是(　　)

A. 用图画和符号表达自己的愿望和想法

B. 书写自己的名字

C. 养成正确的写画姿势

D. 学习书写常见汉字

6. 幼儿园艺术教育的主要目标是(　　)

A. 发展幼儿的艺术技能　　B. 培养幼儿的艺术感受和表达能力

C. 丰富幼儿的艺术知识　　D. 拓展幼儿的逻辑思维能力

7.《幼儿园教师专业标准(试行)》规定,我国幼儿园教师专业标准的基本理念是(　　)

A. 师德为先、幼儿为本、能力为重、知识为主

B. 幼儿为本、能力为重、知识为主、终身学习

C. 师德为先、幼儿为本、能力为重、终身学习

D. 师德为先、幼儿为本、知识为主、终身学习

8. 陶行知创立的培养幼教师资的方法是(　　)

A. 讲授制　　B. 五指活动

C. 感官教育　　D. 艺友制

9. 小班幼儿观察植物时,下列哪条目标最符合他们的发展水平( )

A. 能感知到周围植物的多种多样

B. 会观察记录植物生长变化过程

C. 能察觉到植物外形特征与生存环境的关系

D. 能发现不同种类植物之间差异

10. 一般条件下,( )年龄段的幼儿能结合情境理解一些表示因果、假设等关系的相对复杂的句子。

A. 托班 B. 小班

C. 中班 D. 大班

11. 下列不宜作为幼儿科学领域学习方式的是( )

A. 直接感知 B. 实际操作

C. 亲身体验 D. 概念解释

12.《幼儿园教育指导纲要(试行)》中的教育目标较多使用“体验”“感受”“喜欢”“乐意”等词汇。这表明幼儿园教育强调( )

A. 知识取向 B. 情感态度取向

C. 能力取向 D. 技能取向

13. 教育过程中,教师评价幼儿的适宜做法是( )

A. 用统一的标准评价幼儿 B. 根据一次测评结果评价幼儿

C. 用标准化测评工具评价幼儿 D. 根据日常观察所获信息评价幼儿

14. 下列有关幼儿美术教育的做法中,不正确的是( )

A. 支持幼儿表达自己对美术作品的独特感受 B. 出示范画让幼儿模仿

C. 鼓励幼儿用自己的方式表现美 D. 为幼儿的美术创作提供丰富的材料

15. 幼儿园教师应该是( )

A. 幼儿学习的引导者、决策者和管理者 B. 幼儿学习的支持者、合作者和引导者

C. 幼儿学习的引导者、传授者和控制者 D. 幼儿学习的管理者、决策者和传授者

16. 欧文创办的幼儿学校是世界上最早( )

A. 使用恩物开展教学的学前教育机构

B. 为工人子弟开办的学前教育机构

C. 为贵族子弟开办的学前教育机构

D. 为儿童提供“有准备的环境”的学前教育机构

17. “做人,做中国人,做现代中国人”这一教育目的的提出者是( )

A. 张雪门 B. 陶行知

C. 陈鹤琴 D. 张宗麟

18. 幼儿园的双重任务是( )

A. 保教幼儿和服务家长 B. 看护幼儿和服务家长

C. 培养习惯和传递知识 D. 保育和教育幼儿

19. 幼儿园教师要能接住幼儿抛来的“球”，并用恰当的方式把“球”抛回给幼儿，让活动能持续下去，这里所体现的教师角色是(　　)

A. 幼儿学习活动的指导者　　B. 幼儿学习活动的管理者

C. 幼儿学习活动的设计者　　D. 幼儿学习活动的合作者

20. 对杜威“教育即生长”的正确理解是(　　)

A. 教育以儿童的本能和能力为依据　　B. 儿童的生长以教育目标为依据

C. 教育以促进教师的专业成长为基础　　D. 教育应促进儿童的身体发育

21. 下列说法中属于蒙台梭利教育观点的是(　　)

A. 注重感官教育　　B. 注重集体教学作用

C. 重视实物使用　　D. 通过游戏使自由与纪律相协调

二、简答题(每小题 15 分，参考时限 10 分钟。共 4 小题)

1. 为什么不能把《3～6 岁儿童学习与发展指南》作为一把“尺子”去衡量所有的幼儿？请说明理由。

2. 为什么幼儿园教育内容要贴近幼儿生活？

3. 列出幼儿园课程生活化的实施要求并分别举例说明。

4. 简述幼儿社会学习的指导要点。

三、**论述题**(**每小题** 20 **分**,**参考时限** 15 **分钟**。**共** 3 **小题**)

1. 幼儿园教师应具备哪些专业能力?

2. 试述幼儿园班级管理工作的主要内容。

3. 试述科学安排幼儿园一日生活的原则。

过关必刷题库

专题一　教育与幼儿教育

➢答案见 P34

一、单项选择题(每小题 3 分,共 5 小题,参考时限 10 分钟)

1. 下列不属于制定学前教育目标依据的有(　　)

A. 幼儿园的师资力量水平

B. 幼儿学习的特点

C. 社会发展的客观需求

D. 幼儿身心发展的需求

2. 我国幼儿教育的基本出发点是(　　)

A. 对幼儿实施全面发展教育　　B. 对幼儿开展智力教育

C. 保护幼儿健康成长　　D. 对幼儿进行道德教育

3. 以下哪项不属于我国幼儿园的任务(　　)

A. 对幼儿实施保护和教育　　B. 培养创新人才,发展科学技术文化

C. 为家长工作、学习提供便利　　D. 服务社会,为社会发展做贡献

4. 在我国封建社会,封建统治者通过《三字经》《弟子规》等蒙学教材,为维护封建统治秩序打好基础,这反映了影响学前教育的因素是(　　)

A. 学校因素　　B. 政治因素

C. 经济因素　　D. 文化因素

5. 幼儿园的双重任务是指幼儿园对幼儿实施保育和教育以及(　　)

A. 幼儿园对幼儿家长实施科学的育儿指导

B. 幼儿园为幼儿健康成长提供条件

C. 幼儿园为小学教育提供基础

D. 幼儿园是对幼儿进行照看

二、简答题(每小题 15 分,参考时限 10 分钟。共 2 小题)

1. 简述学前教育目标制定的依据。

2. 简述幼儿教育的意义。

专题二　中外幼儿教育的发展

➢答案见 P34

一、单项选择题(每小题 3 分,共 40 小题,参考时限 80 分钟)

1. 我国教育家陶行知提出的教育方法是(　　)

A. 自然后果法　　B. 教、学、做合一

C. 整个教学法　　D. 发现式教学法

2. 根据杜威的“教育即生活”和陶行知的“知行合一”,采用单元教学的方法,彻底打破各学科之间的界限的课程是(　　)

A. 蒙氏课程　　B. 五指课程

C. 行为课程　　D. 瑞吉欧课程

3. 下列选项中,被誉为“儿童宪章和儿童权利宣言”的是(　　)

A. 桑代克的《教育心理学》　　B. 若井邦夫的《幼儿教育心理学》

C. 卢梭的《爱弥儿》　　D. 蒙台梭利的《吸收性心智》

4. 我国现代著名教育思想家陶行知认为幼儿教育应解放儿童的(　　)

A. 主动性　　B. 活动

C. 兴趣　　D. 创造力

5. 标志着我国学前公共教育诞生的教育机构是(　　)

A. 湖南幼稚园　　B. 湖北幼稚园

C. 武昌蒙养院　　D. 福建公立幼儿园

6. 小朋友们都在各自的兴趣小组玩,唯独小强一个人沮丧地坐在一边,原来小强太霸道,小朋友们都不喜欢和他一起玩,老师看在眼里并没有采取任何措施。从卢梭的自然教育理论出发,老师的这种教育方法属于(　　)

A. 自然后果法　　B. 冷处理法

C. 权利剥夺法　　D. 平等教育法

7. 在西方教育史上,最早提出学前教育思想的是(　　)

A. 柏拉图　　B. 亚里士多德

C. 夸美纽斯　　D. 苏格拉底

. 重视儿童的感官教育，并设计了一套发展儿童感官的教学材料的幼儿教育家是(　　)

A. 柏拉图　　B. 蒙台梭利

C. 卢梭　　D. 夸美纽斯

. 认为应当把儿童所应该学的东西结合在一起，完整地、有系统地教授儿童，即提出“整个教学法”的是(　　)

A. 陶行知　　B. 蒙台梭利

C. 张雪门　　D. 陈鹤琴

0. 提倡教育要适合孩子的“敏感期”的教育家是(　　)

A. 蒙台梭利　　B. 卢梭

C. 福禄贝尔　　D. 杜威

1. 提出教育要遵循儿童的自然，一切教育都应以感官教育为基础，强调直观、语言和活动在儿童发展中的重要作用，指出游戏是儿童教育的重要方法的教育家是(　　)

A. 班杜拉　　B. 斯金纳

C. 乔姆斯基　　D. 裴斯泰洛齐

12. 与《爱弥儿》《民主主义与教育》合称为西方教育史上三大里程碑的是(　　)

A.《林哈德和葛笃德》　　B.《荷马史诗》

C.《理想国》　　D.《大教学论》

13. 下列哪项属于卢梭的主张(　　)

A. 强调对幼儿进行教育，必须遵循自然的要求，顺应幼儿的自然本性

B. 强调“教育即生长”

C. 主张“泛爱”主义的教育思想，认为人人都有接受教育的可能性

D. 强调要重视幼儿的自主性

14. 下列不属于蒙台梭利教育思想的是(　　)

A. 强调儿童内在生命力　　B. 强调游戏在幼儿教育中的地位和价值

C. 重视儿童心理发展的敏感期和阶段性　　D. 强调儿童在“工作”中发展

15. 1923 年，陈鹤琴创办的我国最早的幼儿教育实验中心是(　　)

A. 南京燕子矶幼稚园　　B. 香山慈幼院

C. 江西省实验幼稚师范学校　　D. 南京鼓楼幼稚园

16. 以下哪项不属于裴斯泰洛齐提出的和谐发展的教育内容(　　)

A. 体育　　B. 美育

C. 劳动教育　　D. 德育和智育

17. (　　)是我国现代教育史上提倡乡村教育、兴办乡村学校的先行者。

A. 陈鹤琴　　B. 陶行知　　C. 张雪门　　D. 张宗麟

18. 教育史上第一个承认游戏教育价值的是(　　)

A. 福禄贝尔　　B. 卢梭　　C. 蒙台梭利　　D. 夸美纽斯

19. 论述了“绅士教育”，并在西方教育史上第一次把教育划分为体育、德育和智育三个方面的著述是(　　)

A.《爱弥儿》　　B.《人的教育》

C.《教育漫话》　　D.《教育人类学》

20. 杜威以实用主义哲学为基础建立其教育理论体系，他主张教育要以儿童为中心，基本方法是(　　)

A.“做中学”　　B.“玩中学”　　C.“教中学”　　D.“乐中学”

21. 学前教育学是从教育学家(　　)开始创立的，以他为标志，学前教育理论才从普通教育学中分化出来，由笼统的认识到建立独立的范畴与体系，成为一门独立学科。

A. 亚里士多德　　B. 柏拉图

C. 福禄贝尔　　D. 夸美纽斯

22. (　　)创办了我国第一所学前儿童教育机构——湖北幼稚园。

A. 端方　　B. 陶行知　　C. 陈鹤琴　　D. 张之洞

23. 蒙台梭利“有准备的环境”指的是(　　)

A. 教师高度控制的环境　　B. 幼儿自由活动的环境

C. 教师指导的有秩序的环境　　D. 幼儿自主操作材料的环境

24. 在教育史上，(　　)是提倡“爱的教育”和实施“爱的教育”的典范，他指出：“教育的主要原则是爱。”

A. 福禄贝尔　　B. 卢梭　　C. 裴斯泰洛齐　　D. 夸美纽斯

25. 提出“骑马者应从马背上学”的思想并运用于幼稚师范生的见习和实习的幼儿教育家是(　　)

A. 陈鹤琴　　B. 张雪门　　C. 陶行知　　D. 蔡元培

26. 提出“白板说”的教育思想家是(　　)

A. 夸美纽斯　　B. 洛克　　C. 卢梭　　D. 赫尔巴特

27. 蒙台梭利被誉为20世纪初的幼儿改革家，她于1907年在罗马贫民区创办了世界上第一所(　　)

A. 儿童之家　　B. 托儿所　　C. 幼儿园　　D. 孤儿院

28. 美国教育家杜威曾说：“我们教育中将引起的改变是重心的转移，这是一种变革，这是一种革命。这是和哥白尼把天文学的中心从地球转到太阳一样的那种革命，这里，儿童变成了太阳，而教育的一切措施则围绕着他们转动……”这段话体现的是什么教育思想(　　)

A. 强调儿童的发现　　B. 以儿童为中心

C. 母亲是儿童最好的老师　　D. 重视儿童的经验

29. 陈鹤琴提出的“五指活动”指的是(　　)

A. 健康活动、社会活动、科学活动、艺术活动、文学活动

B. 体育活动、语言活动、科学活动、艺术活动、语文活动

C. 语言活动、社会活动、科学活动、美术活动、音乐活动

D. 社会活动、科学活动、常识活动、语文活动、文学活动

30. 卢梭教育理论体系中一个最基本的思想是(　　)

A. 把儿童当做儿童来看待
B. 提出了“社会本位论”的儿童观
C. 提出了“白板说”
D. 为儿童拟定了百科全书式的启蒙教育大纲

31. 提出“教育应该以儿童为中心”的教育家是(　　)

A. 蒙台梭利
B. 福禄贝尔
C. 杜威
D. 张雪门

32. 由陶行知先生在1927年创办的我国第一所乡村幼稚园是(　　)

A. 湖南蒙养院
B. 南京燕子矶幼稚园
C. 湖北幼稚园
D. 鼓楼幼稚园

33. (　　)先生是我国著名的教育家，儿童心理学、儿童教育学的奠基人，被誉为“中国的福禄贝尔”和“中国幼儿园之父”。

A. 陶行知
B. 陈鹤琴
C. 鲁迅
D. 张雪门

34. 下列选项中不属于蒙台梭利教育思想的是(　　)

A. 重视社会性培养
B. 重视感官教育
C. 重视有准备的环境
D. 重视敏感期的价值

35. (　　)创立了我国第一所公立的独立幼师学校。

A. 陈嘉庚
B. 熊希龄
C. 陶行知
D. 陈鹤琴

36. 曾经在北平幼稚师范学校任教，并有《幼稚园教育概论》《幼稚园行为课程》等著作的幼儿园教育家是(　　)

A. 张雪门
B. 陈鹤琴
C. 陶行知
D. 张宗麟

37. 《爱弥儿》这部著作明确阐述了自然主义教育观，其作者是(　　)

A. 裴斯泰洛齐
B. 洛克
C. 卢梭
D. 福禄贝尔

38. 公益性学前教育较早可追溯到罗伯特·欧文创办的(　　)

A. 母育学校
B. 幼儿学校
C. 幼儿园
D. 编织学校

39. 被认为是世界史上第一部学前教育专著的是(　　)

A.《母育学校》
B.《爱弥儿》
C.《教育漫话》
D.《幼儿园教育学》

40. 最早将幼儿教育机构命名为“幼儿园”的是(　　)

A. 法国的福禄贝尔
B. 英国的欧文
C. 意大利的蒙台梭利
D. 德国的福禄贝尔

二、简答题(每小题 15 分,参考时限 10 分钟。共 5 小题)

1. 简述洛克的幼儿教育思想。

2. 简述福禄贝尔的教育思想。

3. 简述陈鹤琴的教育思想。

4. 陶行知的生活教育理论源自对杜威思想的吸收和改造,请简述两位教育家的主要观点。

5. 简述卢梭的教育思想。

三、论述题（每小题 20 分，参考时限 15 分钟。共 2 小题）

1. 试述蒙台梭利的主要教育思想。

2. 试述陶行知在幼儿教育方面的主要贡献和观点。

专题三　学前教育的基本原则与特点

➢答案见 P37

一、单项选择题（每小题 3 分，共 10 小题，参考时限 20 分钟）

1. 教师在活动前要善于激发幼儿的学习兴趣和动机，这体现的是（　　）

A. 科学性、思想性原则　　B. 目标性原则

C. 主体性原则　　D. 保教合一原则

2. 吃饭时，老师教育小朋友要珍惜粮食，这种行为符合（　　）原则。

A. 直观性　　B. 生活性　　C. 保教结合　　D. 活动性

3.（　　）是我国幼儿教育中所特有的一条原则，具有很强的中国特色。

A. 独立自主性原则　　B. 发展适宜性原则

C. 保教结合原则　　D. 综合性原则

4. 张老师当众披露婷婷的缺点，还给婷婷起绰号，张老师违背了（　　）

A. 坚持开放办学原则　　B. 尊重儿童人格尊严和合法权益原则

C. 目标性原则　　D. 科学性、思想性原则

5. 大班的苗苗掉了牙，哭着并拿着掉了的牙去找老师。老师安慰她说这是正常现象，然后根据这一事例在全班组织讨论为什么会掉牙，并进行了一系列活动："我们要换牙了""如何保护牙"等，使幼儿懂得了一些换牙、保护牙的卫生常识以及注意养成良好的饮食习惯。这主要体现了学前教育的

(　　)原则。

A. 生活教育化　　B. 发挥一日活动整体功能

C. 尊重儿童　　D. 实践性

6. 在幼儿园实践中某些教师认为幼儿进餐、睡眠、午点等是保育，只有上课才是传授知识、发展智力的唯一途径，不注意利用各环节的教育价值。这种做法违背了(　　)

A. 发挥一日生活的整体功能原则　　B. 重视年龄特点和个体差异原则

C. 尊重儿童原则　　D. 实践性原则

7. 幼儿教师规定，在语言课上只讲故事，音乐课上只能唱歌，体育课上只做游戏的做法违背了(　　)的教育原则。

A. 启蒙性　　B. 发展适宜性

C. 活动性　　D. 整合性

8. 学前教育的目标、设计、组织和实施既要符合学前儿童身心发展特征规律，符合学前儿童的现有水平，又要有一定的挑战性，这体现了学前教育实施原则中的(　　)

A. 发展适宜性原则　　B. 价值性原则

C. 科学性原则　　D. 全面性原则

9. 幼儿园提前学习小学低年级的内容，这种做法违背了(　　)

A. 主体性原则　　B. 发展适宜性原则

C. 以游戏为基本活动原则　　D. 教育的活动性原则

10. 王老师在组织“5”的分解、组成活动时，为幼儿提供了小棒、积木和圆片等学具供其操作，老师的做法体现了学前教育的原则是(　　)

A. 保教合一的原则　　B. 以游戏为基本活动的原则

C. 教育的活动性和直观性原则　　D. 生活化和一日活动的整体性原则

二、简答题(每小题 15 分，参考时限 10 分钟。共 3 小题)

1. 为什么说游戏是幼儿的基本活动？

2. 简述遵循发展适宜性原则的几层含义。

3. 简述幼儿园教育的特点。

三、论述题(每小题 20 分,参考时限 15 分钟。共 1 小题)

试述学前教育的一般原则。

四、材料分析题(每小题 20 分,参考时限 20 分钟。共 3 小题)

1. 材料:

经过长时间教育,我发现班上大部分孩子洗手的方法还是不正确,手总是洗得不干净。我们几位老师看在眼里急在心里。于是,我让孩子们相互看看、摸摸自己和别人的手,比比谁的手干净,并让孩子们总结洗手的“小诀窍”。有的孩子说:“要用肥皂搓,再用水冲干净。”有的说:“洗手时要卷起袖子,不然会把衣服弄湿的。”我搬来了娃娃家的“脸盆”“肥皂”“毛巾”等,请孩子们学习并练习洗手的正确步骤:先卷袖子→打开水龙头冲一下手→用肥皂搓手心、手背、手指和手腕→用水冲干净→用毛巾擦干水。为了帮助孩子牢固地掌握正确的洗手方法,我还画了一些洗手的小图示,编上1、2、3、4、5,并附上简单的说明文字,将其贴在洗手池上方的墙上。终于,孩子们都能按正确的步骤洗手了。

问题:结合材料分析教师在活动中体现了哪些学前教育原则?

2. 材料：

大班某教师发现大部分幼儿需要不断提醒才会饮水，于是该老师开展了“多喝水身体棒”系列活动，通过情景表演小猴生病的原因，让幼儿明白饮水的重要性；开展“茶水店”游戏，丰富幼儿饮水的相关生活经验；在生活中引导幼儿饮水后用自己喜欢的方式做标识，保证充足的饮水量。一段时间后，该老师欣喜地发现幼儿逐渐养成了主动饮水的习惯。

问题：请结合“生活化和一日活动整体性原则”分析材料中教师的做法。

3. 材料：

点名是幼儿园一日生活中必不可少的环节，每天早上检查班级幼儿的出勤率，户外活动结束时确认幼儿是否归队等，都需要点名。然而在点名环节中，幼儿常常不太配合，经常发出怪声，替人答到，自顾自玩耍等。本来两分钟就能完成的点名，结果用了十来分钟。为了改变这种情况，王老师想出了一个办法，她用缓慢柔和的语气对孩子们说：“今天兔妈妈和大灰狼争着要给小朋友点名。乖孩子的名字兔妈妈用最温柔、最好听的声音念出来，没有坐好的小朋友的名字，大灰狼就用凶巴巴的声音念出来。”幼儿一听，都安静坐好，唯恐大灰狼用凶巴巴的声音念出自己的名字，老师很快就完成了点名任务。

问题：结合材料分析王老师的做法体现的学前教育原则是什么？并谈谈在实践中如何贯彻这一原则。

专题四　幼儿园班级管理

➢答案见 P39

一、单项选择题(每小题 3 分,共 5 小题,参考时限 10 分钟)

1. 在创设“超市”游戏环境时,王老师和幼儿共同协商“超市”游戏规则,并让幼儿将规则用符号表征的形式呈现在区域里。王老师管理班级的方法是(　　)

A. 互动指导法　　B. 榜样激励法

C. 目标指导法　　D. 规则引导法

2. 幼儿园班级的(　　)是幼儿园班级实施全面发展教育的前提和基础,它对保教质量具有重要的影响。

A. 心理要素　　B. 幼儿　　C. 幼儿教师　　D. 物质要素

3. (　　)是幼儿园教师最经常和最基本的管理工作,是幼儿园各项管理工作的中心部分。

A. 教育管理　　B. 生活管理

C. 班级间交流管理　　D. 家庭教育管理

4. 下列不是学期中的生活管理内容的是(　　)

A. 每周检查班级幼儿生活管理计划的实施情况

B. 观察幼儿生活行为,记录好其表现

C. 总结班级幼儿生活管理工作,指出成绩与问题

D. 每日管理好幼儿生活用品

5. 幼儿园班级管理是通过计划、组织、实施、(　　)等环节来实现。

A. 总结　　B. 小结　　C. 调整　　D. 检查

二、简答题(每小题 15 分,参考时限 10 分钟。共 3 小题)

1. 简述幼儿园生活管理的内容。

2. 简述幼儿园班级管理的目的。

3. 简述幼儿园班级管理的意义。

专题五　幼儿教育法律法规

➢答案见 P39

一、单项选择题(每小题 3 分,共 50 小题,参考时限 100 分钟)

1. 在儿童的动作技能发展中,三岁的儿童已掌握的简单技能是(　　)

A. 使用画笔涂鸦　　B. 扣纽扣

C. 溜冰　　D. 算算数

2.《幼儿园教育指导纲要(试行)》提到的五个领域中,艺术领域是为了发展幼儿的(　　)

A. 感受能力　　B. 表现能力

C. 评价能力　　D. 创造能力

3.《幼儿园教师专业标准(试行)》中对幼儿一日生活的组织与保育要求包括(　　)

①充分利用各种教育契机,对幼儿进行随机教育

②建立班级秩序与规则,营造良好的班级氛围,让幼儿感受到安全、舒适

③关注幼儿日常表现,及时发现和赏识每个幼儿的点滴进步,注重激发和保护幼儿的积极性、自信心

④有效保护幼儿,及时处理幼儿的常见事故,危险情况优先救护幼儿

A. ①②　　B. ②③　　C. ③④　　D. ①④

4.《幼儿园教育指导纲要(试行)》语言教育领域内容与要求指出,应培养幼儿对生活中常见的(　　)的兴趣。

A. 简单标记和图画符号　　B. 简单标记和文字符号

C. 简单标记和标点　　D. 简单标记和语言

5. 幼儿艺术领域学习的关键在于充分创造条件和机会,在大自然和(　　)中萌发幼儿对美的感受和体验,丰富其想象力和创造力。

A. 区域活动　　B. 游戏　　C. 社会文化生活　　D. 集体教学

6. 李老师在本班进行了关于绘本阅读的有效指导的教育行动研究,这体现了教师专业能力的是(　　)

A. 反思与发展　　B. 沟通与合作

C. 教育活动的计划与实施　　D. 一日活动的组织与保育

7. 幼儿园的教育内容是全面的、启蒙性的，可以相对划分为健康、语言、社会、科学、艺术等五个领域，也可作其他不同的划分。各领域的内容相互渗透，从不同的角度促进幼儿(　　)等方面的发展。

A. 知识、技能、能力、情感、健康　　B. 情感、态度、能力、知识、技能

C. 能力、语言、态度、知识、技能　　D. 情感、态度、知识、技能、潜力

8.《幼儿园教育指导纲要(试行)》指出，教师应“善于发现幼儿感兴趣的事物、游戏和(　　)中所隐含的教育价值，把握时机，积极引导”。

A. 生活　　B. 学习　　C. 运动　　D. 偶发事件

9. 幼儿的科学教育是科学启蒙教育，重在(　　)

A. 引导幼儿参与探究的过程和学习科学方法　　B. 教给幼儿粗浅的知识和探索的技能

C. 激发幼儿的认识兴趣和探究欲望　　D. 养成幼儿良好的学习习惯和兴趣

10. 幼儿园必须把________和________放在工作的首位。(　　)

①保护幼儿的生命②安全教育③促进幼儿的健康④身心健康

A. ①②　　B. ①③　　C. ②④　　D. ②③

11.《幼儿园教育指导纲要(试行)》中指出：教育活动内容的选择应体现的原则是(　　)

A. 既符合幼儿的现有水平，又有一定的挑战性

B. 既符合幼儿的现实需要，又有利于其长远发展

C. 既贴近幼儿的生活来选择幼儿感兴趣的事情和问题，又有助于拓展幼儿的经验和视野

D. 以上都是

12. 下列不属于健康领域目标的是(　　)

A. 喜欢参加体育活动，动作协调、灵活

B. 知道必要的安全保健常识，学习保护自己

C. 身体健康，在集体生活中情绪安定、愉快

D. 理解并遵守日常生活中基本的社会行为规则

13. 成人要充分尊重和接纳幼儿的说话方式，无论幼儿的表达水平如何，都应认真地(　　)并给予积极的回应。

A. 关注　　B. 倾听　　C. 等待　　D. 提问

14. 科学、合理安排和组织幼儿的一日生活，时间安排应有相当的(　　)

A. 系统性和灵活性　　B. 秩序性和灵活性

C. 稳定性和差异性　　D. 稳定性和灵活性

15. 下列关于学前儿童社会教育内容的要求，说法错误的是(　　)

A. 幼儿园、家庭和社会密切合作，协调一致，共同促进幼儿良好社会性品质的形成

B. 幼儿社会教育目标必须通过系统上课的方式实现

C. 幼儿社会态度和社会情感的培养尤应渗透在多种活动和一日生活的各个环节之中

D. 应为幼儿提供人际间相互交往和共同活动的机会和条件，并加以指导

16. 幼儿园教育活动的设计和实施主要体现在(　　)

A. 趣味性、综合性和活动性　　B. 趣味性、新颖性和活动性

C. 新颖性、综合性和儿童化　　D. 新颖性、游戏性和儿童化

17. 培养幼儿语言能力的关键是(　　)

A. 开展语言讲述活动　　B. 鼓励幼儿大声说话

C. 创设良好的语言环境　　D. 纠正幼儿的发音

18. 能努力做好力所能及的事,不怕困难,有初步的责任感,是(　　)领域的目标。

A. 健康　　B. 社会

C. 语言　　D. 科学

19.《幼儿园教育指导纲要(试行)》指出,教师的态度和(　　)应有助于形成安全、温馨的心理环境。

A. 情绪　　B. 性格　　C. 管理方式　　D. 人格魅力

20. (　　)应自然地伴随着整个教育过程进行。综合采用观察、谈话、作品分析等多种方法。

A. 教育评价　　B. 教师评价

C. 教育反思　　D. 教师反思

21. 幼儿园的教育活动是有目的、有计划地引导幼儿生动、活泼、(　　)的多种形式的教育过程。

A. 自主学习　　B. 愉快　　C. 探究　　D. 主动活动

22.《3 ~6 岁儿童学习与发展指南》的目标部分分别对 3 ~4 岁、4 ~5 岁、5 ~6 岁三个年龄段(　　)幼儿应该知道什么、能做什么,大致可以达到什么发展水平提出了合理期望,指明了幼儿学习与发展的具体方向。

A. 初期　　B. 中期　　C. 后期　　D. 末期

23. "喜欢参加体育活动"所体现的健康领域目标是(　　)

A. 具有健康的体态　　B. 具有基本的生活自理能力

C. 具有良好的生活与卫生习惯　　D. 具备基本的安全知识和自我保护能力

24. 在《指南》的实施中,李老师常常鼓励和支持幼儿用积木、纸盒、拼板等各种形状材料进行建构游戏或制作活动。这说明李老师(　　)

A. 尊重幼儿发展的个体差异　　B. 关注幼儿学习与发展的整体性

C. 理解幼儿的学习方式和特点　　D. 重视幼儿的学习品质

25. "对自己感兴趣的问题总是刨根问底"这一典型表现所属的年龄段一般是(　　)

A. 2 ~3 岁　　B. 3 ~4 岁　　C. 4 ~5 岁　　D. 5 ~6 岁

26. 5 ~6 岁幼儿连续看电视的时间不能超过(　　)

A. 10 分钟　　B. 20 分钟　　C. 30 分钟　　D. 40 分钟

27. 幼儿发展评价的方法不包括(　　)

A. 作品分析法　　B. 谈话法

C. 问卷调查法　　D. 家长评价

8. 能在较窄的低矮物体上平稳地走一段距离是对(　　)幼儿提出的要求。

A. 托班　　B. 小班

C. 中班　　D. 大班

9. 3～4 岁幼儿与同伴发生冲突时(　　)

A. 能在他人帮助下和平解决　　B. 能听从成人的劝解

C. 能自己协商解决　　D. 无需他人介入解决

0. “愿意和别人分享交流自己喜爱的艺术作品和美感体验”所体现的艺术领域目标是(　　)

A. 喜欢自然界与生活中美的事物　　B. 喜欢进行艺术活动并大胆表现

C. 具有初步的艺术表现与创造能力　　D. 喜欢欣赏多种多样的艺术形式和作品

1. “能感知和发现物体和材料的软硬、光滑和粗糙等特性”所属的科学领域目标是(　　)

A. 对周围的事物有好奇心　　B. 具有初步的探究能力

C. 亲近自然，喜欢探究　　D. 在探究中认识周围事物和现象

2. “能清楚地说出自己想说的事”，这属于(　　)的目标。

A. 社会领域　　B. 语言领域　　C. 健康领域　　D. 科学领域

3. 幼儿因着急表述一件事而说不清楚时，教师应该(　　)

A. 叫另外一个幼儿替他说　　B. 提醒他不要着急，慢慢说

C. 代替他说　　D. 表扬他讲得很好

4. 能达到“会自己系鞋带”这一目标所属的年龄段是(　　)

A. 2～3 岁　　B. 3～4 岁

C. 4～5 岁　　D. 5～6 岁

5. “具有文明的语言习惯”，该目标属于《3～6 岁儿童学习与发展指南》语言领域中的(　　)子领域。

A. 阅读与书写准备　　B. 阅读与理解

C. 倾听与书写准备　　D. 倾听与表达

6. 《3～6 岁儿童学习与发展指南》指出，忽视幼儿(　　)培养，单纯追求知识技能学习的做法是短视而有害的。

A. 学习方法　　B. 学习能力

C. 学习习惯　　D. 学习品质

7. “能模仿学唱短小歌曲”这一目标适合的年龄班是(　　)

A. 小班　　B. 中班　　C. 大班　　D. 学前班

8. “通过和幼儿一起翻阅相片、讲述幼儿成长的故事等，让幼儿感受到家庭和幼儿园的温暖，老师的和蔼可亲，对养育自己的人产生感激之情。”这是培养幼儿(　　)

A. 初步的行为规范　　B. 初步的表达能力

C. 初步的阅读能力　　D. 初步的归属感

39. 中班幼儿小明能通过数数比较两组物体的多少,这说明他已能感知和理解(　　)的关系。

A. 数量与形状　　B. 形状与空间

C. 数、量及数量　　D. 数量与空间

40. 关于"幼儿为本"的教育理念,下面说法不正确的是(　　)

A. 尊重幼儿权益　　B. 为幼儿提供适合的教育

C. 调动幼儿的主动性　　D. 让幼儿主动选择课程

41.《幼儿园教师专业标准(试行)》中对幼儿的态度与行为的基本要求不包括(　　)

A. 重视幼儿身心健康　　B. 维护幼儿合法权益

C. 信任幼儿,尊重个体差异　　D. 培育幼儿良好的意志品质

42. 幼儿年龄小,难免会出现冲突行为,这就要求幼儿园教师应具备的专业知识是(　　)

A. 幼儿发展知识　　B. 幼儿保育知识

C. 幼儿教育知识　　D. 通识性知识

43. 教师要建立班级(　　),营造良好的班级氛围,让幼儿感受到安全、舒适。

A. 常规要求　　B. 行为流程

C. 日常守则　　D. 秩序与规则

44. 王老师通过认真学习《幼儿园教师专业标准(试行)》,了解到一名幼儿园教师在游戏活动的支持和引导方面应具备的能力主要有(　　)

①提供符合幼儿兴趣需要、年龄特点和发展目标的游戏条件

②充分利用与合理设计游戏活动空间,提供丰富、适宜的游戏材料,支持、引发和促进幼儿的游戏

③鼓励幼儿自主选择游戏内容、伙伴和材料,支持幼儿主动地、创造性地开展游戏,充分体验游戏的快乐和满足

④充分利用各种教育契机,对幼儿进行随机教育

⑤引导幼儿在游戏活动中获得身体、认知、语言和社会性等多方面发展

A. ①②③④　　B. ②③④⑤

C. ①③④⑤　　D. ①②③⑤

45. 根据我国《幼儿园教育指导纲要(试行)》,下列对幼儿园科学教育领域的目标的表述,正确的是(　　)

A. 能运用各种感官,动手动脑,探究问题

B. 教育幼儿爱护玩具和其他物品,爱护公物和公共环境

C. 养成幼儿注意倾听的习惯,发展语言理解能力

D. 与家长配合,根据幼儿的需要建立科学的常规

46. 幼儿园教育是(　　)的重要组成部分,是我国学校教育和终身教育的奠基阶段。

A. 全日制教育　　B. 基础教育

C. 成人教育　　D. 义务教育

47. 幼儿园教育应尊重幼儿的人格和权利，尊重幼儿身心发展的规律和学习特点，以(　　)为基本活动，保教并重，关注个别差异，促进每个幼儿富有个性的发展。

A. 游戏　　B. 教学　　C. 一日生活　　D. 劳动

48. 教师应成为幼儿学习活动的(　　)

A. 指导者、合伙者、支持者　　B. 帮助者、引导者、合作者

C. 朋友、支持者、合作者　　D. 支持者、合作者、引导者

49. 教师直接指导的活动和间接指导的活动相结合，保证幼儿每天有适当的(　　)

A. 任务计划和个人活动时间　　B. 学习安排和自由复习时间

C. 组织活动和自我服务时间　　D. 自主选择和自由活动时间

50. 幼儿园教育工作评价应当(　　)

A. 以行政人员评价为主，专家等参与评价为辅

B. 以园长自评为主，教师等参与评价为辅

C. 以教师自评为主，园长等参与评价为辅

D. 以家长评价为主，幼儿等参与评价为辅

二、简答题(每小题 15 分，参考时限 10 分钟。共 9 小题)

1. 简述实施《3 ~6 岁儿童学习与发展指南》应把握哪几个方面。

2. 简述幼儿园语言领域的教育目标。

3. 简述在《幼儿园教育指导纲要(试行)》中指出的教育工作评价考察内容。

4. 简述幼儿良好的社会适应能力主要表现在哪些方面。

5. 简述幼儿园科学领域的教育目标。

简述幼儿园艺术领域教育的指导要点。

. 简述5～6岁的幼儿在“健康”领域中的“手的动作灵活协调”这个目标中所具有的典型表现。

.《幼儿园教师专业标准（试行）》中提出师德为先的具体要求是什么？

9. 简述幼儿教师应具备的有关幼儿保育和教育的知识。

三、论述题（每小题 20 分，参考时限 15 分钟。共 5 小题）

1.《3～6 岁儿童学习与发展指南》在艺术领域的教育建议中提出，幼儿绘画时，不宜提供范画，特别不应要求幼儿完全按照范画来画。对此，你是如何理解的？教学中应如何实施该建议。

2. 试述幼儿园健康领域教育的内容与要求。

3. 试述幼儿教师需具备的专业知识。

4. 请结合工作实际,谈谈幼儿园教师应如何科学、合理地安排组织幼儿一日生活。

5. 试述对幼儿发展状况的评估要求。

四、材料分析题(每小题20分,参考时限20分钟。共4小题)

1.材料:

青青上幼儿园已经有几个月了,可是,每次妈妈去接她的时候,她都是孤单的样子,不说话也不动,眼巴巴看着妈妈来的方向,看上去怪可怜的。别的小朋友都互相有说有笑,尤其是男孩们,可她一句话也不说。妈妈觉得女儿是个心思重的宝宝,询问老师,老师说:“青青特别乖,但她总一个人玩,不喜欢和小朋友们做游戏,也不喜欢说话。”妈妈对此真是百思不得其解。

问题:请根据《幼儿园教育指导纲要(试行)》的内容,对以上材料进行评析。

2.材料:

一次早餐时间,杜老师对孩子们说:“要好好吃饭哦!因为只有这样才能长得高,长得结实,就像植物一样每天喝水,才能长得好。”杜老师刚说完就有个声音响起来:“杜老师,植物又没有嘴巴,它是用什么喝水的呢?”“对呀,对呀。”许多孩子随声附和着。听到这个问题,杜老师的第一个反应是:“这个问题有意思,虽然看似简单,但却是孩子由自身经验有感而发的,且充满童趣。如果我告诉他是植物的根,他们一定又会问为什么根会喝水等等许多问题,这样一来,岂不是剥夺了孩子们一次观察和探究的机会吗?我何不抓住这个兴趣点,让他们自己寻找答案呢?”于是杜老师笑了笑说:“你们先吃饭,吃完了我就告诉你们。”饭后杜老师带着孩子们到自然角,看了许多植物的种子。说道:“你们不是很想知道植物是怎样喝水的吗?我们现在就来种一些植物吧,你们仔细观察就会得到答案的。”

问题:请用《幼儿园教育指导纲要(试行)》有关知识,分析材料中杜老师的做法。

材料：

中班的小萌是个爱看书的小姑娘。区域活动时，她总出现在阅读区，哪怕阅读区已经满了，她也要硬挤进去。班里最近新增了几本图书，小萌为了抢先看新书，匆匆忙忙地吃完午餐，就去阅读区了。小萌一下把两三本新书抱在身上，其他小朋友很想看，她也不愿意给。

问题：

(1)结合《3～6岁儿童学习与发展指南》，分析材料中小萌在社会适应方面的行为表现。

(2)结合材料提出教师的指导策略。

. 材料：

期末，幼儿园专门腾出空教室，让两位教师对孩子进行体能测试，测试幼儿"拍球，平衡"能力，教师对照《指南》，并用典型表现对不同年龄段幼儿进行评分。

问题：请分析教师的行为对吗？说说你的建议。

第三章　生活指导

核心知识提要

答案见 P45

- 生活指导
  - 幼儿园一日生活组织
    - 幼儿园一日生活概述
    - 制定幼儿园一日生活日程的依据★
    - 幼儿园一日生活的主要环节★
    - 幼儿园一日生活安排的策略
  - 幼儿生活常规教育★
    - 幼儿生活常规概述★
    - 幼儿生活常规教育的内容与要求
    - 幼儿生活常规教育的方法
  - 幼儿园卫生保健常规
    - 健康检查常规★
      - ①________健康检查
      - ②________健康检查
    - 卫生消毒常规
      - 环境卫生常规
      - ③________常规
      - ④________
    - 隔离制度
  - 幼儿常见疾病预防和处理
    - 预防常见病
    - 常见的传染病及预防★
  - 幼儿营养与膳食
    - 营养基础知识★
    - 幼儿良好饮食习惯的内容
    - 合理安排幼儿膳食
  - 幼儿安全与急救
    - 安全措施和安全教育
    - 幼儿常见意外事故的急救处理★★
    - 托幼机构突发事件及应急措施

经典真题回顾

答案见 P45

一、单项选择题(每小题 3 分,共 11 小题,参考时限 20 分钟)

1. 洗手时,东东突然叫了起来:“洗手液溅进眼睛里了!”这时老师首先应该做的是(　　)

A. 用流动水冲洗眼睛　　B. 用干净的纸或软布擦眼睛

C. 找保健医生　　D. 拉开眼皮吹一吹

2. 幼儿突然出现剧烈咳嗽,伴有呼吸困难,面色青紫。这种情况最可能是(　　)

A. 急性肠胃炎　　B. 异物落入气管

C. 急性喉炎　　D. 支气管哮喘

3. 风疹病毒的传播途径是(　　)

A. 肢体接触　　B. 空气飞沫　　C. 虫媒传播　　D. 食物传播

4. 皮疹呈向心性分布(即躯干多,面部、四肢较少;手掌、脚掌更少)的疾病是(　　)

A. 麻疹　　B. 水痘　　C. 手足口病　　D. 猩红热

5. 缺锌会导致婴幼儿(　　)

A. 食欲减退　　B. 夜盲症　　C. 佝偻病　　D. 肌无力

6. 被黄蜂蜇伤后,正确的处理方法是(　　)

A. 涂肥皂水　　B. 用温水冲洗　　C. 涂食用醋　　D. 冷敷

7.《托儿所幼儿园卫生保健工作规范》规定,托幼园所的工作人员接受健康检查的频率是(　　)

A. 每月一次　　B. 半年一次　　C. 每年一次　　D. 三年一次

8. 幼儿在户外活动中扭伤,出现充血、肿胀和疼痛,教师应对幼儿采取的措施是(　　)

A. 停止活动,冷敷扭伤处　　B. 停止活动,热敷扭伤处

C. 按摩扭伤处,继续活动　　D. 清洁扭伤处,继续活动

9. 对幼儿如厕,教师最合理的做法是(　　)

A. 允许幼儿按需自由如厕　　B. 要求排队如厕

C. 控制幼儿如厕次数　　D. 控制幼儿如厕的间隔时间

10. 教师引导幼儿擤鼻涕的正确方法是(　　)

A. 把鼻涕吸进鼻腔

B. 先压住一侧鼻孔擤鼻涕,再压住另一侧擤鼻涕

C. 同时捏住鼻翼两侧擤

D. 用手背擦鼻涕

11. 根据《托儿所幼儿园卫生保健工作规范》规定,3 ~ 6 岁儿童每年健康检查的次数是(　　)

A. 1 次　　B. 2 次

C. 3 次　　D. 4 次

二、简答题(每小题 15 分,参考时限 10 分钟。共 1 小题)

从儿童发展角度,简述幼儿户外运动的价值。

三、论述题(每小题 20 分,参考时限 15 分钟。共 1 小题)

什么是幼儿园一日生活常规?试述培养幼儿一日生活常规的意义和方法。

过关必刷题库

专题一 幼儿园一日生活组织

答案见 P46

一、单项选择题(每小题 3 分,共 7 小题,参考时限 15 分钟)

1. 幼儿教师晨间接待幼儿入园工作的重点是(　　)

A. 提醒幼儿尽早进入学习状态　　B. 与家长交流沟通感情

C. 检查幼儿的身心状况　　D. 检查幼儿作业完成情况

2. 下列关于幼儿一日常规活动说法错误的是(　　)

A. 幼儿可以根据自己的意愿,选择不去户外活动

B. 要让幼儿在间隙活动中及时饮水,允许幼儿根据自身需要喝水

C. 吃饭前教师要组织幼儿进行盥洗活动

D. 幼儿入园后必须进行晨检

3. 盥洗是幼儿园一日生活的重要内容,包括洗手、洗脸、漱口、梳头等活动,关于洗手的环节要求表述不正确的是(　　)

A. 学习用七步洗手法洗干净双手

B. 节约用水,可以省去洗手环节

C. 洗手时不弄湿衣袖,不玩水,节约用水

D. 饭前饭后、便前便后、活动前后要及时洗手

4. 在幼儿园进餐环节,以下做法错误的是(　　)

A. 教师要创设安静整洁、轻松愉快的进餐环境

B. 教师通过比赛的方式激发幼儿进餐的积极性，加快进食速度

C. 教师结合膳食菜肴，指导幼儿认识人体所需的营养素

D. 教师提醒幼儿采用正确的方法咀嚼食物

下列对幼儿园一日活动组织的表述，错误的是(　　)

A. 时间安排应有相对的稳定性与灵活性，既有利于形成秩序，又能满足幼儿的合理需要，照顾到个别差异

B. 尽量减少不必要的集体行动和过渡环节，减少和消除消极等待现象

C. 教师只需直接指导活动，保证幼儿偶尔有适当的自主选择和自由活动时间即可

D. 建立良好的常规，避免不必要的管理行为，逐步引导幼儿学习自我管理

随着气温下降，幼儿入园的时间越来越晚，很多幼儿错过了晨间锻炼的机会，甚至学习活动也迟到。幼儿园应合理安排(　　)，做到有规律、有节奏，保证足够的户外活动和学习时间。

A. 体育锻炼制度　　　　B. 学习制度

C. 生活作息制度　　　　D. 活动时间

在幼儿园晨间检查中，一问、二摸、三看、四查中的“查”指的是检查(　　)

A. 体温是否正常　　　　B. 精神、脸色是否正常

C. 皮肤是否有皮疹　　　　D. 是否携带不安全的物品

二、简答题(每小题 15 分，参考时限 10 分钟。共 4 小题)

简述幼儿入园晨检的具体步骤。

简述照顾好幼儿睡眠的三条标志。

幼儿教师应如何安排和组织幼儿园一日生活？

4. 简述制定幼儿园一日生活日程的依据。

三、论述题（每小题 20 分，参考时限 15 分钟。共 2 小题）

1. 试述教师设计与组织教育活动应注意的问题。

2. 试述如何正确组织幼儿进餐？

四、材料分析题（每小题 20 分，参考时限 20 分钟。共 2 小题）

1. 材料：

这几天，孩子们突然对盥洗室产生了极大的兴趣。孩子们的异常举动引起了李老师的注意，李老师悄悄地跟了进去，发现孩子们正在互相帮助卷袖子，这真让李老师欣慰——孩子们真是进步不少，还能主动互相帮助。李老师开心地走出盥洗室，可没多久，盥洗室里就传来了哗哗的水声，声音很大，李老师马上走进盥洗室，发现盥洗室里所有的水龙头都打开了，而且水还开得很大。孩子们的手臂、胸前的衣服都溅到水花了，可是孩子们一动不动地站在水槽前，眼睁睁地看着水就这样流走，没有把水龙头关上的意思，也没有节约用水的意识。这时，李老师生气了，她说："赶快把水龙头关上，衣服都弄湿了，要着凉了，水还浪费了这么多。"可还没等她把话说完，小烨就兴冲冲地说："李老师，你看，好大的瀑布呀！这些瀑布是我们几个做的。"李老师压抑着心中的怒火，决定对全班孩子进行教育。李老师先了解孩子们为什么要把所有的水龙头都开到最大，原来他们是对上次活动中提到的瀑布非常感兴趣，于是就在盥洗室里"制造瀑布"。李老师和孩子们约定下次再开展一次关于瀑布的活动，满足他们的好奇心，同时也跟孩子们一起讨论在盥洗室里的行为是否合适。

问题：

(1)试分析材料中李老师的教育行为。

(2)谈谈组织幼儿盥洗时，教师要注意哪些方面的保育。

2. 材料：

一个整日制幼儿园在中午安排了一次午睡。幼儿园的教师中午安排幼儿准时上床，按时起床，并引导家长配合，幼儿回到家仍准时上床，按时起床，养成好的睡眠习惯，保证充足睡眠，但也不让睡眠过多。幼儿进餐也要求定时，每顿饭约 20 ~ 30 分钟，并且让幼儿细嚼慢咽，要求幼儿专心吃饭。一般，该园还每天安排 3 ~ 4 小时的户外活动。对幼儿的排便也进行了适当引导，培养幼儿定时大便的习惯，活动间歇提醒幼儿如厕，不要憋尿。

问题：根据材料分析该园的做法是否合理，为什么？

专题二　幼儿生活常规教育

➤答案见 P47

一、单项选择题(每小题 3 分，共 4 小题，参考时限 10 分钟)

1. 制定班级幼儿生活常规的主要目的是(　　)

A. 帮助幼儿学会自我管理　　B. 方便教师管理

C. 让幼儿学会服从　　D. 维持纪律

2. 下列哪项教育方法是利用了幼儿好模仿的特点(　　)

A. 评价激励法　　B. 图示观察法　　C. 游戏练习法　　D. 榜样示范法

3. 教师向幼儿讲述了《大公鸡和漏嘴巴》的故事，再组织幼儿讨论故事中的不同角色，启发幼儿要爱惜粮食。教师使用了(　　)

A. 情感陶冶法　B. 渗透教育法　C. 成果欣赏法　D. 榜样示范法

4. 制定合理的幼儿园生活制度，首先要考虑的因素是(　　)

A. 家长的需要　B. 季节与地区差异

C. 幼儿的身心发展特点　D. 个别幼儿的需要

二、简答题(每小题 15 分，参考时限 10 分钟。共 2 小题)

1. 简述幼儿生活常规教育的意义。

2. 简述培养幼儿一日生活常规的方法。

三、论述题(每小题 20 分，参考时限 15 分钟。共 1 小题)

试述幼儿生活常规教育的内容与要求。

四、材料分析题(每小题 20 分，参考时限 20 分钟。共 1 小题)

材料：

小班的郑老师发现，有的小朋友要教师提醒才记得喝水；有的小朋友会把自己的玩具带到床上；

的男孩子在小便时，经常尿在便池外面。针对这些情况，郑老师与幼儿共同创设“能量加油站”，引幼儿以刷卡的方式记录喝水的次数；放置收纳盒（“小房子”），让幼儿把自己的小物件、玩具分类放“小房子”里面休息；在男生小便池里面贴上“怪兽”，引导幼儿对着怪兽射击。郑老师还会表扬做对、做得好的幼儿。

题：

)结合材料，分析郑老师培养幼儿良好的生活卫生习惯的行为。

)对郑老师现阶段的措施提出合理建议。

专题三　幼儿园卫生保健常规

➢答案见 P48

、单项选择题（每小题 3 分，共 4 小题，参考时限 10 分钟）

对小班幼儿进行常规教育时，最合适的语言描述是（　　）

A.“请注意不要错拿别人的手巾”　　B.“拿别人的手巾小朋友会不高兴的”

C.“请拿自己的手巾，上面绣着你的小标志”　　D.“乱拿别人的手巾老师会批评的”

幼儿园幼儿健康检查的频率是（　　）

A. 每月一次　　B. 半年一次　　C. 每年一次　　D. 三年一次

幼儿园对于传染病的预防和控制，应坚持早报告、早隔离原则。下列情形不需要立即上报的是（　　）

A. 个别幼儿出现咳嗽症状

B. 同一班级 1 天内出现 3 例幼儿有相似的不适症状

C. 个别幼儿出现不明原因的高热、呼吸急促症状

D. 同一班级连续 3 天内有 5 例以上幼儿出现相似的不适症状

以下关于幼儿园工作人员健康检查的说法错误的是（　　）

A. 幼儿园工作人员，在参加工作之前必须经过全身健康检查，健康检查合格并且无严重生理缺陷者方可就职

B. 托幼机构在岗工作人员必须按照《托儿所幼儿园卫生保健管理办法》规定的项目每年进行 1 次健康检查

C. 患有传染病或为病原携带者的工作人员经治疗痊愈后,也不能入职

D. 患有精神病的保教人员应立即调离工作岗位

二、简答题(每小题 15 分,参考时限 10 分钟。共 1 小题)

简述幼儿园的日常消毒常规。

专题四　幼儿常见疾病预防和处理

➢答案见 P49

一、单项选择题(每小题 3 分,共 24 小题,参考时限 50 分钟)

1. 水痘是由水痘—带状疱疹病毒引起的小儿急性传染病。它的传播途径主要是(　　)

A. 虫媒传播　　B. 血液传播

C. 医源性传播　　D. 空气飞沫传播

2. 手足口病的潜伏期为(　　)日。

A. 3 ~ 5　　B. 4 ~ 6

C. 1 ~ 5　　D. 1 ~ 6

3. 下列不属于幼儿佝偻病症状的是(　　)

A. 睡眠不安,夜间常惊醒哭吵

B. 骨骼改变,出现方颅、鸡胸等

C. 大脑皮层兴奋性降低,条件反射形成迟缓,语言发育较晚

D. 食欲不振,汗液分泌较少

4. 小曼眼周的肌肉出现问题,导致其两眼不能同时注视目标,这种现象称为(　　)

A. 弱视　　B. 斜视

C. 近视　　D. 远视

5. 教会幼儿正确的刷牙方法,对于幼儿的牙齿健康极有帮助。下列刷牙方式中,操作不正确的是(　　)

A. 顺着牙齿生长的方向刷　　B. 上牙从上往下刷,下牙从下往上刷

C. 所有的牙齿都用横刷方式　　D. 每刷一个地方,需要往返 5 ~ 10 次

6. 预防幼儿视力问题的最佳方法是(　　)

A. 养成良好的用眼习惯　　B. 避免使用一切电子视频设备

C. 加强视力检查　　D. 尽可能多的闭眼休息

7. 保护水痘易感儿童最有效的措施是(　　)

A. 预防接种　　B. 培养良好卫生习惯

C. 提供科学营养　　D. 保证充足睡眠

8. 甲型肝炎传播通过(　　)

A. 飞沫　　B. 输血　　C. 被污染的水源　　D. 共用针头

9. 下列关于痱子的预防,做法不正确的是(　　)

A. 夏季应注意居室内通风、降温

B. 儿童应避免在烈日下玩耍

C. 勤洗澡,洗后扑上痱子粉

D. 出汗后自然风干

10. 婴儿伴随高烧而出现喷射性呕吐、抽风等,可能患(　　)

A. 流行性乙型脑炎　　B. 一氧化碳中毒

C. 营养性缺铁性贫血　　D. 急性传染性肝炎

11. 下列属于新生儿肺炎病因的是(　　)

A. 各种细菌感染肾造成　　B. 大肠杆菌进入尿道上行感染造成

C. 溶血性链球菌感染肺造成　　D. 某些药物的影响

12. 矫正弱视的最佳年龄是(　　)

A. 1 ~ 3 岁　　B. 3 ~ 6 岁　　C. 8 ~ 12 岁　　D. 12 岁以上

13. 佝偻病是发生在小儿生长过程中的一种疾病,是由于一系列因素导致钙、磷代谢障碍所致,最常见的佝偻病是由缺乏(　　)造成的。

A. 维生素 A　　B. 维生素 B

C. 维生素 C　　D. 维生素 D

14. 学前儿童出现鸡胸、漏斗胸是(　　)疾病的典型症状。

A. 维生素 D 缺乏性佝偻病　　B. 龋齿

C. 湿疹　　D. 贫血

15. 呼吸道传染病主要是通过(　　)

A. 食物传播　　B. 空气飞沫传播

C. 水源传播　　D. 虫媒传播

16. 关于湿疹,以下说法不正确的是(　　)

A. 可因食物过敏而致　　B. 可因过敏体质引起过敏

C. 可因羊毛、化纤引起过敏　　D. 病因易确定

17. 幼儿发生缺铁性贫血最主要的原因是(　　)

A. 先天不足　　B. 饮食中铁的摄入量不足　　C. 生长发育过快　　D. 疾病影响

18. 肺炎是学前儿童的常见病、多发病,一年四季都可发生,但是以(　　)季节多发。

A. 夏秋　　B. 冬春　　C. 春秋　　D. 夏冬

19. 小华平时食欲很好,但最近几天却不想吃饭,尤其怕油腻并伴有恶心呕吐,小华可能是患了(　　)

A. 病毒性肝炎　　B. 维生素 D 中毒症

C. 维生素 A 中毒症　　D. 佝偻病

20. 手足口病是多发性传染病,以(　　)年龄组发病率最高。

A. 1 ~2 岁　　B. 3 ~6 岁　　C. 0 ~3 岁　　D. 6 ~10 岁

21. 某幼儿突然出现高热、腹痛、腹泻,且一日腹泻数次,总有大便排不干净的感觉,大便内有黏液及脓血。该幼儿可能患了(　　)

A. 急性胃炎　　B. 细菌性痢疾　　C. 中毒型痢疾　　D. 急性肠炎

22. 下列不属于风疹症状的为(　　)

A. 病初可有发烧、咳嗽、流鼻涕等症状　　B. 发烧当日或次日出现皮疹

C. 耳后及颈部淋巴结肿大　　D. 起病突然、高烧可达 40℃

23. 晨检时,保健人员发现,某个孩子口腔黏膜有散落疱疹,手心出现同样疱疹,初步诊断是(　　),建议家长带到医院就诊。

A. 麻疹　　B. 风疹　　C. 水痘　　D. 手足口病

24. 幼儿园为幼儿做视力检查时,发现琪琪不能良好地分辨物体的远近、深浅等,且难以完成一些精细活动,初步判断琪琪患有(　　),建议家长带琪琪去医院进一步检查。

A. 弱视　　B. 近视　　C. 斜视　　D. 远视

二、简答题(每小题 15 分,参考时限 10 分钟。共 6 小题)

1. 简述缺铁性贫血的病因。

2. 简述学前儿童急性上呼吸道感染的预防措施。

3. 简述学前儿童肺炎的预防及护理。

简述水痘的预防措施。

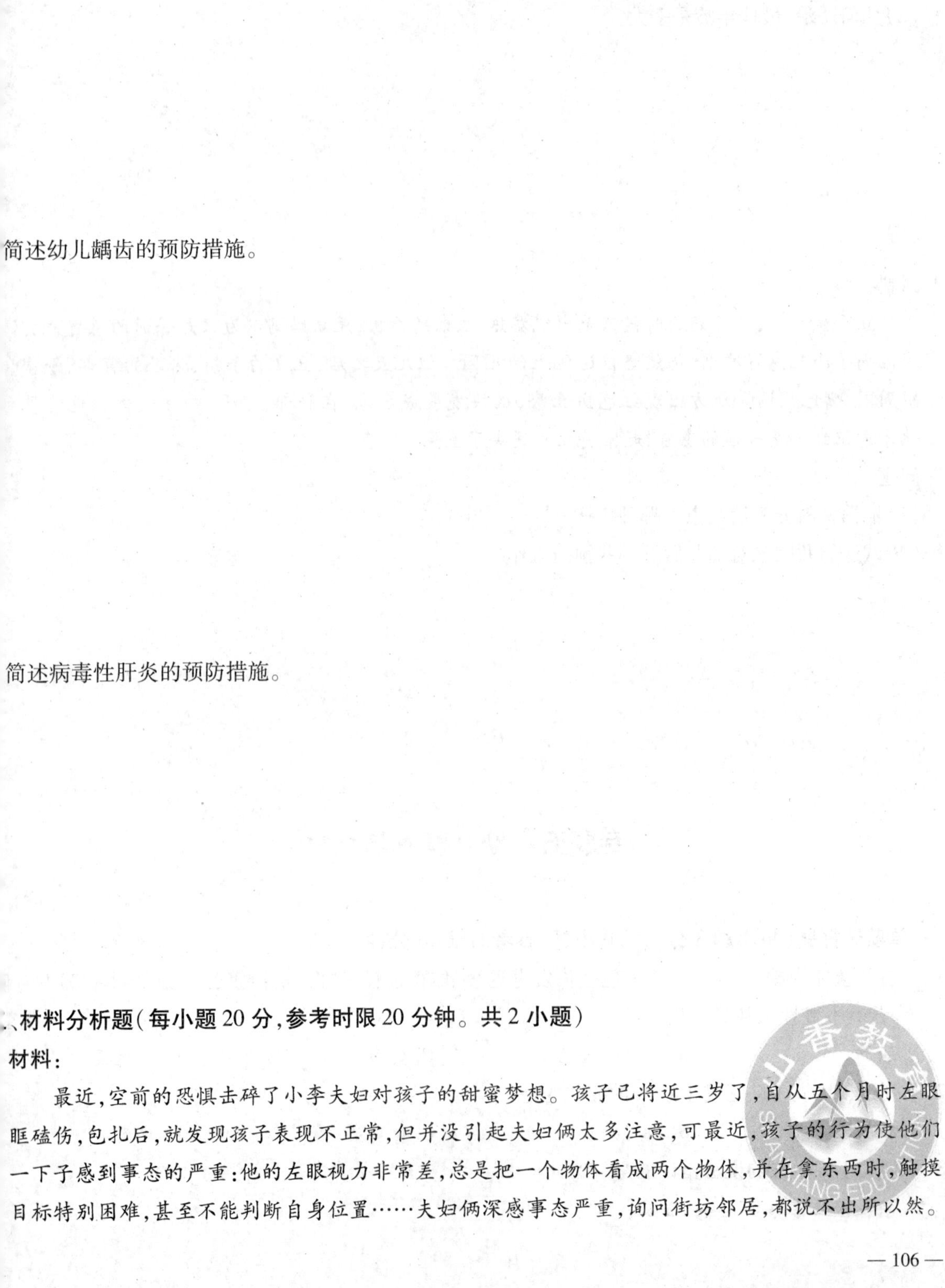

简述幼儿龋齿的预防措施。

简述病毒性肝炎的预防措施。

、材料分析题(每小题20分,参考时限20分钟。共2小题)

材料:

最近,空前的恐惧击碎了小李夫妇对孩子的甜蜜梦想。孩子已将近三岁了,自从五个月时左眼眶磕伤,包扎后,就发现孩子表现不正常,但并没引起夫妇俩太多注意,可最近,孩子的行为使他们一下子感到事态的严重:他的左眼视力非常差,总是把一个物体看成两个物体,并在拿东西时,触摸目标特别困难,甚至不能判断自身位置……夫妇俩深感事态严重,询问街坊邻居,都说不出所以然。

问题：

(1)孩子可能患了什么眼疾？导致这种疾病的直接原因是什么？一般来说，这种病的产生还有哪些原因？

(2)如何矫治，最佳年龄是多大？

2. 材料：

豆豆生病了，最开始的时候只是出现发热、咳嗽的症状，豆豆妈妈以为只是普通的感冒，就只是给他喝了小儿感冒冲剂，仍然坚持送他上幼儿园。但几天之后，豆豆的手指、脚趾的背部、手掌、指甲周围、嘴巴周围等地方出现红色斑丘疹，很快发展成水疱，在臀部、躯干、四肢等部位也能见到。她才意识到不是普通的感冒，赶紧将豆豆送去了医院。

问题：

(1)根据材料分析幼儿患了哪种疾病。

(2)试述幼儿园该对幼儿做好哪些预防工作。

专题五　幼儿营养与膳食

➢答案见 P51

一、单项选择题(每小题 3 分，共 20 小题，参考时限 40 分钟)

1. 学前儿童体内缺少(　　)会出现生长发育迟缓、体重过轻、贫血、精神疲乏，甚至产生智力发育障碍、营养不良性水肿等症状。

A. 脂肪　　B. 碳水化合物　　C. 蛋白质　　D. 维生素

2. 下列选项中属于缺乏维生素 A 的症状的是(　　)

A. 夜盲症　　B. 脚气病　　C. 口角炎　　D. 皮炎

3. 下列关于维生素的说法错误的是(　　)

A. 缺乏维生素 A 可患“夜盲症”

B. 维生素 B_1 参与蛋白质、脂肪、碳水化合物在人体内的代谢,体内缺乏会得口角炎和舌炎

C. 维生素 C 使三价铁还原成二价铁,可用于缺铁性贫血的辅助治疗

D. 婴幼儿缺乏维生素 D 会影响钙的吸收,可能会得佝偻病

4. 下列膳食搭配可以达到“蛋白质互补作用”的是(　　)

A. 粗细粮搭配　　B. 米面搭配

C. 谷类和豆类搭配　　D. 蔬菜五色搭配

5. 参与糖类代谢,对维持神经系统正常功能起着重要作用,同时促进儿童发育,增进食欲的是(　　)

A. 维生素 A　　B. 维生素 D

C. 维生素 B_1　　D. 维生素 C

6. 婴幼儿应注意多吃蛋、奶等食物以确保维生素 D 的摄入,以防止因缺乏维生素 D 而引起(　　)

A. 呆小症　　B. 佝偻病　　C. 坏血病　　D. 异食癖

7. 幼儿膳食要科学,以下符合营养学要求的是(　　)

A. 6 岁左右儿童每日进食 6 次

B. 在每餐食物中加氨基酸

C. 干稀搭配,粗细粮搭配

D. 菠菜含钙量高,可作为儿童摄取钙的主要来源

8. 缺碘对儿童最严重的后果是导致(　　)

A. 毛发脱落　　B. 皮下出血　　C. 肢体麻木　　D. 智力低下

9. 患异食癖的儿童有两种原因:一种是钩虫病,另一种是体内缺(　　)

A. 锌　　B. 碘　　C. 钙　　D. 磷

10. 培养幼儿饭前洗手、进食定时定量、不乱吃零食和过多的冷饮,进餐时细嚼慢咽等习惯属于(　　)

A. 个人卫生教育　　B. 心理健康教育

C. 营养与饮食卫生教育　　D. 消费卫生教育

11. 幼儿饮食要定时、定量,每餐的间隔以(　　)小时为宜。

A. 3　　B. 4　　C. 5　　D. 6

12. 预防幼儿“脚气病”的膳食配置方法是(　　)

A. 干稀搭配,少吃油炸食品　　B. 荤素搭配,经常吃适量的鱼、禽、蛋

C. 蔬菜水果搭配,多吃新鲜蔬菜、水果　　D. 粗细粮搭配,每天吃豆类及其制品

13. 在日常食物中以(　　)所含的钙为最佳。

A. 豆类　　B. 肉类　　C. 禽类　　D. 乳类

14. 对脂类的生理功能描述错误的是(　　)

A. 供给机体能量　　B. 促进水溶性维生素的吸收

C. 人体组织的重要组成成分　　D. 有保护功能

15. (　　)缺乏会导致甲状腺素合成不足,典型的症状是甲状腺肿大。

A. 钙　　B. 锌　　C. 碘　　D. 铁

16. 关于微量营养素，描述错误的是(　　)

A. 钙是构成人体骨骼和牙齿的重要成分

B. 钾是构成人体骨骼和牙齿的重要成分

C. 铁是合成血红蛋白的重要原料

D. 碘是合成甲状腺素的主要成分

17. 多晒太阳，有利于补充(　　)

A. 维生素 A

B. 维生素 B

C. 维生素 C

D. 维生素 D

18. (　　)缺乏会造成毛细血管通透性增加，导致坏血病。

A. 维生素 C　B. 维生素 A　C. 维生素 B　D. 维生素 D

19. 幼儿园教师及家长要帮助幼儿养成良好的饮食习惯，如(　　)

A. 不定时、定量进餐

B. 少吃或不吃主食，多吃蔬菜

C. 提醒幼儿吃饭时细嚼慢咽

D. 少喝白开水，多喝牛奶

20. 下列哪项不属于蛋白质的生理功能(　　)

A. 构成、更新和修复机体组织

B. 促进食欲，增加饱腹感

C. 调节生理功能

D. 供给能量

二、简答题(每小题 15 分，参考时限 10 分钟。共 5 小题)

1. 简述碳水化合物的生理功能(可吸收部分)。

2. 简述钙的食物来源及生理功能。

3. 简述安排幼儿膳食的原则。

简述幼儿良好饮食习惯的内容。

简述托幼机构增进和保持幼儿食欲的方法。

、材料分析题(每小题 20 分,参考时限 20 分钟。共 2 小题)

材料:

中午进餐时间,小(1)班的孩子们在一口饭一口菜安静地就餐。进餐之前,老师给孩子们提出了很多要求,如安静地吃,饭和菜搭配吃,不要掉饭粒等,其中“饭、菜要吃完”的要求肯定是不会落下的。于是,就出现了以下情况:

片段一:博伦很快地吃完了饭,同时把菜吃得一干二净后来添第二碗。

片段二:清清吃完了饭,慢吞吞地吃菜,边吃边皱着眉头看了老师一下:“裴老师,我有点吃不下了。”老师问:“真的吃不下了?”旁边的小朋友说:“她是不喜欢吃青菜。”于是,老师说:“再吃一点,好吗?”清清很听话,低下头一小口一小口地吃着,老师想要她养成吃青菜的习惯。

片段三:彤彤好不容易将饭吃完,其他的孩子都已经在旁边看书了,而菜已经冰凉了,“裴老师,我吃不下了。”

问题:结合材料,谈谈应如何合理安排幼儿进餐。

2. 材料：

冬季到了，小朋友们的食欲大增，今天午餐吃白米饭、红烧鱼、排骨萝卜汤、素炒青菜。教师上了门窗，生活老师洗好手，做好餐桌的桌面消毒，和小朋友们一起摆放好餐具、毛巾，为大家分饭菜，值日的小朋友也忙着端饭、端菜，生活老师说："要小心哦，汤有点烫，老师只盛了半碗汤，小友们要一碗一碗地端。"老师正在组织其他小朋友讨论今天的饭菜，但是，批评了刚才活动中表现好的小朋友，有几个小朋友情绪低落。有个小朋友说："老师，汤里面为什么要放葱？葱最难吃了老师对小朋友讲了吃葱的好处。生活老师在为小朋友剔除鱼刺时说道："万一老师没有把鱼刺剔净，大家小心鱼刺，慢慢吃。"有的小朋友把汤都喝完了饭还没有开始吃，也有的小朋友饭菜搭配吃，好几个小朋友把葱挑了出来放在桌上。先吃完的小朋友把碗筷放在指定的地方看书去了。

问题：结合材料进行分析，提出适当的保育建议。

专题六　幼儿安全与急救

➢答案见 P52

一、单项选择题（每小题 3 分，共 15 小题，参考时限 30 分钟）

1. 一只小昆虫爬进了跃跃的耳朵里，教师正确的处理方式是（　　）

A. 用强光接近跃跃的外耳道，将小昆虫引出来

B. 用棉签掏出来

C. 可用倾斜头、单脚跳跃的动作，将小昆虫跳出来

D. 用掏耳勺挖出来

2. 幼儿鼻中隔是易出血处，该处出血后，正确处理方法是（　　）

A. 鼻梁部涂紫药水，然后休息　　B. 让幼儿略低头，冷敷前额、鼻部

C. 让幼儿仰头，冷敷前额、鼻部　　D. 让幼儿仰卧休息

3. 学前儿童发生“折而不断”的骨折现象，被称为(　　)

A. 裂纹骨折　　B. 青枝骨折

C. 脆性骨折　　D. 粉碎性骨折

4. 幼儿器官有异物堵塞，现场急救最有效的方法是(　　)

A. 口对口吹气法　　B. 胸外心脏按压法

C. 肩部颠簸法　　D. 海姆里克手法

5. 小光的胳膊被狗咬伤了，教师在第一时间发现后采取的正确处理方法是(　　)

A. 用止血药粉或者药膏涂抹在伤口上

B. 用自来水对着伤口急水冲洗

C. 用嘴去吸吮伤口

D. 用牙膏、醋等非医疗物品冲洗伤口

6. 关于幼儿意外事故的急救，下列做法不正确的是(　　)

A. 发现幼儿被热水烫伤后应立即脱去衣袜，将创面放入冷水中浸泡半小时以上

B. 被狗咬伤后应立即用流动的自来水或肥皂水冲洗 15 ~ 20 分钟，之后送医院处理并及时接种疫苗

C. 发现煤气中毒者，应及时开窗通风，并把患者放置在较冷的地方使其受冻清醒，尽快恢复呼吸

D. 骨折的急救原则是限制伤肢再活动，避免断骨再刺伤周围组织，减轻痛苦，这种处理叫“固定”

7. 在幼儿园进餐时，若出现被骨头渣、鱼刺等异物扎在嗓子上的情况，正确的做法是(　　)

A. 咬口馒头咽下去　　B. 喝点儿醋，软化异物

C. 用手抠，催吐　　D. 去医院

8. 学校发生火灾时，下列做法错误的是(　　)

A. 第一时间组织学生疏散转移

B. 组织学生转移时要防止造成踩踏事故

C. 指导学生用湿毛巾捂住口鼻

D. 让学生通过电梯迅速逃生

9. 精英幼儿园某大班的幼儿在程老师的带领下到当地一所公园进行活动，顽皮的幼儿小明玩要的时候不小心被一只黄蜂蜇伤，蜇伤后皮肤立刻红肿、疼痛，这时，程老师应该尽快将(　　)涂于受伤处。

A. 弱碱性溶液　　B. 弱酸性溶液

C. 清水　　D. 强碱性溶液

10. 木木在幼儿园吃饭时，手不小心被烫伤，教师首先对木木的手的正确处理方式是(　　)

A. 抹牙膏　　B. 擦药

C. 冷水冲洗　　D. 毛巾包裹

11. 沙子、飞虫入眼后正确的做法是(　　)

A. 翻开眼皮，用干净的棉签轻轻擦去　　B. 揉眼以揉出异物

C. 闭上眼睛　　D. 吹气

12. 明明的手背被亮亮咬伤,教师此时应采取的正确处理方法是(　　)

①皮肤没有破损的情况下可以不用处理

②皮肤没有破损的情况下可以轻轻按摩以及用温热毛巾敷于患处

③皮肤破损流血的,可以用温开水冲洗拭干后,以碘伏消毒、止血,并送到医院做消炎及病毒防治处理

④皮肤破损流血的,可以用生理盐水冲洗拭干后,以酒精消毒、止血,并送到医院做消炎及病毒防治处理

A. ①②③　　B. ②③④　　C. ①②④　　D. ①②③④

13. 对于开放性骨折,下列做法正确的是(　　)

A. 要立刻止血

B. 要立刻将幼儿移动到平坦的地方

C. 幼儿开放性骨折时要先用夹板固定

D. 用绷带固定,应用绷带包裹手指、脚趾,避免感染

14. 对新生儿使用胸外心脏按压法急救,应使胸骨下陷 1 厘米左右,然后放松,每分钟按压(　　)次左右。

A. 60　　B. 80　　C. 100　　D. 120

15. 为心脏停止跳动的年长幼儿进行胸外心脏按压术时,每分钟按压的次数是(　　)

A. 40 ~60 次　　B. 60 ~80 次　　C. 100 次　　D. 120 次

二、简答题(每小题 15 分,参考时限 10 分钟。共 2 小题)

1. 简述幼儿鼻出血常见的原因和处理方法。

2. 简述地震的防范措施。

二、论述题(每小题 20 分,参考时限 15 分钟。共 1 小题)

试述幼儿心跳停止时的急救处理。

第四章　环境创设

核心知识提要

➢答案见 P54

- 环境创设
  - 幼儿园环境创设
    - 幼儿园环境概述★
    - 幼儿园环境创设的意义★
    - 幼儿园环境创设的原则★
      - ①________原则
      - 环境与教育目标的一致性原则
      - ②________原则
      - ③________原则
      - 开放性原则
      - 经济性原则
    - 幼儿园环境创设的方法：讨论法、探索法、操作法、评价法
  - 常见活动区的创设及其功能
    - 活动区的概念
    - 活动区的功能
    - 幼儿园常见的活动区
      - 表现性功能区
      - 探索性活动区
      - 运动性活动区
      - 欣赏性活动区
    - 幼儿园常见活动区的创设
      - 活动区创设的原则★★
      - 创设活动区的具体要求
      - 创设活动区时应注意的问题
      - 活动区材料投放的原则★★
      - 活动区材料投放利用的具体要求
  - 幼儿园心理环境创设
    - 心理环境对幼儿发展的影响
    - 幼儿园心理环境创设的意义
    - 幼儿园心理环境创设的方法★
      - 创设优美、整洁的幼儿园物理环境
      - 以园长为中心，创设幼儿园教师之间和谐的精神环
      - ④________
      - ⑤________
      - 重视幼儿园文化建设，形成良好的幼儿园风气
    - 教师的言行在幼儿心理环境形成中的重要作用

- 环境创设
  - 幼儿园与家庭的合作★
    - 家园合作的概念
    - 家园合作的必要性
    - 家园合作的形式
      - 幼儿园与家长互动沟通的方式
      - 引导和组织家长参与幼儿园的教育
    - 家园合作中存在的问题及解决策略
  - 幼儿园与社区的合作★
    - 社区学前教育的概念
    - 幼儿园与社区合作的内容与方法
      - 整合社区资源，促进儿童发展
      - 发挥幼儿园的教育优势，为社区建设出力
    - 社区在幼儿园教育中的作用
  - 幼儿园与小学衔接★★
    - 幼小衔接概述
      - 造成幼儿园与小学不衔接的原因
      - 幼小衔接的意义
    - 幼儿园实施幼小衔接工作的指导思想
    - 做好幼小衔接工作应采取的措施
      - 幼儿在入学前需要做好的准备
      - 幼儿园针对幼小衔接需要开展的工作
      - 家长在幼小衔接方面起到的作用

经典真题回顾

答案见 P54

一、单项选择题（每小题 3 分，共 3 小题。参考时限 6 分钟）

1. 教师与家长沟通的根本目的是（　　）

A. 让家长了解幼儿在园的表现　　B. 了解幼儿在家的表现

C. 家园合作，形成教育合力　　D. 完成园长交给的任务

2. 幼儿园环境创设中，使用易于识别的生活行为规则标识图，其最主要的目的是（　　）

A. 美化环境

B. 便于幼儿看图说话

C. 便于幼儿认识各种符号

D. 便于幼儿习得生活技能和行为准则

3. 幼儿园创设物质环境时首先应考虑的要求是（　　）

A. 经济性　　B. 安全卫生性

C. 功能性　　D. 美观性

二、简答题(每小题15分,参考时限10分钟。共2小题)

1. 简述社区在幼儿园教育中的作用。

2. 作为幼儿教师,如何在保教活动中营造更好的心理氛围?

三、论述题(每小题20分,参考时限15分钟。共3小题)

1. 什么是幼儿园环境?为什么幼儿园教育中要强调创设良好的幼儿园环境?请联系实际说明。

2. 有家长说:“这家幼儿园天天让孩子玩,什么都没教。不教拼音,不教写字,孩子连字都认不了几个。”为什么说该家长的说法是错误的?请说明理由。

3. 试述如何做好幼小衔接工作。

过关必刷题库

专题一　幼儿园环境创设

➢答案见 P55

一、单项选择题（每小题 3 分，共 18 小题，参考时限 35 分钟）

幼儿园的环境创设主要是指(　　)

A. 购买大型玩具　　B. 合格的物质条件和良好的精神环境

C. 安装塑胶地板　　D. 选择较清静的场所

某班幼儿语言表达能力较差，李老师在环境创设时适当增加了故事区、角色扮演区，提供了舞台和道具等，以促进幼儿表达能力的发展。李老师在幼儿园环境创设时，遵循的原则是(　　)

A. 环境与教育目标一致的原则　　B. 环境与幼儿互动原则

C. 环境与幼儿发展相适宜原则　　D. 环境与幼儿生活相结合的原则

创设幼儿园物质环境时，小班环境要有结构简单、色彩鲜艳、富有感官刺激等特点；中班环境在小班的基础上要突出操作性；大班环境要突出探索性和实验材料的丰富性。这主要体现了幼儿园物质环境创设原则中的(　　)

A. 经济性原则　　B. 发展适宜性原则

C. 动态性原则　　D. 开放性原则

布置自然区时，让幼儿讨论，老师按照幼儿讨论的结果布置，运用了环境创设的(　　)原则。

A. 开放性　　B. 幼儿参与性

C. 经济性　　D. 安全性

下列关于幼儿园环境创设的说法，正确的是(　　)

A. 环境创设时要重视幼儿的智力开发和身体发育，因为受到幼儿身体限制，劳动教育可以忽视

B. 幼儿园属于集体教育，因此难以照顾到幼儿发展的个体差异，教师在进行环境创设的时候只能遵循统一的原则

C. 教师必须根据教育的要求和儿童的特点有效控制环境的各种要素，维持环境的动态平衡

D. 我国经济发展水平已经很高了，在幼儿园硬件设施上应该上一个层次

幼儿园在社区开展公益早教咨询服务，社区医生向园内老师和家长开设预防传染病的讲座，这体现了幼儿园环境创设的(　　)

A. 整体性原则　　B. 生动性原则

C. 保教合一原则　　D. 开放性原则

某幼儿园在规划户外轮胎区环境时，不但投放轮胎这一主材料，还投放了彩虹伞、梯子、木板、垫子等材料，让幼儿自主进行游戏探索。这体现了户外游戏环境规划的(　　)原则。

A. 安全性　　B. 遵循自然性

C. 挑战性　　D. 整体性

8. 幼儿园里的开关、插座一般设置在幼儿不易够到的位置,幼儿园小班一般不用体积过小的玩具等这体现了幼儿园环境创设的(　　)

A. 可变性原则　　B. 安全性原则

C. 参与性原则　　D. 经济性原则

9. 10月份的主题是"秋天",教师结合相关的内容,采用"秋天的叶子""秋游剪影""中秋月饼""秋天的歌"等版块,将学习内容通过环境展示出来,让孩子们从环境中直接感知秋天。这体现了环境设的(　　)

A. 科学性　　B. 教育性　　C. 针对性　　D. 多样性

10. 星星幼儿园为家长提供科学育儿的指导,还请一些有特长的家长到幼儿园给孩子们讲课,这体了环境创设的(　　)

A. 与教育目标相一致的原则　　B. 与幼儿发展相适宜的原则

C. 幼儿参与性原则　　D. 开放性原则

11. 让幼儿自己在环境中发现问题,独立地解决问题,同时获得知识的是(　　)

A. 讨论法　　B. 探索法　　C. 操作法　　D. 评价法

12. 布置自然角的时候,家长提供花卉、植物,教师带领幼儿一起布置环境,并利用废弃物制作各种架。此做法中没有体现出的幼儿园环境创设原则是(　　)

A. 幼儿参与性原则　　B. 安全性原则　　C. 经济性原则　　D. 开放性原则

13. 创设幼儿园环境时考虑不同地区、不同条件园所的实际情况,做到因地制宜、因陋就简,这体现(　　)原则。

A. 参与性　　B. 发展适宜性　　C. 经济性　　D. 开放性

14. 小班孩子喜欢模仿,所以老师给他们的玩具应该同种类的多一些,这遵循了幼儿园环境创的(　　)

A. 经济性原则　　B. 发展适宜性原则

C. 开放性原则　　D. 幼儿参与原则

15. "充分利用当地的自然优势,为幼儿修沙坑,让幼儿在沙坑里做造型、进行结构游戏,用树枝在沙画画、写字。"这是环境创设的(　　)

A. 幼儿参与性原则　　B. 开放性原则

C. 经济性原则　　D. 发展适宜性原则

16. 黄老师组织全班幼儿参观小学后,请每位幼儿将自己参观小学的感受、体会或愿望用图画的形表征出来,并与幼儿共同创设"我心中的小学"主题环境。这体现了幼儿园环境创设中的(原则。

A. 全面性　　B. 幼儿参与性　　C. 安全性　　D. 可变性

17. 幼儿园在配备玩具时要充分考虑安全性,下列玩具不能配备的是(　　)

A. 尖头飞镖　　B. 橡皮泥

C. 小皮球　　D. 彩笔

18. 贯彻幼儿参与性原则的根本保证是(　　)

A. 教师的引导　　B. 教师要控制幼儿

C. 教师要树立正确的观念　　D. 创设优美的环境

二、简答题(每小题 15 分,参考时限 10 分钟。共 2 小题)

1. 简述幼儿园环境创设的一般原则。

2. 简述幼儿园环境创设的意义。

三、材料分析题(每小题 20 分,参考时限 20 分钟。共 2 小题)

1. **材料:**

新学期初,园长要求各班进行环境创设,中班的李老师开始忙碌起来,她上网搜了许多与“马路上的车”有关的文字和图片资料,并精心布置在班级墙上,一时间主题墙被布置得满满当当,开学后引来一些幼儿驻足观看。有的说:“这上面写的是什么呀?”有的说:“什么呀,一点也不好看。”还有的踮起脚尖还是看不到高挂在墙上的图片……没过几天,主题墙前冷冷清清。

问题:结合材料,分析李老师在班级环境创设中的问题并提出合理建议。

2. 材料：

某幼儿园的区角活动创设很有特色。每个班里都至少有7~8个区域供孩子分组探索活动，有小菜市场、智力活动区、科学活动区、动手操作区、表演区、音乐活动区、语言区等，内容非常丰富。但仔细看才发现：语言区里幼儿用来排图讲述的图片已经积了一层灰，而且排得过于整齐；智力活动区里的几幅塑封好的拼图无人问津，原因是这些材料太难了，该班幼儿不感兴趣。

问题：请从幼儿园环境创设的角度，评析该幼儿园区域环境创设中存在的问题并提出建议。

专题二　常见活动区的创设及其功能

➢答案见 P57

一、单项选择题（每小题3分，共9小题，参考时限20分钟）

1. 幼儿园环境创设应有效促进幼儿的发展，对于小班幼儿活动区的设置，下列做法正确的是（　　）
   A. 提供的材料应体积较小，同类材料数量较少
   B. 提供的材料应体积较大，同类材料数量较多
   C. 可以专门建设益智区等智力活动区
   D. 应提供材料及结构复杂的积塑、数字卡等材料

2. 需要提供故事的脚本和表演道具、帮助幼儿体验舞台表演的满足感的活动区域是（　　）
   A. 歌舞表演区　　B. 表演游戏区
   C. 角色游戏区　　D. 班级展览区

3. 放大镜、天平、水箱等材料应投放在（　　）
   A. 美工区　　B. 木工区
   C. 科学区　　D. 积木区

4. 老师在设置区域时，将“阅读区”与“表演区”等吵闹的区隔开，以免互相干扰，这样做的好处是（　　）
   A. 动静分区　　B. 安全畅通　　C. 便于观察　　D. 方便指导

5. 教师提供的区域活动材料能让幼儿动手做做、摆摆，再配以说说、画画，体现了活动区材料投放的（　　）
   A. 层次性原则　　B. 操作性原则　　C. 丰富性原则　　D. 适宜性原则

6. 关于幼儿活动区的布置，正确的说法是（　　）
   A. 以阅读为主的图书区可与娃娃家放在一起

. 自选游戏环境的创设是由教师进行的
. 可在积木区提供一些人偶、小动物、交通工具模型等辅助材料
. 娃娃家应该是完全敞开式,让每个人都能看到里面有什么

是供拼图、七巧板、迷宫、棋类、扑克牌、几何拼摆等材料让幼儿操作的区域是(　　)

. 科学区　B. 思维区　C. 益智区　D. 数学区

老师引导美工区的幼儿将制作好的动物指偶放到语言区一起进行桌面游戏,尹老师这样做的主要目的是(　　)

. 美化语言区的环境　B. 丰富语言区的材料
. 增进区域之间的互动　D. 优化区域空间布局

区域活动的材料和工具要符合幼儿的年龄特点,体现活动区材料投放的(　　)原则

. 丰富性　B. 目的性　C. 适宜性　D. 层次性

简答题(每小题 15 分,参考时限 10 分钟。共 4 小题)

在创设幼儿活动区的过程中应注意哪些问题?

简述幼儿园常见的活动区。

简述幼儿园活动区材料投放利用的具体要求。

简述幼儿园活动区材料投放时遵循适宜性原则应注意的问题。

三、论述题(每小题20分,参考时限15分钟。共2小题)

1. 试述幼儿园活动区的功能。

2. 试述创设活动区的具体要求。

四、材料分析题(每小题20分,参考时限20分钟。共2小题)

1. 材料:

某幼儿园在结构区进行了分步骤的材料投放,开始投放一些大型积塑让幼儿拼插、搭建,然投放一些木板海绵块,暗示幼儿混合使用材料,过一段时间后,又投放一些纸盒、易拉罐等,鼓励儿综合运用多种材料,搭建有主题内容的物体。

问题:请从幼儿园环境创设的角度,评价该幼儿园的行为。

2. 材料：

中班的幼儿开始学习使用筷子，黄老师发现有幼儿对筷子非常感兴趣，经常提出有关筷子的问题，于是就请幼儿和家长共同收集许多不同材质、颜色、长短、粗细的筷子，并与幼儿探讨筷子可以怎么玩。黄老师按照幼儿的想法把筷子投放到不同区域，音乐区的幼儿把筷子当做鼓槌、指挥棒来演奏乐曲；建构区的幼儿用筷子搭建楼房；生活区的幼儿用来玩夹珠子的游戏；美术区的幼儿用筷子做各种手工作品；娃娃家的幼儿用来玩吃饭的游戏等。幼儿发挥自己的想象力，在各个活动区玩得不亦乐乎。

问题：请结合材料，分析区域活动材料投放的有效策略。

专题三　幼儿园心理环境创设

➢答案见 P58

一、单项选择题（每小题 3 分，共 4 小题，参考时限 10 分钟）

1. 幼儿园心理环境创设的要求不包括（　　）

A. 创设良好的物理环境　　B. 形成良好的风气

C. 建立遵守规则的幼儿群体　　D. 建立良好的幼儿同伴关系

2. 刘老师在春蕾幼儿园见习的时候，见到班主任李老师在辅导幼儿画画，但是有一名男孩画一半就不画了，跑去做黏土，李老师也没有阻止。刘老师不解，问李老师为什么不鼓励孩子把画画完。李老师说："为什么一定要让孩子做他不喜欢做的事呢？要知道当他对一件事不感兴趣时他是很难成功的。"李老师的话体现了班级精神环境创设中的（　　）

A. 建立良好的师生关系　　B. 建立团结友爱的班集体

C. 帮助幼儿建立良好的同伴关系　　D. 尊重幼儿，让幼儿主动发展

3. 幼儿园环境是儿童生活的基本保障，是幼儿园的"第三位教师"。下列属于幼儿园精神环境的是（　　）

A. 户外绿化　　B. 种植园地　　C. 幼儿园文化氛围　　D. 园所建筑

4. 下列幼儿教师的言语、行为有利于幼儿园心理环境创设的是(　　)

A. 某幼儿教师批评了一个尿裤子的 3 岁幼儿,说:“你尿裤子,太丢人了,去边上反思去。”该教师为自己的言语辩解说,这样做有助于幼儿抗挫折能力的培养

B. 某幼儿教师在与幼儿互动时,对不愿意参加互动的儿童说:“如果你现在不参加,以后都不要到幼儿园来了。”该幼儿教师认为对幼儿来说,必要的威胁与恐吓是有效的教育手段

C. 某幼儿教师在教学过程中对班级里相貌漂亮的小朋友极为关注,对那些长相一般的小朋友有所忽视,对此行为,她解释道:“爱美之心,人皆有之,我有这样的表现也算人之常情吧。”

D. 某幼儿教师对正在搭积木的小朋友说:“你做得真好,你真是太能干了。”而这个小朋友仅仅是把几块积木摆在一起。该教师解释说,虽然孩子搭的很简单,但是对孩子的鼓励有助于孩子的创造性发展

二、简答题(**每小题 15 分,参考时限 10 分钟。共 3 小题**)

1. 简述幼儿园良好的心理环境对幼儿发展的影响。

2. 简述幼儿园心理环境创设的方法。

3. 简述教师的言行对幼儿心理环境形成的重要作用。

专题四　幼儿园与家庭的合作

➤答案见 P59

单项选择题(每小题 3 分,共 8 小题,参考时限 15 分钟)

下列适合家长开放日的内容是(　　)

A. 请家长参加大班幼儿离园告别会　　B. 允许家长随时看幼儿园的监控

C. 解决个别家长的问题　　D. 向家长进行定期汇报

幼儿园邀请家长来园观摩半日活动,这种形式是(　　)

A. 家长会　　B. 家长学校　　C. 家长接待日　　D. 家长开放日

当发现某幼儿心理有问题时,教师需要向家长详细反馈幼儿在园各方面的情况,与家长讨论和寻找问题的解决办法。这种情况最有效的家园沟通方式是(　　)

A. 家庭访问　　B. 书信便笺　　C. 家园联系手册　　D. 家长会

下列关于幼儿园与家庭合作的基本原则的说法,不正确的是(　　)

A. 平等合作,相互尊重　　B. 家园共建,责任共担

C. 协同配合,互惠互助　　D. 幼儿园为主,家庭为辅

家园合作的形式不包括(　　)

A. 家园联系册　　B. 参观小学

C. 家长会　　D. 家长开放日

下列说法不属于"家长是幼儿园重要的教育力量"的表现的是(　　)

A. 家长是教师最好的合作者,是教师了解幼儿最好的信息源

B. 家长本身是幼儿园宝贵的教育资源

C. 家长与教师的配合使教育计划的可行性等能更好地得到保证

D. 幼儿园帮助家长树立正确的教育观念和教育方法

林老师发现乐乐最近变得很爱打人,而且经常不来幼儿园。林老师想要和家长沟通,详细了解乐乐发生变化的原因。下列最合适的做法是(　　)

A. 微信　　B. 电话　　C. 家访　　D. 随机交流

(　　)的主要宗旨在于向家长系统宣传和指导教育孩子的正确方法。

A. 咨询活动　　B. 家长委员会　　C. 家长学校　　D. 电话联系

、简答题(每小题 15 分,参考时限 10 分钟。共 2 小题)

简述家园合作的必要性。

2. 简述幼儿园与家长互动沟通的方式。

三、论述题(**每小题** 20 **分**,**参考时限** 15 **分钟**。**共** 1 **小题**)

结合实际,分析家园合作中存在的问题和解决策略。

四、材料分析题(**每小题** 20 **分**,**参考时限** 20 **分钟**。**共** 3 **小题**)

1. **材料**:

王老师刚入职一个多月,带小班小朋友,她现在有两个困惑。

困惑 1:不少幼儿在家过了一个双休日之后再回到幼儿园,一些良好的行为习惯就不见了,比不认真吃饭,乱扔东西,活动时喜欢说话。王老师真不知道该怎么办了。

困惑 2:刚开学,很多幼儿都不会轻拿轻放小椅子,推着小椅子到处跑的现象处处可见;坐的候也常常把小椅子翘起来或不停地摇晃。王老师告诉他们怎么做也不管用。

问题:针对上述王老师的困惑,请你分别进行分析和解答。

2. **材料：**

升入大班后，跳绳成了孩子们最头疼的事情。例如，我们班的晨晨小朋友，每一次我让大家跳绳的时候，他总是拿着绳子左揉揉右抡抡，从来不跳绳。我便问他："你为什么不跳绳呢？"他红着眼睛说："妈妈说跳绳太难了，不让我学，怕我太累。"听完他的话，我便鼓励他大胆地跳，先把绳子抡到自己的脚前方，双脚再并齐向前一起跳，半个小时过去了，他终于会连贯地跳一个了，当时晨晨特别高兴，还兴奋地大叫："老师，我会跳一个了，我一定会学会的！"

问题：请分析材料中的现象，并针对此现象提出自己的意见或解决措施。

3. **材料：**

我班有个叫严宇飞的小朋友，身体较弱，性格内向，平时沉默寡言，在教师眼里属于那种听话、守纪律的孩子。因为他的这种性格，使得他奶奶与我之间产生了一次小小的误会。那天，我带幼儿进行户外活动，因室内外温差较大，我要求幼儿穿上外套，严宇飞的外套太长，不愿穿。我看他身上的衣服穿得也不少，就答应了。正当我和幼儿在外面玩得尽兴时，严宇飞奶奶来接他，我没顾上和她说话，只是挥了挥手。他奶奶边走边说："你们老师真不像话，这么冷的天也不给你穿外套。"严宇飞一句话也没说。这情景正巧被一位在大门口的教师听见，她马上告诉了我。第二天，我装作什么事也没发生，主动找严宇飞奶奶聊天，让她为孙子准备一件短一些的外套或背心，并向他解释了昨天孩子不穿外套出去活动的原因，并告诉她一些关于秋季孩子的保健，她听完解释后宽慰地笑了，并主动提出对我的误解，向我表示歉意。

问题：结合材料分析教师如何进行家园合作。

专题五　幼儿园与社区的合作

➢答案见 P60

一、单项选择题(每小题 3 分,共 3 小题,参考时限 6 分钟)

1. 社区学前教育是教育社会化的体现,下列属于社区学前教育的是(　　)

A. 妈妈教幼儿叠衣服

B. 吴老师带中班幼儿玩娃娃家游戏

C. 组织参观医院、社区超市

D. 幼儿园请家长参观幼儿园举行的亲子活动

2. 有的幼儿园在课程中将社区的历史、风俗、革命传统等作为乡土教材来利用,使幼儿园教育内容丰富而有特色。这发挥了(　　)对幼儿园教育的意义。

A. 社区资源　　B. 社区环境　　C. 社区习俗　　D. 社区文化

3. 幼儿园请交通警察来园给孩子们讲解交通规则。这属于(　　)

A. 幼儿园与家庭合作　　B. 幼儿园与社区合作

C. 家庭与社区合作　　D. 家庭与交警合作

二、材料分析题(每小题 20 分,参考时限 20 分钟。共 1 小题)

材料:

某市坚持把农村新型社区建设作为推进新农村建设、统筹城乡发展的重大举措来抓,进一步改善了农村居民住房条件和生活环境,推动了基层农村的和谐稳定与发展。他们在建设新型社区的同时,配套同步建设新型农村社区服务中心,农村社区服务中心规划设有“一园一校一场”,即幼儿园、居民学校和文化健身广场。

问题:结合材料,分析幼儿园和社区合作的方式有哪些。

专题六　幼儿园与小学衔接

➢答案见 P61

一、单项选择题(每小题 3 分,共 10 小题,参考时限 20 分钟)

1. 作为幼小衔接的主要责任主体,小学也应该采取行动,减缓儿童入学后的不适应,做好两个教育阶段的过渡。这充分体现了幼小衔接工作的(　　)原则。

A. 全面性　　B. 双向性

C. 渐进性　　D. 开放性

很多幼儿园因为不能管理好自己的学习用具和生活用品，不能按情况穿脱衣服，不能记住喝水等，从而影响身体健康和学习，使其对小学生活感到适应困难。因此，在培养幼儿对小学生活的适应性方面，应注意培养幼儿的(　　)

A. 主动性　　B. 人际交往能力

C. 独立性　　D. 规则意识

搞好幼儿园和小学的衔接工作，是幼儿园的基本教育任务之一。要求家长带领孩子参观即将进入的小学环境，看看小学教室、操场等，初步熟悉从家庭到学校的路径属于(　　)准备。

A. 心理　　B. 能力

C. 学习　　D. 物质

齐齐刚上小学，常常在上课期间乱走动、有许多小动作及忘记老师布置的作业。这说明齐齐需要加强(　　)

A. 独立性　　B. 主动性

C. 人际交往能力　　D. 规则意识和任务意识

幼小衔接是指幼儿园和小学教育两个阶段的衔接，需要幼儿园与家庭、小学方面的密切配合顺利完成。其中，幼小衔接特别应注意的问题不包括(　　)

A. 衔接工作应贯穿整个幼儿园

B. 进行某些方面强化训练

C. 幼儿园、小学、家庭通力协作

D. 避免“小学化倾向”

幼儿园在帮助幼儿做好入小学前的学习准备方面，需要做的工作不包括(　　)

A. 入学前教幼儿拼音、认字、做算术　　B. 培养幼儿良好的学习习惯

C. 保护幼儿的好奇心和主动性　　D. 发展幼儿思维能力和基础能力

下面关于幼小衔接不正确的做法是(　　)

A. 组织幼儿参观小学　　B. 小学教师和幼儿园教师加强沟通

C. 邀请小学一年级学生回幼儿园交流　　D. 提早学习小学的知识

下列有关幼小衔接的说法，正确的是(　　)

A. 幼儿入学适应困难，是因为幼儿园教育过于游戏化

B. 幼小衔接完全是幼儿园的责任

C. 幼儿园的幼小衔接工作不仅仅在大班，小中班也应该开展

D. 幼小衔接主要是教幼儿拼音、认字等内容

我国幼儿园与小学的差异主要体现在：学习环境不同、成人对儿童要求不同、生活制度不同、师生关系不同和(　　)

A. 教师与家长关系不同　　B. 教育原则不同

C. 主导活动与学习方式不同　　D. 同伴关系不同

10. 在大班幼小衔接活动中,教师与幼儿共同创设了“小学调查”的主题墙。这主要是为了(　　)

A. 激发幼儿良好的入学动机　　B. 培养幼儿的责任感

C. 提高幼儿的学习能力　　D. 帮助幼儿形成良好的学习习惯

二、简答题(每小题 15 分,参考时限 10 分钟。共 3 小题)

1. 简述做好幼小衔接工作的意义。

2. 简述幼儿园培养幼儿良好的交往和合作能力的措施。

3. 简述幼儿在入学前需要做好的身心准备。

三、论述题(每小题 20 分,参考时限 15 分钟。共 1 小题)

试述幼儿阶段与小学阶段的不同特点。

四、材料分析题(每小题20分,参考时限20分钟。共1小题)

材料:

“不能让孩子输在起跑线上”这句难以查到出处的口号,正在成为家长、幼儿园、学校背后一股巨大的推动力,推动着相当多的家庭加入择幼儿园、择小学、择初中的队伍中。不少幼儿园主动适应家长和小学的需要,干脆把幼儿园的最后一年变成了学前班,不断地进行习题和知识训练,学习的是上小学后的知识。“不这样,孩子进入不了好小学,幼儿园的名誉也会受到影响。”同时也给小学的教育带来极大的困扰,许多新生在入学前就学了不少数学、语文、英语知识,教师根本没有办法按照小学一年级的课本讲课,“你讲什么他都会,但不讲不行。”

问题:结合上述材料,分析我国幼儿园和小学衔接存在的问题,提出合理的解决策略。

第五章　游戏活动的指导

核心知识提要

答案见 P62

- 游戏活动的指导
  - 幼儿游戏概述
    - 幼儿游戏的内涵
    - 幼儿游戏理论
      - 早期的传统理论
      - 当代的游戏理论
    - 幼儿游戏的特点★
    - 幼儿游戏的类型★★
      - 以游戏活动中占优势的心理成分为依据的分类
        - 机能游戏
        - 想象游戏
        - 接受游戏
        - 制作游戏
      - 以儿童社会性发展为依据的分类
        - 非游戏行为
        - 旁观游戏
        - 独立游戏
        - ①________
        - 联合游戏
        - 合作游戏
      - 以儿童认知发展为依据的分类
        - 感觉机能性游戏
        - ②________
        - 结构性游戏
        - 规则性游戏
      - 以游戏的教育作用为依据的分类
        - 角色游戏、结构游戏、表演游戏
        - 体育游戏、智力游戏、音乐游戏
        - 娱乐游戏
      - 以儿童行为表现为依据的分类
        - 语言游戏
        - 动作技能游戏
        - 想象游戏
        - 交往游戏
        - ③________
      - 以教育的目的性为依据的分类
        - 自发游戏
        - 教学游戏
    - 游戏的功能★★
      - 游戏促进儿童身体发展
      - 游戏促进儿童④________的发展
      - 游戏促进儿童⑤________的发展
      - 游戏促进儿童情感的发展
      - 游戏促进儿童⑥________的发展

- 游戏活动的指导
  - 影响儿童游戏的因素
    - 影响儿童游戏的物理环境因素★
      - 玩具及材料
      - ⑦________
      - ⑧________
    - 影响儿童游戏的社会环境因素
      - 家庭因素
      - 儿童伙伴
      - 大众媒体
      - 教育的课程
    - 影响儿童游戏的个体因素
      - ⑨________差异
      - 年龄差异
      - ⑩________差异
      - 健康和情绪等其他个体偶然因素的影响
  - 幼儿游戏的指导
    - 尊重幼儿游戏的自主性★
    - 以间接指导为主★
    - 按幼儿游戏发展的特点指导游戏★★
      - 小班幼儿的游戏特点
      - 中班幼儿的游戏特点
      - 大班幼儿的游戏特点
    - 按各种游戏类型的特点指导游戏
      - 角色游戏的指导★★
      - 结构游戏的指导
      - 表演游戏的指导
      - 智力游戏的指导
      - 音乐游戏的指导
      - 体育游戏的指导
    - 正确评价幼儿的游戏
    - 使⑪________成为幼儿园的基本活动

经典真题回顾

答案见 P62

单项选择题(每小题 3 分,共 9 小题,参考时限 20 分钟)

力儿赛跑、下棋一般属于(　　)

A. 表演游戏　　B. 建构游戏　　C. 角色游戏　　D. 规则游戏

为了让幼儿在户外运动中一物多玩,最适宜的做法是(　　)

A. 教师集体示范　　B. 幼儿自主探究

C. 教师分组讲解　　D. 教师逐一训练

儿童最早玩的游戏类型是(　　)

A. 练习性游戏　　B. 规则游戏

C. 象征性游戏　　D. 建构游戏

4. 当教师以“病人”身份进入小班“医院”时，有六位“小医生”同时上来询问病情，每个孩子都积极为教师看病、打针，忙得不亦乐乎。结果，老师一共被打了六针，对小班幼儿这种游戏行为最恰当理解是(　　)

A. 过于重视教师的身份　　B. 角色游戏呈现合作游戏的特点

C. 在游戏角色的定位上出现混乱　　D. 角色游戏呈现平行游戏的特点

5. 小班同一个“娃娃家”中，常常出现许多“妈妈”在烧饭，每位幼儿都感到很满足。这反映小班幼游戏行为的特点是(　　)

A. 喜欢模仿　　B. 喜欢合作　　C. 协调能力差　　D. 角色意识弱

6. 幼儿通过塑造角色表现文艺作品内容的游戏是(　　)

A. 角色游戏　　B. 结构游戏　　C. 智力游戏　　D. 表演游戏

7. 下列玩具，不是从功能角度分类的是(　　)

A. 运动性玩具　　B. 建构玩具　　C. 益智玩具　　D. 传统玩具

8. 幼儿以积木、沙、雪等材料为道具来模仿周围现实生活的游戏是(　　)

A. 表演游戏　　B. 结构游戏　　C. 角色游戏　　D. 规则游戏

9. 下列选项中关于自发性游戏的观点，正确的是(　　)

A. 幼儿园游戏不包括自发性游戏　　B. 自发性游戏不需要教师指导

C. 教师组织的游戏比自发性游戏有价值　　D. 自发性游戏具有多种教育价值

二、简答题(每小题 15 分，参考时限 10 分钟。共 1 小题)

简述角色游戏活动中教师的观察要点及其目的。

三、论述题(每小题 20 分，参考时限 15 分钟。共 1 小题)

幼儿园集体教学活动和游戏的涵义分别是什么？试述两者的区别与联系。

四、材料分析题(每小题20分,参考时限20分钟。共2小题)

1. 材料:

中班角色游戏中,有幼儿提出要玩“打仗”游戏,他们在材料柜里翻出好久不玩的玩具吹风机当“手枪”、仿真型灯箱当“大炮”,“哒哒哒”地打起来,玩得不亦乐乎。李老师看到此情景非常着急,连忙阻止:“这是理发店的工具,不能这样玩。”

问题:

(1)李老师的阻止行为是否合适?请说明理由。

(2)如果你是李老师,你会怎么做?

2. 材料:

莉莉和小娟玩游戏,她们想让5个娃娃睡觉。但是没有小床,于是她们找到了3个盒子做小床,莉莉说:“床不够。”小娟挑出两个留着头发的娃娃说:“他们长大了,不需要睡午觉了。”莉莉说:“好的。”然后,将三个需要睡觉的娃娃中最大的一个放在最大的盒子里。小娟试图把中等大小的娃娃放在最小的盒子里,但放不进去。于是莉莉说:“换一换。”然后将最小的娃娃放在最小的盒子里,中等大的娃娃放在中等大的盒子里。小娟说:“娃娃们,好好睡觉吧。”

问题:

(1)从学习与发展的角度,分析上述材料中莉莉和小娟的行为。

(2)这次游戏后,教师应当如何支持莉莉和小娟的学习与发展?

过关必刷题库

专题一　幼儿游戏概述

答案见 P64

一、单项选择题(每小题 3 分,共 27 小题,参考时限 55 分钟)

1. 露露无意中把手上的石头丢在地上,发出“哐”的响声,这引发了她的兴趣,她玩起了捡—丢石头的游戏,并重复了很多次。从皮亚杰的儿童游戏发展理论来看,露露的游戏处于(　　)阶段。

A. 练习性游戏　　B. 象征性游戏
C. 规则性游戏　　D. 联合性游戏

2. 儿童根据故事、童话的内容,运用动作、表情、语言、扮演角色,进行创造性表演的游戏属于(　　)

A. 表演游戏　　B. 角色游戏　　C. 结构游戏　　D. 智力游戏

3. 以游戏矫治儿童的心理问题与行为问题,运用的理论是(　　)

A. 元交际　　B. 复演说　　C. 精神分析　　D. 同化说

4. 以下几种游戏中,(　　)属于有规则的游戏。

A. 角色游戏　　B. 结构游戏　　C. 体育游戏　　D. 表演游戏

5. 幼儿扮演银行职员、警察、医生、教师的游戏属于(　　)

A. 角色游戏　　B. 结构游戏
C. 表演游戏　　D. 智力游戏

6. 在幼儿阶段最常见的游戏是(　　)

A. 感觉运动游戏　　B. 象征性游戏　　C. 结构游戏　　D. 规则游戏

7. 小班的李老师经常组织幼儿玩各种游戏,壮壮参加了这些游戏后,由入园时的焦虑不安、乱发脾气到现在的每天开开心心。这说明游戏可以促进幼儿(　　)

A. 情感的发展　　B. 语言的发展　　C. 认知的发展　　D. 社会性的发展

8. 儿童在游戏中玩出新玩法,这体现了游戏可以促进儿童(　　)

A. 创造力的发展　　B. 语言的发展　　C. 身体的发展　　D. 情感的发展

9. 前几天李老师和孩子共同阅读了《咕噜牛》绘本,依据绘本故事中的主要情节和内容,孩子们开展了一个表演游戏。这体现了表演游戏区别于其他游戏类型的根本特征是(　　)

A. 创造性　　B. 游戏性
C. 表演性　　D. 社会性

10. 关于练习性游戏,下列表述错误的是(　　)

A. 是对某种运动的重复进行
B. 是最早出现的一种游戏形式
C. 练习性游戏的驱动既可能是外加的,也可能是内发的
D. 有新的动作技能需要掌握时,还会重复出现

提出游戏“剩余精力说”理论的人是(　　)

A. 弗洛伊德　　B. 格罗斯　　C. 斯宾塞　　D. 霍尔

下雪了,孩子们开心地用雪堆着各种雪人,这属于(　　)

A. 角色游戏　　B. 结构游戏

C. 表演游戏　　D. 规则性游戏

一个孩子一手抱着布娃娃一手拿着汤匙给布娃娃喂饭,嘴巴里还不停地说:“宝宝乖,好好吃,吃好了去玩游戏。”这样的游戏属于(　　)

A. 感知运动游戏　　B. 象征性游戏　　C. 结构游戏　　D. 规则游戏

教师对儿童游戏的评价应该是(　　)

A. 反面评价　　B. 正面评价

C. 正面评价和反面评价相结合　　D. 消极评价

幼儿根据《鳄鱼怕怕,牙医怕怕》的故事,分别扮演不同的角色,对故事进行改编、创编。他们玩的游戏属于(　　)

A. 角色游戏　　B. 建构游戏　　C. 音乐游戏　　D. 表演游戏

下列游戏类型中,社会性行为水平最高的是(　　)

A. 独自游戏　　B. 平行游戏　　C. 联合游戏　　D. 合作游戏

教师说谜面,让幼儿说出谜底,这是通过(　　)的方式增进知识、发展幼儿智力。

A. 角色游戏　　B. 表演游戏

C. 结构游戏　　D. 智力游戏

表演游戏和角色游戏的区别主要是(　　)

①游戏主题来源不同　　②游戏内容来源不同

③游戏中情节的产生不同　　④游戏过程具有想象性和创造性

A. ①②③　　B. ①②④　　C. ①③④　　D. ②③④

以儿童认知发展为依据所划分的游戏类型是(　　)

A. 机能游戏、建筑游戏、扮演游戏和规则游戏

B. 模仿游戏、探索游戏、尝试游戏和造型游戏

C. 机能性游戏、想象性游戏、接受性游戏和制作性游戏

D. 练习性游戏、象征性游戏、结构性游戏和规则性游戏

儿童在结构游戏中,由独自搭建发展为能与同伴联合搭建,主要反映了游戏中儿童(　　)的水平。

A. 运用材料　　B. 建构形式发展　　C. 社会性发展　　D. 行为发展

游戏中,幼儿将小板凳想象成汽车,并模仿司机,一根木棍可以当做枪、针筒,反映幼儿游戏(　　)

A. 自主自愿　　B. 让幼儿感到愉悦、快乐　　C. 反映现实　　D. 充满想象、创新

在幼儿游戏中常不受实际环境的具体条件和时间的限制,通过想象创造新场景。这体现了游戏的(　　)

A. 愉悦性　　B. 主动性　　C. 虚构性　　D. 非功利性

23. 在建构区中,幼儿需要思考“搭建什么东西?用什么搭?怎样搭才像?”等一系列问题,这一过程
明游戏对幼儿认知发展的作用是(　　)

A. 可以让儿童在潜移默化中学到知识　　B. 培养儿童的注意力和观察力
C. 激发儿童的创造力和思考力　　D. 培养儿童的发散思维

24. 以下最能促进幼儿语言发展的游戏是(　　)

A. 词语接龙　　B. 老鹰捉小鸡　　C. 搭积木　　D. 击鼓传花

25. 幼儿在一起玩,彼此之间有交谈,但很少,有自己游戏的主题,但每个人的游戏主题又很相似,
个人的观点都是独立的,这属于(　　)形态。

A. 单独游戏　　B. 联合游戏　　C. 平行游戏　　D. 合作游戏

26. 下列哪项不属于创造性游戏(　　)

A. 角色游戏　　B. 规则性游戏　　C. 结构游戏　　D. 表演游戏

27. 游戏能促进儿童的智力发展,主要表现为(　　)

A. 游戏让儿童潜移默化地学到许多知识　　B. 游戏能调节儿童的生活
C. 游戏能削弱儿童对其他事物的注意　　D. 游戏是儿童自愿进行的活动

二、简答题(每小题 15 分,参考时限 10 分钟。共 7 小题)

1. 简述幼儿游戏的本质。

2. 简述幼儿游戏的特点。

3. 简述游戏对幼儿认知和语言的促进作用。

4. 简述游戏促进幼儿创造力发展的主要表现。

5. 简述角色游戏和表演游戏的异同。

6. 简述游戏促进幼儿社会性发展的主要表现。

7. 简述以儿童行为表现为依据的游戏分类。

三、材料分析题(每小题20分,参考时限20分钟。共2小题)

1. 材料:

今天萱萱是公共汽车的小司机,她见自己车上没有乘客,于是就大声嚷道:“快来乘车。我要开到动物园去了。”此时,娃娃家的妈妈推着娃娃来乘车,刚想上车,砚砚走来对娃娃家妈妈说:“这辆车不能乘,没有消过毒。”小司机听到了,连忙从座位上站起来。跑到积木箱前拿出一块绿色圆形积木,告诉他们:“我这辆车已经消过毒了,这是消过毒的标记。”经她这么一说,砚砚和娃娃家的妈妈都乘上了这辆公共汽车,小司机的脸上露出了笑容。

问题:结合材料分析游戏对儿童发展的重要意义。

2. 材料:

某老师在语言活动“小乌龟开店”的基础上,组织一次表演游戏。教师一一出示早已准备好的道具,介绍完道具,配班老师带领全班幼儿“开火车”离开活动室去“剧场”看表演。主班老师忙着在活动室里布置场景:一家花店,一家书店,一家气球店。场地布置好了,幼儿由配班老师带领进“剧场”。主班老师提问:“谁愿意上来表演?”几十只小手举了起来,老师挑了五个没有举手而上次语言活动表现又不好的幼儿上来表演。表演时,老师不停地提示孩子们对话、做动作。第二轮,老师请了五个“做得好的孩子”上来表演,五个孩子表演同一个角色。老师还是不时地按照故事情节规范语言,纠正孩子们的动作。好多孩子忙着摆弄有趣的道具,忘了表演,老师又不停地提醒。

问题:请根据幼儿游戏的基本特征,试分析材料中的活动是不是真正意义上的游戏活动。

专题二　影响儿童游戏的因素

➢答案见 P67

单项选择题(每小题 3 分,共 7 小题,参考时限 15 分钟)

按照玩具的功能特点划分,布娃娃、玩具听诊器及模拟日常用品的玩具如杯子、碗、锅等属于(　　)

A. 形象玩具　　B. 智力玩具　　C. 结构造型玩具　　D. 体育玩具

(　　)直接影响着儿童游戏的数量和质量。

A. 游戏时间　　B. 游戏场地　　C. 玩具及材料　　D. 游戏人数

以下几组玩具中,侧重于促进儿童智力发展的玩具是(　　)

A. 拼图、拼板、镶嵌板、魔方、棋类玩具　　B. 积木、积塑、橡皮泥、沙、雪

C. 秋千、木马、平衡木、皮球、跳绳　　D. 口琴、铃鼓、铃、不倒翁、笛子

在很大程度上,儿童对某类玩具喜好的倾向性,反映着儿童(　　)

A. 性格特征　　B. 个体差异以及儿童游戏发展的程度

C. 选择玩具的偶然性　　D. 游戏中的社会性品质

保障学前儿童游戏权利的首要条件是(　　)

A. 开阔的游戏空间　　B. 充足的游戏时间　　C. 丰富的游戏材料　　D. 熟悉的游戏伙伴

关于儿童游戏场地的说法,正确的是(　　)

A. 游戏空间越大,越有利于人际合作互动

B. 场地的空间密度、地点、结构特征及设备位置对儿童游戏产生着一定的影响

C. 游戏时间影响游戏的数量,而对游戏质量没有影响

D. 一般而言,个人安静的游戏一般发生在较大的、开放式的空间

从结构特征上看,户外游戏场地可分为传统游戏场地和(　　)

A. 创造性游戏场地　　B. 室内场地　　C. 大型开放区　　D. 结构性游戏场地

简答题(每小题 15 分,参考时限 10 分钟。共 2 小题)

简述影响儿童游戏的个体因素。

简述影响儿童游戏的社会环境因素。

专题三　幼儿游戏的指导

➢答案见 P6

一、单项选择题(每小题 3 分,共 7 小题,参考时限 15 分钟)

1. 幼儿老师结束角色游戏时,不恰当的方式是(　　)

A.“下班时间到了,服务员要打扫了”

B.“请还没有采购的经理明天继续”

C.“时间到了,游戏结束了”

D.“商品已经售完,没有买到商品的顾客下次再来”

2. 教师加入幼儿的游戏,扮演游戏中的某一角色,根据幼儿当时的兴趣和需要,以游戏情节需要的色动作和角色语言来引导幼儿的游戏行为,使幼儿得到暗示和启发。这种游戏指导的方是(　　)

A. 内部干预　　B. 外部干预

C. 直接指导　　D. 正向指导

3. 儿童的游戏水平具有年龄差异性,在角色游戏中,小班幼儿以模仿为主,大班幼儿则以(　　)为

A. 创造　　B. 交往

C. 模仿　　D. 合作

4. 李老师在建构区观察乐乐小朋友的游戏行为,发现乐乐能迁移之前的“架空”经验,运用到房子的建中,李老师及时拍下这一场景,并在游戏分享环节与孩子们进行了讨论分享。这体现了游戏中观察是(　　)的主要依据。

A. 教师调整教育行为　　B. 教师专业成长

C. 幼儿获得经验　　D. 幼儿解决问题

5. 教师在什么样的情况下应该介入幼儿游戏(　　)

A. 幼儿进入游戏角色

B. 幼儿出现偏离游戏预设角色的想象

C. 有小朋友争着要担当某一角色

D. 游戏即将结束时

6. 在开展角色游戏时,王老师发现“理发店”没有顾客,理发师无所事事,王老师就去当顾客,并建议发师去超市买一些理发用品。王老师在该游戏中的角色是(　　)

A. 幼儿活动的支持者　　B. 幼儿活动的组织者

C. 幼儿活动的整合者　　D. 幼儿活动的中介者

7. 教师不参与游戏,但积极地帮助幼儿为游戏做准备,并随时为正在进行的游戏提供帮助。这说明师在游戏中扮演了(　　)角色。

A. 不参与者　　B. 导演者

C. 旁观者　　D. 舞台管理者

二、简答题（每小题15分，参考时限10分钟。共8小题）

1. 简述教师介入幼儿游戏时的角色定位。

2. 简述教师指导幼儿游戏的要点。

3. 简述衡量幼儿游戏是否成功的关键。

4. 简述教师应如何确保游戏成为幼儿园的基本活动。

5. 简述中班幼儿角色游戏的指导要点。

6. 简述幼儿智力游戏的组织与指导原则。

7. 简述小班幼儿的游戏特点。

8. 简述幼儿体育游戏的指导原则。

三、论述题(**每小题** 20 **分**,**参考时限** 15 **分钟**。**共** 2 **小题**)

1. 试述大班幼儿结构游戏的特点和指导要点。

2. 试述幼儿音乐游戏的指导内容和指导原则。

材料分析题(每小题20分,参考时限20分钟。共5小题)

料：

今天是中(1)班“美美餐厅”开张营业的第一天,来就餐的客人很多。小宝忙着上菜(小朋友剪蔬菜纸片),贝贝则忙着给客人拿餐具。招待了几位客人后,菜没了。小宝跑来向教师求助:“老,菜没了。”教师随手拿起了一小盒雪花片说:“这不还有嘛!”小宝和贝贝就用这些“蔬菜”去招待人了,过了一会儿,小宝又说:“菜没了。”贝贝听到后,看看刚才放雪花片的盒子,说:“嗯,真是没菜了!”接着他想起了什么似的,回头对小宝说:“有了,我去买菜。”只见他跑向玩具架,又端了一雪花片回来,边跑边兴奋地说:“菜买回来,菜买回来了!”于是小宝又开始给客人上菜,贝贝则继给没有餐具的客人分餐具。分到最后,餐具也没有了,贝贝对没有餐具的两位客人说:“餐具没有,你们用手拿着吃吧。”客人当当说:“啊！用手拿着吃有细菌呀!”另一位客人瓜瓜则伸出两个手说:“这样吃!”只见他把手指当成筷子,夹起一片雪花片“啊呜啊呜”地吃起来。当当看到后,也忙伸出手指,夹起一片雪花片吃起来,边吃边和瓜瓜咯咯地笑。

题:请结合材料,分析贝贝和瓜瓜的行为表现,并给出教师的回应策略。

材料：

活动课上,中班孩子们在玩“十字路口”的游戏,其中小星星和大虎只对玩具车感兴趣,一点都管其他小朋友怎么玩,他们拿着“车”一会儿开进路边的“商店”,一会儿撞倒“行人”,其他小朋友到了,也拿着“车”撞来撞去,整个活动间翻了天。一直在一旁观察的李老师看到了,赶紧以“交”的身份介入游戏:“你们这是在干什么,交通秩序都被破坏了。”小朋友都纷纷指着小星星和大说,都是他们俩“开车”乱撞。在“交警”的指导下,大家把破坏的“商店”整理好,“马路”也被整理出来,大家的“车”都在马路上行驶,游戏又在正常进行。

问题：

1)李老师是通过什么方式介入游戏对孩子进行指导的?

2)李老师介入的时间是否恰当?教师应如何判断游戏介入的时机?

3. 材料：

刘老师发现幼儿园大班“理发店”里的“顾客”很少，很多小朋友对“理发店”不感兴趣。于刘老师带幼儿到真正的理发店参观。在理发店里，刘老师引导幼儿观察理发店的设施，理发师客的活动，鼓励幼儿就感兴趣的问题询问理发师；记录幼儿的问题与发现，还拍下了许多照片，客躺着洗头，梳漂亮的发型以及理发店里的各种工具等。回到幼儿园，刘老师组织幼儿开展“开好理发店”的讨论活动。她呈现了在理发店拍的照片，引发幼儿回顾，有的幼儿说：“我们也着洗头，可是没有躺椅呀。”有的说：“我要给顾客梳漂亮的头发，可是没有发型书怎么办呢？”刘老师说：“可不可以用我们身边的材料来做呢？”在老师的启发下，幼儿提出用积木搭建躺椅，画发型图等想法。刘老师支持幼儿的做法，并提供大型积木、制作发型图的材料等。之后，顾“理发店”能躺着洗头，能选漂亮的发型，能烫发……“理发店”又红火起来了。

问题：请结合材料，分析刘老师采用了哪些策略来支持幼儿的游戏活动。

4. 材料：

老师在表演区投放了自制的有关《西游记》人物的面具，小朋友很感兴趣。东东、丽丽、妞妞明、强强五个小朋友来到表演区，争着要戴上孙悟空的面具来表演。这时，老师建议他们相互协每个人扮演《孙悟空打妖怪》儿歌里的一种角色，然后再相互交换角色。小朋友们表示同意。商量后，分配好各自的角色，戴上不同的面具：孙悟空、猪八戒、唐僧、沙和尚等。东东想扮演婆，但是没有面具，妞妞想了一个办法，找来一块头巾系在东东头上。孩子们拿着自制的道具表演，老师鼓励他们大胆按照儿歌的内容做动作，边念儿歌边表演。当“老妖婆”出现时，孩子得兴奋起来；当“老妖婆”被孙悟空打倒后，大家都高兴得欢呼起来。接下来再表演时，孩子们演欲望更强烈了。

问题：

(1)结合材料分析表演游戏的功能。

(2)指出材料中教师指导表演游戏方法的成功之处。

5. 材料：

户外游戏时，驾驶员冬冬经过十字路口，他认为这里应该有扮演交警的小朋友指挥他过马路，但是冬冬发现没有交警，于是他就喊了出来："王老师，马路上没有交警。"王老师说："交警不在，说明现在是自动的红绿灯，我数十下绿灯就亮了，你的车就可以通行了。"接着老师就十、九、八……三、二、一地数了起来，冬冬停下来假装看信号灯，嘴巴里跟老师一起数到"一"后开车过了马路。而再次开到一个路口时，只见他自己停下来，嘴巴里说着"九、八……三、二、一，绿灯，开车。"

问题：请对上述材料进行评析，再谈谈如何指导幼儿开展角色游戏。

第六章　教育活动的组织与实施

核心知识提要

➢答案见 P69

- 教育活动的组织与实施
  - 幼儿园教育活动概述
    - 幼儿园教育活动的含义
    - 幼儿园教育活动的基本类型★
      - 从幼儿园教育活动的结构出发
      - 从幼儿园教育活动的特征出发
      - 从幼儿园教育活动的①______出发
      - 从幼儿园教育活动的性质出发
      - 从幼儿园教育活动的②______出发
    - 幼儿园教育教学的方法
    - 幼儿园教育活动的手段
    - 幼儿园教育活动的途径
    - 幼儿园教育活动目标分析
      - 认知领域
      - 动作技能领域
      - ③________
    - 幼儿园教育活动内容的选择与编排
      - 幼儿园教育活动内容的特点
      - 幼儿园教育活动内容选择的原则
      - 幼儿园教育活动内容的设置与编排
  - 学前儿童健康教育
    - 学前儿童健康教育的目标
    - 学前儿童健康教育的组织形式
    - 学前儿童健康教育的方法
  - 学前儿童语言教育
    - 学前儿童语言教育的含义
    - 学前儿童语言教育的形式★
    - 学前儿童语言教育目标的层次结构
    - 学前儿童语言教育的方法★
    - 学前儿童语言教育活动的设计与实施★★★
      - 学前儿童谈话活动的设计与实施
      - 学前儿童讲述活动的设计与实施
      - 学前儿童听说游戏活动的设计与实施
      - 学前儿童文学活动的设计与实施
      - 学前儿童早期阅读活动的设计与实施
  - 学前儿童社会教育
    - 学前儿童社会教育目标的结构
    - 学前儿童社会教育的方法★
  - 学前儿童科学教育
    - 学前儿童科学教育目标的层次结构
    - 学前儿童科学教育的要求与内容
    - 不同年龄阶段学前儿童科学学习的特点★★
    - 学前儿童科学教育的方法

育活动的织与实施
- 学前儿童数学教育
  - 学前儿童数学教育概述
    - 学前儿童数学教育的含义
    - 学前儿童数学学习的心理特点
      - ④________
      - 从个别到一般
      - 从外部动作到内部动作
      - ⑤________
      - 从不自觉到自觉
      - ⑥________
  - 学前儿童数学教育的目标
  - 学前儿童数学教育活动内容选择的要求
  - 学前儿童数学教育的方法
- 学前儿童音乐教育
  - 学前儿童音乐教育活动的主要类型
  - 学前儿童音乐教育的目标
  - 学前儿童音乐教育活动的设计与组织★★
    - 学前儿童歌唱活动的设计与组织
    - 学前儿童韵律活动的设计与组织
    - 学前儿童打击乐演奏活动的设计与组织
    - 学前儿童音乐欣赏活动的设计与组织
  - 学前儿童音乐教育的方法
- 学前儿童美术教育
  - 学前儿童美术教育的目标
  - 学前儿童美术教育活动的主要类型
  - 学前儿童美术教育的方法
- 幼儿园主题活动
  - 幼儿园主题活动概述
    - 含义
    - 特点
    - 功能
  - 幼儿园主题活动方案设计★★★
- 幼儿园教育活动中的师幼关系
  - 师幼关系的内涵
  - 师幼关系的类型
  - 良好的师幼关系及其构建方法

经典真题回顾

➢答案见 P69

单项选择题（每小题 3 分，共 3 小题，参考时限 6 分钟）

在科学活动《奇妙的气味》中，教师分别准备了装有水、食醋、酱油等液体的瓶子，请幼儿看一看，闻一闻。教师在活动中使用了（　　）方法。

A. 实验　　B. 参观　　C. 观察　　D. 讲述

2. 按照布卢姆等人教育目标分类的观点，了解青蛙的生长发育过程属于(　　)

A. 情感目标　　B. 认知目标　　C. 动作技能目标　　D. 行为目标

3. 教师在重阳节组织幼儿到敬老院探访老人，这反映幼儿园教育活动内容选择的什么原则(

A. 兴趣性　　B. 时代性

C. 生活性　　D. 发展性

二、简答题(每小题 15 分，参考时限 10 分钟。共 2 小题)

1. 简述种植活动对幼儿发展的价值。

2. 体育活动中与活动后，教师分别可以从哪些方面判断幼儿的活动量是否合适？

三、论述题(每小题 20 分，参考时限 15 分钟。共 1 小题)

试述积极师幼关系的意义，并联系实际谈谈教师应如何建立积极的师幼关系？

四、活动设计题(每小题 30 分，参考时限 25 分钟。共 3 小题)

1. 幼儿园准备组织一次春游，大一班的小朋友很高兴，有的说要去这里玩，有的说要去那里玩；有的坐地铁去，有的说还是乘汽车好；有的在谈论自己要带什么美食……

陈老师想，既然小朋友有这么多问题，那么是否可以生成一个教育活动，带着小朋友一起研究这些问题呢？

要求：

请帮助陈老师设计一个“我们要去春游了”的教育活动，写出活动目标、活动准备和活动过程。

2. 为了帮助小班新入园幼儿尽快适应集体生活，余老师准备开展“高高兴兴上幼儿园”系列主题活动。请围绕该主题为余老师设计三个子活动。

要求：

(1)写出主题活动总目标。

(2)写出其中一个子活动的活动方案，包括活动的名称、目标、准备和主要环节。

(3)写出另外两个子活动的名称、目标。

3. 中班下学期，陈老师发现，班上仍有一些幼儿会抢别人的玩具，他们的理由是：“我喜欢这玩具，我要玩。”

请设计一个教育活动，解决上述问题，要求写出活动名称、活动目标、活动准备及活动过程。

过关必刷题库

专题一　幼儿园教育活动概述

➢答案见 P72

一、单项选择题(每小题 3 分，共 6 小题，参考时限 10 分钟)

1. 幼儿园教学活动必须符合幼儿身心发展水平和年龄特征，使幼儿获得的知识是粗浅的、基础的、具体的、容易理解的、简单的知识和技能。这体现了幼儿园教育活动的特点是(　　)

A. 启蒙性　　　　B. 趣味性

C. 动态性　　　　D. 生活性

2. 幼儿园的教育内容可以相对划分为健康、语言、社会、科学、(　　)五个领域。

A. 音乐　　B. 美术　　C. 泥塑　　D. 艺术

3. 能有效地提高幼儿认识、情感、意志与行为水平,且能充分发挥幼儿主体作用的教育方法是(　　)

A. 背诵法　　B. 讨论法　　C. 讲解法　　D. 提问法

4. 由教师创设一定的环境,提供相应的材料,给予一定的间接影响的教育活动类型是(　　)

A. 主题活动　　B. 小组活动　　C. 集体活动　　D. 个别活动

5. 教师带幼儿散步时,幼儿园里飘来一团团柳絮,教师趁机引导幼儿感知柳絮的特点,这体现了幼儿园教育活动内容的(　　)特点。

A. 广泛性和启蒙性　　B. 趣味性和游戏化

C. 综合性和整体性　　D. 生活性和生成性

6. 用"小猫钓鱼"的游戏让幼儿练习数数体现了幼儿园教育活动的(　　)

A. 直观性原则　　B. 兴趣性原则　　C. 启发性原则　　D. 科学性原则

二、简答题(每小题 15 分,参考时限 10 分钟。共 3 小题)

1. 简述幼儿园教育活动内容选择的原则。

2. 简述布卢姆的教育目标类型。

3. 简述幼儿园教育教学的方法。

专题二　学前儿童健康教育

➤答案见 P72

项选择题(每小题 3 分,共 4 小题,参考时限 8 分钟)

前儿童能了解自己身体的主要器官及功能,乐意配合疾病的预防和治疗;爱吃各种食物,知道不的食物有不同的营养。这属于(　　)年龄阶段的目标。

小班　　B. 中班　　C. 大班　　D. 学前班

解身体主要器官及自身生长的需要,并初步掌握自我保健的有关常识和简单方法。这属于)年龄阶段的目标。

小班　　B. 中班　　C. 大班　　D. 学前班

体育活动中,说明幼儿已经非常疲劳的表现是(　　)

面色十分红或苍白,躯干大量出汗　　B. 肩部出汗较多

面色稍红　　D. 动作准确

儿园举行的“蒙眼猜物”“听声音猜东西”“气味真正多”等活动,其目的是让幼儿增加对(　　)的解。

人体的感觉器官及其功能　　B. 个体的生命过程

人体的心理活动　　D. 人的审美情趣

简答题(每小题 15 分,参考时限 10 分钟。共 2 小题)

述学前儿童健康教育的组织形式。

述幼儿身体锻炼的教育方法。

活动设计题(每小题 30 分,参考时限 25 分钟。共 3 小题)

根据故事《小树叶找快乐》设计一个中班健康活动,要求写出活动目标、活动准备以及活动过程。

小树叶找快乐

秋天来到了,风儿轻轻地把小树叶带到树林里找快乐。

小树叶问小鸟:“小鸟,你快乐吗?”小鸟说:“我给大家带去美妙的歌声,大家喜欢我,我很

快乐！”

小树叶问青蛙：“小青蛙，你快乐吗？”小青蛙说：“我在田里捉害虫，我很快乐！”

小树叶问小狗：“小狗，你快乐吗？”小狗说：“我为主人看门，我很快乐！”

小树叶问小兔：“小兔，你快乐吗？”小兔说：“我帮妈妈采蘑菇，我很快乐！”

小树叶问小猴：“小猴，你快乐吗？”小猴说：“我在树上摘果子，我很快乐！”

小树叶听着听着，感觉自己也找到了许多快乐，开心极了！

2.“沙包”是我国传统民间体育游戏活动中的一种游戏材料，游戏参与者通过投掷、夹跳、顶沙包式，不仅可以锻炼其手臂的力量，同时也可以让其协调能力、反应能力、平衡能力得到发展。

请以“沙包乐”为题，设计一节大班体育活动。

3.张老师发现班中的幼儿不会正确使用牙齿进行咀嚼；进餐后不能主动漱口，需教师提醒，在牙查时发现个别幼儿有龋齿。

请帮助张老师设计一个“牙齿真干净”的教育活动，写出活动目标、活动准备和活动过程。

专题三　学前儿童语言教育

➢答案见 P74

一、单项选择题(每小题 3 分,共 5 小题,参考时限 10 分钟)

1. 教师在向幼儿讲述长篇故事时,应该(　　)

A. 不停顿、一口气讲完

B. 设置固定的讲故事时间,时间一到就立即停止讲述

C. 在情节转折或扣人心弦处有意停顿

D. 反反复复讲述,以免幼儿忘记前面的内容

2. 教师以笑话、幽默谜语的方式开展语言游戏,这种语言游戏的类型是(　　)练习的游戏。

A. 语音　　B. 词汇

C. 句型　　D. 语篇

3. 下列语言教育目标中,属于谈话活动目标的是(　　)

A. 帮助幼儿学习倾听他人的谈话

B. 培养幼儿独立构思的能力

C. 培养幼儿感知理解谈话对象的能力

D. 帮助幼儿按一定游戏规则进行口语表达练习

4. 学习安静地听他人讲话,听懂日常用语并学习按语言调节自身行为是对(　　)年龄段幼儿的要求。

A. 小小班　　B. 小班　　C. 中班　　D. 大班

5. 在儿童故事活动的过程设计中,编写故事高潮和结局,即“有趣情节”的是(　　)

A. 小班　　B. 中班　　C. 大班　　D. 学前班

二、简答题(每小题 15 分,参考时限 10 分钟。共 3 小题)

1. 简述幼儿园语言领域早期阅读部分的总目标。

2. 简述中班儿童听说游戏的活动目标。

3. 简述幼儿园讲述活动的设计与实施的基本结构。

三、活动设计题(每小题 30 分,参考时限 25 分钟。共 3 小题)

1. 请根据下面的故事为中班幼儿设计一节语言活动,写出活动目标、活动准备和活动过程。

袋鼠妈妈

袋鼠妈妈胸前有一个大口袋,她出门买东西,大口袋里装着好几个袋鼠娃娃。

袋鼠妈妈买了许多东西:水果、火腿肠、玩具……这么多东西,怎么拿得动呢?

袋鼠娃娃一个一个从口袋里跳出来,笑嘻嘻地对妈妈说:“别急,别急,我们也有大口袋呀!”

一个袋鼠娃娃口袋里装满了水果。

一个袋鼠娃娃口袋里装满了火腿肠。

一个袋鼠娃娃口袋里装满了玩具……

袋鼠妈妈走在最前面,袋鼠娃娃一个接一个跟在后面,像一列火车。

呜呜呜! 小火车开回了家。

2. 张老师发现班级幼儿看见老师摆放在柜子上的小动物教具,如:头饰、手偶,会不由自主地拿起来玩玩,有的还在抱抱、亲亲。在生活中观察到:幼儿对可爱的小动物会情不自禁用自己的方式去表达爱意。

请根据小班幼儿年龄特点,设计一个关于动物的语言活动,要求写出活动目标、活动准备及活动过程。

据大班幼儿年龄阶段的特点，设计一个关于“蒲公英”的文学活动，要求写出活动目标、活动准备及活动过程。

蒲公英

草地上开着许多野花，我最喜欢蒲公英。

蒲公英开着黄色的小花朵，多么有趣的蒲公英。花朵凋谢后，花托上能结出雪白的、绒毛似的。田野的风吹着，那雪白的绒毛在天空中飞扬起来，比柳絮还要轻。飞着飞着，又像一朵朵雪花盈地降落下来。

专题四　学前儿童社会教育

➢答案见 P76

单项选择题(每小题 3 分，共 5 小题，参考时限 10 分钟)

教育儿童初步懂得不提无理要求、不无故发脾气”是(　　)的社会教育目标。

. 托儿所　　B. 幼儿园小班　　C. 幼儿园中班　　D. 幼儿园大班

日常教育中，幼儿教师在运用干预攻击性行为常用方法中的(　　)时，会提醒幼儿向那些能够做合作、分享和助人行为的幼儿学习，并用动画片、故事中的英雄形象鼓励幼儿，促使他们认可并接良好的社会行为。

. 强化法　　B. 角色扮演法　　C. 榜样示范法　　D. 转移注意法

会教育中最经常使用的方法是(　　)

. 讲解法　　B. 谈话法　　C. 讨论法　　D. 演示法

师或家长通过儿童的现实生活事件或通过讲故事、情境表演等方式，引导儿童设身处地地站在别的位置考虑问题，使儿童理解和分享他人的情绪、情感体验，从而与之产生共鸣的训练方法(　　)

. 陶冶法　　B. 角色扮演法　　C. 共情训练法　　D. 行为练习法

展“玩具分享日”“小熊请客”等活动作为社会教育的内容，属于(　　)

. 自我意识方面的教育　　B. 社会环境方面的教育

. 社会文化方面的教育　　D. 人际交往方面的教育

二、简答题(每小题 15 分,参考时限 10 分钟。共 1 小题)

简述学前儿童社会教育的方法。

三、活动设计题(每小题 30 分,参考时限 25 分钟。共 2 小题)

1. 人类只有一个可生息的村庄——地球。可是这个村庄正在被人类制造出来的各种环境灾难胁:水污染、空气污染、植被萎缩、物种濒危、江河断流、垃圾围城、土地荒漠化、臭氧层空洞……地球、保护我们的生存空间已经迫在眉睫。幼儿虽然不可能直接从事环保工作,但完全可以从做起,从我做起。

   请围绕环保的主题设计一个大班社会教育活动,帮助幼儿树立环保意识,萌发爱护生存环情感。

2. 车在生活中与我们的关系密切:孩子周末游玩需要车;上学较远需要车;消防车、洒水车、公共汽我们的生活也离不开车子。

   请以“各种各样的车”为主题设计一个中班社会活动,写出活动目标、活动准备和活动过程。

专题五　学前儿童科学教育

➢答案见 P77

一、单项选择题(每小题 3 分,共 8 小题,参考时限 15 分钟)

1. 教师在教育活动中既向儿童介绍电动豆浆机,又让儿童认识另一种做豆浆的工具——石磨。这充分体现了学前儿童科学教育内容的(　　)

A. 科学性和启蒙性要求　　B. 广泛性和代表性要求

C. 地方性和季节性要求　　D. 时代性和民族性要求

2. 下面哪个选项不适宜作为集体科学教育活动的内容(　　)

A. 动物的外观特征　　B. 观察露水

C. 蔬菜和水果　　D. 实验:水的净化

3. “帮助儿童学习运用简单的工具进行测量的方法”这一目标适合(　　)

A. 小班　　B. 中班　　C. 大班　　D. 学前班

4. “激发和培养儿童好奇、好问、好探索的态度”这一目标适合(　　)

A. 小班　　B. 中班　　C. 大班　　D. 学前班

5. 学前儿童通过眼睛、手等感官来测量物体,这种测量方式是(　　)

A. 普通测量　　B. 观察测量

C. 正式量具测量　　D. 非正式量具测量

6. 有一个幼儿园为了体现自身教育特色,开展了“探索昆虫”的科学教育活动,在一个学期里,教师让儿童认识了近 200 种昆虫。这种教育内容选择的不恰当之处在于(　　)

A. 违反了科学性、启蒙性要求　　B. 违反了生活性、系统性要求

C. 违反了地方性、季节性要求　　D. 违反了时代性、民族性要求

7. “教师为幼儿做了纸杯托水的小实验”。这位教师采用的方法是(　　)

A. 演示法　　B. 欣赏法

C. 观察法　　D. 操作法

8. 在向成人的提问中,不但喜欢问“是什么”,而且还爱问“为什么”。例如,会问:“为什么鸟会飞?”“为什么洗衣机会转动?”还常常会刨根问底,探个究竟。这反映了儿童科学学习具有(　　)的特点。

A. 好奇好问　　B. 积极的探索欲望

C. 表面性和片面性　　D. 自我中心

二、简答题(每小题 15 分,参考时限 10 分钟。共 5 小题)

1. 简述 5 ~6 岁儿童科学教育活动中知识方面的目标。

2. 简述选择学前儿童科学教育内容的要求。

3. 简述中班儿童科学教育活动中方法技能方面的目标。

4. 简述学前儿童科学教育的方法。

5. 简述 4 ~5 岁儿童科学学习的特点。

舌动设计题(每小题30分,参考时限25分钟。共4小题)

幼儿园教育指导纲要(试行)》中指出:科学活动的目标之一就是要让幼儿能运用各种感官,动手脑,探究问题;能用适当的方式表达、交流探索的过程和结果。贴近生活的东西才是最吸引幼儿,沙土游戏就是幼儿快乐的活动之一。

根据小班幼儿年龄特点设计一篇以“沙子和泥土”为主题的科学教育活动。要求:写出活动目标、动准备及活动过程。

幼儿园科学领域子领域“科学探究”的活动中,5~6岁幼儿的活动目标是:能探究并发现常见的理现象产生的条件或影响因素。

以“奇妙的影子”为主题设计一个大班科学活动,要求写出活动目标、活动准备及活动过程。

老师发现在日常生活中经常有幼儿玩肥皂、搓肥皂泡的现象,幼儿经常接触到各种各样的肥皂,香皂、药皂、增白皂等,却对肥皂的种类、用途等还不太了解。

以“有趣的肥皂”为主题设计一个中班科学活动,写出活动目标、活动准备和活动过程。

音是由振动着的物体发出的,而一切发出声音的物体都在振动,一旦发声体的振动停止,声音也停止了。声音并不是一定要依靠空气传播,如果有其他媒质,声音也可传播。如果有人把耳朵贴桌面,当你敲击桌面的另一处,他能清楚地听到打击的声音。用两只纸杯,杯底用一根线穿起来,

制成一个“电话”。当你绷紧细线，一个人对一只纸杯口说话，另一个人把另一只纸杯口贴着耳就能听到对方说话的声音，这种传话器就是依靠细线作媒质来传播声音的。

请根据材料，设计一个大班科学教育活动，要求写出活动名称、活动目标、活动准备和活动过程。

专题六　学前儿童数学教育

➢答案见 P8

一、单项选择题（每小题 3 分，共 6 小题，参考时限 12 分钟）

1. 数学教育内容应是幼儿所熟悉的、所理解的，让幼儿感受到数学可以解决人们生活中遇到的问这体现了学前儿童数学教育内容的（　　）

A. 启蒙性　　B. 启发性　　C. 生活性　　D. 可探索性

2. 年龄小的孩子能够准确地回答出自己家里有妈妈、爸爸、爷爷、奶奶和自己，但却不能简单直接地抽象的数字“5”来概括家里共有几人，这体现了儿童早期数学概念发展过程中具有（　　）的特点

A. 从个别到一般　　B. 从外部动作到内部动作

C. 从具体到抽象　　D. 从同化到顺应

3. 学习 10 以内的序数，这是（　　）的教育目标。

A. 小班　　B. 中班　　C. 大班　　D. 学前班

4. 在认识 6 以内的数字活动中，幼儿教师提供给幼儿一定数量的花朵模型让幼儿计数。这种方是（　　）

A. 比较法　　B. 操作法　　C. 发现法　　D. 游戏法

5. 这是一棵大树，那是一棵小树；今天班上有 3 个小朋友没有来；手帕是正方形的，毛巾是长方形等。这说明学前数学教育活动内容具有（　　）

A. 启蒙性　　B. 生活性　　C. 可探索性　　D. 系统性

6. 教师通过语言和运用直观教具，把抽象的数、量、形等知识加以说明和解释，以帮助幼儿理解相关数学知识。这种教法叫做（　　）

A. 讲解演示法　　B. 操作法

C. 比较法　　D. 实验法

二、简答题(每小题 15 分,参考时限 10 分钟。共 2 小题)

1. 简述学前儿童数学学习的心理特点。

2. 简述数学教育活动内容选择的要求。

三、活动设计题(每小题 30 分,参考时限 25 分钟。共 3 小题)

1. 数字在生活中无处不在,有着奇妙的应用,它的存在给我们的生活带来了很多的方便,数字在不同的地方代表着不同的意义。请围绕数字的主题,设计一个幼儿园大班数学活动,要求写出活动名称、活动目标、活动准备和活动过程。

2. 幼儿在生活中对物体的高矮已有了初步的认识,但对于比较的方法却不甚了解,常常凭直观的感觉。请以“比高矮”为主题设计一个中班数学活动,写出活动目标、活动准备和活动过程。

3. 请以“4 以内的数”为主题设计一个小班数学活动,写出活动目标、活动准备和活动过程。

专题七　学前儿童音乐教育

➤答案见 P82

一、单项选择题(每小题 3 分,共 5 小题,参考时限 10 分钟)

1. 能用正确的姿势唱歌,音域在 $c^1 \sim a^1$之间,是对(　　)年龄段的要求。

A. 托班　　B. 中班　　C. 小班　　D. 大班

2. (　　)是通过跟随音乐做动作的方式参与到音乐进行的过程中去,这是学前儿童感知、理解和表现音乐最自然、最重要的途径之一。

A. 动作材料　　B. 语言材料

C. 视觉材料　　D. 游戏材料

3. 为 4 岁前儿童选择韵律动作时,应以(　　)为主。

A. 基础动作　　B. 模仿动作

C. 舞蹈动作　　D. 专门动作

4. 在韵律教学活动中,从复习某个熟悉的动作开始,联系新动作学习的活动,或直接从观察新动作示范开始的新动作学习活动的方法是(　　)

A. 观察导入　　B. 回忆导入

C. 基本动作复习或练习导入　　D. 队形复习或学习导入

5. 不属于幼儿园音乐教学活动的是(　　)

A. 歌唱活动　　B. 韵律活动

C. 戏剧性表演　　D. 打击乐演奏活动

二、简答题(每小题 15 分,参考时限 10 分钟。共 2 小题)

1. 简述小班歌唱活动的目标。

2. 简述幼儿园歌唱材料的选择特点。

舌动设计题（每小题 30 分，参考时限 25 分钟。共 2 小题）

乐游戏对于幼儿来说有很大的好处，音乐游戏有助于提高幼儿的感受力，能激发幼儿的表现欲望
表现力，还能培养幼儿的创造能力。

以“找朋友”为主题设计一个大班音乐游戏活动，写出活动目标、活动准备和活动过程。

根据小班幼儿发展特点，以“小老鼠上灯台”为主题设计音乐教育活动。要求写出活动目标、活动
备及活动过程。

小老鼠上灯台

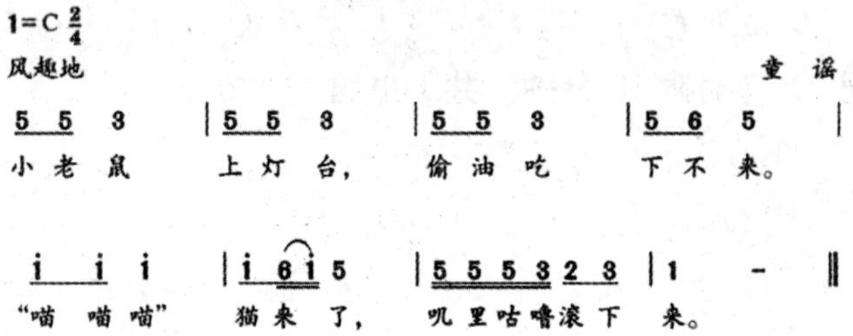

1=C $\frac{2}{4}$

风趣地　　　　　　　　　　　　　　　　童谣

5 5 3 | 5 5 3 | 5 5 3 | 5 6 5 |

小 老 鼠　上 灯 台，偷 油 吃　下 不 来。

1̇ 1̇ 1̇ | 1̇ 6 1̇ 5 | 5 5 5 3 2 3 | 1 - ‖

“喵 喵 喵” 猫 来 了，叽 里 咕 噜 滚 下 来。

专题八　学前儿童美术教育

➢答案见 P84

单项选择题（每小题 3 分，共 6 小题，参考时限 12 分钟）

列不属于小班幼儿手工活动目标的是（　　）

初步熟悉泥工、纸工等工具材料　　B. 通过玩泥、撕纸等活动体验手工活动的快乐

了解纸的性质　　D. 能大胆地用纸按意愿撕、剪出物体轮廓

前儿童美术教育中，教师应引导中班儿童在绘画中表现感受过物体的（　　）

轮廓特征　　B. 基本形态

基本结构和主要特征　　D. 动态结构

3. 某中班幼儿画的苹果比人的脑袋还大，画的舌头伸到了下巴下面，这表明此时儿童画的特点是(　　)

A. 绘画技能稚嫩　　B. 未掌握画面布局比例

C. 表象符号的形成　　D. 感觉的强调和夸张

4. 幼儿开始将头脑中花朵的形象用图画的方式表现出来，这表明幼儿绘画能力发展到(　　)

A. 涂鸦期　　B. 象征期

C. 图式期　　D. 写实期

5. 学前儿童美术教育中，教师应引导小班儿童在泥工中塑造(　　)

A. 平面物象　　B. 简单立体物象

C. 结构复杂物象　　D. 物象主要特征和细节

6. 儿童为在画中强调表现某一意图，不会顾及画中形象的大小、比例、内容等是否合理。这样的画常会令人感到很夸张。这说明儿童绘画表现(　　)的特征。

A. 拟人化　　B. 透明式　　C. 展开式　　D. 强调式

二、简答题(每小题 15 分，参考时限 10 分钟。共 1 小题)

简述学前儿童美术教育的方法。

三、活动设计题(每小题 30 分，参考时限 25 分钟。共 2 小题)

1. 幼儿园近期准备开展“美术展览节”活动，许老师准备将本班幼儿的扎染作品在展览节上展出。请以“扎染”为主题设计一个大班美术活动，写出活动目标、活动准备和活动过程。

2. 自信是幼儿健康人格发展的要素之一，它对人的认知、动机、情感和社会行为均会产生重要的影响。这就要求我们要充分考虑幼儿的发展需求，保护每一颗幼小的心灵。中班幼儿的自我概念已经开始萌生，他们已初步感受到自己的外貌、身体、喜好等与他人的不同，对于“我”和“他人”有着许多的疑问。

请根据素材，设计一节中班绘画活动。要求写出活动名称、活动目标、活动准备和活动过程。

专题九　幼儿园主题活动

➢答案见 P85

一、单项选择题（每小题 3 分，共 3 小题，参考时限 6 分钟）

1. 王老师在班上开展了“丰收水果店”的主题活动，将社会、科学、健康、语言等领域有机联系在一起。这反映了主题活动的特点是（　　）

A. 知识的横向联系　　B. 整合各种教育资源

C. 富有弹性的计划　　D. 生活化、游戏化的学习

2. 大(1)班开展主题活动“恐龙的故事”，在指导过程中不宜（　　）

A. 整合各种教育资源　　B. 有机联合各领域知识

C. 活动内容根据实际情况开展生成　　D. 多用集体的教学形式

3. 在大班主题活动《我的牙齿》中，刘老师将目标设置为“知道牙齿的结构和不同类型，了解不同类型牙齿的功能”，这个目标属于（　　）

A. 情感态度目标　　B. 认知目标

C. 技能目标　　D. 价值观目标

二、活动设计题（每小题 30 分，参考时限 25 分钟。共 3 小题）

1. 请根据大班幼儿的身心特点和下面的材料，设计一个关于秋天的主题活动，要求写出主题活动名称，主题活动总目标，两个子活动。每个子活动包括：活动名称、活动目标、活动准备和活动过程的主要环节。

附儿歌

菊　花

菊花、菊花,你向着太阳开放,散发着清香。
黄叶飘飘为你舞蹈,秋风沙沙为你歌唱。
歌唱你勇敢,歌唱你坚强。

2. 小班孩子由于年龄小,对于保护自己、珍惜生命的意识是极其缺乏的,《幼儿园教育指导纲要(试行)》指出:要为幼儿提供健康、丰富的生活和活动环境,满足幼儿多方面发展的需要;要让幼儿知道必要的安全保健知识,学习保护自己。

请以"安全我知道"为主题设计小班主题活动。

要求:

(1)写出主题活动总目标。

(2)写出其中一个子活动的活动方案,包括活动的名称、目标、准备和主要环节。

(3)写出另外两个子活动的名称、目标。

3. 春雨沙沙沙,沙沙沙地落了,周围的花开了,草绿了,叶长了,鸟叫了……幼儿园小朋友们的好奇心也被激发了。

请围绕此情境为中班幼儿设计主题活动,应包含三个子活动。

要求:

(1)写出主题活动的总目标。

(2)写出其中一个子活动的具体活动方案,包括活动名称、目标、准备及主要环节。

(3)写出另外两个子活动的名称、目标。

专题十　幼儿园教育活动中的师幼关系

➢答案见 P87

页选择题（**每小题 3 分，共 3 小题，参考时限 6 分钟**）

币要重视与幼儿的情感交流，下列在与幼儿沟通的过程中做法不妥的是（　　）

热情地面带笑容，认真解答幼儿提出的问题　　B. 对幼儿的活动表示关注和感兴趣

替幼儿选择他们玩的游戏和活动　　D. 倾听幼儿对行为的解释

刂做法体现师幼关系平等的是（　　）

教师制止幼儿将材料搬出区域　　B. 教师蹲下来快速对幼儿提出要求

教师在幼儿游戏时督促其遵守规则　　D. 教师用幼儿能理解的语言及时回应

币要重视幼儿的情感交流，下列在与幼儿沟通的过程中做法不妥的是（　　）

热情地面带笑容，认真解答幼儿提出的问题

对幼儿的活动表示关注和感兴趣

替幼儿选择他们玩乐的游戏和活动

倾听幼儿对行为的解释

答题（**每小题 15 分，参考时限 10 分钟。共 1 小题**）

ኃ儿教师应如何建立理想的师幼关系？

第七章　教育评价

核心知识提要

答案见

- 教育评价
  - 幼儿园教育评价概述
    - 幼儿园教育评价的目的
    - 幼儿园教育评价的类型★★
      - 相对评价、绝对评价、①________
      - 诊断性评价、②________、终结性评
      - 自我评价、他人评价
    - 幼儿园教育评价应注意的问题
      - 树立正确的评价观
      - 与③________相结合
      - 充分、合理地运用评价结果
  - 幼儿发展评价的方法
    - 测验法
    - ④________
    - 谈话法
    - 作品分析法★★
    - ⑤________
  - 教师教育行为评价的方法
    - 课堂观察法
    - 反思法

经典真题回顾

答案见

单项选择题（每小题 3 分，共 2 小题。参考时限 4 分钟）

1. 在教学过程中，王老师随时观察和评价幼儿的行为表现，并以此为依据调整指导策略，该老师的评价方式是（　　）

A. 诊断性评价　　B. 标准化评价

C. 终结性评价　　D. 形成性评价

2. 教师根据幼儿的图画来评价幼儿发展的方法是（　　）

A. 观察法　　B. 作品分析法

C. 档案袋评价法　　D. 实验法

过关必刷题库

答案见 P88

专题一　幼儿园教育评价概述

一、单项选择题(每小题 3 分,共 4 小题。参考时限 10 分钟)

1. 由专家、园长和行政人员作为评价主体,评价幼儿教师的课堂教学活动,这种评价属于(　　)

A. 内部评价　　B. 外部评价

C. 绝对评价　　D. 相对评价

2. 幼儿教师在儿童入园时对儿童各方面的情况进行了解和评价,这是对儿童的(　　)

A. 诊断性评价　　B. 形成性评价

C. 终结性评价　　D. 总结性评价

3. 幼儿教育评价的目的是(　　)

A. 了解幼儿的发展需要,以便提供更加适宜的帮助和指导

B. 让家长知道孩子在幼儿园的表现

C. 完成教育评价任务

D. 加强家园合作

4. 某幼儿园为了更好地了解小、中、大班幼儿的身高、体重是否与标准的身高、体重吻合,向每个班级下发了标准,这属于(　　)

A. 相对评价　　B. 个体内差异评价

C. 形成性评价　　D. 绝对评价

二、简答题(每小题 15 分,参考时限 10 分钟。共 1 小题)

简述幼儿园教育评价应注意的问题。

专题二　幼儿发展评价的方法

答案见 P88

一、单项选择题(每小题 3 分,共 4 小题。参考时限 10 分钟)

1. 幼儿园教育评价最主要的方法是(　　)

A. 观察法　　B. 谈话法

C. 调查法　　D. 测验法

2. 运用档案袋评价时,档案袋中的内容不包括(　　)

A. 评定标准

B. 有关要求与说明

C. 学生简介

D. 佐证材料

3. 明明所在的幼儿园每天上午十点都会做十分钟的课间操,每到这个时间点李老师都会在旁边仔细观察孩子们的做操状况。李老师使用的幼儿学习评价的方法是(　　)

A. 事件抽样观察法

B. 情景观察法

C. 轶事记录法

D. 时间抽样观察法

4. 教师通过幼儿的绘画作业,了解幼儿的能力、倾向、技能和情感状态等,这种分析研究方法是(　　)

A. 观察法

B. 测验法

C. 谈话法

D. 作品分析法

二、简答题(每小题 15 分,参考时限 10 分钟。共 1 小题)

简述幼儿发展评价的方法。

料分析题(每小题 20 分,参考时限 20 分钟。共 1 小题)

亲节来临之际,教师组织孩子们画自己的妈妈,画得好的作品可以贴到教室门口的展示栏里。乐朋友将妈妈画好后,又在画面上画了许多杂乱无章的心形,破坏了作品的整体效果,当老师问他原因说:"这些爱心代表着我爱妈妈。""乐乐小朋友画这么多'心',老师知道你非常喜欢妈妈(及时表扬妈妈的情感,肯定他感恩的做人态度),对吗?""我妈妈可漂亮了!"乐乐自豪地说。"可是妈妈的'眼心形挡住了怎么办?"乐乐思索不回答。教师启发道:"你看过儿子给妈妈端洗脚水的电视广告吗?很爱妈妈,妈妈辛苦一天回到家,儿子主动端水让妈妈洗洗脚。你也非常喜欢妈妈,能为妈妈做点什?""我妈妈非常喜欢玫瑰花。""那你再画一些美丽的花送给妈妈,好吗?"

结合材料,分析教师对乐乐小朋友采取了哪些评价方法?教师对乐乐的评价反映了什么样的教价理念?

第二模块　全真模拟试卷

国家教师资格考试全真模拟试卷(一)

➢答案见

保教知识与能力(幼儿园)

注意事项:

1. 考试时间为 120 分钟,满分为 150 分。
2. 请按规定在答题卡上填涂、作答,在试卷上作答无效,不予评分。

一、单项选择题(本大题共 10 小题,每小题 3 分,共 30 分)

在每小题列出的四个备选项中只有一个是符合题目要求的,请用 2B 铅笔把答题卡上对目的答案字母按要求涂黑。错选、多选或未选均无分。

1. 幼儿常把被动语态句“女孩被男孩推倒”理解为“女孩推倒男孩”。这说明其语态理解(　　)

A. 受语序影响　　B. 受暗示影响

C. 受经验影响　　D. 受语气影响

2. (　　)是儿童语言真正形成的时期,也是儿童语言发展最为迅速的阶段,此时期会出现“词语现象”。

A. 1.5 ~2 岁　　B. 2 ~3 岁　　C. 3 ~6 岁　　D. 0 ~6 岁

3. 小小将热水倒入鱼缸中,问他为什么时,他说老师说了喝开水不生病,小鱼也应该喝开水。这幼儿思维特点是(　　)

A. 行动性　　B. 经验性

C. 抽象性　　D. 简单性

4. 儿童开始有目的地创造形体,用自己的样式符号(儿童图画中的形象)来尝试表现物体的绘画阶段是(　　)

A. 涂鸦期　　B. 象征期

C. 图式期　　D. 写实期

5. 幼儿园教育目标中最有操作性的、最具体的目标是(　　)

A. 班级一周计划的教育目标　　B. 幼儿年龄阶段目标

C. 某一具体活动的教育目标

D. 班级一日计划的教育目标

6. 小明模仿当医生的爸爸,手拿听诊器,为“病人”看病,小明玩的游戏是(　　)

A. 角色游戏

B. 建构游戏

C. 表演游戏

D. 语言游戏

7. 儿童的社会性发展是(　　)

A. 与生俱来的

B. 由遗传素质决定的

C. 在成长过程中自然形成的

D. 在与外界环境相互作用过程中形成的

8. 如果确定幼儿的关节脱臼了,幼儿教师不可采取的措施是(　　)

A. 立即寻求医疗救助

B. 不要移动关节

C. 用药膏涂抹在脱臼部位

D. 如不熟悉脱臼的整理技术,不要贸然复位

9. 王老师在组织幼儿进行“各种各样的昆虫”科学活动时,幼儿对七星瓢虫产生了浓厚的兴趣,其中有一位孩子问:“王老师,我看到身上有 9 个斑点的瓢虫,是不是就叫九星瓢虫?”王老师愣了一下,心想这个问题还真不确定,但是她机智地表扬了该幼儿:“你说得很有道理,9 个斑点的就叫九星瓢虫啦。”王老师的做法违背了科学活动组织的(　　)

A. 开放性

B. 趣味性

C. 活动性

D. 科学性

10. 培养幼儿具有良好的生活与卫生习惯,知道保护眼睛,4 ~ 5 岁幼儿连续看电视等不超过(　　)

A. 10 分钟

B. 15 分钟

C. 20 分钟

D. 30 分钟

二、简答题(本大题共 2 小题,每小题 15 分,共 30 分)

11. 简述《幼儿园教育指导纲要(试行)》中语言领域的目标。

12. 简述幼儿亲社会行为发展的阶段与特点。

三、论述题（本大题 1 小题，20 分）

13. 试述教师在组织幼儿园活动时，如何发挥一日活动整体教育功能的原则。

四、材料分析题（本大题共 2 小题，每小题 20 分，共 40 分）阅读材料，并回答问题。

14. 材料：

区角活动时，小班的萌萌与东东争抢积木，被东东抓伤了脸，萌萌大哭，东东赶紧离开了现场装作若无其事的样子，小李老师急忙走过来，看了看受伤的萌萌的脸，又生气又担心，她生气东东把萌萌抓伤，又担心萌萌的爸爸来接孩子时数落自己，她把东东拖到萌萌面前命令他给萌萌道歉，并恐吓说："如果下次再抓伤人，老师就把手给绑了。"

问题：

（1）你认为小李老师在处理幼儿之间的问题时有何不妥？（10 分）

（2）假如你遇到此问题你会与孩子和家长怎样交流？（10 分）

料:

在“小小餐厅”游戏中,服务员豆豆为了推销自己的新菜品(彩泥做的面条),这样说道:“请您尝我的新菜品——水果味面条,这种面条好吃,软软的就像咬棉花糖,闻起来香香的、有水果。”小客人听到了豆豆的介绍,都陆续坐了下来,丁丁说:“请给我来一份苹果味的面条。”豆豆很礼貌地回答:“好的,请稍等。”

题:请结合材料,分析角色游戏的特点,并结合日常实践从游戏前、游戏中、游戏后等环节论述角游戏的指导要点。

动设计题(本大题共 30 分)

季正是花开的季节,走在路边可以看到各色各样的花盛开的景象,被风一吹,花瓣随风起舞,就是被赋予了灵性一样,花瓣落下又像是下了一场花雨,忍不住让人想起花瓣飘落的那一刻!

根据所提供的材料,设计幼儿园大班活动“花的礼物”,要求写出活动目标、活动准备、活动过程。

国家教师资格考试全真模拟试卷(二)

➢答案见 P

保教知识与能力(幼儿园)

注意事项:

1. 考试时间为120分钟,满分为150分。
2. 请按规定在答题卡上填涂、作答,在试卷上作答无效,不予评分。

一、单项选择题(本大题共10小题,每小题3分,共30分)

在每小题列出的四个备选项中只有一个是符合题目要求的,请用2B铅笔把答题卡上对目的答案字母按要求涂黑。错选、多选或未选均无分。

1. (　　)摈弃了传统观念,提出儿童的心理最初只是一块白板,它的变化取决于后天的学习和经

A. 洛克　　B. 马斯洛
C. 斯金纳　　D. 格塞尔

2. 花花依恋妈妈,妈妈离开之后会大哭,等到妈妈回来后会抱着妈妈、打妈妈。这属于什么依型(　　)

A. 反抗型　　B. 安全型　　C. 回避型　　D. 紊乱型

3. 通常将幼儿园环境分为物质环境和精神环境,以下属于物质环境的是(　　)

A. 玩具、图书　　B. 师生关系
C. 同伴关系　　D. 管理制度

4. 在幼儿园课程评价中,既是课程评价对象,又是课程评价主体的是(　　)

A. 教师和家长　　B. 管理人员和教师
C. 教师和儿童　　D. 管理人员和儿童

5. 成人往往按照自己习惯设计的蓝图去要求、塑造儿童,使儿童的天性得不到发展。这是因为在学前教育目标时未考虑到(　　)

A. 社会发展的需要　　B. 教育方针
C. 教育政策　　D. 学前儿童的需求

6. 红红看动画片时,妈妈喊她很多遍她都没有听见。这一现象体现了注意的(　　)

A. 指向性　　B. 调节性

C. 集中性　　D. 维持性

7. 关于《3～6岁儿童学习与发展指南》的描述错误的是(　　)

A. 语言是交流和思维的工具

B. 科学领域的子领域是科学探究和数学认知

C. 人际交往和社会适应是幼儿社会学习的主要内容

D. 艺术领域的子领域是感知与欣赏、绘画和创造

8. 以下不适合对黏液质的孩子进行教育的方式是(　　)

A. 多给予他们参加各种活动的机会

B. 引导他们学会控制情绪的方法,增强他们的自制力和韧性

C. 引导他们快速完成活动

D. 及时表扬他们的成绩,培养他们的自信心

9. 幼儿正在画“汽车”,听到别人说“这像汽车吗?”他立刻说:“我画的是房子。”这一现象表明幼儿(　　)

A. 以想象过程为满足　　B. 想象的内容零散无系统

C. 想象的主题不稳定　　D. 想象受兴趣的影响

10. 幼儿知道凡是刚从锅里蒸出来的东西都是烫的、热的。这种认识的获得是通过(　　)

A. 感知　　B. 记忆

C. 想象　　D. 思维

二、简答题(本大题共2小题,每小题15分,共30分)

11. 简述幼儿理解事物的特点。

12. 简述幼儿园游戏活动对幼儿情感发展的作用。

三、论述题(本大题 1 小题,20 分)

13. 试述学前儿童比较的发展趋势。

料分析题(本大题共 2 小题,每小题 20 分,共 40 分)阅读材料,并回答问题。

料:

孩子们最喜欢的全园性视觉探索活动开始了,冰冰来到了编织区。在编织区的一个角落里,着放射状的绳子(表示蜘蛛网的中轴线)。墙上挂着一些不同颜色的毛线和细包装带,贴着一张织蜘蛛网的示意图。冰冰问老师:“这是干什么的?”老师告诉他可以编蜘蛛网。他答了一声表很新奇并马上走到角落,随手抽出一根绿色的毛线,开始在原先拉好的绳子上缠绕起来。刚开手中的毛线始终在一根线上做反复的缠绕。老师在一旁轻轻地提醒他:“想一想蜘蛛是怎样结的?”他似乎受到了一些启发,开始将缠绕后余下的毛线向另一根中轴线拉去,拉到后又开始反缠绕。老师又轻轻拍了拍墙上的蜘蛛网示意图,并用手指在示意图上画蜘蛛网的走向,从一根轴线拉向旁边一根,再拉到旁边一根,依次画三个圆。冰冰看后大受启发,手中的毛线拉向旁边根中轴线,第一根毛线用完了,他又取了一根同样颜色的在下面重新开始拉网编织起来,但是没规律。老师告诉他:“蜘蛛网是很有规律、很有次序的,一圈结完再结一圈,可是你刚才那圈还没完。”冰冰连忙抽回毛线回到原来的地方继续结起网来。就这样一连用绿色的毛线结了三圈。师问他:“这里有这么多颜色的毛线,能不能让你的蜘蛛网变得更漂亮呢?”这回冰冰用黄色的毛结了两圈,又改成绿色的毛线编了两圈。就这样两种颜色交替编织,终于完工了。老师和同伴见说:“你编的蜘蛛网真像,而且颜色一层一层真漂亮。”冰冰高兴极了,拉着旁边的同伴来欣赏编织的蜘蛛网。

题:结合材料,分析幼儿教师应如何引导幼儿的游戏?

15. 材料：

中(2)班有一面评比墙，一学期下来，欢欢的“五角星”最多，有16颗，而强强只有3颗最少。小王老师对强强妈妈说：“强强要加油了，他的‘五角星’全班最少，你看人家欢欢，什很好。”

问题：请从幼儿发展评价的角度说说你对这件事的看法。

五、活动设计题（本大题共30分）

16. 最近班级有小朋友总是在吃饭的时候把青菜挑出来，还有小朋友在吃饭的时候只吃菜，不吃主请根据上述情况，以“珍惜粮食”为主题设计一个中班社会活动，要求写出活动目标、活动准备动过程。

图书反馈

亲爱的考生：

感谢您对山香教育的信任和支持，您的建议是我们前进的动力！为进一步提高图书质量，我们特向全国各地的考生开展有奖反馈活动。

1.凡提供山香图书的错题反馈者，均能获得价值99元的山香网课《高频考点》（基础版）大礼包1份。

2.凡提供反馈项目者，可获得价值299元的山香网课《高频考点》（豪华版）超级大礼包1份。

3.我们从意见被采纳人员中每月抽取幸运者2名，各奖励价值1380元的山香网校网课大礼包一份。

图书反馈链接

¥99
大礼包

¥299
超级大礼包

反馈项目

姓名： 专业： 报考地区：

手机号： QQ号：

1.您认为图书中可以增加哪些模块或内容，有助于您的学习？

2.您对本书的印刷、装订、封面有何意见和建议？

3.结合山香现有图书和考情需要，您还需要哪些形式的备考资料？

联系方式：400-600-3363 研发部QQ：1831595423

招教网：http：//www.zhaojiao.net 山香网校：http：//www.sx1211.cn

图书订正链接

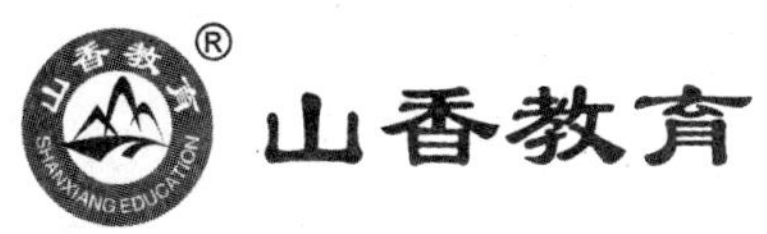

国家教师资格考试

高分题库 1000题

山香教师资格考试命题研究中心 主编

幼儿园·保教知识与能力

参考答案及解析

首都师范大学出版社
CAPITAL NORMAL UNIVERSITY PRESS

目　录

第一模块　过关必刷题库

第二模块　全真模拟试卷

學

日日行　不怕千万里

常常做　不怕千万事

参考答案及解析

第一模块　过关必刷题库

第一章　学前儿童发展

核心知识提要

①自我意识　②从具体到抽象　③从零乱到成体系　④自主感对羞耻感　⑤主动感对内疚感　⑥前运算阶段　⑦自我中心性　⑧思维不可逆　⑨泛灵论　⑩替代强化　⑪自我强化　⑫形态指标　⑬从整体到局部规律　⑭首尾规律　⑮近远规律　⑯大小规律　⑰无有规律　⑱有意注意初步发展　⑲注意的稳定性　⑳注意的分配　㉑无意记忆　㉒有意记忆　㉓形象记忆　㉔语词记忆　㉕无意想象　㉖有意想象　㉗创造想象　㉘直观行动性　㉙具体形象思维　㉚外露性　㉛易感性　㉜道德感　㉝理智感　㉞自我评价

经典真题回顾

一、单项选择题

答案速查

1～5	DABAC	6～10	DBBAD
11～15	BBCBA	16～20	CDCCC
21～25	CCACA	26～30	CBCCB
31～34	CBAB		

1. D 【解析】本题考查最近发展区概念的提出者。维果斯基认为,儿童的发展有两种水平,一种是已经达到的发展水平;另一种是儿童可能达到的发展水平,即儿童还不能够独立地完成任务,但在成人的帮助下,通过模仿等形式能够完成这些任务。这种儿童在成人的帮助和指导下所能达到解决问题的水平与在独立活动中所达到的解决问题的水平之间的差异就是“最近发展区”。

2. A 【解析】本题考查3～6岁幼儿注意发展的主要特征。3～6岁幼儿注意发展的主要特征包括:无意注意占优势,有意注意初步发展。

3. B 【解析】本题考查幼儿记忆发展的特点。幼儿记忆发展的特点包括:无意记忆占优势,有意记忆逐渐发展;记忆的理解和组织程度逐渐提高;形象记忆占优势,语词记忆逐渐发展;幼儿记忆的意识性和记忆方法逐渐发展。故B项正确。

4. A 【解析】本题考查幼儿攻击性行为的分类。工具性攻击行为指幼儿为了获得某个物品所做出的抢夺、推搡等动作,这类攻击本身指向一个主要的目标或某一物品的获取。题干中小明因为缺积木玩具而去抢夺他人的积木,这属于工具性攻击行为。

5. C 【解析】本题考查维果斯基的“最近发展区”理论。维果斯基认为,儿童的发展有两种水平,其现有水平与可能达到的发展水平之间的差异就是“最近发展区”。首先,题干中俊俊能够通过主动询问的方式加入另两名幼儿的游戏,说明其已经达到“找到喜欢的玩伴”和“使用一定的策略加入游戏小组”的水平;其次,俊俊在询问中提出“我来当爸爸炒点菜”表明俊俊已能够在游戏中讨论相应的角色行为。因此A、B、D三项均属于俊俊的现有水平。但从俊俊的社会性发展来看,题干中俊俊虽然加入了另两名幼儿的游戏,不过他们之间并没有合作,也没有共同的目标,所以尚未达到合作游戏的水平。因此,“在角色游戏中进行合作性互动”即为俊俊的最近发展区。故本题选C。

6. D 【解析】本题考查幼儿自我评价发展的特点。幼儿自我评价发展的特点包括:(1)从依从性的评价发展到对自己独立性的评价;(2)从对个别方面的评价发展到对多方面的评价;(3)先有对自己外部行为的评价,然后逐渐出现对内心品质的评价;(4)从主观情绪性的评价到初步客观的评价;(5)从只有评价没有依据发展到有依据的评价。

7. B 【解析】本题考查皮亚杰的认知发展阶段理论。同化,是指个体将外部环境纳入自身已有的认知结构中;顺应则是指个体改变已有的认知结构去适应外部环境。题干中,毛毛看到骆驼后,认为骆驼是背上长东西的“大马”,将看到的新事物纳入自己已有的认知结构中,这一过程属于同化。

8. B 【解析】本题考查移情的发展。移情是指从他人的角度来考虑问题。移情的作用:一是可以使儿童摆脱自我中心,产生利他思想,从而形成亲社会行为;二是可以引起儿童的情感共鸣,使儿童产生同情心和羞愧感。题干中冰冰边擦眼泪边安慰田田,和田田有了情感共鸣,是移情能力的体现。

9. A 【解析】本题考查班杜拉的社会学习理论。班杜拉认为,习得的行为是否被表现出来,会受到强化的影响。替代强化是指观察者通过观察他人行为所带来的后果而受到强化。题干中萌萌因为看到青青和小猫玩得很开心,从而降低了自己对小猫的恐惧,是观察他人行为所带来的后果受到强化,属于替代强化。

10. D 【解析】本题考查皮亚杰的认知发展阶段理论。前运算阶段幼儿思维的一个特点是泛灵论。儿童认为,所有的物体都是有生命的、有意义的。

题干中菲儿把无生命的小石头看作是有生命的物体,体现了菲儿泛灵论的思维特点。故D项正确。A项幼儿思维的直觉行动性是指幼儿的思维很具体、直接。他们不会做复杂的分析综合,只能从表面去理解事物。B项幼儿思维的自我中心性是指儿童还不能设想他人所处的情境,常以自己的经验为中心,从自己的角度出发来观察和理解世界。C项幼儿思维的表面性是指幼儿只从表面理解事物,不理解词的转义。其思维往往只是反映事物的表面联系,而不反映事物的本质联系。

11. B 【解析】本题考查幼儿的个性心理特征。在人的个性心理特征中,由于气质和儿童的生理特点具有最直接的关系,所以气质是最早出现的,也是变化最缓慢的。故本题选B项。

12. B 【解析】本题考查维果斯基的"最近发展区"理论。题干中芳芳在数积木的时候能够按物点数,并能在点数完成之后说出总数,说明C项属于芳芳的已有水平,故首先排除C项。A项,"认识和命名更多的几何图形"属于幼儿感知形状和空间关系的发展,与本题无关,故排除。D项,"通过实物操作进行10以内的加减法"是在幼儿按群计数能力的基础上才能得到发展的,对芳芳来说难度较大,故排除。B项,"接着数"强调的是幼儿的按群计数能力,恰好是芳芳现有水平的更高一级,因此B项最贴近芳芳的最近发展区,故本题选B。

13. C 【解析】本题考查幼儿语言发展的特征。过度扩充是指儿童最初学习词时不是一下子掌握所有的特征,其并不知道成人关于这个词的全部含义,而是把词义和某些特征等同起来,这样就出现了词的使用范围的扩张。题干中幼儿把飞机当作"鸟",实质上是认为只要在天上飞的物体都是鸟,体现了幼儿语言发展的过度扩充,即过度泛化。

14. B 【解析】本题考查幼儿情绪的特点。题干中"一名幼儿哭会惹得周围的幼儿跟着一起哭",表明幼儿的情绪容易受到周围人的影响,即具有易感性。故本题选B。

15. A 【解析】本题考查自我概念的发展。自我概念是指个体对自己的印象,包括对自己存在的认识,以及对个人身体、能力、性格、态度、思想等方面的认识。题干中的语言描述属于幼儿对自己的看法,因此本题选择A。

16. C 【解析】本题考查依恋的类型。焦虑—反抗型的幼儿在母亲要离开之前总显得很警惕,如果母亲要离开他,他就会表现出极度的反抗,但是与母亲在一起时,又无法把母亲当作他的"安全基地"。他们见到母亲回来会寻求与母亲接触,但同时又反抗与母亲接触,甚至还有点发怒的样子。

17. D 【解析】本题考查幼儿性别概念的获得。性别稳定性是指对自己的性别不随年龄、情境等的变化而改变这一特征的认识。题干中,幼儿能够认识到自身的性别不会随年龄增长而发生改变,即说明其已经具有性别稳定性的概念。

18. C 【解析】本题考查影响学前儿童发展的因素。题干中同卵双胞胎虽然生活在不同环境中,但他们的智商测试分数很接近,说明环境对他们的智商并没有产生显著影响,反而由于两者的遗传素质相同才产生了相似结果,故说明遗传对智商的影响较大。

19. C 【解析】本题考查前运算阶段幼儿思维的特点。思维的自我中心性是指儿童还不能设想他人所处的情境,常以自己的经验为中心,从自己的角度出发来观察和理解世界。题干中岳岳的回答是从自己的角度出发,并且没有认识到自己的回答阿姨不能理解,体现了幼儿思维的自我中心性特点。

20. C 【解析】本题考查埃里克森的心理社会化发展理论。埃里克森的心理社会化发展理论认为,1～3岁儿童的发展危机是自主感对羞耻感,此阶段幼儿的发展任务是获得自主感,克服羞怯和怀疑。故本题选C。

21. C 【解析】本题考查皮亚杰的认知发展阶段理论。著名的瑞士心理学家皮亚杰所设计的三山实验是证明幼儿自我中心思维的一个最典型的例证。

22. C 【解析】本题考查幼儿精细动作的发展。幼儿的精细动作能力指的是幼儿凭借手和手指等部位的小肌肉或小肌肉群,在感知觉、注意等多方面心理活动的配合下完成特定任务的能力。双手接球主要是要依靠手、手臂和身体的力量去完成的,属于粗大动作,而非精细动作,故本题选C。

23. A 【解析】本题考查婴幼儿感觉的发展。在婴儿的所有感觉器官中,眼睛是最活跃、最主动、最重要的感官,而视觉却是新生儿身上最不成熟的感觉。故本题选A。

24. C 【解析】本题考查幼儿注意的特点。幼儿能够认真完整地听完教师讲的故事,说明幼儿的注意力一直维持在教师的讲述活动中,体现了幼儿注意的稳定性。注意的选择性是指注意具有选择信息的功能。(1)幼儿注意的选择性在很大程度上是由幼儿的兴趣和情绪引起的;(2)幼儿注意的选择性与幼儿的理解水平和幼儿的经验有密切关系;(3)幼儿注意的选择性受强化方式的影响,常见的强化方式有鼓励、表扬和批评、惩罚。注意的广度也叫注意的范围,它是指一个人在同一时间内能够清楚地察觉和把握对象的数量。"一目十行""眼观六路",指的都是注意的范围。幼儿注意的范围比较小,但随着年龄的增长,注意的范围在逐渐扩大。注意的分配是指在同一时间内,把注意分配到两种或几种不同的对象与活动上。在良好的教育条件下,随着年龄的增长,幼儿注意分配的能力逐渐提高。

25. A 【解析】本题考查幼儿思维的特点。小红的计算需要依靠花生这一具体事物来进行,一旦脱离这一具体事物就无法进行计算了,说明小红的思维离不开事物的具体形象,因此具有具体形象性。

26. C 【解析】本题考查幼儿数概念的发展阶段。幼儿数概念的形成经历口头数数→给物说数→按数取物→掌握数概念四个阶段。数概念发展的最低阶段为口头数数,唱数即我们常说的口头数数,故本题选 C。

27. B 【解析】本题考查学前儿童实物概念的发展。5～6、7 岁的幼儿开始初步掌握物体较为本质的特征,如功用的特征或者若干特征的总和。但是,这一时期他们还不能按照物体的本质特征进行概括,形成实物概念。因此,"理解功能性特征"与大班幼儿的实物概念发展水平最接近。

28. C 【解析】本题考查幼儿词汇的发展。儿童先掌握的是实词,然后是虚词。在实词中,儿童掌握的顺序是名词—动词—形容词。对其他实词,如副词、代词、数词掌握较晚。

29. C 【解析】本题考查笑的类型。研究发现,从第 5 周开始,婴儿对社会性物体和非社会性物体的反应不同。人的出现,包括人脸、人声,最容易引起婴儿的笑,即婴儿开始出现"社会性微笑"。题干中人脸引发婴儿的微笑,即属于社会性微笑。

30. B 【解析】本题考查婴儿依恋的类型。美国心理学家爱因斯沃斯等人研究了母亲喂养方式对儿童依恋的影响,发现婴儿产生安全型依恋的母亲多能保持一致的、稳定的敏感、接纳、合作、易接近等特征。故如果母亲具有上述特征,其婴儿容易形成安全型依恋,本题选 B。

31. C 【解析】本题考查研究幼儿自我控制能力的实验。延迟满足实验,又称棉花糖实验,是研究儿童自我控制能力和行为的经典实验。

32. B 【解析】本题考查前运算阶段幼儿思维的特点。亮亮认为盘子会受伤、会难过,是将盘子看成了有生命的物体,体现了亮亮泛灵论的思维特点。

33. A 【解析】本题考查幼儿言语的形成阶段。儿童言语发展的基本规律是:先听懂,后会说。1～1.5 岁,儿童理解言语的能力发展很快,在此基础上,开始主动说出一些词;2 岁以后,言语表达能力迅速发展,逐渐能用较完整的句子表达自己的思想。

34. B 【解析】本题考查幼儿动作发展的基本规律。幼儿动作的发展遵循从上至下的规律,即儿童动作的发展,先从上部动作开始,然后到下部动作。儿童先学会抬头,然后能俯撑、翻身、坐和爬,最后学会站和行走,也就是离头部最近的部位的动作先开始发展。

二、简答题(参考答案)

1. 教师应当如何对待不同气质的幼儿?请举例说明。

(1)要了解学前儿童的气质特征;(2)不要轻易对学前儿童的气质类型下结论;(3)要善于理解不同气质类型儿童的不足之处;(4)针对学前儿童气质的特点,采取适宜的教育措施。

对于胆汁质的孩子,要培养勇于进取、豪放的品质,防止任性、粗暴;对于多血质的孩子,要培养热情开朗的性格及稳定的兴趣,防止虎头蛇尾;对于黏液质的孩子,要培养积极探索精神及踏实、认真的优点,防止墨守成规、谨小慎微;对于抑郁质的孩子,要培养机智、敏锐和自信心,防止疑虑、孤独。

2. 根据右图说明儿童动作发展规律。

(1)从整体到局部规律:儿童最初的动作是全身性的、笼统的、弥漫性的,以后动作逐渐分化、局部化、准确化和专门化。

(2)首尾规律:儿童动作的发展,先从上部动作开始,然后到下部动作。

(3)近远规律:儿童动作的发展先从头部和躯干的动作开始,然后发展双臂和腿部的动作,再然后是手的精细动作。

(4)大小规律:儿童动作的发展,先从粗大动作开始,而后才学会比较精细的动作。

(5)无有规律:婴儿最初的动作是无意的,以后越来越多地受到心理有意的支配。

3. 教师可以从哪些方面观察幼儿的注意力是否集中。

注意力的集中是指注意能在较长一段时间内集中于特定的对象而没有松弛或分散的现象。教师可以从以下几个方面观察幼儿的注意力是否集中:幼儿在集体教育活动和游戏中的注意类型、注意维持的时间和注意发生时的行为表现。

(1)适应性运动。幼儿在注意某一对象时,通常会形成有利于指向和集中的动作和状态。如注意听时的"侧耳倾听",注意看时的"目不转睛",注意想时的"全神贯注"。

(2)无关运动停止。当注意发生时,幼儿会终止与注意无关的动作。例如,当幼儿注意听讲时,会停止小动作或不再交头接耳,表现得非常专注和安静。

(3)生理运动变化。注意发生时,幼儿的呼吸会变得轻微和缓慢,而且呼吸时间也发生变化,通常是呼得更长、吸得短促。在注意紧张时,还会出现心跳加速、牙关紧闭、握紧拳头等,甚至出现呼吸暂停现象,这就是所谓"屏息"。

教师也可在一日生活的各个环节中观察幼儿在进行各项活动时是否能够按照老师的要求顺利进行。

4. 简述幼儿工具性攻击和敌意性攻击的异同。

(1)相同点:

工具性攻击与敌意性攻击都属于幼儿的攻击性行为,最大的特点是目的性,都是为了其他目的而对他人造成伤害。

(2)不同点:

①工具性攻击行为指幼儿为了获得某个物品所做

出的抢夺、推搡等动作，这类攻击本身指向于一个主要的目标或某一物品的获取；敌意性攻击则是以人为指向目标，其目的在于打击、伤害他人，如嘲笑、讽刺、殴打等。

②小班幼儿的工具性攻击行为多于敌意性攻击行为；而大班幼儿的敌意性攻击行为则显著多于工具性攻击行为。

5. 简述移情对儿童亲社会性行为发展的影响。

移情是指从他人的角度来考虑问题。不论是社会生活环境的影响，还是幼儿具体生活环境的影响，最终都要通过幼儿的移情起作用。对幼儿来说，由于其认识的局限，特别容易自我中心地考虑问题，因此，帮助幼儿从他人角度考虑问题，是发展幼儿亲社会行为的主要途径。移情一方面可以使幼儿摆脱自我中心，产生利他思想，从而形成亲社会行为；另一方面，移情可以引起儿童的情感共鸣，使儿童产生同情心和羞愧感。所以，移情是导致幼儿产生亲社会行为的最根本、最内在的因素。

6. 简述幼儿口语表达能力的发展趋势。

幼儿口语表达能力的发展趋势如下：(1)对话言语的发展和独白言语的出现。从交际的方式而言，口语可分为对话式和独白式两种。对话是两个人之间互相交谈；独白则是一个人独自向听者讲述。随着幼儿活动的增多和丰富，幼儿不仅能在对话中与他人自由交谈，也逐渐学会独立地向别人表达自己的想法，独白言语随之出现。(2)情境性言语的发展和连贯性言语的产生。3～4岁的幼儿，甚至5岁的幼儿言语仍带有情境性。随着年龄的增长，幼儿连贯性言语逐渐得到发展。6～7岁幼儿开始能把整个思想内容前后一贯地表述，能用完整的句子说明上下文的逻辑关系。(3)讲述逻辑性的发展。(4)掌握言语表情技巧。

7. 婴幼儿调节负面情绪的主要策略有哪些？

(1)6个月大的婴儿会通过转身避开引起消极情绪的刺激，或是寻找可以吸吮的对象。

(2)1岁后的婴儿开始使用其他策略来减少不愉快的情绪，如摇晃自己的身体、咬东西(咬指甲)和避开引起他们不愉快的人或事物。18～24个月的婴儿，开始有意识地控制那些让他们感到不舒服的人和物，而且，此时他们也开始能处理一些挫折事件，如在等待食物、索要礼物、等待游戏的时候，他们能让自己把视线转移开。这个年龄的婴儿已经能用皱眉和抿嘴唇的行为来抑制自己的生气或伤心的情绪了。

(3)3～6岁的幼儿情绪调节和控制能力逐步增强，他们已经能够使用很多策略来调节和控制自己的情绪。①使用语言和认知策略来控制自己的情绪状态，如，自言自语，“打针不疼，打了针病就好了”；②通过限制感觉输入的方法来调节情绪，如“快闭上眼睛，我怕大鲨鱼”，或是闭上眼睛挡住强光，捂住耳朵防止刺耳的声；③通过改变目标来转换心情，如，被一个游戏小组拒绝后，决定参加另一个小组的游戏；④用一些愉快的念头来克服负面情绪，如“妈妈虽然离开我，但是等她回来我们就可以去看电影了”；⑤重新解释消极情绪产生的原因，如“他没有死，是在演戏，是假的”等。

8. 父母陪伴对幼儿健康成长有何意义？

父母是幼儿的第一任老师，父母陪伴直接影响幼儿个性品质的形成，是幼儿人格发展中最主要的影响因素。具体体现在以下几个方面：

(1)父母陪伴有利于幼儿认知的发展。

(2)父母陪伴有利于幼儿良好行为习惯的养成。

(3)父母陪伴有利于发挥幼儿游戏的引导性。

(4)父母陪伴有利于建立良好的亲子关系。

三、论述题(参考答案)

为什么要让幼儿通过直接感知、实际操作和亲身体验的方式进行学习？请结合实例分别说明。

(1)幼儿的注意以无意注意为主，有意注意初步发展。抽象的讲解不仅不会吸引幼儿注意，反而会引起幼儿的疲劳，直接感知、实际操作和亲身体验的学习方式能够引起幼儿的无意注意，使幼儿将注意力长时间集中在所要学习、探究的事物上，有利于幼儿相关经验的内化与吸收。

(2)幼儿的无意记忆占优势，有意记忆逐渐发展。幼儿所获得的知识经验大多数是在日常生活和游戏等活动中无意识地、自然而然地记住的，直接感知、实际操作和亲身体验的学习方式可以让幼儿通过感知和操作无意识地识记相关的学习内容，这种识记效果远远好于机械识记的效果。

(3)幼儿的形象记忆占优势，语词记忆逐渐发展。形象记忆是根据具体的形象来识记各种材料。在儿童语言发生之前，其记忆内容只有事物的形象，即只有形象记忆。儿童语言发生后，直到整个幼儿期，形象记忆仍然占主要地位。幼儿最容易记住的是那些具体的、直观形象的材料，最难记住的是那些概括性比较高、比较抽象的语词材料。直接感知、实际操作和亲身体验的学习方式可以让幼儿通过记忆事物、现象的相关形象获得自身发展。

(4)幼儿的思维以具体形象思维为主，即幼儿主要依靠事物在头脑中的具体形象进行思维。直接感知、实际操作和亲身体验的学习方式能够让幼儿积累起丰富的表象，为幼儿思维的发展奠定基础。

(5)幼儿的言语发展水平有限，尚不能理解抽象、复杂的言语讲解。直接感知、实际操作和亲身体验的学习方式能够让幼儿通过具体感知和操作理解事物之间的关系，从而获得相关经验。

总之，教师要为幼儿创设丰富的教育环境，合理安排一日生活，最大限度地支持和满足幼儿通过直接感知、实际操作和亲身体验获取经验的需要，严禁“拔苗助长”式的超前教育和强化训练。

四、材料分析题(参考答案)

1. (1)幼儿5岁开始能以自身为中心辨别左右方位；6岁幼儿虽然能完全正确地辨别上下前后四个方位，但以左右方位的相对性来辨别左右仍然感到困难；7岁幼儿开始能够辨别以他人为基准的左右方位，以及两个物体之间的左右方位。幼儿方位

知觉的发展早于方位词的掌握。材料中的幼儿动作出现混乱的原因有：①教师在指导过程中使用了方位词，幼儿不能很好地理解；②教师在指导过程中是以“正面示范”的方式，即以教师自身的左右为标准进行示范引导，与老教师的动作有出入，有的幼儿对教师进行模仿练习，有的幼儿是依靠自己的记忆动作进行练习，因此会出现有的胳膊向左转，有的向右伸的情况。

(2)建议：①由于大班幼儿不能辨别以他人为基准的左右方位，因此在体育活动或舞蹈活动中，教师应该面对幼儿做镜面示范，即以幼儿的角度来做示范动作。

②教师可以在日常生活与教学中运用语言结合实物的方式进行动作讲解。当幼儿还不能很好地掌握左右方位的相对性和方位词语的时候，幼儿园教师可以把左右方位词语与实物结合起来，如“伸出拿勺子的右胳膊”。

③教师可以在日常生活中创设帮助幼儿发展方位知觉的教育环境。教师可以利用文字、图片等材料或玩具组织相应的区分左右的教育活动，如引导幼儿“添左右脚”的绘画活动、“根据口令做动作”的游戏活动等，在幼儿做出正确的左右动作时给予表扬、鼓励，丰富幼儿的方位知觉经验，引导幼儿利用方位知觉解决问题。

2. (1)游戏中小牛和小雷都是在学习，小牛是通过“直接感知、实际操作和亲身体验”学习，小雷是通过“观察”学习。

(2)《3～6岁儿童学习与发展指南》中指出：幼儿的学习是以直接经验为基础，在游戏中通过直接感知、实际操作和亲身体验获取经验的需要，严禁“拔苗助长”式的超前教育和强化训练。材料中，教师制作了“玩具灶”以及投放不同的材料，让幼儿猜测并验证哪些物品能飞起来，小牛正是在教师精心布置的环境中通过“直接感知、实际操作和亲身体验”方式学习的。在这个过程中，幼儿不仅能获得丰富的感性经验，充分发展形象思维，还能逐步发展逻辑思维能力，为其他领域的深入学习奠定基础。

班杜拉的社会学习理论提出了观察学习的概念，观察学习是指人通过观察他人（榜样）的行为及其结果而习得新行为的过程。在观察学习中，观察的对象称为榜样或示范者。观察学习可分为三类：①直接的观察学习：它是对示范行为的简单模仿，幼儿的主要学习方式为直接的观察模仿学习。②抽象性观察学习：它是指观察者从对他人行为的观察中获得一定的行为规则或原理，从而能根据这些规则或原理表现出某种类似的行为。③创造性观察学习：它是指观察者通过对各个不同榜样的行为特点进行新的组合，从而形成一种全新的行为方式。材料中，小雷旁观小牛的实验过程和结果，收获了一些知识，这是“观察学习”的表现。

3. (1)通过对材料的分析，我们可以看出小班幼儿上下楼梯的动作发展具有以下特点：

①幼儿上下楼梯的动作发展具有顺序性和规律性。幼儿动作的发展，先从粗大动作开始，而后才学会比较精细的动作。除此之外，幼儿在学习上下楼梯时，往往是先掌握上楼梯的动作，后掌握下楼梯的动作。材料中两名幼儿上楼时并没有借助扶手，而是双脚交替上楼梯，表明他们的大肌肉动作已经得到了一定程度的锻炼。同时，由于小班幼儿年龄较小，身体发育尚不完善，动作不够协调，所以部分幼儿还很难做到双脚交替灵活地下楼梯，两者都说明幼儿动作发展具有一定的规律和顺序。

②幼儿上下楼梯的动作发展具有个别差异性。《3～6岁儿童学习与发展指南》中指出，3～4岁幼儿应能做到双脚灵活交替上下楼梯。但是，每个儿童在沿着相似进程发展的过程中，各自的发展速度和到达某一水平的时间不完全相同。材料中两名幼儿下楼梯时的不同表现正体现了他们之间的个体差异性。

(2)两名幼儿表现的差异主要体现在下楼梯时，小明能够扶着扶手双脚交替下楼梯，而甘甘则没有借助扶手，每级台阶都是一只脚先下，另一只脚慢慢跟上。这表明，小明已能够借助外物去保持自己身体的平衡并且动作较协调、灵活，而甘甘的动作协调、灵活程度还有待提高。两名幼儿动作表现差异的可能原因如下：

①遗传因素的差异是造成学前儿童个体差异的原因之一，同时，遗传素质的成熟制约着身心发展的水平及阶段。小明和甘甘在下楼梯时表现出的动作差异会因二者的遗传素质和生理成熟水平不同而有所不同。

②教育在学前儿童的身心发展中起着主导作用，幼儿教育的实施直接影响学前儿童身心素质的发展。材料中小明和甘甘在下楼梯时采用的不同方法极有可能是受到了家长教育意识和方式的影响。

③幼儿的主观能动性是幼儿进行学习的心理基础，外部环境和教育的影响均要通过幼儿的主动选择和吸收才能转化为幼儿的身心素质。除此之外，幼儿的主观能动性对幼儿的身心发展也能起到一定的指导作用和调控作用。材料中小明敢于双脚交替下楼梯，一定程度上也是发挥自己主观能动性的结果。

4. (1)该材料体现出石头的同伴交往类型主要是被拒绝型。材料中石头有主动交往意愿，但是缺乏交往的技巧和方法，影响其同伴交往的因素有如下几方面：①幼儿自身的特征。首先，性别、长相、年龄等生理因素影响着幼儿被同伴选择和接纳的程度。不同性别的儿童交往方式是不同的，石头是男孩子，而材料中的林琳有可能是女孩，则其交往的手段、方法都有一定的差异。石头的行为更加的直接、豪放，林琳相对来说比较文静、内敛，对于这样的交往方式难以接受。其次，幼儿的气质、

能力、性格等个性特征和情感特征影响着他们对同伴的态度和交往中的行为特征。材料中石头的年龄特征为活泼好动、易冲动、喜欢交往,喜欢从事结伙和合作的游戏与活动,但是其交往的技能技巧欠缺,影响了幼儿之间的同伴关系。材料中石头的气质类型倾向于胆汁质,精力旺盛、好冲动,做事情前不善于进行一定的思考。②活动材料和活动性质。材料中的林琳独自玩游戏,说明林琳处于独自游戏阶段,而石头在交往中并没有掌握社会性交往的技巧,直接"抱住"林琳,这样的举止打断了林琳的游戏进程,使得林琳出现反感、不舒服的现象,因此推开了石头。

(2)帮助儿童建立良好同伴关系,应从如下几方面入手:

①教会儿童合作,增强儿童的自信感。对于那些因为有鲁莽行为而遭到同伴拒绝的儿童,教师需要教他们如何用积极的方式解决冲突;而对于那些害羞和孤僻的儿童,可以引导他们与更小的儿童活动,从而增强其交往的信心,提高他们的社会交往能力。

②教会儿童游戏,提高儿童的参与度。一些不会游戏或对参与游戏缺乏方法的儿童,通过游戏可以学到被同伴群体接受的必要的社交技能,并能在游戏中改善与其他儿童的关系,从而进一步提高其交往技能。

③教会儿童接纳,融洽儿童的同伴关系。帮助被忽略型儿童和被拒绝型儿童积极和适当地对待同伴的参与,接纳他人的加入。

④教会儿童表达,培养儿童的积极情感。教师在幼儿的一日生活中应当注意引导幼儿说话礼貌,对同伴表示赞赏,微笑、拥抱、轮流做事(玩)、共享一些东西以及互相帮助等。

过关必刷题库

专题一　婴幼儿发展概述

一、单项选择题

答案速查

1~5	DABDA	6~10	CBADC
11~15	BBACD	16~22	BDBDBAD

1. D 【解析】学前儿童的心理活动最初是零散杂乱的,心理活动之间缺乏有机的联系。随着学前儿童年龄的增长,他们的心理活动逐渐组织化,有了系统性,形成了整体,并且有了稳定的倾向,出现每个人特有的个性。题干的描述说明幼儿心理发展的趋势是从零乱到成体系的。

2. A 【解析】小班幼儿的独立性差,爱模仿别人。例如,看见别人玩什么,自己也玩什么;看见别人有什么,自己就想要什么。明明的行为体现了小班儿童独立性差,爱模仿别人的特点。

3. B 【解析】"染于苍则苍,染于黄则黄"这句话的意思是白布在青染料里染一染就变成了青色,在黄染料里染一染就变成了黄色,形容环境对个体发展有着巨大的影响。

4. D 【解析】小班幼儿的心理发展特点包括:(1)逐步学会最初步的生活自理,生活目标扩大;(2)行为具有强烈的情绪性;(3)爱模仿;(4)思维仍带有直觉行动性等特点。A 项更加活泼好动、爱玩、会玩是 4~5 岁幼儿的心理特点。B 项好学好问、C 项个性初具雏形是 5~6 岁幼儿的心理特点。

5. A 【解析】1 岁前,口腔探索是婴儿最重要的学习方式,3 岁之前,婴儿仍以口腔探索作为手的探索的重要补充。

6. C 【解析】幼儿中期(4~5 岁)的心理特点包括:(1)更加活泼好动、爱玩、会玩;(2)思维具体形象;(3)开始接受任务;(4)开始自己组织游戏。A 选项是先学前期(1~3 岁)的心理特点,B 选项是幼儿初期(3~4 岁)的心理特点,D 选项是幼儿晚期(5~6 岁)的心理特点。

7. B 【解析】从 6~8 个月开始,婴儿喜欢做重复的动作,出现重复连锁的动作。

8. A 【解析】儿童出生后的第一年,称为婴儿期,也有人称之为乳儿期。这一年是儿童心理开始发生和心理活动开始萌芽的阶段,又是儿童心理发展最为迅速和心理特征变化最大的阶段。

9. D 【解析】幼儿初期(3~4 岁)的心理特点包括最初步的生活自理,生活目标扩大;行为具有强烈的情绪性;爱模仿;思维仍带有直觉行动性。4 岁以后的幼儿其有意性行为开始发展,他们能接受成人的指令,完成一些力所能及的任务。

10. C 【解析】新生儿具有视听协调能力,对声音的方向能做出定向反应,会将眼睛转向发声的一侧,甚至会把头转向声源。C 项婴儿听到母亲叫"宝宝",就会去找妈妈体现了新生儿的视听协调。

11. B 【解析】题干所述表明遗传素质的成熟过程制约着个体发展过程及阶段。遗传素质为幼儿一定年龄阶段的身心特点的出现提供了可能和限制。有些早期运动机能是直接建立在成熟的生理基础上的,只要机体某一部分达到成熟,某种机能就会出现,如抓握动作。有些机能是靠学习获得的,但也受成熟水平的限制。

12. B 【解析】环境是指学前儿童接触到的周围的人和物的总和。社会环境是人发展的外部条件,为个体的发展提供了多种可能,如机遇、条件和对象。"蓬生麻中,不扶而直"及"孟母三迁"的故事,说明了社会环境对人的发展的影响。

13. A 【解析】2 岁左右,幼儿出现自我意识的萌芽,其突出的表现在于独立行动的愿望很强烈。独立性的出现是幼儿开始产生自我意识的明显表现,同时也是人生头 2~3 年心理发展成就的集中体现。

14. C 【解析】幼儿心理活动最初是被动的,心理活动的主动性后来才发展起来,并逐渐提高,直到

具备成人所具有的极大的主观能动性。学前儿童心理发展的这种趋势主要表现在:(1)从无意向有意发展;(2)从主要受生理制约发展到自己主动调节。学前儿童心理活动是从无意向有意发展的,随着年龄的增长,学前儿童逐渐开始出现自己能意识到的、有明确目的的心理活动,然后发展到不仅意识到活动目的,还能够意识到自己心理活动进行的情况和过程。题干中小班幼儿对老师的要求不能很好地完成,而大班幼儿不仅能完成老师的要求,还能完整地表达出来,体现出了幼儿的主观能动性。

15. D 【解析】遗传素质仅为人的发展提供物质前提,而不能决定人的发展。遗传素质为人的发展提供了巨大的可能性,但这种可能性能否变成现实则取决于后天的环境和教育。

16. B 【解析】幼儿晚期(5~6岁)的心理特点包括:(1)好学、好问;(2)抽象概括能力开始发展;(3)个性初具雏形;(4)开始掌握认知方法。A项和D项属于幼儿初期(3~4岁)的心理特点,C项属于幼儿中期(4~5岁)的心理特点。

17. D 【解析】遗传素质是学前儿童身心发展的生理基础和物质前提。另外遗传素质仅为人的发展提供物质前提,而不能决定人的发展。

18. B 【解析】儿童心理发展的年龄特征是指在一定的社会和教育条件下,幼儿在每个不同的年龄阶段中表现出来的一般的、本质的、典型的特征。“童言无忌”是符合儿童年龄特征的表现。

19. D 【解析】婴幼儿心理发展的基本趋势之一是从简单到复杂,而这种发展趋势又表现在两个方面:(1)从不齐全到齐全。具体指的是学前儿童的各种心理过程在出生的时候并非已经齐全,而是在发展过程中逐步形成的。(2)从笼统到分化。无论是认识活动还是情绪,其发展趋势都是从混沌或笼统到分化和明确。从题干可以得出,该题描述的学前儿童心理发展的趋势是从不齐全到齐全。

20. B 【解析】4岁左右是幼儿游戏蓬勃发展的时期。中班幼儿不但爱玩而且会玩,他们能够自己组织游戏,自己规定主题,不再像小班那样出现许多平行的角色,他们会自己分工,安排角色。

21. A 【解析】儿童心理发展的年龄特征是指在一定的社会和教育条件下,幼儿在不同的年龄阶段中表现出来的一般的、本质的、典型的特征。

22. D 【解析】巴布金反射即如果新生儿的一只手或双手的手掌被压住,他会转头张嘴。当手掌上的压力减去时,他会打呵欠。巴宾斯基反射指物体轻轻地触及新生儿的脚掌时,他本能地竖起大脚趾,伸开小趾。这样5个脚趾形成扇形。游泳反射指让婴儿俯伏在小床上,托住他的肚子,他会抬头,伸腿,做出游泳的姿势。如果让婴儿俯伏在水里,他会本能地抬起头,同时做出协调的游泳动作。莫罗反射,又称惊跳反射,指突然发生的高噪声刺激,或者被人猛地从高处放下,都会使新生儿立即伸直双臂,张开手指,弓起背,头向后仰,双腿挺直。

二、简答题(参考答案)

1. 简述影响学前儿童发展的因素。

(1)遗传素质。①遗传素质为学前儿童的发展提供可能性;②遗传素质的差异是造成学前儿童个体差异的原因之一;③遗传素质的成熟制约身心发展的水平及阶段;④遗传素质仅为人的发展提供物质前提,而不能决定人的发展。

(2)环境。①物质环境是学前儿童生存的物质基础;②精神环境是学前儿童心理发展的精神食粮。

(3)学前教育。

(4)幼儿的主观能动性。

2. 简述学前儿童心理发展的基本趋势。

(1)从简单到复杂;(2)从具体到抽象;(3)从被动到主动;(4)从零乱到成体系。

3. 简述幼儿初期(3~4岁)的心理特点。

(1)最初步的生活自理,生活目标扩大;

(2)行为具有强烈的情绪性;

(3)爱模仿;

(4)思维仍带有直觉行动性。

4. 简述婴儿早期(1~6个月)的年龄特征。

(1)视觉、听觉迅速发展;(2)手眼协调动作开始出现(4~5个月);(3)主动招人(最初的社会性交往需要);(4)开始认生。

三、材料分析题(参考答案)

(1)明明父母的态度和行为是不对的。幼儿初期的思维还带有较大的直觉行动性,他们的思维离不开直接感知和行动,行动的目的性、计划性很差。明明正处于幼儿初期,他的行为正好符合这一特征,因而是正常的。明明的父母不了解幼儿初期思维的这一特点,提出了过高的要求,明明是很难达到的。

(2)对明明父母的教育建议:①根据心理发展规律,正确理解幼儿初期思维发展的特征;②创设情境,丰富玩具和提供实际操作机会;③循序渐进地提出行动目的性和计划性要求;④抓住合理时机进行思维能力的培养。

专题二　儿童发展理论流派

一、单项选择题

答案速查

1~5	CAACB	6~10	BDCCA
11~15	BABAD	16~20	BDCAB
21~25	DABBB		

1. C 【解析】埃里克森的人格发展阶段理论将人格发展分为八个顺序不变的阶段,认为每一个阶段都有一个由生物学的成熟与社会文化环境、社会期望之间的冲突和矛盾所决定的发展危机,其中3~6岁幼儿面临的冲突是主动感对内疚感。

2. A 【解析】最近发展区是指一种儿童无法依靠自己来完成,但可在成人和更有技能的儿童帮助下

来完成的任务范围，也就是儿童能够独立表现出来的心理发展水平，和儿童在成人指导下能够表现出来的心理发展水平之间的差距。题干中教师拟定教育活动目标的依据，体现的是维果斯基的最近发展区理论。

3. A 【解析】所谓同化，是指个体将外部环境纳入自身已有的认知结构中。顺应则是指个体改变已有的认知结构去适应外部环境；图式是指人在认识周围世界的过程中，形成自己独特的认知结构；平衡是指个体通过自我调节机制，使认知发展从一个平衡阶段向另一个平衡阶段过渡的过程。题干中学会抓握的婴儿，用抓握的方式获得玩具属于同化。

4. C 【解析】替代强化是指观察者通过观察他人行为所带来的后果而受到强化。强调的是他人行为对自己的影响。直接强化是指观察者因表现出观察行为而受到强化。自我强化是指观察者根据自己设立的标准来评价自己的行为，从而对自身行为发挥自我调整的作用。从题干可以看出，幼儿看到同伴的行为受到表扬，自身也会产生该行为。说明榜样（他人）对其行为的影响，故选择替代强化。

5. B 【解析】弗洛伊德认为人格有三个层次：本我、自我和超我。本我是最原始的、先天的本能、欲望，属于无意识的结构部分，是人格形成的基础，它遵循快乐原则，总是追求快乐；自我是从本我中分化出来的，是意识的结构部分，处于本我和外部世界之间，根据外部世界的需要，对本我进行压抑和控制，它遵循现实原则；超我是从自我中分化出来，起到道德、良心的监督作用，它遵循伦理原则。题干中幼儿能压抑和控制自己的想法体现了自我。

6. B 【解析】小明认为爸爸和自己的想法一样，以自己的处境和角度来考虑爸爸的感受，这说明小明的思维具有自我中心性。自我中心性是前运算阶段的特征。

7. D 【解析】前运算阶段（2～7 岁）幼儿思维的特点之一是思维的不可逆性。即儿童观察事物时往往只能注意表面的、显著的特征，倾向于注意事物的静止状态。思维活动表现的关系单一，不能进行可逆运算。如，问一名 4 岁儿童："你有兄弟吗？"他回答："有。""兄弟叫什么名字？"他回答："吉姆。"但反过来问："吉姆有兄弟吗？"他回答："没有。"题干中三岁的甜甜只知道自己有个妹妹，却不知道自己就是妹妹的姐姐，可见她的思维具有不可逆性，认知发展处在前运算阶段。

8. C 【解析】维果斯基强调"学习的最佳期限"。如果脱离了学习某一技能的最佳年龄，从发展的观点来看是不利的，它会造成儿童智力发展的障碍。因此，开始某一种教学，必须以成熟与发育为前提，但更重要的是教学必须首先建立在正在开始形成的心理机能的基础上，走在心理机能形成的前面。

9. C 【解析】班杜拉把强化分为直接强化、替代强化和自我强化。其中直接强化是指观察者因表现出观察行为而受到强化。替代强化是指观察者因看到榜样的行为被强化而受到强化。自我强化是指对自己表现出的符合或超出标准的行为进行自我奖励。题干中童童的自我奖励是自我强化的行为。

10. A 【解析】自我中心性是指儿童还不能设想他人所处的情境，常以自己的经验为中心，从自己的角度出发来观察和理解世界。题干中月月认为自己把脸遮住看不到爸爸，爸爸就找不到她了，这表明月月的思维处于自我中心阶段。

11. B 【解析】根据埃里克森人格发展阶段理论，儿童面临的第一个基本冲突是信任对不信任。这种信任或不信任的态度在以后的发展阶段中，将由对父母而扩展到对其他人。

12. A 【解析】正强化是由于一个刺激的加入而增强了一个操作性行为发生的概率作用。负强化是由于几个刺激的排除而加强了某一操作性行为发生的概率作用。无论是正强化还是负强化，其结果都是增强反应的概率。但正强化是通过呈现想要的刺激增加反应频率，负强化是通过消除或终止厌恶、不愉快的刺激来增强反应概率。题干中妈妈想到的好办法属于正强化。

13. B 【解析】替代强化是观察者本身没有受到强化，在观察学习的过程中，看到他人的行为受到强化。直接强化是指观察者因表现出观察行为而受到强化。正强化是由于一个刺激的加入而增强了一个操作性行为发生的概率作用。自我强化是指观察者根据自己设立的标准来评价自己的行为，从而对自身行为发挥自我调整的作用。题干中幼儿因观察到电视上的暴力镜头增加的攻击性行为是替代强化的表现。

14. A 【解析】华生发展心理学理论突出的观点是环境决定论，否定遗传的作用。在教育问题上，华生的发展心理学理论夸大了环境和教育的作用；主张教育万能论，认为后天教育能够完全决定人的发展。

15. D 【解析】前运算阶段的幼儿具有以下特点：(1)早期的信号功能；(2)自我中心性（中心化）；(3)思维的不可逆性；(4)不能够推断事实；(5)泛灵论；(6)不合逻辑的推理；(7)不能理顺整体和部分的关系；(8)认知活动具有具体性，还不能进行抽象的思维运算。A 选项表明幼儿的思维具有自我中心性的特点。B 选项表明幼儿的思维具有泛灵论的特点。C 选项表明幼儿的思维不具备守恒的概念。D 选项表明幼儿的思维已具备守恒的概念，皮亚杰的认知发展阶段理论认为，守恒是处于具体运算阶段的幼儿的特征。故本题选择 D 选项。

16. B 【解析】自我中心性是指儿童还不能设想他人所处的情境，常以自己的经验为中心，从自己的角度出发来观察和理解世界。题干中幼儿认为月亮是跟着他走的，是从自己的经验出发来观察和理解世界。

17. D 【解析】维果斯基认为，儿童在成人的帮助和指导下所能达到的解决问题的水平与在独立活动中所达到的解决问题的水平之间的差异就是“最近发展区”。题干中豆豆的原有水平是“用小勺子盛面糊做饼干”，但在老师的帮助下，达到了“用大勺子做更多花样的糕点”的水平，这是“最近发展区”的体现。

18. C 【解析】观察学习是指人通过观察他人（榜样）的行为及其结果而习得新行为的过程。在观察学习中，观察的对象称为榜样或示范者。题干中小涵把最好的给爷爷奶奶的行为，是以父母为榜样的观察和模仿习得的。

19. A 【解析】最近发展区指的是儿童在成人的帮助和指导下所能达到解决问题的水平与在独立活动中所达到的解决问题的水平之间的差异。由此可以得出，题干描述的是最近发展区的相关概念。

20. B 【解析】1～3岁的幼儿开始表现出自我控制的需要与倾向、渴望自主的状态，喜欢自己动手，也能凭借自己的力量做越来越多的事情。所以该阶段主要是自主感对羞愧感，其发展任务也是获得自主感，克服羞愧和怀疑，体验着意志的实现。故本题选B项。

21. D 【解析】皮亚杰认为，婴儿在出生后的头几个月里不存在客体永久性观念，具体表现在当一个原先存在于婴儿视野中的物体从他们的视野中消失后，婴儿就不会再去寻找或抓握，表明他们以为物体已经没有了。7个月以后的婴儿才会继续寻找从他们视线中消失的物体，表明他们已经知道物体虽然从视线中消失，但一定在什么地方，即他们已经获得了客体永久性。

22. A 【解析】最近发展区是指儿童无法依靠自己来完成，但可在成人和更有技能的儿童帮助下来完成的任务范围，也就是儿童能够独立表现出来的心理发展水平和儿童在成人指导下能够表现出来的心理发展水平之间的差距。其上限是儿童无法依靠自己来完成的任务。

23. B 【解析】正强化是由于一个刺激的加入而增强了一个操作性行为发生的概率作用。负强化是由于几个刺激的排除而加强了某一操作性行为发生的概率作用。消退是指条件刺激形成以后，如果得不到强化，条件反应会逐渐减弱，直至消失的现象。惩罚是指当有机体做出某种反应以后，呈现一个厌恶刺激，以消除或抑制此反应的过程。题干中的老师是通过撤销批评（厌恶刺激）来增加学生遵守纪律的行为，所以运用的是负强化。

24. B 【解析】皮亚杰的认知发展阶段具有三个特点：(1)阶段出现的顺序固定不变，既不能跨越，也不能颠倒。(2)每一阶段都有其独特的认知图式，这些相对稳定的图式决定了个体行为的一般特征。(3)认知图式的发展是一个连续不断律构的过程，每一个阶段都是前一阶段的延伸。

25. B 【解析】皮亚杰认为，前运算阶段（2～7岁）的儿童还无法掌握守恒。守恒是指儿童认识到客体在外形上发生了变化，但特有的属性不变。儿童无法掌握守恒的原因是他们缺乏可逆性。

二、简答题（参考答案）

1. 简述前运算阶段幼儿心理发展的特征。

(1)早期的信号功能；(2)自我中心性（中心化）；(3)思维的不可逆性；(4)不能够推断事实；(5)泛灵论；(6)不合逻辑的推理；(7)不能理顺整体和部分的关系；(8)认知活动具有具体性，还不能进行抽象的思维运算。

2. 简述埃里克森的人格发展阶段理论。

(1)基本的信任感对不信任感（0～1岁）；
(2)自主感对羞耻感（1～3岁）；
(3)主动感对内疚感（3～6岁）；
(4)勤奋感对自卑感（6～11岁）；
(5)自我同一性对角色混乱（12～18岁）；
(6)亲密感对孤独感（成年早期）；
(7)繁殖感对停滞感（成年中期）；
(8)自我整合对绝望感（成年晚期）。

三、论述题（参考答案）

试述班杜拉的社会学习理论。

(1)观察学习：①观察学习的概念。观察学习是指人通过观察他人（榜样）的行为及其结果而习得新行为的过程。②观察学习可以分为直接的观察学习、抽象性观察学习和创造性观察学习。③观察学习的过程。班杜拉认为，新行为的习得过程是一个复杂的认知过程，包括注意、保持、动作再现和动机作用四个具体过程。

(2)强化的种类：班杜拉认为，习得的行为是否被表现出来，会受到强化的影响。并将强化分为：①直接强化：观察者因表现出观察行为而受到强化。②替代强化：观察者通过观察他人行为所带来的后果而受到强化。③自我强化：观察者根据自己设立的标准来评价自己的行为，从而对自身行为发挥自我调整的作用。

四、材料分析题（参考答案）

社会学习理论认为，观察学习是指人通过观察他人（榜样）的行为及其结果而习得新行为的过程。在观察学习中，观察的对象称为榜样或示范者。同时，社会学习理论将强化分为替代强化、直接强化和自我强化。其中，替代强化是指观察者通过观察他人行为所带来的后果而受到强化；直接强化是指观察者因表现出观察行为而受到强化。材料中，小强通过观察学习和替代强化，学会了用哭闹行为来争取自己喜欢的事物，并在通过自己的哭闹行为获得看动画片时间这一直接强化下，之后的哭闹行为越来越多。

专题三　幼儿身体发育和动作发展

一、单项选择题

答案速查

1～5	DDACB	6～10	CADAC
11～15	CDAAB	16～18	BDA

1. D 【解析】身体发育的个别差异性是指身体发育有其一般的规律,但每个儿童身体发育又有自身的特点。由于先天遗传以及后天环境条件的不同,个体在整个生长时期都存在着广泛的差异,呈现出高矮、胖瘦、强弱、智愚的不同。题干的描述体现了人的发展具有个别差异性。

2. D 【解析】幼儿的身心发展具有不均衡性包括:(1)不同年龄段身体发育的速度不均等;(2)身体各部分的生长速度不均等;(3)各系统的发育不均衡。题干中语言学习关键期的存在体现了儿童心理发展的不均衡性。

3. A 【解析】个体身心发展的顺序性是指个体的身心发展是一个由低级到高级、由简单到复杂、由量变到质变的连续不断的发展过程。

4. C 【解析】不同年龄阶段学生的身心发展具有不同的总体特征及主要矛盾,面临着不同的发展任务,这就是个体身心发展的阶段性。对不同年龄阶段的学生,在教育的内容和方法上应有所不同。题干中这些家长强迫孩子在上小学之前就掌握小学阶段的特定知识内容与技能,把学龄前儿童和小学生等同,违背了儿童身心发展的阶段性特征。

5. B 【解析】儿童动作的发展先从头部和躯干的动作开始,然后发展双臂和腿部的动作,再后是手的精细动作。也就是靠近中央部分(头和躯干,即脊椎)动作先发展,然后才发展边缘部分(臂、手、腿)的动作。这种从身躯的中央部位再到远离身躯中央的边缘部位的发展规律,即"近远规律"。

6. C 【解析】儿童动作发展的规律包括:(1)从整体到局部规律(由整体到分化);(2)首尾规律(从上至下);(3)近远规律(由近及远);(4)大小规律(由粗到细,或者说由大到小);(5)无有规律(从无意到有意)。

7. A 【解析】精细动作是指小肌肉动作,如吃、穿、画画、剪纸、玩积木、翻书、穿珠子等。用手指拾起豆子属于小肌肉动作。粗大的动作是指活动幅度较大的动作,也是大肌肉群的动作,包括抬头、翻身、坐、爬、走、跑、跳、踢、走平衡等。

8. D 【解析】生长发育具有个别差异性是指生长发育有其一般的规律,但每个儿童生长发育又有自身的特点。由于先天遗传以及后天环境条件的不同,个体在整个生长时期都存在着广泛的差异,呈现出高矮、胖瘦、强弱、智愚的不同。

9. A 【解析】大小规律(由粗到细)指的是儿童动作的发展,先从粗大动作开始,而后才学会比较精细的动作。"抱着奶瓶喝奶"属于粗大动作,"用筷子吃饭"属于幼儿精细动作的发展。

10. C 【解析】幼儿身体发育具有程序性。身体发育遵循由上到下、由近到远、由粗到细、由简单到复杂的规律。所以C项表述错误。本题需注意的是不同年龄段的幼儿身体发育的速度不均等。各年龄阶段身体发育速度不同,有快有慢,呈波浪式。所以A项表述正确。

11. C 【解析】个体差异性是指身体发育有其一般的规律,但每个儿童身体发育又有自身的特点。由于先天遗传以及后天环境条件的不同,个体在整个生长时期都存在着广泛的差异,呈现出高矮、胖瘦、强弱、智愚的不同。

12. D 【解析】评价幼儿身体发育常用的形态指标是身高、体重、头围、胸围和坐高。其中,身高和体重是最基本的指标,不但测定简单,而且能较为准确地评定身体发育状况。

13. A 【解析】动作可以分为粗大动作和精细动作。儿童动作的发展,先从粗大动作开始,而后才学会比较精细的动作。题干中幼儿会跑、会跳,是粗大动作的发展,穿鞋子是精细动作的发展。

14. A 【解析】生殖系统在学前阶段发育缓慢。在童年时期,几乎没有什么发展,在青春期发育迅速。

15. B 【解析】评价幼儿身体发育的指标包括形态指标、生理功能指标和心理指标。动作指标并不包括在内。

16. B 【解析】近远规律指的是儿童动作的发展先从头部和躯干的动作开始,然后发展双臂和腿部的动作,再后是手的精细动作。即从身躯的中央部位到远离身躯中央的边缘部位的发展规律。故本题选择B项。

17. D 【解析】儿童先学会抬头,然后能俯撑、翻身、坐和爬,最后学会站和行走,也就是从离头部最近的部位的动作开始先发展。

18. A 【解析】儿童身体发展具有方向性和顺序性(即程序性)。身体发育遵循由上到下、由近到远、由粗到细、由简单到复杂的规律。如出生后运动发育的规律是:先抬头、后抬胸、再会坐、立、行(由上到下);从臂到手,从腿到脚的活动(由近到远);从全掌抓握到手指拾取(由粗到细);先画直线后画圈、图形(由简单到复杂)。

二、简答题(参考答案)

1. 简述幼儿动作发展的基本规律。

(1)从整体到局部规律(由整体到分化);
(2)首尾规律(从上至下);
(3)近远规律(由近及远);
(4)大小规律(由粗到细或者由大到小);
(5)无有规律(从无意到有意)。

2. 简述幼儿身体发育的特点。

(1)体型的变化。幼儿的身体发育速度与婴儿相比有所减慢,但仍然保持着较快的发展速度。
(2)骨骼和肌肉的变化。幼儿的肌肉组织发育迅速。同时幼儿骨骼也在快速发展,软骨以更快的速度转化为骨头,骨骼逐渐坚硬起来。
(3)身体发育的不同步性。儿童在出生后,身体各系统的发展速度是不同步的。

专题四　幼儿认知的发展

一、单项选择题

答案速查

1～5	BACDD	6～10	ABCDD
11～15	CBABC	16～20	ABADD
21～25	CAADA	26～30	BAADA
31～35	ACCCD	36～40	BDBCB
41～45	CCBBB	46～50	BBDDC
51～55	CBDAD	56～60	DDBAC
61～65	AACBA	66～70	CCDCA
71～75	CBBBC	76～79	DBBC

1. B 【解析】从题干中可以看出琪琪画画的内容之间是毫无联系的,并没有一个固定的主题,是零散、无系统的。
2. A 【解析】注意的分配指的是在同一时间内,把注意分配到两种或几种不同的对象与活动上。玲玲可以在跳舞的时候,兼顾自己的动作与音乐合拍,与同伴动作保持一致及加上适当的表情,体现玲玲注意分配能力的发展。
3. C 【解析】为了了解婴幼儿深度知觉的发展状况,吉布森和沃克设计了“视崖”实验。
4. D 【解析】主体在记忆过程中将记忆材料按不同的意义组织成各种类别,编入各种主题,使它们产生意义联系,或对内容进行改组,以便于记忆的方法,称为组织性策略。从题干中可以看出,明明是将同是水果的香蕉和苹果归在一起进行记忆,将同为交通工具的自行车和小汽车归在一起,将同是家电的电饭煲和冰箱归在一起,将图片内容进行重组记忆,体现其对组织性记忆策略的应用。
5. D 【解析】无意注意就是事先没有预定目的,也不需要意志努力的注意。对雷电和狂风的注意,并没有预定的目的,也不需要幼儿的意志努力。所以题干的表述属于无意注意。
6. A 【解析】东东出现题干中的情况,体现其想象力的夸张性。首先由于幼儿认知水平尚处于感性认识占优势的阶段,因此往往抓不到事物的本质。其次幼儿的一个显著心理特点是情绪性强,他感兴趣的东西、他希望的东西,往往在其意识中占据主要地位。所以东东在画猫时会突出猫眼睛的部位,身躯、嘴巴和耳朵却特别小。题干中并没有说明幼儿想象力比成人更丰富。所以不正确的是A项。
7. B 【解析】表象是指在头脑中的客观事物的形象,即感知过的事物不在面前而在头脑中呈现出来的形象。看过长城之后,头脑中会呈现长城的形象说明其表象的发展。
8. C 【解析】距离知觉是辨别物体远近的知觉。幼儿可以分清他们所熟悉的物体或场所的远近,对于比较广阔的空间距离,他们还不能正确认识。2岁幼儿不能很好地判断距离的远近,因此往往会伸手要求站在楼上的妈妈抱。
9. D 【解析】同一分析器的各种感觉会因彼此相互作用而使感受性发生变化,这种现象叫做感觉的对比。教师在制作和使用直观教具时,掌握对比现象的规律,对提高幼儿感受性具有重要的意义。题干中教师的做法忽视了感觉对比的规律,白色与浅黄色对比不强烈。
10. D 【解析】儿童知道自己有姐姐,但是并不能理解自己是姐姐的弟弟,体现其思维的不可逆性。
11. C 【解析】大约2岁左右,孩子出现自我意识的萌芽,其突出的表现在于独立行动的愿望很强烈。
12. B 【解析】3～4岁的儿童已能初步辨认红、橙、黄、绿、蓝等基本色,但在辨认紫色等混合色和蓝与天蓝等近似色时,往往较困难,也难以说出颜色的正确名称。
13. A 【解析】再造想象是根据语言文字的描述或图形、图解、符号等非语言文字的描绘,在头脑中形成相应的新形象的过程。幼儿园小朋友听老师讲《龟兔赛跑》的故事,头脑中呈现出乌龟和兔子赛跑的生动形象是再造想象的体现。
14. B 【解析】题干描述的这种注意没有预定的目的,室内活动时突然飞进一只小鸟,不需要意志努力,属于无意注意。
15. C 【解析】幼儿在想象中常常把事物的某个部分或某种特征加以夸大。这是幼儿想象夸张性的表现。
16. A 【解析】无意想象是指没有预定目的和意图,在一定的刺激影响下,不由自主地进行的想象。题干中白云的刺激使幼儿发生了无意想象。
17. B 【解析】记忆恢复(回涨)现象是指识记某种材料后,经过若干天测量的保持量,大于识记后即时测得的保持量。
18. A 【解析】从儿童记忆发生发展的顺序来看,最早出现的是运动记忆(出生后2周左右),然后是情绪记忆(6个月左右),之后是形象记忆(6～12个月左右),最晚出现的是语词记忆(1岁左右)。
19. D 【解析】圆形与三角形是儿童最早掌握的几何形状。
20. D 【解析】感觉是由于分析器工作的结果而产生的感受性,会因刺激持续时间的长短而降低或提高,这种现象叫作适应现象。适应现象包括明适应和暗适应。从暗处来到亮光处,最初感到一片耀眼的光亮,不能看清物体,只有稍待片刻才能恢复视觉,这称为明适应。题干描述的现象属于明适应。
21. C 【解析】愿望性想象是指在想象中表露出个人的愿望,萱萱的表现属于愿望性想象。
22. A 【解析】题干的描述现象属于无关的刺激。幼儿很容易被新异、多变、强烈的刺激物所吸引,

这些都容易使幼儿的注意分散。

23. A 【解析】幼儿的思维常根据自己的生活经验来进行。幼儿是从他自己的具体生活经验进行思维的，而不是按照逻辑推理进行的。材料中的幼儿根据自己的经验，给长虫的小树打针，体现其思维的经验性。

24. D 【解析】幼儿的观察一般是笼统的，看得不细致是幼儿观察的特点和突出问题。题干中的幼儿不能分辨形近符号，体现其观察的细致性不够。

25. A 【解析】幼儿方位知觉的发展趋势是：3 岁辨别上下方位，4 岁开始辨别前后方位，5 岁开始能以自身为中心辨别左右方位，6 岁幼儿虽然能完全正确地辨别上下前后四个方位，但以左右方位的相对性来辨别左右仍然感到困难。因此，教师在音乐、体育等教学活动中要用"镜面示范"，即从幼儿的角度来做示范动作。

26. B 【解析】幼儿理解事物的水平不高，不深刻，常受外部条件的限制。对事物的理解往往是表面的，不能理解事物的内部含义。因此，教师在实际工作中一定要注意幼儿理解的特点，坚持正面教育，多结合具体形象的事物来帮助幼儿去理解和做出判断。

27. A 【解析】幼儿想象发展的特征之一是无意想象为主，有意想象开始发展。中班以后，幼儿的想象已具有一定的有意性和目的性。

28. A 【解析】形象记忆是以感知过的事物的具体形象为内容的记忆。情绪记忆是对体验过的情绪情感的记忆。幼儿在医院感知到不愉快的事情，所以幼儿看到穿白大褂的医生就开始哭。题干中幼儿看到穿白大褂的人属于形象记忆，因为穿白大褂的人曾经带来的不愉快的情绪属于情绪记忆。

29. D 【解析】自我中心言语表现为讲话时不考虑自己在同谁讲话，也不在乎对方是否在听自己讲话，幼儿或是自言自语，或是由于和一个偶然在身边的人共同活动感到愉快而说话。社会性言语包括适应性告知、批评和嘲笑、命令、请求（祈使）和威胁、问题与回答。题干中瑞瑞跟妈妈的对话属于社会性言语，玩游戏时的自言自语属于自我中心言语。

30. A 【解析】儿童对实词掌握的顺序是：名词——动词——形容词。

31. A 【解析】3 ~6 岁幼儿的注意以无意注意为主。刺激比较强烈，对比鲜明，新异和变化多动的事物，都容易引起幼儿的无意注意。题干中老师的做法是为了引起幼儿的无意注意。

32. C 【解析】再认是指识记过的事物重新出现时，感到熟悉，确知是以前感知过或经历过的。题干的表述体现了记忆环节中的再认。

33. C 【解析】具体形象思维是指儿童依靠事物在头脑中的具体形象进行的思维，即依靠具体事物的表象以及对具体形象的联想而进行的思维。题干中幼儿根据苹果这一具体的形象来计算"5 - 3"，体现具体形象思维的发展。

34. C 【解析】3 岁辨别上下方位，4 岁开始辨别前后方位，5 岁开始能以自身为中心辨别左右方位，6 岁幼儿虽然能完全正确地辨别上下前后四个方位，但以左右方位的相对性来辨别左右仍然感到困难。7 岁才开始能够辨别以别人为基准的左右方位，以及两个物体之间的左右方位。刚出生的新生儿就具有基本的听觉定位能力。故 C 项说法不正确。

35. D 【解析】对象和背景的差别越大，对象就越容易从背景中区别出来。因此，幼儿用书中有很多鲜艳的图画，醒目且容易区分，有助于幼儿优先知觉。

36. B 【解析】在幼儿记忆的发展过程中，存在一种被称为偶发记忆的现象。这种现象是指当要求幼儿记住某样东西时，他往往记住的是和这件东西一道出现的其他东西。题干中有的幼儿回答是黄颜色，就是心理学中的偶发记忆现象。

37. D 【解析】幼儿无意注意占优势，对于鲜明、生动、具体事物、有变化的刺激物以及个人有兴趣的事物，容易引起幼儿的无意注意。这要求幼儿文学作品的开头尽量简短，要及早提出人物性质和行为发展线索；故事情节要生动、曲折、紧张、有趣；篇幅不要过长。

38. B 【解析】注意的稳定性是指注意力在同一活动范围内所维持的时间长短。幼儿认真地听完老师讲故事，体现其注意的稳定性。

39. C 【解析】自我中心是指儿童把注意力集中在自己的动作和观点上的现象。在言语方面表现为讲话时不考虑自己在同谁讲话，也不在乎对方是否在听自己讲话，幼儿或是自言自语，或是由于和一个偶然在身边的人共同活动感到愉快而说话。题干中的幼儿同小花讲话，体现其自我中心言语的发展。

40. B 【解析】由于想象的主题没有预定目的，主题不稳定，因此，幼儿想象的内容是零散的，所想象的形象之间不存在有机的联系。

41. C 【解析】对于小班幼儿更要注意正面教育，讲反话常常引起违反本意的不良效果。对儿童提要求也要注意具体，最好说："眼睛看着老师！"而不要说："注意听讲！"因为儿童不容易接受这种一般性的抽象的要求。故答案选 C 项。

42. C 【解析】思维是对事物概括的反映，体现的是思维不像感知觉那样只反映事物的个别属性或个别具体的事物，而是反映一类事物共同的本质的属性，或事物之间的规律性联系。"冬天太冷，最好不要到户外去"是幼儿对事物之间规律性的认识，体现了思维的概括性。

43. B 【解析】幼儿是以自身为中心来辨别左右的，所以幼儿教师在做动作示范时应面向幼儿，采用"镜面示范"。

44. B 【解析】5 岁开始幼儿能以自身为中心辨别左

右方位。

45. B 【解析】机械记忆指对所记材料的意义和逻辑关系不理解,采用简单、机械重复的方法进行记忆。题干中鹏鹏运用的记忆方法属于机械记忆。

46. B 【解析】儿童最初的思维是以直观行动思维为主。直观行动思维是指以直观的、行动的方式进行的思维。2 岁左右儿童的思维方法是依靠详尽的、展开的实际行动。思维的每一步都和实际行动分不开,而且常常是由行动中的"顿悟"解决问题。题干中涵涵的思维处于直观行动思维阶段。

47. B 【解析】幼儿思维的表面性是指幼儿只从表面理解事物,不理解词的转义。其思维往往只是反映事物的表面联系,而不反映事物的本质联系。幼儿也难以理解"反话"。

48. D 【解析】儿童计数,起先不但要用眼看,而且要动手去数。以后,儿童可以逐渐减少用手点数的动作,主要凭视觉把握物体的数量,用眼看实物,嘴里默默地数。有时还用点头来帮助数数,似乎以头的动作代替手的动作。因此,D 项属于用眼看实物,心里默默地数,是数学能力发展的最高水平的选项。

49. D 【解析】1.5 岁 ~2 岁幼儿的语言发展处于双词句(电报句)阶段。1 岁半以后,孩子说话的积极性高涨起来,在很短的时间内,会从不大说话变得很爱说话。说出的词大量增加,2 岁时可达 200 多个。这一阶段幼儿言语的发展主要表现在开始说由双词或三词组合在一起的句子。这种句子的表意功能虽较单词句明确,但其表现形式是断续的、简略的,结构不完整的,好像成人的电报式文件,故也称为"电报句"或"电报式语音"。

50. C 【解析】幼儿的时间知觉,主要是依靠生活中接触到的周围现象的变化,他们逐渐学习了借助于某种生活经验(生活作息制度、有规律的生活事件等)和环境信息反映时间。故答案选 C 项。

51. C 【解析】有意注意是指有预定目的,需要一定意志努力的注意。有意注意是我们自觉控制的注意,它服从于我们生活、学习的需要与任务。幼儿自始至终认真听老师讲课是需要一定意志努力和具有预定目的的。所以 C 项的表述属于有意注意。

52. B 【解析】幼儿初期常常不能按事物本身的逻辑规律进行判断和推理,而是按照"游戏的逻辑"和"生活的逻辑"进行判断。这种判断没有一般性原则,不符合客观规律,而是从自己对生活的态度出发,属于"前逻辑思维"。

53. D 【解析】幼儿方位知觉发展早于方位词的掌握。当幼儿还不能很好地掌握左右方位的相对性和方位词的时候,幼儿园教师往往把左右方位词与实物结合起来。题干描述的现象就是教师将左右方位词与实物结合起来。

54. A 【解析】再认是指识记过的事物重新出现时,感到熟悉,确知是以前感知过或经历过的。幼儿知道《我爱北京天安门》这首歌曲是幼儿曾经唱过的,属于再认。

55. D 【解析】幼儿初期已经有一些初步的时间概念,但是往往与他们具体的生活活动联系在一起,幼儿常以作息制度作为时间定向的依据。幼儿以"午睡起来之后"定为下午,体现其时间知觉是依靠生活作息制度。

56. D 【解析】注意的分散是与注意的稳定相反的一种状态,是指幼儿的注意离开了当前应该指向的对象,而被一些与活动无关的刺激物所吸引的现象,俗语叫作分心。题干描述的现象引起了幼儿注意的分散。

57. D 【解析】意义识记是指根据对所记材料的意义和逻辑关系的理解进行的识记,又称理解识记或逻辑识记。意义识记比机械识记更为牢固深刻,识记效果更好。题干中小明对这组数据的识记属于意义识记。

58. B 【解析】幼儿的记忆特征是形象记忆占优势,语词记忆逐渐发展。

59. A 【解析】4 岁以下儿童基本上不能分类;5 ~6 岁是儿童处于由不会分类向开始发展初步分类能力的过渡时期;6 岁以后,儿童开始逐渐摆脱具体感知和情境性的束缚,能够依靠物体的功用及其内在的联系进行分类,说明他们的概括水平开始发展到一个新的阶段。

60. C 【解析】学前儿童比较的发展趋势是先学会找物体的不同处,后学会找物体的相同处,最后学会找物体的相似处。

61. A 【解析】注意的稳定性是指注意力在同一活动范围内所维持的时间长短。幼儿的年龄不同,注意的稳定性也不相同。

62. A 【解析】学前儿童只从表面理解事物,因而不理解词的转义。其思维往往只是反映事物的表面联系,而不反映事物的本质联系。幼儿也难以理解"反话"。题干中东东对妈妈说的"反话"不能理解,表明幼儿的思维具有表面性。

63. C 【解析】深度知觉是距离知觉的一种。深度知觉是个体对同一物体的凹凸或对不同物体的远近的知觉。深度知觉的发展受经验的影响比较大,婴幼儿的深度知觉随着经验的丰富逐步发展。题干描述的是深度知觉。

64. B 【解析】能比较稳定地、正确地叫爸爸表现的是幼儿的言语能力,不能说明语音意识的产生。儿童语音意识的形成主要表现为他们能够评价别人发音的特点和能意识并自觉地调节自己的发音。

65. A 【解析】注意是一种心理状态,它是心理活动对一定对象的指向和集中。儿童在这一刻出现的心理活动是对漂亮玩具的指向和集中,因此,这一心理现象为注意。

66. C 【解析】观察的概括性是指能够观察到事物之间的联系。学前初期幼儿观察时,常常不能把

事物的各个方面联系起来考察,因而也不能发现各事物或事物组成部分之间的相互联系。随着幼儿思维能力的发展,其观察的概括性不断提高。

67. C 【解析】再造想象是根据语言文字的描述或图形、图解、符号等非语言文字的描绘,在头脑中形成相应的新形象的过程。题干描述的现象属于再造想象。

68. D 【解析】幼儿思维的内容是具体的。幼儿在思考问题时,总是借助于具体事物或具体事物的表象。幼儿容易掌握那些代表实际东西的概念,不容易掌握比较抽象的概念。题干中,"沙、石""土""水"等都是生活中实际可见的事物,"空气"是生活中比较抽象的事物。所以,"空气"对儿童来说是最难认识的事物。

69. C 【解析】游戏言语是一种在游戏、绘画活动中出现的言语。其特点是一边做动作,一边说话,用言语补充和丰富自己的行动。这种言语通常比较完整、详细,有丰富的情感和表现力。

70. A 【解析】幼儿想象夸张性主要表现在:(1)夸大事物某个部分或某种特征;(2)混淆假想与现实。

71. C 【解析】刺激物先后作用于同一感受器会产生继时对比。例如:吃过糖之后吃橘子,会觉得橘子特别酸;手放进热水之后,再放到温水中,会觉得温水很凉。

72. B 【解析】"两个苹果加三个苹果等于五个苹果"是通过具体的苹果形象来帮助幼儿学习加减法,属于具体形象思维;"2+3=5"是具体的抽象数字和公式计算,属于抽象逻辑思维。故题干的描述体现的发展趋势是从形象思维到抽象逻辑思维。

73. B 【解析】题干中的幼儿听到老师说:"鸭子要游水了。"想象才活跃起来,体现老师语言提示对幼儿想象的影响。即幼儿的想象常常依赖于成人的言语描述。

74. B 【解析】创造想象是指根据一定的目的和任务,不依赖现存的描述而独立创造出新形象的过程。幼儿期是创造想象开始发生的时期。随着幼儿知识经验的丰富和抽象概括能力的提高,幼儿创造想象的水平逐渐提高。他们常常提出一些不平常的问题,有时会自己编新的故事,创造性的绘画,游戏内容也日益丰富,游戏想象的空间距离日益扩大。

75. C 【解析】儿童分类的情况,可归纳为以下五类:(1)不能分类。(2)依感知特点分类。依颜色、形状、大小或其他特点分类。(3)依生活情景分类。把日常生活情景中经常在一起的东西归为一类。(4)依功用分类。(5)依概念分类。题干中的描述属于依感知特点了解事物的表面属性进行的分类。故选C项。

76. D 【解析】情境性言语和连贯性言语的主要区别在于是否直接依靠具体事物做支柱。

77. B 【解析】幼儿的思维具有具体性。幼儿思维的内容是具体的。幼儿在思考问题时,总是借助于具体事物或具体事物的表象。幼儿容易掌握那些代表实际东西的概念,不容易掌握比较抽象的概念。题干中的表述即幼儿思维的具体性。

78. B 【解析】B项的表述有一定的具体指向性,易于引导幼儿去观察小松鼠(即个别事物)的活动状态。

79. C 【解析】幼儿初期,儿童常常是根据事物的表面联系和外部特点来进行判断、推理的,因而时常出现判断和推理错误。例如,把画有牛、人、船、猪的4张图片分别呈现给3~13岁的儿童,要求他们从其中取出一张与其他三张不属于同一类的图,并要求幼儿解释挑取的原因。研究结果表明,较小幼儿解释取出"船"的原因时,其判断推理的依据是人、牛、猪的外表特性,例如说都有头、身子、脚等。这种判断随年龄的增长而降低。在幼儿晚期,儿童开始能按事物内在的本质联系作出判断、推理。如6~7岁的儿童就能根据人、牛、猪都是活的、有生命的、能生长的等属性来进行判断和推理。故答案选C项。

二、简答题(参考答案)

1. 简述幼儿有意注意产生的条件。

幼儿有意注意产生的条件如下:(1)幼儿的有意注意依赖于丰富多彩的活动的开展;(2)幼儿对活动目的、活动任务的理解程度;(3)幼儿对活动的兴趣与良好的活动方式;(4)言语指导和言语提示;(5)幼儿的性格与意志特点。

2. 简述学前儿童理解能力的发展趋势。

(1)从对个别事物的理解,发展到理解事物之间的关系;

(2)从主要依靠具体形象来理解,发展到依靠语言说明来理解;

(3)从对事物简单、表面的理解,发展到理解事物较复杂、深刻的含义;

(4)从理解与情感密切联系,发展到比较客观的理解;

(5)从不理解事物的相对关系,发展到逐渐能理解事物的相对关系。

3. 简述幼儿观察力的发展。

(1)观察的目的性不强;(2)观察持续的时间较短;(3)观察缺乏系统性;(4)观察缺乏概括性;(5)缺乏观察方法。

4. 简述幼儿想象夸张性的表现。

(1)夸大事物某个部分或某种特征。

(2)混淆假想与现实。幼儿时期,常将想象的东西和现实进行混淆,表现在三个方面:①把渴望得到的东西说成已经得到。②把希望发生的事情当成已发生的事情来描述。③在参加游戏或欣赏文艺作品时,往往身临其境,与角色产生同样的情绪反应。

5. 简述幼儿创造想象的发展与特点。

(1)最初的创造想象是无意的自由联想,可以称为表露式创造;

(2)形象和原型只是略有不同,或者在常见模式上略有改造;

(3)发展的表现在于情节逐渐丰富,从原型发散出来的种类和数量增加,从不同中找出非常规性相似。

6. 简述幼儿颜色视觉的发展特点。

(1)幼儿初期(3~4岁),已能初步辨认红、橙、黄、绿、蓝等基本色,但在辨认紫色等混合色和蓝与天蓝等近似色时往往较困难,也难以说出颜色的正确名称。

(2)幼儿中期(4~5岁),大多数能认识基本色、近似色,并能说出基本色的名称。

(3)幼儿晚期(5~6岁),不仅能认识颜色,而且在画图时,能运用各种颜色调出需要用的颜色,并能正确地说出黑、白、红、蓝、绿、黄、棕、灰、粉红、紫等颜色的名称。

7. 简述幼儿注意分散的原因及预防措施。

(1)引起幼儿注意分散的原因:①连续进行的单调活动;②缺乏严格的作息制度;③无关刺激的干扰;④注意的转移能力差;⑤不能很好地进行两种注意的转换。

(2)防止幼儿注意分散的措施:①防止无关刺激的干扰;②制定合理的作息制度;③养成良好的注意习惯;④适当控制幼儿的玩具和图书的数量;⑤使幼儿明确活动的目的和要求;⑥灵活地交互运用无意注意和有意注意;⑦提高教学质量;⑧对幼儿进行有意注意的训练。

8. 简述活动中影响幼儿注意稳定性的因素。

(1)注意的对象是否新颖、生动、形象鲜明;

(2)活动是否游戏化;

(3)注意是否与幼儿操作活动相结合;

(4)幼儿的身体状况是否良好。

9. 简述学前儿童常见的记忆策略。

(1)视觉复述策略;(2)定位策略;(3)复述策略;(4)组织性策略;(5)提取策略。

10. 简述学前儿童思维能力的培养措施。

(1)不断丰富学前儿童的感性知识;(2)帮助学前儿童丰富词汇,正确理解和使用各种概念,发展语言;(3)开展分类练习活动,培养学前儿童的抽象逻辑思维能力;(4)在日常生活中鼓励学前儿童多想、多问,激发其求知欲,保护其好奇心;(5)开展各种游戏(智力游戏、教学游戏),培养学前儿童的创造性思维。

11. 简述幼儿方位知觉的发展趋势。

幼儿方位知觉的发展趋势是:3岁辨别上下方位,4岁开始辨别前后方位,5岁开始能以自身为中心辨别左右方位,6岁幼儿虽然能完全正确地辨别上下前后四个方位,但以左右方位的相对性来辨别左右仍然感到困难。7岁才开始能够辨别以别人为基准的左右方位,以及两个物体之间的左右方位。

12. 简述幼儿实物概念的发展。

(1)幼儿初期,幼儿所掌握的实物概念主要是他们熟悉的事物。给物体下定义多属直指型。

(2)幼儿中期,幼儿已能掌握事物某些比较突出的特征,由此获得事物的概念。他们给物体下定义多属列举型。

(3)幼儿后期,幼儿开始初步掌握某一实物的较为本质特征,如功用的特征,或若干特征的总和。他们给物体下定义多为功用型,但仍有对事物的描述。

13. 简述幼儿记忆发展的特点。

(1)无意记忆占优势,有意记忆逐渐发展;

(2)记忆的理解和组织程度逐渐提高;

(3)形象记忆占优势,语词记忆逐渐发展;

(4)幼儿记忆的意识性和记忆方法逐渐发展。

14. 简述2岁以后儿童语言发展的主要表现。

(1)能说出完整的简单句,并出现复合句。这一年龄的孩子渐渐能够用简单句表达自己的意思,并开始会说一些复合句。

(2)词汇量迅速增加。2~3岁幼儿的词汇增长非常迅速,几乎每天都能掌握新词,而且他们学习新词的积极性非常高。到3岁,孩子已经能掌握1000左右个词。至此,幼儿的言语基本形成了。

15. 简述幼儿时间知觉的发展。

(1)幼儿初期,已经有一些初步的时间概念,但是往往与他们具体的生活活动联系在一起。生活制度和作息制度在幼儿的时间知觉中起着极其重要的作用,幼儿常以作息制度作为时间定向的依据。

(2)幼儿中期,可以正确理解“昨天”“明天”,也能运用“早晨”和“晚上”等词。但是对较远的时间,如“前天”“后天”等,理解起来仍感到困难。

(3)幼儿晚期,在前面的基础上,开始能辨别“前天”“大后天”等,并能学会看钟表。但对更大或更小的时间单位,如几个月、几分钟等的辨别仍感困难。

16. 简述幼儿直观行动思维的主要特征。

(1)思维是在直接感知中进行的。思维不能离开直观的事物,要紧紧依靠对事物的直接感知。

(2)思维是在实际行动中进行的。思维不能离开儿童自己的动作。

17. 简述幼儿思维发展的特点。

(1)幼儿初期的思维仍具有一定的直观行动性;

(2)具体形象思维是幼儿思维的主要特征;

(3)幼儿晚期(5~6岁)抽象逻辑思维开始萌芽。

18. 简述幼儿掌握数概念的阶段三个成分。

(1)掌握数的顺序;(2)掌握数的实际意义;(3)掌握数的组成。

19. 简述学前儿童判断的发展趋势。

(1)判断形式间接化;(2)判断内容深入化;(3)判断根据客观化;(4)判断论据明确化。

三、论述题(参考答案)

1. 试述幼儿具体形象思维的表现特点。

幼儿的具体形象思维主要表现出以下几个方面的

特点:(1)具体性。幼儿思维的内容是具体的。幼儿在思考问题时,总是借助于具体事物或具体事物的表象。幼儿容易掌握那些代表实际东西的概念,不容易掌握比较抽象的概念。(2)形象性。幼儿思维的形象性,表现为幼儿依靠事物在头脑中的形象来思维。幼儿的头脑中充满着各种各样的颜色和形状等生动的形象。具体性和形象性是具体形象思维的两个最为突出的特点。(3)经验性。幼儿的思维常根据自己的生活经验来进行。幼儿是从他自己的具体生活经验去思维的,而不是按逻辑推理进行思维。(4)拟人性。幼儿往往把动物或一些物体当作人来对待。他们赋予小动物或玩具以自己的行动经验与思想感情,和它们说话,把它们当作好朋友,他们还提出许多拟人化的问题。(5)表面性。幼儿只从表面理解事物,不理解词的转义。幼儿也难以理解"反话"。(6)片面性。由于幼儿认识事物时只是从事物的表面出发,不能反映事物的本质,因此,幼儿不善于全面地看问题,其思维常常具有片面性。在解决问题的过程中,幼儿常常只照顾到事物的一个维度,而不能同时兼顾两个维度。(7)固定性。幼儿思维的具体性使幼儿的思维缺乏灵活性,较难掌握相对性的概念。在日常生活中,幼儿常常"认死理"。(8)近视性。幼儿认识事物时只能考虑到事物眼前的关系,而不会更多地去思考事情的后果。由于幼儿思维的这种近视性,常常导致成人和幼儿的矛盾。成人给幼儿的告诫,他们往往不能理解。

2. 试述幼儿教师在实践中如何提高幼儿的言语能力。

(1)有目的、有计划的幼儿园语言教育活动是发展幼儿言语能力的重要途径。幼儿园的语言教育活动,是根据《幼儿园工作规程》精神,有目的、有计划地对幼儿施加影响。在幼儿园的语言活动中,要求幼儿发音正确,用词恰当,句子完整,表达清楚、连贯,并及时帮助幼儿纠正语音;要运用有效的教学方法,调动幼儿说话的积极性,并给予反复练习的机会,以及做出良好的示范,促进幼儿语言的发展和言语的规范化。

(2)创设良好的语言环境,提供幼儿交往的机会。生活是语言的源泉,因此,要组织丰富多彩的活动,使幼儿广泛地认识周围环境,扩大眼界,丰富知识面,增长词汇。同时,要给他们提供更多的交往机会,尤其是和小朋友的交往,并重视幼儿在交往中用词的准确和说完整的句子。当孩子"见多识广",语言自然也就丰富了。

(3)把言语活动贯穿于幼儿的一日活动之中。幼儿园专门的语言活动时间是有限的,教师还应在日常生活中来培养幼儿的言语能力。

(4)教师良好的言语榜样。在平时的教育活动中,教师要坚持说普通话,尽量做到吐字清晰、正确,潜移默化地去影响幼儿的语言发展。

(5)注重个别教育。由于每个幼儿的个性特征和智力水平都存在着差异,言语的积极性和驾驭语言的能力也不一样。因此,教师在教育活动中,不可忽视对幼儿的个别教育。

3. 为什么意义记忆比机械记忆效果好?

(1)意义记忆是通过对材料的理解进行的。理解使记忆的材料和过去头脑中已有的知识经验联系起来,把新材料纳入已有的知识经验系统中。

(2)机械记忆只能把事物作为单个、孤立的小单位来记忆,意义记忆使记忆材料互相联系,从而把孤立的小单位联系起来,形成较大的单位或系统。

(3)幼儿的机械记忆和意义记忆都在不断发展。在整个幼儿期,无论是机械记忆还是意义记忆,其效果都随着年龄的增长而有所提高。与此同时,年龄较小的幼儿意义记忆的效果比机械记忆要高得多,而随着年龄增长,两种记忆效果的差距逐渐缩小,意义记忆的优越性似乎降低了。

四、材料分析题(参考答案)

1. 我认为刘老师的做法不恰当。

第一种观点认为老师的干预会不利于幼儿想象力的发展,我认为是有道理的。涂鸦期的绘画没有明确的表现意图,不讲究造型、色彩和构图,也就是说,幼儿在涂画之前没有预想、没有构思,而是把涂鸦作为一种游戏活动,享受涂鸦动作带来的那种有节奏地、主动地"动"的运动快感。学前期幼儿的想象以无意想象为主,再造想象占主要地位,而且想象具有很大的夸张性。幼儿的认知发展水平和经验水平都有限,他们的想象天马行空,如果老师强加干预,会打击幼儿的自信心和想象的积极性。材料中幼儿的表现都是符合这个时期想象发展特点的,是无可厚非的,不需要特别担心。教师在幼儿成长过程中,要尊重幼儿的成长规律。

第二种观点认为这样下去会影响幼儿日后的发展,我认为是不对的。幼儿发展有自己的规律,我们应该遵循幼儿的发展规律。随着幼儿的认知不断发展,经验不断丰富,他们对世界的认知也会逐渐趋于客观,我们需要在尊重幼儿发展规律的基础上引导他们发展。

2. (1)幼儿注意分散的原因:

①无关刺激的干扰。幼儿很容易被新异、多变、强烈的刺激物所吸引,这些都容易使幼儿的注意分散。材料中,新布置的场地,摇动的灯笼,老师的新裙子等,都容易使幼儿注意力分散。

②连续进行的单调活动。幼儿如果长时间处于单调的活动状态下,容易发生疲劳。材料中,幼儿对活动的任务和目的不明确,缺乏兴趣,王老师为了完成教学任务,匆匆走完了活动流程。活动中没有引起幼儿的注意,使其缺乏兴趣。

(2)①防止无关刺激的干扰。上课时运用的挂图等教具不要过早呈现,用过应立即收起;对年幼的幼儿不要出示过多的教具。教师本身的装束要整洁大方,不要有过多的装饰,以免分散幼儿的注意。材料中,教室四周挂满了彩带和红灯笼,王老师穿着的红色新裙子都是无关刺激。教师在教学

之前应将彩带和灯笼等收好，穿着打扮要符合幼儿常见的形象，以免分散幼儿的注意。

②使幼儿明确活动的目的和要求。在活动前，教师应向幼儿提出明确的活动目的和要求。幼儿对活动的目的要求越明确，注意的有意性越强，越容易保持注意。材料中，王老师的活动没有明确活动目的和要求，幼儿容易注意分散。王老师应在活动前，向幼儿提出明确的活动目的和要求，使幼儿做好开始活动的准备。

③提高教学质量。教师要积极提高教学质量，这是防止幼儿注意分散的重要保证，教师要多方面改善教学内容，改进教学方法。材料中，在活动的过程中，王老师不时停止活动，匆匆走完活动流程等都是教学质量不高的表现。教师在活动中要多方面改善教学内容，改进教学方法，提高幼儿参与活动的兴趣。

3. (1)小凯妈妈的说法是不正确的。

(2)幼儿想象的特点：

①无意想象为主，有意想象开始发展；②再造想象为主，创造想象开始发展；③幼儿想象的夸张性。

(3)幼儿想象的夸张性表现之一是幼儿时期，常将想象的东西和现实进行混淆，具体有三个方面：

①把渴望得到的东西说成已经得到的；

②把希望发生的事情当成已经发生的事情来描述；

③在参加游戏或欣赏文艺作品时，往往身临其境，与角色产生同样的情绪反应。

以上材料是小凯混淆想象和现实的情况，却被成人误认为孩子在说谎。事实上是幼儿期的想象特点所致。

4. (1)轩轩处于具体形象思维水平。材料中妈妈生气地对轩轩说玩个够吧，别吃饭了，轩轩信以为真，听不懂妈妈话中的意思体现了具体形象思维的表面性，因此处于这一水平。

(2)具体形象思维的特点包括：

①形象性。幼儿思维的形象性，表现为幼儿依靠事物在头脑中的形象来思维。材料中轩轩在挑选桥面的时候，只是看了看桥墩，又瞅瞅桥面，就选到了适合桥墩的桥面，体现了这一特点。

②表面性。幼儿只从表面理解事物，不理解词的转义。其思维往往只是反映事物的表面联系，而不反映事物的本质联系。幼儿也难以理解“反话”。材料中轩轩听不懂妈妈的反话，还以为妈妈真的同意他玩耍，体现了具体形象性中的表面性。

③拟人性。幼儿往往把动物或一些物体当作人来对待。他们赋予小动物或玩具以自己的行动经验与思想感情，和它们说话，把它们当作好朋友。材料中轩轩乱丢玩具小狗，轩轩妈妈说玩具小狗会感冒，轩轩立马捡起来并盖上了小毛巾。轩轩将小狗玩具当成有生命的物体来看待，体现了拟人化的特点。

5. (1)在整个学前期，幼儿的无意记忆占优势，影响幼儿无意记忆的因素有：①客观事物的性质，客观事物与幼儿主体的关系；②幼儿认知活动的主要对象或活动所追求的事物；③活动中感官参加的数量以及活动的动机等。

(2)幼儿对看到的某个电视广告的广告词记忆效果较好是因为对广告词的记忆是一种无意记忆，电视画面具有具体生动、形象的特点，给予幼儿视觉、听觉等多种感官刺激。童谣、广告词简明的语言，符合儿童的兴趣和需要，很容易成为儿童无意记忆的对象，而教师要求记忆的任务属于有意记忆。

6. 材料中的现象涉及了很重要的概念——自言自语。自言自语是内部言语发展的初级形态，是在外部言语的基础上，由外部言语向内部言语发展的过渡形式。

(1)自言自语的特征。自言自语既有外部言语的特征(出声)，又有内部言语的特性(不是用来交流，只说给自己听，进行自我调节)。

(2)自言自语的形式：①游戏言语的特点是比较完整、详细，有丰富的情感和表现力。②问题言语的特点是比较简短、零碎，常常在遇到问题或者困难时出现，表现为困惑、怀疑、惊喜等。当幼儿找到解决问题的办法时，也会用这种言语表示所采取的办法。例如，材料中乐乐自言自语说：“把这个放哪里呢……不对，应该这样……这是什么……就应当把它放在这里……”四五岁儿童的“问题言语”最为丰富。

(3)出声的自言自语是幼儿口语发展的一种形态，成人要正确加以对待，不要斥责或阻止他们，而是应该帮助和引导它发展成真正的内部言语。6 ~ 7 岁儿童已经能够默默地用内部言语进行思考，只是遇到困难时，才使用“问题言语”。

7. 幼儿方位知觉的发展趋势是：3 岁辨别上下方位；4 岁开始辨别前后方位；5 岁开始能以自身为中心辨别左右方位；6 岁幼儿虽然能完全正确地辨别上下前后四个方位，但以左右方位的相对性来辨别左右仍然感到困难；7 岁开始能够辨别以他人为基准的左右方位，以及两个物体之间的左右方位。材料中开学第一周，李老师试图教大班的幼儿在课堂上举起右手回答问题，但是结果二十只手举起来了，却都是左手。这种现象说明大班儿童的方位知觉的发展水平不高，表现为：对上下、前后方位已能正确判断，对左右方位，只能比较固定化地辨认，而且不够完善。因此，教师在教学活动中要采用“镜面示范”，即以幼儿的角度来做示范动作。

8. (1)材料中幼儿注意发展的特点是无意注意占优势，有意注意初步形成，但处于较低水平。

(2)①幼儿无意注意占优势。容易引起幼儿无意注意的因素主要是刺激物的物理特性，儿童容易被那些颜色鲜艳、声音动听、造型奇异、变化显著的刺激物吸引，所以幼儿容易看到天上飞的小鸟、水里游的金鱼等。另外，那些符合幼儿自身的兴趣和需要的刺激物也更容易引起幼儿的无意注意。例如材料中的幼儿对于树木是不感兴趣的，

所以注意力都是集中在飞翔的小鸟,游来游去的小金鱼,飞舞的蝴蝶和操场上的小朋友。所以教师在带领幼儿观察的过程中尽量避开一些无关的刺激,以免引起幼儿的无意注意。②幼儿有意注意初步形成,处于较低水平。有意注意是有预定目的的,需要幼儿意志努力的注意,这一时期幼儿有意注意的发展水平还比较低,因此在户外观察果树时,小朋友们说不出树的特征、形状等。教师应该引导幼儿观察果树的某一特征,引起幼儿的有意注意。

9. (1)材料中幼儿随手涂鸦,偶尔画出图形,看着像什么就说是什么,拼图也是这样。比如幼儿涂鸦后会高兴地说:“我画了一只小鸟。”“我画了一个毛毛虫。”等等。体现了幼儿思维的直观行动性。直观行动思维是指以直观的、行动的方式进行的思维。直观行动思维的主要特征为:①思维是在直接感知中进行的。思维不能离开直观的事物,要紧紧依靠对事物的直接感知。②思维是在实际行动中进行的。思维不能离开儿童自己的动作。

(2)家长的做法不合适。3 岁的幼儿正处于直观行动思维阶段,这个阶段思维的概括水平低,它更多依赖感知动作的概括。这种思维方式在2 ~3 岁儿童身上表现最为突出。

作为家长:①要不断丰富学前儿童的感性知识;②帮助学前儿童丰富词汇,正确理解和使用各种概念,发展语言表达能力;③开展分类练习活动,培养学前儿童的抽象逻辑思维能力;④在日常生活中鼓励学前儿童多想、多问,激发其求知欲,保护其好奇心;⑤开展各种游戏(智力游戏、结构游戏),培养学前儿童的创造性思维。

10. (1)学前儿童的理解主要是直接理解,幼儿期逐渐出现间接理解。学前儿童对事物的理解有以下发展趋势:①从对个别事物的理解,发展到理解事物之间的关系;②从主要依靠具体形象来理解,发展到依靠语言说明来理解;③从对事物做简单、表面的理解,发展到理解事物较复杂、深刻的含义;④从理解与情感密切联系,发展到比较客观的理解;⑤从不理解事物的相对关系,发展到逐渐能理解事物的相对关系。

(2)通过材料可以看出:①幼儿在听完老师的讲述后,立即哭了起来。他对小白兔被大灰狼抓走了感到非常难过,这体现了幼儿的理解与情感的密切联系。也就是说幼儿对事物的理解带有强烈的感情色彩,而不是从客观问题出发。②从材料中可以看出,幼儿对这个问题的理解更多的停留在表面,而并没有把这个问题转化成一个比较抽象的数学运算过程。

11. (1)说明丫丫正处于心理发展的高速时期,也是心理发展的敏感期。如材料中,提出“月亮为什么不睡觉?”“那星星为什么还眨眼睛?”,说明思维的发展出现了最初的概括和推理;想象的发生,把对周围世界的认识进行了延伸、扩展;“不听话”说明孩子最初的独立性出现;“故意把米粒撒一饭桌,用手捡着放到嘴里”说明孩子动作技能的发展;会说“妈妈,你辛苦了”说明孩子已经开始使用抽象的词语,但还经常需要和具体活动联系在一起。

(2)应注意:①对待孩子“反抗期”的执拗,要注意不要养成孩子任性的性格,同时不能耻笑、威胁孩子。②面对孩子的独立性,要注意防止养成执拗的同时,也要防止形成懒惰、依赖、无独立愿望的不良性格。③注意保护孩子的探究精神,要注意和重视安全教育结合起来。如孩子“走那凸凸凹凹的地方”,既要防止孩子摔伤,又不能打击孩子积极的认知兴趣。

12. (1)三种条件下儿童所使用的思维方式及原因:

第一种:直觉行动思维。直觉行动思维是指以直观的、行动的方式进行的思维。材料中,在儿童面前摆放木棍和糖果,引导幼儿依靠动作和实物解决问题,是直觉行动思维。

第二种:具体形象思维。具体形象思维是指儿童依靠事物在头脑中的具体形象进行的思维,即依靠具体事物的表象以及对具体形象的联想而进行的思维。材料中,给幼儿提供图画,引导幼儿利用木棍和糖果的形象进行思考,是具体形象思维。

第三种:抽象逻辑思维。抽象逻辑思维反映事物的本质特征,是指运用概念、根据事物的逻辑关系来进行的思维。材料中,利用口头语言布置任务,需要幼儿理解,是抽象逻辑思维。

(2)儿童思维方式的变化如下:

①从思维发展的方式来看,幼儿的思维最初是直觉行动思维,然后出现具体形象思维,最后发展起来的是抽象逻辑思维。材料中,第一种条件下,完成任务的成功率均最高,第二种条件次之,第三种条件只有 5 ~6 岁能够成功,符合三种思维方式的水平。

②三种思维方式随着年龄的增长逐渐发展。直觉行动思维从小班开始就有明显表现,中班具体形象思维明显,大班抽象逻辑思维萌芽。

13. (1)在固定不变的背景上,活动的刺激物容易被知觉为对象。幼儿爱看活动的东西,与此规律有关。材料中陈老师出示的大白鹅的红色脚掌是抽拉式的,容易被幼儿知觉。

(2)刺激物本身各部分的组合(相邻性原则)。在视觉刺激中,凡是距离上接近或形态上相似的各部分容易组成知觉的对象。材料中陈老师出示了一幅挂图,挂图中有一只仰着脖子的大白鹅,红色的脚掌划着清澈的湖水(红色的脚掌是抽拉式的)。陈老师突出需要观察的对象,周围没有附加类似的线条或图形。

(3)教师的言语与直观材料相结合。材料中陈老师先富有表情、绘声绘色地朗读,接着结合挂图,一边讲解古诗一边演示能移动的抽拉式的红色脚掌,有利于调动幼儿学习的积极性。

14. (1)材料中的现象是幼儿言语发展中易出现的问

题——方言影响。发音除受生理成熟的影响之外,更受环境和教育影响。方言是幼儿发音不准的一个因素。环境中的方言,对幼儿发音影响极大。材料中娜娜的爷爷奶奶说方言,久而久之,娜娜发音也深受家庭方言环境的影响。

(2)针对娜娜的发音问题,应对的矫治措施是:①教师在日常教育活动中,要坚持以普通话教学,教师要严格要求自己,做到吐字清晰、发音准确;②在日常生活中,家庭也应积极配合教育,为幼儿创设良好的语音环境,以促进其语音的良好发展;③教师要鼓励娜娜多使用普通话与小朋友和老师交流。

15. 幼儿模仿性强,思维具有具体形象性,教师、家长的言谈举止、行为习惯都是他们学习模仿的榜样。教师是孩子在一天之中接触最多的,因此他们模仿的最直接的对象便是教师。对教师的言谈举止,观察最细,感受也最强,而且会不加选择地模仿教师的言行。材料中,教师一直在强调要两只手搬椅子,但自己却在孩子们面前把小椅子随手一拖或一拎。这些看似不起眼的小细节都会对他们的行为习惯培养造成一定的影响。因此教师首先要严格要求自己,做孩子的表率,来影响孩子、教育孩子,平时能够很好地注意自己的言行举止,往往能够起到潜移默化的作用。

专题五　幼儿情绪、情感的发展

一、单项选择题

答案速查

1～5	ABBCD	6～10	ADADD
11～15	DBAAC		

1. A 【解析】幼儿情绪发展的特点包括易冲动性、不稳定性、外露性、易感性。易冲动性是指幼儿的情绪常常处于激动状态,而且来势强烈,不能自制,往往全身心都受到不可遏制的威力支配。年龄越小,这种冲动越明显。不稳定性是指婴幼儿的情绪是非常不稳定的,容易变化,表现为两种对立的情绪在短时间内互相转换。外露性是指婴儿期的孩子情绪完全表露在外,丝毫不加控制和掩饰。易感性是指幼儿的情绪容易受到周围的环境和人的影响。题干的表述体现了幼儿情绪表现具有不稳定性的特点。

2. B 【解析】情绪的深刻化即指向事物性质的变化,从指向事物的表面到指向事物更内在的特点。中大班的幼儿对比小班的幼儿,关注点更集中于内在因素,这是情绪发展深刻化的表现。

3. B 【解析】道德感是因自己或别人的言行是否符合社会道德标准而引起的情绪体验。中班孩子不但关心自己的行为是否符合道德标准,而且开始关心别人的行为,并由此产生相应的情感。如中班幼儿的告状行为就是幼儿对别人行为方面的评价,它是基于一定的道德标准而产生的。

4. C 【解析】幼儿的情绪具有不稳定性的特点,容易受到外界刺激的影响,且容易被他人的情绪感染。所以,教师要把哭着找妈妈的孩子和其他孩子暂时隔离开来,以免影响其他孩子的情绪。

5. D 【解析】婴儿期的孩子情绪完全表露在外,丝毫不加控制和掩饰。幼儿晚期,幼儿调节自己情绪表现的能力已有一定的发展。题干描述的矛盾的情况,说明幼儿从不会调节自己的情绪表现,到开始产生调节自己的情绪表现的意识,但由于自我控制的能力差,还不能完全控制自己的情绪表现。

6. A 【解析】幼儿 3 岁前只有某些道德感的萌芽,进入幼儿园以后,特别是在集体生活环境中,幼儿逐渐掌握了各种行为规范,道德感也逐步发展起来。中班孩子不但关心自己的行为是否符合道德标准,而且开始关心别人的行为,并由此产生相应的情感。如中班幼儿的告状行为就是幼儿对别人行为方面的评价,它是基于一定的道德标准而产生的。所以中班幼儿告状行为频发,体现其道德感的发展。

7. D 【解析】婴幼儿的情绪非常不稳定,与其情绪的情境性有关。婴幼儿的情绪常常被外界情境支配,情绪往往随着某种情境的出现而产生,又随着情境的变化而消失。

8. A 【解析】冷处理法是当孩子情绪十分激动时,可以采取暂时置之不理的办法,孩子自己会慢慢地停止哭喊。

9. D 【解析】幼儿的情绪具有易感染性,随着幼儿年龄的增长,他们的情绪会渐趋稳定,但还是容易受到身边亲近的人的感染。

10. D 【解析】幼儿的情绪在很大程度上受成人的暗示,成人应正确运用暗示和强化。题干中豆豆妈妈运用积极暗示的方式调控幼儿的情绪。

11. D 【解析】幼儿情绪情感的逐渐丰富化表现在以下方面:幼儿情绪过程越来越分化;情感指向的事物不断增加,有些先前不引起儿童体验的事物,随着幼儿年龄的增长,能够引起其情绪体验。从题干可以看出,随着年龄的增长,幼儿越来越在意同伴和成人对自己的看法,这体现了儿童情绪情感的丰富化。

12. B 【解析】理智感是认知需要是否得到满足而产生的情绪情感体验。幼儿的理智感有一种特殊的表现形式,即好奇好问,对于 5 岁的幼儿来说,这种情感会明显地发展起来。题干中小华好奇心强的表现体现了其理智感的发展。

13. A 【解析】幼儿最初出现的情绪是与生理需要相联系的,随着年龄的增长,幼儿情绪逐渐与社会性需要相联系。社会化成为幼儿情绪发展的一个主要趋势。

14. A 【解析】幼儿的情绪常常处于激动状态,而且来势强烈,不能自制,往往全身心都受到不可遏制的威力支配。年龄越小,这种冲动越明显。随着年龄的增长、语言的发展,幼儿逐渐学会接受

成人的语言指导，调节控制自己的情绪。题干中的幼儿看到故事书中的“坏人”就把它抠下来，体现其情绪的不能自制，即情绪的易冲动性。

15. C 【解析】婴幼儿的情绪是非常不稳定的，容易变化，表现为两种对立的情绪在短时间内互相转换。婴幼儿的情绪常常被外界情境支配，情绪往往随着某种情境的出现而产生，又随着情境的变化而消失。

二、简答题(参考答案)

1. 简述情绪与情感的区别。

(1)情绪出现较早，多与生理性需要相联系。而情感出现较晚，多与社会性需要相联系；

(2)情绪具有情境性和暂时性，而情感具有深刻性和稳定性；

(3)情绪具有冲动性和明显的外部表现，而情感则比较内隐。

2. 简述如何在活动中帮助幼儿克服不良情绪。

(1)成人要善于发现与辨别孩子的情绪；

(2)从幼儿的情绪表现来分析幼儿的内心情感世界；

(3)注意幼儿的个别差异，对不同的孩子采取不同的方法；

(4)注意孩子积极情感的引导，让积极情感成为幼儿情感的主旋律，减少消极情感的产生。

三、论述题(参考答案)

1. 试述幼儿情绪情感发展的一般趋势。

(1)情绪情感的社会化。幼儿最初出现的情绪是与生理需要相联系的。随着年龄的增长，幼儿情绪逐渐与社会性需要相联系。社会化成为幼儿情绪情感发展的一个主要趋势。具体表现为：情绪中社会性交往的成分不断增加；引起情绪反应的社会性动因不断增加；情绪表述的社会化。

(2)情绪情感的丰富和深刻化。从情绪所指向的事物来看，其发展趋势是越来越丰富和深刻的。幼儿情绪情感的逐渐丰富化表现在以下方面：幼儿情绪过程越来越分化；情感指向的事物不断增加，有些先前不引起儿童体验的事物，随着幼儿年龄的增长，能够引起其情绪体验。而情绪发展的深刻化是指情绪所指向的事物的性质的变化，从指向事物的表面到指向事物内在的特点。

(3)情绪情感的自我调节化。从情绪的进行过程看，其发展趋势是越来越受自我意识的支配。随着年龄的增长，婴幼儿情绪的冲动性逐渐减少，稳定性逐渐提高，情绪从外显到内隐。但总的来说，幼儿的情绪仍然是不稳定、易变化的。

2. 论述幼儿情绪发展的特点，并分析教师应如何培养幼儿的情绪控制能力。

(1)特点：

①情绪的易冲动性。幼儿的情绪常常处于激动状态，而且来势强烈，不能自制，往往全身心都受到不可遏制的威力支配。年龄越小，这种冲动越明显。

②情绪的不稳定性。婴幼儿的情绪是非常不稳定的，容易变化，表现为两种对立的情绪在短时间内互相转换。

③情绪的外露性。婴儿期的孩子的情绪完全表露在外，丝毫不加控制和掩饰。幼儿晚期，幼儿调节自己情绪表现的能力已有一定的发展。在正确的教育下，随着幼儿对是非观念的掌握，幼儿对情绪的调节能力会很快发展起来。

④情绪的易感性。情绪的易感性是指幼儿的情绪容易受到周围的环境和人的影响。随着幼儿年龄的增长，他们的情绪会渐趋稳定，但还是容易受到身边亲近的人的感染。

(2)培养幼儿的情绪控制能力的措施：

①营造良好的情绪环境。婴幼儿情绪发展主要依靠周围情绪气氛的熏陶。因此，在幼儿园教育中应注意营造和谐的气氛，并且与幼儿之间建立良好的师生情。

②成人情绪自控的示范。为人之师，也要学会控制自己的情绪。优秀教师能够做到把自己的一切忧伤留在教室之外，情绪饱满地走进课堂，这样才能使幼儿保持良好的情绪状态。教师还要理智地对待每个幼儿，自觉地控制自己的情绪，主动关心幼儿，给予耐心帮助。

③采取积极的教育态度。正面肯定和鼓励；耐心倾听幼儿说话；正确运用暗示和强化。

④教会孩子调节自己的情绪表现。帮助幼儿控制不良情绪的方法主要有：行为反思法；想象法；自我说服法。

⑤在活动中帮助幼儿克服不良情绪。成人要善于发现与辨别孩子的情绪；从幼儿的情绪表现来分析幼儿的内心情感世界；注意幼儿的个别差异，对不同的孩子采取不同的方法；注意孩子积极情感的引导，让积极情感成为幼儿情感的主旋律，减少消极情感的产生。

四、材料分析题(参考答案)

1. (1)儿童情绪的发展趋势主要有三个方面：社会化、丰富和深刻化、自我调节化。

甜甜因为妈妈没有给她买冰激凌而伤心地哭起来，爸爸给她一块巧克力时，她便笑了，这体现了情绪的不稳定性。甜甜看见邻居家的小朋友哭了，她也跟着哭了起来，这体现了情绪的易感性。同时甜甜的这些行为都表明了幼儿情绪的社会化。

(2)在活动中帮助幼儿克服不良情绪：

①成人要善于发现与辨别孩子的情绪。孩子在幼儿园或家庭中，会遇到许多不称心的事，易使孩子紧张焦虑，失去心理平衡。那么成人就要找出原因，帮助幼儿分析问题，解除孩子心中的忧虑。同时，允许孩子以适当的方式表达自己的心情。当然教师和家长也可以针对不同的情况，给予灵活地处理。

②从幼儿的情绪表现来分析幼儿的内心情感世界。孩子的行为往往反映了孩子内心已经形成的一些品质。家长和教师发现孩子的情绪时要

正确进行分析,对那些有益的部分,要及时表扬并加以保护;而对不良的苗头,则要帮助幼儿克服、纠正。

③注意幼儿的个别差异,对不同的孩子采取不同的方法。有的幼儿较内向,有人说他衣服不好看时,他会坐在一旁闷闷不乐,对于这样的孩子要与他交朋友,增进感情的交流;而有的孩子不一样,一不顺心就大哭大闹,这样的孩子"来得快,去得也快",可以等孩子冷静下来再与之谈心,而不要"火上浇油"。具体来说,帮助幼儿控制不良情绪的方法主要有:转移注意法、冷处理法、消退法等。

④注意孩子积极情感的引导,让积极情感成为幼儿情感的主旋律,减少消极情感的产生。不要以为孩子的年龄小就不懂感情,其实幼儿的情感敏感而脆弱,更需要大人的保护和关心;也不要以为幼儿无忧无虑,幼儿的情感世界同样丰富多彩,风云变幻。幼儿的情感世界需要父母、教师的关注和爱护,并注意要引导其趋向成熟。

2. (1)莉莉妈妈所采用的是转移注意法。转移注意法是指当幼儿出现某种不良情绪或行为时,对该情绪或行为不予理睬,将其注意力转移到其他方面。材料中莉莉闹着想要玩具,妈妈对其行为不予理睬,转移莉莉的注意,说去另一个地方看看有没有更好的玩具,迅速领着莉莉离开原地。

(2)①冷处理法。孩子情绪十分激动时,可以采取暂时置之不理的办法,孩子自己会慢慢地停止哭喊。当孩子处于激动状态时,成人切忌激动起来。例如,对孩子大声喊叫"你再哭!我打你"或"你哭什么?不准哭,赶快闭上嘴"之类的。这样做会使孩子情绪更加激动,无异于火上浇油。

②消退法。对孩子的消极情绪可以采用消退法。例如,有个孩子总不愿意把水果分给爸爸妈妈吃,父母要吃他手中的水果,他总要哭闹。后来父母商量好,采用消退法,对他的哭闹不予理睬。第一天吃水果时,父母把一个水果分成几块,孩子拿着水果哭了很久,看着父母不理会他。只好把手中的水果吃了。第二天哭的时间缩短了。以后哭闹时间逐渐减少,最后看着父母把他手中的水果拿去分成几块给大家吃也不哭了。

3. (1)东东的行为表现说明幼儿情绪具有不稳定性的特点。婴幼儿的情绪是非常不稳定的,容易变化,表现为两种对立的情绪在短时间内互相转换。材料中,东东妈妈送他离开时总是又哭又闹,妈妈走后,很快能和小朋友玩耍,再次看见妈妈又开始哭泣,这突出表现了幼儿情绪的不稳定性。

(2)东东妈妈的担心完全没必要。东东妈妈把东东送入幼儿园应立刻离开,不要表现出不舍的样子,为幼儿做出情绪自控的示范,采取积极的教育态度,运用正面肯定和鼓励,帮助幼儿学会控制自己的情绪。因为幼儿的情绪具有不稳定性,东东妈妈离开后,看不到妈妈的身影,在老师的安抚下,东东不但会停止哭闹,还会高兴地同别的小朋友玩起来。

专题六　幼儿个性的发展

一、单项选择题

答案速查

1~5	CBDDC	6~10	BBBBB
11~15	DADBB	16~20	BBDAD
21~25	CAAAB	26~30	BAACC
31~35	DDADD		

1. C 【解析】自我认识是自我意识的认知成分,学前儿童自我认识的对象包括自己的身体、自己的动作和行动、自己的内心活动。幼儿对自己身心状态、自己与客观世界关系的意识是幼儿自我认识发展的体现。

2. B 【解析】幼儿基本上是对自己的外部行为进行自我评价,而不能深入到对自己内心品质进行自我评价。题干中所讲幼儿在回答自己是好孩子的理由时,倾向于外部行为来回答。

3. D 【解析】自制力是善于控制自我的能力,如善于控制自己的行为和情绪反应的能力等。自制力是意志的抑制功能。在意志行动中,与目标不一致的欲望或诱惑、消极的情绪(如厌倦、懒惰、恐惧)等都会干扰人们做出决定和执行决定。"木头人"的游戏促进幼儿意志品质中自制力的发展。

4. D 【解析】抑郁质气质类型的幼儿具有敏锐、稳重、体验深刻、外表温柔、怯懦、孤独、行动缓慢等的特征。浩浩不喜欢参加集体活动,受到委屈会不开心很久,体现出孤独、情绪体验深刻的特点,其气质类型属于抑郁质。

5. C 【解析】自我体验是伴随自我认识而产生的内心体验,是自我意识在情感上的表现,即主我对客我所持有的一种态度。"我喜欢自己这个样子""我觉得自己很讨厌"属于自我体验。

6. B 【解析】幼儿初期对自己或别人的评价带有依从性,往往都是成人评价简单的复述。例如,要幼儿评价他是好孩子时,他会说:"妈妈说我是好孩子。""老师说我乖。"这种自我评价还不是真正的自我评价,只能算作"前自我评价"。

7. B 【解析】多血质的人以反应迅速、有朝气、活泼好动、动作敏捷、情绪不稳定为特征。小张同学的气质符合多血质的特征。

8. B 【解析】个体整体性是指个性是一个统一的整体结构,是由各个密切联系的成分构成的多层次、多水平的统一体。在这个整体中,各个成分相互影响、相互依存,使每个人行为的各方面都体现出统一的特征。所以从一个人行为的某一个方面可以看到他的个性特点,体现个性的整体性。

9. B 【解析】气质虽然是比较稳定的心理特征,但并不是不可改变的,后天的生活环境与教育可以

改变原来的气质类型。

10. B 【解析】对于幼儿来说，个性发展的主要内容就是个性特征开始形成。

11. D 【解析】身体—动觉智能主要是指运用四肢和躯干的能力，表现为能够较好地控制自己的身体，或对事件能够做出恰当的身体反应以及善于利用身体语言来表达自己的思想和情感的能力。舞蹈演员的优势是身体—动觉智能。

12. A 【解析】施行自助餐，孩子们就必须自己进行思考、选择和把握，这无疑有利于提高他们的独立能力以及自我服务的能力。故王老师的这种做法有利于培养孩子的独立性。

13. D 【解析】儿童在2～3岁的时候，掌握代名词"我"是儿童自我意识萌芽的最重要标志。

14. B 【解析】个体自我意识的发展经历了从生理自我到社会自我，再到心理自我的过程。生理自我是自我意识最原始的形态。通常儿童1周岁末开始将自己的动作和动作的对象区分开来，把自己和自己的动作区分开来，并在与成人的交往中，按照自己的姓名、身体特征、行动和活动能力来看待自己，并做出一定的评价。3岁左右的儿童，自我意识有了新的发展。主要表现在：(1)出现了羞愧感与疑虑感。当做错事时，儿童会感到羞愧；当碰到矛盾时，儿童会感到疑虑。(2)出现了占有欲和嫉妒感。儿童看到自己喜欢的东西，就想独自占有，不愿与人共享；如果母亲对其他儿童表现出关心和喜爱，幼儿就会产生强烈的嫉妒感。(3)第一人称"我"的使用频率提高，许多事情都要求"我自己来"，开始有了自立的要求。生理自我在3岁左右基本成熟。

15. B 【解析】语言智力主要是指听、说、读、写的能力，表现为个人能够顺利而高效地利用语言描述事、表达思想并与人交流的能力。

16. B 【解析】自我认识是个体对自己的能力、道德品质、行为、社会行为方面的社会价值的认识和评价，是自我意识在认知方面的表现。自我体验是人在对自己进行自我评价时产生的情绪体验，它是自我意识在情感方面的表现。自我评价是建立在自我观察和自我分析的基础上，对自己思想、个性等各方面做的价值判断。自我监控是个体对自身心理和行为的主动的掌握，它是人所特有的心理现象，是自我意识在意志方面的表现。题干的描述反映了幼儿的自我体验。

17. B 【解析】独立性的出现是开始产生自我意识的明显表现，是儿童心理发展上非常重要的一步，也是人生头2～3年心理发展成就的集中表现。

18. D 【解析】幼儿初期对自己或别人的评价带有依从性，往往都是成人评价的简单复述。

19. A 【解析】个性是一个统一的整体结构，是由各个密切联系的成分构成的多层次、多水平的统一体。在这个整体中，各个成分相互影响、相互依存，使每个人行为的各方面都体现出统一的特征，这就是个性的整体性含义。因此，从个体行为的一个方面往往可以看出他的个性，这就是个性整体性的具体表现。题干中丽丽动作快、吃饭快、易冲动等行为都能够表现出她脾气急的个性。

20. D 【解析】性格的意志特征表现为人自觉调节自己行为方面的特点，其中有一点就是：在紧急或困难情况下表现出来的特征（勇敢、果断、镇定、退缩等）。题干中的君君一遇到困难就退缩，具体指的是其行为的表现，反映的是性格的意志特征。所以该题选择D。

21. C 【解析】对于黏液质的孩子，要培养积极探索精神及踏实、认真的优点，防止墨守成规、谨小慎微。

22. A 【解析】胆汁质的人抑制力差，做事冲动，性情急躁。题干所述是胆汁质的典型特征。

23. A 【解析】"镜像测验"主要的操作内容是，母亲在擦拭婴儿的脸时，悄悄地在婴儿的鼻子上或额头上画一个标记，然后将婴儿放在镜子面前。之后观察婴儿的反应：是去摸镜子中婴儿的鼻子或额头上的标记，还是摸自己鼻子或额头上的标记。这是评价婴儿是否具备自我意识的一个重要标准。

24. A 【解析】自我意识的真正出现是和儿童言语的发展相联系的。在掌握了有关的词后，孩子逐渐学会像其他人那样叫自己的名字。

25. B 【解析】对于多血质的孩子，要培养热情开朗的性格及稳定的兴趣，防止粗枝大叶、虎头蛇尾。对于胆汁质的孩子，要培养勇于进取、豪放的品质，防止任性、粗暴；对于黏液质的孩子，要培养积极探索精神及踏实、认真的优点，防止墨守成规、谨小慎微；对于抑郁质的孩子，要培养机智、敏锐和自信心，防止疑虑、孤独。

26. B 【解析】幼儿自我意识的萌芽发生在2～3岁。

27. A 【解析】题干中毛毛对舞蹈的恐惧、焦虑和害羞都体现了自我意识发展中的自我体验。

28. A 【解析】抑郁质以敏锐、稳重、体验深刻、外表温柔、怯懦、孤独、行动缓慢为特征。题干所述是针对抑郁质幼儿的教育措施。

29. C 【解析】自信心是对自己的能力是否适合所承担的任务而产生的自我体验。题干中小晶怕挨批评而轻言放弃，是自信心缺乏的表现。

30. C 【解析】操作能力就是操纵、制作和运动的能力。题干中小明剪纸时动作不协调，剪得不整齐，说明小明的手部操作能力需要发展。

31. D 【解析】幼儿性格的年龄特点主要表现为活泼好动；喜欢交往；好奇好问；独立性不断发展；易受暗示，模仿性强；坚持性随年龄增长不断提高；易冲动，自制力差，同时自制力不断发展。稳定性强并不属于幼儿性格的年龄特点。

32. D 【解析】个性是指一个人比较稳定的、具有一定倾向性的各种心理特点或品质的独特组合。

A 项、B 项表述正确。个性心理特征系统是个性个别性的集中表现,包括气质、能力与性格等心理成分。C 项表述正确。个性形成的基础不是人的内在需要,动机的基础才是人的内在需要。所以 D 项错误。

33. A 【解析】胆汁质以精力旺盛、表里如一、刚强、易感情用事为特征,整个心理活动笼罩着迅速而突发的色彩。

34. D 【解析】个性是一个人比较稳定的、具有一定倾向性的各种心理特点或品质的独特组合,相貌出众则不属于这一类。

35. D 【解析】自制力是善于控制自我的能力,如善于控制自己的行为和情绪反应的能力等。自制力是意志的抑制功能。题干的表述从儿童心理发展的角度说明健健的自制力获得了发展。

二、简答题(参考答案)

1. 简述幼儿自我评价发展的特点。
(1)从依从性的评价发展到独立性的评价;
(2)从对个别方面的评价发展到对多方面的评价;
(3)先有对自己外部行为的评价,逐渐出现对内心品质的评价;
(4)从主观情绪性的评价发展到初步客观的评价;
(5)从只有评价没有依据发展到有依据的评价。

2. 简述幼儿自我控制发展的趋势。
(1)从主要受他人控制发展到自己控制;
(2)从不会自我控制发展到使用控制策略;
(3)幼儿自我控制的发展受父母控制特征的影响。

3. 简述幼儿自我意识的培养策略。
(1)在日常生活中培养幼儿的自我意识;
(2)在各种活动中正确引导幼儿的自我意识;
(3)教师评价幼儿要把握分寸;
(4)教师应为幼儿提供自我评价的机会;
(5)家园配合,指导家长实施正确的教育。

4. 简述幼儿能力发展的特点。
(1)多种能力的显现与发展;(2)智力结构随着年龄增长而变化;(3)出现了主导能力的萌芽,并开始出现比较明显的类型差异;(4)智力发展迅速。

5. 简述幼儿性格的培养措施。
(1)加强思想品德教育;(2)引导幼儿参加集体生活和实践活动;(3)树立良好榜样;(4)巩固幼儿良好的性格特征,克服性格方面的缺点。

6. 简述加德纳的多元智能理论。
加德纳提出的多元智能框架中主要包括七种智力,后来又增加到八种,这八种智力分别是:(1)言语—语言智力;(2)音乐—节奏智力;(3)逻辑—数理智力;(4)视觉—空间智力;(5)身体—动觉智力;(6)自知—自省智力;(7)交往—交流智力;(8)自然观察智力。

7. 简述学前儿童气质发展的特点。
(1)学前儿童的气质具有相对稳定性;
(2)学前儿童的气质类型有一定变化;
(3)气质无所谓好坏但它影响父母的教养方式;
(4)具有个体差异。

8. 简述幼儿性格的年龄特点。
(1)活泼好动;
(2)好奇好问;
(3)喜欢交往;
(4)独立性不断发展;
(5)易受暗示,模仿性强;
(6)坚持性随年龄增长不断提高;
(7)易冲动,自制力差,同时自制力不断发展。

9. 简述幼儿自我概念的发展特点。
(1)从简单到分化;(2)自我概念的发展曲线是起伏变化的;(3)自我概念结构的复杂性随年龄增长而不断增加;(4)自我概念的发展存在性别差异。

三、论述题(参考答案)

试述影响学前儿童性格形成和发展的因素。

(1)遗传的作用。人的神经系统类型在性格形成中有一定的作用,人的气质影响着性格特征的外部表现。研究还表明,神经系统的某些遗传特性可能影响到某些性格的形成,加速或延缓某些行为方式的产生和发展。

(2)家庭的影响。家庭是社会的基本单位和社会生活中各种道德观念的集合点,也是儿童出生后最先接触并长期生活的场所。家庭的教育态度和教育方式对儿童性格的形成与发展有着直接的影响作用。

(3)幼儿园教育的作用。幼儿园的教育和教学对儿童性格的形成起主导作用。①幼儿园教育的方针、内容、方法,以及幼儿园的传统、规章制度、师生关系、团队生活、游戏活动都影响着儿童性格的形成。②教师的榜样、示范对儿童的性格也有重要影响。学前儿童具有好模仿的特点,教师的榜样有形无形地影响着儿童性格的形成。③幼儿园的集体组织及其活动,特别是班集体的特点、要求、舆论和评价对儿童性格的形成与发展给予具体影响。

(4)社会环境的影响。社会环境的影响是复杂的,对儿童性格形成的影响主要是通过文化媒介传播进行的,如图书、报刊、影视制品、音像制品等。

(5)社会实践活动的作用。家庭、幼儿园教育、社会环境因素等都是性格形成的外部条件,虽然它们对于性格的形成和发展起着巨大的影响作用,但却不能直接形成人的性格。它必须通过人的具体活动才能起作用。

四、材料分析题(参考答案)

1. 从材料中可以看出东东的自我意识发展的基本特点,具体表现在如下几个方面:(1)自我概念的发展。东东在经过说服后,明白了道理,这是他对自己行动的意识和对于自己内心活动的意识。(2)自我评价的发展。东东没有得到小红花,不肯回家。后来每天都要问老师:“我今天表现好吗?”当老师说他有进步,给他一朵小红花时,东东高兴极了,表明他还没有独立的自我评价,主要依赖于成人对他的评价。(3)自我控制的发展。东东从

第二天起，自觉控制自己的行为，表明他不但能够根据成人的指示调节自己的行动，而且有自己的独立性。

2.(1)自我意识。

(2)①自我意识是对自己存在的察觉，即自己认识自己的一切，包括认识自己的生理状况(如身高、体重、形态等)、心理特征(如兴趣爱好、能力、性格、气质等)以及自己与他人的关系(如自己与周围人们相处的关系、自己在集体中的位置与作用等)。认识到自己是一个独立的个体。材料中的幼儿知道自己的姓名、年龄等，说明了其自我意识的发展。

②性别角色，刻板地认识自己的性别角色。材料中的小女孩从自己的外表扎了小辫子来判定自己是女孩子。

③自我评价：自我评价是建立在自我观察和自我分析的基础上，对自己思想、个性等各方面做的价值判断。材料中小女孩对自己的评价借助的是一些外部的行为，如会做值日，会擦桌子，会分碗筷，会讲故事等。

④自我控制：从主要受他人控制发展到自己控制，自我控制是主体对自身心理与行为的主动的掌握。材料中的小女孩因为老师和妈妈说吃了胡萝卜对眼睛好，她就吃了胡萝卜，说明了小女孩已经能自我控制。

3.(1)材料中的教师表现出较高的职业道德素养和合理运用教学策略和师幼互动策略的能力。具体而言，教师能够热爱幼儿，尊重幼儿，并以平等的态度对待幼儿的个体差异。在活动过程中，在言行上对幼儿进行鼓励，并耐心对待幼儿的举手行为。

(2)材料中的辉辉是一个性格腼腆、害羞，但敢于尝试，突破自我局限的幼儿，从气质类型上看，属于抑郁质。

(3)针对辉辉的气质特征和性格特点，教师可采用如下几种策略：

①注重言语上的鼓励、表扬；

②创设多样化、有趣的环境和氛围，激发辉辉表达的欲望；

③教会辉辉具体的言语表达的策略和方法。

4.(1)材料中亮亮是一个活泼的孩子，体现了活泼好动的特点；亮亮不断地问遥控飞机是怎么飞起来的行为体现了他好奇好问的特点；亮亮偷偷撬开了遥控飞机体现了易冲动，自制力差的特点。

(2)幼儿期的幼儿，具有活泼好动，好奇好问，好模仿，易冲动，自制力差等特点。作为幼儿教师要根据幼儿的年龄特点进行教育，抓住幼儿好奇好问，好模仿的特点实施教育。要保护幼儿的好奇心，对幼儿提出的问题要给予及时的回答。材料中教师对幼儿提出的问题只是做了表面的、浅显的、敷衍的回答，未能满足幼儿的好奇心和求知欲望，以致亮亮在冲动之下自己偷偷撬开了遥控飞机。因此，教师可以在保护幼儿好奇心的前提下，开展一些有关遥控飞机为什么会飞的教育探索活动，以满足幼儿的好奇心和求知欲望。同时，教师要给幼儿提供动手操作的机会，充分调动幼儿的积极能动性，让他们自己去探索、研究、发现和解决问题。

5.(1)幼儿性格的年龄特点：①活泼好动；②好奇好问；③喜欢交往；④独立性不断发展；⑤易受暗示，模仿性强；⑥坚持性随年龄增长不断提高；⑦易冲动，自制力差，同时自制力不断发展。

(2)材料中强强的行为具体表现如下：①独立性不断发展。独立性反映一个人在行动中的自主程度。3岁前儿童的心理活动几乎完全是直接依赖于外界环境的影响，随着外界环境的改变而变化，没有自己的目的性和独立性。3岁左右，幼儿独立性的发展进入一个新的阶段。他们不再满足于按照成人的直接命令来行动，而开始渴望像成人一样独立行动。这个阶段的幼儿常常想到什么就做什么，不考虑后果，也不知道危险，表现出不听话、执拗、顶撞，经常说“我自己来”“我偏要……”这一类话。材料中表现为强强的妈妈不让强强用洗衣机洗袜子，强强执意于在洗衣机里洗袜子。②模仿性强。幼儿往往没有主见，常常随外界环境影响而改变自己的意见，易受暗示。幼儿的模仿对象可以是成人，也可以是其他小朋友。具体在材料中体现为强强模仿大人在洗衣机里洗衣服。③易冲动，自制力差。幼儿很容易受外界情境或他人的影响而情绪激动，或者因自己主观情绪或兴趣的左右而行为冲动。幼儿心理与行为受外界刺激和自身主观情绪的支配性很大，而自我控制能力较差。材料中的强强敲敲打打发现洗衣机没能转动，便大怒，哭闹着“我自己来，我要。”体现其情绪的易冲动。

6.(1)材料中的明明基本上属于胆汁质的气质类型。胆汁质的典型特征是精力旺盛、表里如一、刚强、易感情用事。而材料中明明参加活动积极主动，精力旺盛，想干什么就立即行动，做事有闯劲，但时常马马虎虎，待人大方，热情直率，爱打抱不平，喜欢别人听从他的支配，否则就会大发脾气，甚至动手打人，易感情用事，自控能力差等都体现了胆汁质的气质类型。

(2)气质本身没有好坏之分，每一种气质既有优点，又有缺点。教育的目的不是设法改变儿童原有的气质，而是要克服缺点，发展优点，使儿童在原有气质的基础上建立优良的个性特征。①对于胆汁质的孩子，要培养勇于进取、豪放的品质，防止任性、粗暴；②对于多血质的孩子，要培养热情开朗的性格及稳定的兴趣，防止粗枝大叶、虎头蛇尾；③对于黏液质的孩子，要培养积极探索精神及踏实、认真的优点，防止墨守成规、谨小慎微；④对于抑郁质的孩子，要培养机智、敏锐和自信心，防止疑虑、孤独。

专题七　幼儿社会性的发展

一、单项选择题

答案速查

1～5	BCBCD	6～10	ADDAC
11～15	BDBDB	16～20	CBACA
21～23	AAB		

1. B 【解析】进入3岁后,幼儿选择同性别伙伴的倾向日益明显。研究发现,3岁的男孩就明显地选择男孩而不选择女孩作为伙伴。

2. C 【解析】反抗型幼儿在母亲要离开之前,总显得很警惕,有点大惊小怪。如果母亲要离开他,他就会表现出极度的反抗。但是与母亲在一起时,又无法把母亲作为他安全探究的基地。这类幼儿见到母亲回来时就寻求与母亲的接触,但同时又反抗与母亲接触,甚至还有点发怒的样子。

3. B 【解析】被忽视型幼儿体质弱、力气小、能力较差;积极行为与消极行为均较少,性格内向、慢性、好静、不太活泼、胆小、不爱说话、不爱交往,在交往中缺乏积极主动性,且不善交往;孤独感较重,对没有同伴与自己玩感到比较难过与不安。

4. C 【解析】儿童亲社会行为无论是自觉的还是不自觉的,都需要得到群体的认可。儿童一旦出现了利他行为,成人和教师要及时强化,如表扬、奖励等,使儿童获得积极反馈,达到逐渐巩固的目的,反之,习得的利他行为可能消退。题干中夏老师用表扬的方法对糖糖的亲社会行为进行强化,采用的培养策略是善用精神奖励。

5. D 【解析】幼儿的性别偏爱最早表现在对玩具的选择上。14～22个月的男孩偏爱小汽车之类的玩具,而女孩喜欢玩娃娃和毛绒玩具。进入幼儿园后,幼儿一般都喜欢从事与性别相符合的活动或中性活动,他们经常分为男、女不同的游戏小组。

6. A 【解析】儿童对他人的性别认识是从2岁开始的,但这时还不能准确说出自己是女孩还是男孩。直到2.5～3岁左右,绝大多数孩子能准确说出自己的性别。

7. D 【解析】分离焦虑是孩子与其依恋对象分离时产生的一种消极的情绪体验。

8. D 【解析】攻击性行为产生的直接原因是挫折。挫折是人在活动过程中遇到障碍或干扰,使自己的目的不能实现、需要不能满足时的情绪状态。研究表明,一个受挫折的幼儿很可能比一个心满意足的幼儿更具有攻击性。

9. A 【解析】幼儿产生攻击性行为的原因有很多,主要包括:(1)家庭教育不当;(2)幼儿自身的人格因素;(3)社会环境影响;(4)为了引起别人的注意;(5)遭受挫折等等。B项属于引起攻击性行为的原因,C项和D项属于幼儿遭受的挫折,也是引起攻击性行为的原因,A项不属于引起攻击性行为的原因。

10. C 【解析】被忽视型儿童的特征是:不喜欢交往,常一个人玩,在群体交往中显得退缩、害羞、不起眼,常常被冷落,同时孤独感较重,对没有同伴与自己玩感到比较难过与不安。题中的乐乐不喜欢和别人说话,常常一个人玩耍,遇到问题时也表现出退缩,可以看出乐乐是典型的被忽视型儿童。

11. B 【解析】根据现有的研究,学者们普遍认为幼儿的性别概念主要包括三种成分:性别认同、性别稳定性和性别恒常性。幼儿区别男女,体现幼儿对自己和他人的性别的正确认识,即性别认同。故题干中的幼儿具有了性别概念。

12. D 【解析】5岁的儿童能够刻板地认识性别角色。这个阶段的儿童不仅对男孩和女孩在行为方面的区别认识得越来越清楚,同时开始认识到一些与性别有关的心理因素,如男孩要胆大、勇敢等。

13. B 【解析】安全型依恋的幼儿与母亲在一起时,能安逸地玩弄玩具,对陌生人的反应比较积极,并不总是偎依在母亲身旁。当母亲离开时,探索性行为会受影响,明显地表现出一种苦恼。当母亲回来时,他们会立即寻求与母亲的接触,但很快又平静下来,继续做游戏。题干中妈妈的离开对慧慧有短时间的影响,但慧慧很快又适应了幼儿园的环境,与妈妈再次见面时,慧慧表现出愉快的情绪,并寻求与妈妈的接触,故慧慧的依恋行为表现属于安全型依恋。

14. D 【解析】惩罚能抑制非攻击型幼儿的攻击性,却不能抑制攻击型幼儿的攻击性,反而会加重他们的攻击性行为。因此,以惩罚作为抑制幼儿攻击性行为的方法往往给幼儿树立了攻击性行为的榜样。

15. B 【解析】小班幼儿的工具性攻击行为多于敌意性攻击行为,而大班幼儿的敌意性攻击则显著多于工具性攻击。

16. C 【解析】被拒绝型儿童的表现为交往活跃,但常做出不友好的、攻击性的举动(强行加入、争夺玩具、大声喊叫等),为大多数同伴所不喜欢或常被拒绝。题干中小白属于被拒绝型儿童。

17. B 【解析】工具性攻击行为指幼儿为了获得某个物品所做出的抢夺、推搡等动作,这类攻击本身指向于一个主要的目标或某一物品的获取。题干中小红的行为属于工具性攻击。

18. A 【解析】分离焦虑是孩子与其依恋对象分离时产生的一种消极的情绪体验。题干中小虎的表现属于分离焦虑。

19. C 【解析】移情一方面可以使儿童从他人的角度考虑问题,产生利他思想,另一方面可以引起儿童的情感共鸣,产生同情心和羞愧感。

20. A 【解析】角色扮演是一种使人暂时置身于他人的社会位置,并按这一位置所要求的方式和态度行事,以增进对他人社会角色及自身原有角色的理解,从而更有效地履行自己角色的心理学技术。

21. A 【解析】同伴关系是指儿童与其他孩子之间的关系,是年龄相同或相近的儿童之间的一种共同活

动并相互协作的关系。它具有平等、互惠的特点。

22. A 【解析】亲社会行为又称为积极的社会行为，指一个人帮助或打算帮助他人，做有益于他人的事的行为和倾向。幼儿的亲社会行为主要有：同情、关心、分享、合作、谦让、帮助、抚慰、援助、捐献等。题干中豆豆帮助丁丁搬积木属于亲社会行为中的帮助。

23. B 【解析】3～4岁儿童性别角色的发展阶段是自我中心地认识性别角色。这个阶段的幼儿已经能明确分辨自己的性别，并对性别角色的知识逐渐增多。

二、简答题（参考答案）

1. 简述培养幼儿形成良好依恋的措施。

(1)注意"母性敏感期"期间的母子接触；
(2)尽量避免父母亲与孩子的长期分离；
(3)父母与孩子之间要保持经常的身体接触；
(4)父母对孩子所发出的信号要敏感地做出反应。

2. 简述影响学前儿童同伴关系发展的因素。

(1)家庭因素：①早期亲子交往的经验；②父母的鼓励与教养方式；③家庭的居住条件；④幼儿的家庭教育条件。
(2)托幼机构因素：①教师的影响；②活动材料和活动性质。
(3)幼儿自身的特征。

3. 简述幼儿形成不同依恋类型的原因。

爱因斯沃斯等人研究了母亲抚养类型与婴儿依恋间的关系。他们从敏感—不敏感、接受—拒绝、合作—干扰、易接近—忽略四个方面评定母亲抚养的行为特征，结果发现，婴儿产生安全型依恋的母亲多能保持一致的、稳定的敏感、接纳、合作、易接近等特征；而婴儿产生回避型依恋的母亲则倾向于不敏感、拒绝；婴儿产生反抗型依恋的母亲倾向于干涉或忽略、拒绝。

4. 简述影响幼儿亲社会行为的因素。

(1)社会生活环境。
(2)幼儿日常的生活环境。①家庭的影响；②同伴相互作用。
(3)移情。

5. 简述幼儿性别角色认知的发展阶段。

(1)知道自己的性别，并初步掌握性别角色知识(2～3岁)；(2)自我中心地认识性别角色(3～4岁)；(3)刻板地认识性别角色(5～7岁)。

6. 简述移情能力发展的特点。

(1)对别人心理状态的理解从简单到复杂；
(2)从需要明显的外部线索到能理解隐蔽线索；
(3)儿童移情能力的水平是随儿童完成任务难度而变化；
(4)移情能力发展的关键期可能在4～6岁。

7. 简述帮助儿童建立良好同伴关系的策略。

(1)教会儿童合作，增强儿童的自信感；
(2)教会儿童游戏，提高儿童的参与度；
(3)教会儿童接纳，融洽儿童的同伴关系；
(4)教会儿童表达，培养儿童的积极情感。

8. 简述控制和减少儿童攻击性行为的方法。

(1)创设良好环境，控制环境和传媒的影响；
(2)改善亲子关系，纠正家长不正确的教育方法；
(3)提高儿童的自控能力和交往技能，帮助儿童掌握解决社会性冲突的技能；
(4)提高儿童的社会认知水平和移情能力；
(5)引导儿童掌握合理的心理宣泄方法；
(6)及时表扬和奖励儿童亲社会行为。

三、论述题（参考答案）

1. 试述学前儿童亲子依恋的类型及不同类型对儿童心理发展的影响。

(1)依恋类型主要包括：
①焦虑—回避型。母亲在场或不在场对这类幼儿影响不大。
②安全型。这类幼儿与母亲在一起时，能安逸地玩弄玩具，对陌生人的反应比较积极，并不总是偎依在母亲身旁。
③焦虑—反抗型。这类幼儿在母亲要离开之前总显得很警惕，如果母亲要离开他，他就会表现出极度的反抗，但是与母亲在一起时，又无法把母亲当作他的"安全基地"。
(2)早期的安全型依恋不能确保在今后的生活中必然有良好的适应；早期的非安全型依恋也决不意味着今后的生活质量一定很差。但是我们决不能低估早期的安全型依恋对适应的重要性，因为有研究发现，那些在婴儿阶段属于安全型依恋，但是在学前阶段适应不良的个体，在小学期间会比原本是非安全型依恋个体在社会技能和自信等方面有更理想的改变。

2. 试述幼儿期攻击性行为的特点。

(1)幼儿攻击性行为频繁，主要表现为为了玩具和其他物品而争吵、打架，行为更多是直接争夺或破坏玩具和物品。
(2)幼儿更多依靠身体上的攻击，而不是言语的攻击。
(3)从工具性攻击向敌意性攻击转化，小班幼儿的工具性攻击行为多于敌意性攻击行为；而大班幼儿的敌意性攻击则显著多于工具性攻击。
(4)幼儿的攻击性行为有着明显的性别差异，幼儿园男孩比女孩更多地怂恿和卷入攻击性事件。男孩比女孩更容易在受到攻击以后发动报复行为，碰到对方是男性比对方是女性时更容易发生攻击性行为。

3. 试述幼儿性别角色差异的具体体现。

(1)游戏活动兴趣方面的差异。在现实中我们不难发现，幼儿期的游戏活动中已经可以看到男女幼儿明显的兴趣差异。男孩更喜欢有汽车参与的运动性、竞赛性游戏，女孩则更喜欢过家家的角色游戏。
(2)选择同伴和同伴相互作用方面的差异。进入3岁后，幼儿选择同性别伙伴的倾向日益明显。研究发现，3岁的男孩就明显地选择男孩而不选择女孩作为伙伴。还有研究发现，男孩和女孩在同伴之间的相互作用方式也不同。男孩之间更多打闹、为玩具争斗、大声叫喊、发笑；女孩则很少有身

体上的接触,更多是通过规则协调。

(3)个性和社会性方面的差异。幼儿期在个性和社会性方面已经开始有了比较明显的性别差异,并且这种差异不断发展。有研究显示,4岁女孩在独立能力、自控能力、关心他人三个方面优于同龄男孩;6岁男孩的好奇心、情绪稳定性和观察力优于女孩;6岁女孩对人与物的关心优于男孩。

四、材料分析题(参考答案)

1. (1)材料中阳阳所形成的依恋类型是焦虑—回避型依恋。回避型依恋的幼儿,母亲离开时,儿童不表现出明显的分离焦虑;母亲返回时,也不主动寻求接触。材料中阳阳孤僻、不爱说话、父母回来看望表现出冷漠,正是焦虑—回避型依恋的体现。

(2)阳阳所形成的焦虑—回避型依恋的影响为:

①对阳阳的社会行为产生影响,社会性交往水平降低,阳阳逐渐不爱说话,不爱和其他小朋友玩;

②对阳阳的情绪产生影响,导致阳阳情绪不稳定;

③对阳阳的个性产生影响,使阳阳性情变得越来越孤僻,活动的积极性大大降低,坚持性也变差。

(3)帮助阳阳形成安全型依恋的合理建议为:

①稳定的照看者是儿童依恋形成的必要条件。通常,这个人是母亲。母亲在婴儿依恋的形成过程中扮演着重要的角色。阳阳需要有稳定的照看者,父母应该尽量避免与阳阳的长期分离,即使分离,也需要注意给予阳阳关心,如多打电话、多视频聊天等,保持与阳阳情感上的沟通。

②照看的质量(包括照看的态度和环境)。爷爷奶奶逐渐修复关系,给阳阳提供充满爱的成长环境,尽量不在阳阳面前争吵,多给予阳阳一些情感上的支持与关注。

③阳阳的父母与阳阳之间要保持经常的身体接触,对阳阳发出的信号要及时做出反应。

④家庭因素。正常家庭,尤其是婚姻美满、成人之间充满温馨、较少有家庭摩擦的家庭关系,会使儿童依恋的安全感增强。

2. (1)①受欢迎型儿童。喜欢与人交往,主动积极并表现较好,被大多数同伴所接纳、喜欢;他们在同伴中的交往地位高,影响力大。材料中明明衣着整齐、乐于助人、有同情心、对人友好、有礼貌、善于与人分享合作、喜欢交往,反映了明明属于受欢迎型儿童。

②被拒绝型儿童。交往活跃,但常做出不友好的、攻击性的举动(如强行加入、争夺玩具、大声喊叫等),为大多数同伴所不喜欢或常被拒绝。材料中强强穿着邋遢、脾气暴躁、对人很有敌意,还喜欢打人、骂人,经常欺负小朋友,反映了强强属于被拒绝型儿童。

(2)材料中影响他们的因素主要是早期的亲子交往的经验、父母的鼓励与教养方式和幼儿的家庭教育条件。由明明的行为表现可以看出,明明的父母对孩子的教育是属于民主型的亲子关系,父母与子女关系融洽,家庭成员之间相互关心,孩子的独立性、主动性、自我控制、信心、探索性等方面发展较好。强强的行为表现说明父母对他的照顾很少,属于放任型的教育方式,这类家庭培养的孩子,往往形成好吃懒做,生活不能自理,胆小怯懦、蛮横胡闹、自私自利等品质。

3. (1)幼儿的身心特征一方面制约着同伴对他们的态度和接纳程度,另一方面也决定着他们在交往中的行为方式。①幼儿的性别、长相、年龄等生理因素和姓名影响着幼儿被同伴选择和接纳的程度;②幼儿的气质、能力、性格等个性特征和情感特征影响着他们对同伴的态度和交往中的行为,由此影响同伴对他们的反应和其在同伴中的关系类型;③对幼儿同伴交往关系影响最大的是其在交往中的积极主动性、交往行为及交往技能。材料中琳琳有一双美丽的大眼睛,楚楚动人,但是性格内向,各方面能力都很弱,因而在班里开展的"好朋友"主题活动中被小朋友否定彼此是好朋友,反映出了幼儿的身心特征制约和影响着同伴对他们的态度和接纳程度。

(2)针对材料中的现象,教师应该从以下几方面帮助幼儿建立良好同伴关系:①教会儿童合作,增强儿童的自信感;②教会儿童游戏,提高儿童的参与度;③教会儿童接纳,融洽儿童的同伴关系;④教会儿童表达,培养儿童的积极情感。

4. (1)辉辉的人际交往典型表现:合作性游戏开始发展,同伴交往的主动性和协调性逐渐发展。材料中,辉辉能够与同伴分享玩具,制定游戏规则,遇到问题能够协商解决,说明其人际交往水平较高。但是在游戏中遇到冲突的时候,容易采用攻击行为来解决。例如,材料中因为涛涛用脚蹭了一下陀螺,结果陀螺就停了,辉辉一急就用力推了涛涛,两个孩子就打了起来。

(2)解决幼儿冲突的策略:①创设良好环境,控制环境和传媒的影响;②改善亲子关系,纠正家长不正确的教育方法;③提高儿童的自控能力和交往技能,帮助儿童掌握解决社会性冲突的技能;④提高儿童的社会认知水平和移情能力;⑤引导儿童掌握合理的心理宣泄方法;⑥及时表扬和奖励儿童的亲社会行为。

5. (1)材料中浩浩的行为及他和小朋友的关系说明:在社会性发展中,该儿童在同伴交往方面属于问题儿童,具有攻击性。

(2)这种儿童的表现是:体质强、力气大、行为表现最为消极、不友好,积极行为很少;能力较强、聪明、爱玩、性格外向、脾气急躁、容易冲动、过于活泼好动、喜欢交往,在交往中积极主动,但又很不善于交往,对自己的社会地位缺乏正确评价,往往估计过高。对没有朋友一起玩不太在乎。

教育方法:①要使他们了解受欢迎儿童的性格特点及自身存在的问题,帮助他们学习与他人友好相处。②教师要引导其他幼儿发现这些幼儿的长处,及时鼓励和表扬,提高这些幼儿在同伴心目中的地位。通过有效的教育活动达到促进儿童交往、改善同伴关系的目的。

6. (1)原因：
受心理发展水平的制约，幼儿的自制能力较弱，常以自我为中心，缺乏交往意识和必要的规则意识。材料中涵涵在进行区角活动时按照自己的意愿随意活动，没有遵从活动规则。他看到影影在玩自己从家里带来的玩具后，立马就过去抢了过来，并没有进行沟通和交流。
(2)对策：
①教师用他人在同伴交往过程中表现出来的良好分享和合作行为，展现出来的规则意识与交往技能去影响和教育儿童，使其改正争抢玩具这一不良行为。因为儿童的模仿性很强，具体、生动、直观的典型行为易于感染儿童，激发他们向榜样学习的热情，对于如何做也有了示范。因此，设置一定的社会情境，树立一定的榜样，让儿童有意或无意间进行模仿，可以有效地改正幼儿争抢玩具的行为。
②利用移情来教育幼儿，使其具有内在的自我调节能力。通过讲故事、续编故事、情境演示、生活情境体验、主题游戏等让幼儿去体验被抢夺玩具者的内心感受，使幼儿在以后的生活中减少类似行为的发生。
③教师组织幼儿按正确的社会行为规范要求自己，通过参加各种活动和交往，让幼儿受到实际的锻炼，以形成儿童良好的社会行为习惯。

7. (1)学前儿童性别角色的发展阶段为：①知道自己的性别，并初步掌握性别角色知识(2～3岁)。幼儿的性别概念包括两个方面：一是对自己性别的认识；二是对他人性别的认识。②自我中心地认识性别角色(3～4岁)。这个阶段的幼儿已经能明确分辨出自己的性别，并对性别角色的知识逐渐增多，如男孩和女孩在穿衣服和游戏、玩具方面的不同等。③刻板地认识性别角色(5～7岁)。这个阶段的幼儿不仅对男孩和女孩在行为方面的区别认识得越来越清楚，同时开始认识到一些与性别有关的心理因素，如男孩要胆大、勇敢等。
(2)某省《普通幼儿园建设标准》规定：幼儿园中班和大班的男、女厕位宜合理分隔，是有一定根据的。从学前儿童性别角色的发展阶段可以看出，中班、大班的幼儿处于自我中心地认识性别角色阶段，他们已经能够明确分辨出自己的性别，对性别角色的认识越来越多，并逐步开始进入刻板的认识性别角色阶段，对男孩、女孩在行为方面的区别认识越来越清楚，同时开始认识一些与性别有关的知识。因此，让中班和大班的小朋友分开如厕是合理的，这样有利于幼儿性别角色的认知和性别行为的发展，同时有利于幼儿心理的健康发展。

专题八　幼儿的个体差异

一、单项选择题

答案速查

1～5	DACAA

1. D 【解析】学习类型是个人对学习情境的一种特殊反应倾向或习惯方式。学习类型具有独特性、稳定性，学习类型的差异通过个体的认知、情感、行为习惯等方面表现出来。可以明显看出题干中两种幼儿的学习方式是不同的，第一种幼儿喜欢自己独自阅读，而第二种幼儿喜欢与其他小朋友一起讨论，体现出他们学习类型的差异。
2. A 【解析】幼儿个体差异主要表现为智力差异、性格差异、性别差异和学习类型差异。
3. C 【解析】需要是最活跃的因素，自我意识在心理活动中起控制作用，心理状态包括注意、激情、心境等，是心理活动的背景，兴趣和爱好是引起个体差异的重要因素。
4. A 【解析】场独立型的学生对客观事物的判断常以自己的内部线索(经验、价值观)为依据，不易受到周围环境因素的影响和干扰，倾向于对事物的独立判断；行为常是非社会定向的，社会敏感性差，不善于社交，关心抽象的概念和理论，喜欢独处。
5. A 【解析】智力类型差异是指构成智力的各种因素存在质的差异，主要表现在知觉、记忆、想象、思维的类型和品质方面。

二、简答题(参考答案)

1. 简述个体差异形成的原因。
(1)客观因素：①遗传因素；②环境因素。
(2)主观因素：①需要；②兴趣和爱好；③自我意识；④心理状态。
2. 简述尊重幼儿个体差异的举措。
(1)细心观察，全面了解儿童；(2)识别优势与弱势，寻求突破口；(3)用心琢磨，读懂孩子，满足需求。

专题九　幼儿教育研究的基本方法

一、单项选择题

答案速查

1～5	BBADB

1. B 【解析】观察法是通过有目的、有计划地考察幼儿在日常生活、游戏、学习和劳动过程中的表现，包括其言语、表情和行为，并根据观察结果分析幼儿心理发展的规律和特征的方法。
2. B 【解析】实验法是指在控制的条件下，系统地操纵某些变量，研究这些变量对其他变量所产生的影响，从而探讨幼儿心理发展的原因和规律的研究方法。从题干“控制和改变儿童的活动条件”可以看出该方法是实验法。
3. A 【解析】常用的观察法有：(1)实况记录法，即在一段时间内，连续地、尽可能详尽地记录被观察对象的所有的表现或活动从而进行研究的方法。目的是无选择地记录被研究行为或现象系列中的全部细节，获得对这些行为或现象的详细的、客观的描述。(2)事件取样法，即根据一定的研究目的观察某些特定行为或事件的完整过程而进行的研究方法。(3)日记描述法，即对同一个或同一组儿

童以日记的形式描述被观察者长期反复出现的行为表现,从而进行研究的方法。日记描述法一般适用于个案研究。(4)时间取样法,即在一定时间内,按着一定的时段观察预先确定好的行为或表现,从而进行研究的方法。

4. D 【解析】作品分析法是研究者运用一定的心理学、教育学原理和有效经验,对研究对象专门活动的作品进行分析研究,从而了解研究对象心理活动的一种方法。题干中林老师让幼儿观察豆子的生长变化并记录,而林老师根据幼儿的记录表来分析评价幼儿观察的细致性、系统性等发展情况。记录表代表着研究对象的作品,林老师是通过作品对幼儿进行分析的。

5. B 【解析】自然实验法是在幼儿的日常生活、游戏、学习和劳动等正常活动中,有目的、有计划地控制某些条件,来引起并研究幼儿心理变化的方法。

二、简答题(参考答案)

1. 简述观察法的注意事项。

(1)幼儿心理活动不稳定,行为表现常带有偶然性,因此要进行多次反复的观察,避免在幼儿行为评定中的主观性;

(2)尽量让幼儿处在自然状态,不要使他们意识到自己已成为观察对象;

(3)记录要准确、详细,研究者不仅要记录幼儿行为本身,而且要记录行为的前因后果和环境条件。

2. 简述作品分析法的特点。

(1)以作品为依据,具有客观性;

(2)按科学程序分析,具有系统性;

(3)受研究者自身的“倾向性”影响。

3. 简述自然实验法的优缺点。

(1)优点:实验情境是自然的,因此被试往往可以保持正常的状态,实验获得的结果也比较真实。

(2)缺点:由于强调在自然条件下进行实验,难免出现各种不易控制的干扰因素。

三、论述题(参考答案)

试述观察法的优缺点。

(1)优点:在自然状态下幼儿的言行反应真实自然,研究者获取的资料比较真实,生态学效度较高。

(2)缺点:①受研究者限制,难以做到绝对客观,所得资料不免带有一定主观性;②需要大量的时间和精力,不适用于大样本研究,会影响研究结果的代表性;③无法探究事物内部联系、内部核心问题等较为隐蔽的问题;④自然状态下的观察缺乏控制,无关变量混杂其中,影响观察结果的有效性。

专题十　幼儿期的问题行为及其矫治

一、单项选择题

答案速查

1～5	ADDDD	6～10	ACDAD
11～14	DABD		

1. A 【解析】合理膳食和适量运动是预防肥胖的关键所在。肥胖症的治疗原则是减少摄入热能性食物和增加机体对热能的消耗,使体内过剩脂肪不断减少,从而达到体重减轻的目的。主要采取饮食疗法与运动疗法结合治疗。故答案选 A 项。

2. D 【解析】口吃为常见的语言节奏障碍。口吃的发生并非因发音器官或神经系统有缺陷,而是与心理状态有密切关系。口吃出现的年龄以2～4岁为多。2～3岁,一般是口吃开始发生的年龄,3～4岁是口吃的常见期。因此,口吃在一定阶段属于常见现象。

3. D 【解析】预防吸吮手指的关键是帮助幼儿建立安全依恋,同时满足幼儿喂养的需要(吃饱)。家长要多陪伴孩子,多鼓励孩子,给孩子一个温馨、安全、和谐的家庭,让孩子感受到父母的爱。不要动辄训斥、惩罚孩子,也不要无故拒绝孩子,因为这些都可能造成他们心理上的无助感和紧张不安。同时,可安排丰富多彩的娱乐和游戏活动,鼓励幼儿与小伙伴们交往,将儿童的注意力转移到各种活动中。D选项中李老师告诉丁丁:“你再吃手指,就不让小朋友和你玩。”这会导致丁丁紧张焦虑,从而加强丁丁吸吮手指的行为。

4. D 【解析】口吃的发生并非因发音器官或神经系统有缺陷,而与心理状态有密切关系。故 A 项说法正确。幼儿喜欢模仿,觉得口吃者滑稽可笑,先模仿,而后成口吃。故 B 项说法正确。精神创伤:受惊吓;家庭破裂,失去温暖等会导致口吃。故 C 项说法正确。成人的教养方式不当:尤其是当孩子发音不准、说话不流利的时候,成人过分的指责给孩子造成心理压力,从而导致口吃。故 D 项说法错误。

5. D 【解析】解除幼儿的心理紧张是矫治口吃的重要方法。特别是4岁以后,儿童已经出现对自己语言的意识,如果对他的口吃现象加以斥责或过急要求改正,将会加剧其紧张情绪,使口吃现象恶性循环。所以家长和老师要关注但不评价,深入了解口吃的原因。

6. A 【解析】多动症是幼儿期多动综合征的简称,又名注意缺陷与多动障碍(简称 ADHD)或轻微脑功能失调。注意障碍是其主要特征,即明显的注意力不集中和注意持续时间短暂,活动过度和冲动,常伴有学习困难或品行障碍。故答案 A 项不会体现在患有多动症的儿童身上。

7. C 【解析】纠正咬指甲癖的关键在于消除儿童的紧张心理,而劝诫、惩罚、涂苦药或辣物等均不能取得良好效果。成人应为儿童创设良好的生活环境,适当安排儿童进行体育活动,使儿童心情愉快,注意力得到转移。同时应调动儿童的积极性进行自我矫正。

8. D 【解析】幼儿肥胖症的治疗,最主要的是饮食控制,其次是运动锻炼,太胖的需要用药物治疗,关键在于自身下决心以及家长们的监督合作。D 项的做法不正确。

9. A 【解析】自闭症也称坎纳综合征，是一种严重的发展障碍，会有严重的社交和言语困难，主要表现在三个方面：(1)社会交往方面的严重障碍。自闭症的幼儿因其缺乏社会兴趣，对一切人，甚至他们的父母，都表现得很冷漠。(2)语言交往方面的障碍。很多自闭症幼儿终身有失语症或只能说极为有限的单词，其语言应用能力也很低。(3)行为兴趣和活动方面的狭窄、刻板和重复性质。题干中幼儿以奇异、刻板的方式对待某些事物，对一般儿童喜欢的玩具、游戏等不感兴趣，是自闭症的典型表现。

10. D 【解析】口吃为常见的语言节奏障碍。口吃的发生并非因发音器官或神经系统有缺陷，而与心理状态有密切关系。

11. D 【解析】儿童自闭症又称儿童孤独症，这是一种严重的发展障碍，会有严重的社交和言语困难。主要表现为社会交往方面的严重障碍；语言交往方面的障碍；行为兴趣和活动方面的狭隘、刻板和重复性质。

12. A 【解析】2～5岁的幼儿正是语言和心理发展十分迅速的阶段，词汇也日渐丰富，但言语功能尚未熟练，还不善于选择词汇，因此说话时常有迟疑、不流畅的现象。这种现象称为“发育性口齿不流利”，不是口吃。

13. B 【解析】多动症的表现多种多样，最常见的症状有：注意障碍、活动过多、冲动性、学习困难、神经和精神发育异常等。焦虑是儿童情绪障碍的表现。

14. D 【解析】目前国际上通用的自闭症诊断标准，主要有三个方面：社会交往方面的严重障碍；沟通交往方面的严重障碍；行为兴趣和活动方面的狭窄、刻板和重复性质。

二、简答题(参考答案)

1. 简述幼儿偷盗行为的原因。

(1)作为自我吹嘘的手段；(2)吸引别人的注意；(3)不公平感觉的结果；(4)出于好奇心。

2. 简述儿童孤独症(自闭症)的症状。

(1)社会交往方面的严重障碍；
(2)语言交往方面的障碍；
(3)行为兴趣和活动方面的狭窄、刻板和重复性质。

3. 简述幼儿肥胖的诱因。

(1)营养过剩；(2)心理因素；(3)缺乏运动；(4)遗传因素；(5)中枢调节因素。

三、论述题(参考答案)

1. 试述幼儿多动症的原因。

(1)遗传。多动症有家族聚集现象，但是特定的遗传基因现在还没被发现。

(2)饮食因素。医学家们发现，某些食品添加剂(如味精、某些食用色素等)以及高糖饮食都对多动症有影响。此外食入含铅、铝过多的食物(如油条、爆米花等)也可引起多动症。然而，这些关系还有待确定。

(3)心理社会因素。活动过度可能因为缺乏安全感和不稳定的家庭关系而引起。若父母患有精神病、酗酒和行为不端，将影响幼儿的行为控制。父母或学校教养方式不当、社会风气不良都有可能成为引发幼儿多动症或使其症状长期存在的原因。

(4)脑的因素。由于各种原因引起的脑损伤、额叶功能失调、脑内神经递质和有关酶的改变都有可能成为多动症的病因。

2. 试述引起幼儿口吃的诱因及矫治措施。

(1)引起幼儿口吃的诱因：

①精神创伤：受惊吓；家庭破裂，失去温暖等等。

②模仿：幼儿喜欢模仿，觉得口吃者滑稽可笑，先模仿，而后成口吃。

③心理紧张：心理紧张是引起口吃的重要因素。如环境的改变导致幼儿精神紧张过度等。

④成人的教养方式不当：尤其是当孩子发音不准、说话不流利的时候，成人过分的指责给孩子造成心理压力，从而导致口吃。

⑤疾病：幼儿患百日咳、流行性感冒、猩红热等传染病，或脑部受创伤后，都可造成大脑皮质功能减退而发生口吃。

(2)口吃的矫治措施：

①消除环境中导致幼儿心理紧张的不良因素。解除幼儿的心理紧张是矫治口吃的重要方法。特别是4岁以后，儿童已经出现了对自己语言的意识。如果对他的口吃现象加以斥责或急于要求改正，将会加剧其紧张情绪，使口吃现象出现恶性循环，甚至由此导致幼儿避免说话，或回避说出某些词，难以纠正口吃。这种情况发展下去，还将对幼儿的性格形成产生不良影响，导致孤僻等性格特征。家长、教师不要议论其口吃，更不能耻笑、责骂。

②正确对待幼儿说话时不流畅的现象，成人和孩子说话时要正确示范，要教给孩子正确的说话方法。成人宜用平静、从容、缓慢、轻柔的语气语调和幼儿说话，来感染他们，使他们学会说话时不着急，呼吸平稳，全身放松，特别是不去注意自己是否又结巴了。多让幼儿练习朗诵、唱歌，不强迫幼儿当众说话。和谐的家庭氛围、正确的教育方法、有规律的生活、充足的睡眠，都有助于幼儿恢复正常的语言节律。

3. 试述儿童自闭症产生的原因以及矫治措施。

(1)自闭症产生的原因：

①遗传的因素。在20%的自闭症患者中，其家族可找到智能不足、语言发展迟滞和类似自闭症的表现。此外，自闭症男孩中约10%有X染色体脆弱症。患儿的同胞发生本病的发病率为2%～5%，比一般人患病率高出50倍，同卵双生子比异卵双生子的发病率要高。

②怀孕期间的病毒感染。妇女怀孕期间可能因得过麻疹或有流行性感冒等病毒感染，使胎儿的脑部发育受损。

③新陈代谢疾病。如苯酮尿症等先天的新陈代谢障碍，造成脑细胞的功能失调和障碍，会影响脑神

经信息传送的功能，而造成自闭症。

④脑伤。包括在怀孕期间窘迫性流产等因素而造成大脑发育不全，生产过程中早产、难产、新生儿脑伤，以及婴儿期因感染脑炎、脑膜炎等疾病造成脑部伤害等，都可能增加患自闭症的机会。

(2)自闭症的矫治：

①行为教育方法。矫治自闭症幼儿最主要并且历史最长的行为教育方法是离散单元教法，主要采用的是干预人员(一般是由专家指导的大学生、研究生或患儿的家长)与患儿的一对一的训练。此外，还有自然教法、视觉教法、语言行为教育模式等。

②家庭治疗：舒缓家庭压力；创造合适的学习环境；反复练习；安排多样化。

此外，对于自闭症幼儿的常用的治疗还有音乐疗法、感觉统合训练等，应视患儿具体情况在专业人士指导下采取。

四、材料分析题(参考答案)

(1)从材料中可以看出，轩轩很可能患了多动症。幼儿期多动综合征(简称多动症)，又名轻微脑功能失调或"注意缺陷与多动障碍"，注意障碍是其主要特征，即明显的注意力不集中和注意持续时间短暂，活动过度和冲动，常伴有学习困难或品行障碍。

(2)对于幼儿多动症的治疗一般应以教育和心理治疗为主。

①感觉统合训练。患有多动症的幼儿，常在动作技能、语言、社会性等方面比一般幼儿发展迟缓，因而，需进行较多的训练。此外，还应培养多动症幼儿有规律的生活和行为。

②心理治疗。包括行为疗法、支持性心理治疗、认知治疗等方法。行为疗法对多动症的治疗很有效果，治疗时，根据幼儿的主要症状加以排列，运用强化的方法，先矫正容易矫正的行为，再逐步深入到较难矫正的行为，并用良好的行为逐渐取代不良行为。支持性心理治疗应向家长和教师解释病情以取得双方的理解，引导他们关心和爱护幼儿，不能打骂、歧视和体罚他们。

③饮食疗法。近年来有人研究发现，限制西红柿、苹果、橘子、人工调味品等含甲醛、水杨酸类食品的摄入，对儿童多动症有明显疗效，可考虑试行。

此外，教师还应注意把他们过多的精力引导开来，组织他们多参与各种室外体育活动，在进行活动时要注意安全，培养他们的社交能力。在课堂上，教师应帮助这类幼儿集中注意力。

第二章　学前教育原理

核心知识提要

①发展适宜性原则　②主体性原则　③科学性、思想性原则　④保教合一的原则　⑤以游戏为基本活动的原则

经典真题回顾

一、单项选择题

答案速查

1~5	CDADD	6~10	BCDAD
11~15	DBDBB	16~21	BCADAA

1. C 【解析】本题考查《幼儿园教育指导纲要(试行)》的内容。《幼儿园教育指导纲要(试行)》艺术领域的内容与要求指出：提供自由表现的机会，鼓励幼儿用不同艺术形式大胆地表达自己的情感、理解和想象，尊重每个幼儿的想法和创造，肯定和接纳他们独特的审美感受和表现方式，分享他们创造的快乐。因此在绘画活动中，教师最应该强调的是让幼儿按照自己的意愿大胆表达。

2. D 【解析】本题考查《幼儿园教育指导纲要(试行)》的内容。《幼儿园教育指导纲要(试行)》中指出：教育活动内容的选择应充分考虑幼儿的学习特点和认识规律，既适合幼儿的现有水平，又有一定的挑战性；既符合幼儿的现实需要，又有利于其长远发展；既贴近幼儿的生活来选择幼儿感兴趣的事物和问题，又有助于拓展幼儿的经验和视野。

3. A 【解析】本题考查《3~6岁儿童学习与发展指南》的内容。《3~6岁儿童学习与发展指南》中指出，"引导幼儿感知和理解事物'量'的特征。如：感知常见事物的大小、多少、高矮、粗细等量的特征，学习使用相应的词汇描述这些特征"。故本题选A。

4. D 【解析】本题考查《3~6岁儿童学习与发展指南》的内容。《3~6岁儿童学习与发展指南》"动作发展"部分的目标1"具有一定的平衡能力，动作协调、灵敏"的教育建议中指出，"利用多种活动发展身体平衡和协调能力。如：走平衡木，或沿着地面直线、田埂行走。玩跳房子、踢毽子、蒙眼走路、踩小高跷等游戏活动"。故选项中踩高跷是最能体现幼儿平衡能力发展的活动，本题选D。

5. D 【解析】本题考查《3~6岁儿童学习与发展指南》的内容。《3~6岁儿童学习与发展指南》语言领域"阅读与书写准备"部分目标3"具有书面表达的愿望和初步技能"的教育建议中指出，要"鼓励幼儿学习书写自己的名字，提醒幼儿写画时保持正确姿势"；除此之外，4~5岁的幼儿应"愿意用图画和符号表达自己的愿望和想法。"因此A、B、C三项所述均合理，故本题选D。

6. B 【解析】本题考查《幼儿园教育指导纲要(试行)》。《幼儿园教育指导纲要(试行)》中指出，艺术领域的目标主要包括：(1)能初步感受并喜爱环境、生活和艺术中的美；(2)喜欢参加艺术活动，并能大胆地表现自己的情感和体验；(3)能用自己喜欢的方式进行艺术表现活动。因此，幼儿园艺术

教育的主要目标是培养幼儿的艺术感受和表达能力,故本题选 B。

7. C 【解析】本题考查《幼儿园教师专业标准(试行)》的内容。《幼儿园教师专业标准(试行)》中指出,其基本理念为师德为先、幼儿为本、能力为重、终身学习。

8. D 【解析】本题考查陶行知的教育实践。陶行知改变以往训练教师的制度,采用艺友制开展师范教育。艺友制是指学生和有经验的教师交朋友,在实践中学习如何做老师,方法是边做边学。

9. A 【解析】本题考查《3~6岁儿童学习与发展指南》。《3~6岁儿童学习与发展指南》中指出,3~4岁幼儿能够“认识常见的动植物,能注意并发现周围的动植物是多种多样的”。因此,A项最符合小班幼儿的发展水平。

10. D 【解析】本题考查《3~6岁儿童学习与发展指南》。《3~6岁儿童学习与发展指南》语言领域“倾听与表达”目标1“认真听并能听懂常用语言”中,具体对大班幼儿提出了“能结合情境理解一些表示因果、假设等相对复杂的句子”的要求。故本题选 D。

11. D 【解析】本题考查《3~6岁儿童学习与发展指南》。《3~6岁儿童学习与发展指南》科学领域指出,“幼儿的思维特点是以具体形象思维为主,应注重引导幼儿通过直接感知、亲身体验和实际操作进行科学学习,不应为追求知识和技能的掌握,对幼儿进行灌输和强化训练”。故排除 A、B、C 三项,本题选 D。

12. B 【解析】本题考查幼儿园教育的价值取向。《幼儿园教育指导纲要(试行)》在目标表述上较多地使用了“体验、感受、喜欢、乐意”等词汇,突出了情感、兴趣、态度、个性等方面的价值取向,这表明幼儿园教育强调情感态度取向。

13. D 【解析】本题考查《幼儿园教育指导纲要(试行)》。《幼儿园教育指导纲要(试行)》指出,在日常活动和教育教学过程中应采用自然的方法进行评价,平时观察所获的具有典型意义的幼儿行为表现和所积累的各种作品等,是评价的重要依据。

14. B 【解析】本题考查《3~6岁儿童学习与发展指南》。《指南》中幼儿“表现与创造”的教育建议指出,“幼儿绘画时,不宜提供范画,特别不应要求幼儿完全按照范画来画”,故 B 项做法错误。

15. B 【解析】本题考查《幼儿园教育指导纲要(试行)》。《幼儿园教育指导纲要(试行)》指出,“教师应成为幼儿学习活动的支持者、合作者和引导者”。

16. B 【解析】本题考查幼儿教育机构的产生与发展。1816年,英国空想社会主义者欧文在苏格兰的纽兰纳克创办了一所幼儿学校,目的是寻求儿童特别是社会底层家庭儿童的生存、健康和幸福之路,这堪称是欧洲最早的幼儿教育机构。

17. C 【解析】本题考查陈鹤琴的教育思想。陈鹤琴先生是我国著名的幼儿教育家。陈鹤琴先生反对埋没人性的、读死书的死教育。在抗战时代,他抱着实验新教育的使命,创建了活教育。其教育的三大目标是:(1)做人,做中国人,做现代中国人;(2)做中教,做中学,做中求进步;(3)大自然、大社会都是我们的活教材。

18. A 【解析】本题考查我国幼儿园教育的任务。我国幼儿园具有为幼儿和幼儿家长服务的“双重任务”,其一是对幼儿实施保育和教育;其二是面向幼儿家长提供科学育儿指导,故本题选 A。

19. D 【解析】本题考查幼儿园教师的角色。题干中“幼儿园教师要能够接住幼儿抛来的‘球’,并用恰当的方式把‘球’抛回给幼儿”是指教师要以伙伴的身份参与到幼儿的学习活动当中,与幼儿共同推动学习活动的进行。因此,该说法体现的是教师是幼儿学习活动的“合作者”,故本题选 D。

20. A 【解析】本题考查杜威的教育思想。杜威“教育即生长”的含义为教育是促进儿童本能生长的过程,即教育要以儿童的本能和能力为依据,故本题选 A。

21. A 【解析】本题考查蒙台梭利的教育思想。蒙台梭利的教育理论包括:(1)幼儿自我学习的法则;(2)重视教育环境的作用;(3)教师的作用;(4)幼儿的自由和作业的组织相结合的原则;(5)重视感官教育;(6)重视敏感期的价值。故本题选 A。

二、简答题(参考答案)

1. 为什么不能把《3~6岁儿童学习与发展指南》作为一把“尺子”去衡量所有的幼儿?请说明理由。

之所以不能把《3~6岁儿童学习与发展指南》作为一把“尺子”去衡量所有的幼儿,原因在于:

(1)《指南》强调教育应遵循幼儿的发展规律和学习特点。幼儿的发展是一个持续、渐进的过程,同时也表现出一定的阶段性特征。因此,教师在教育的过程中,要珍视幼儿生活和游戏的独特价值,充分尊重和保护幼儿的好奇心和学习兴趣,创设丰富的教育环境,合理安排幼儿一日生活,最大限度地支持和满足幼儿通过直接感知、实际操作和亲身体验获取经验的需要,严禁“拔苗助长”式的超前教育和强化训练。

(2)《指南》强调要尊重幼儿发展的个体差异。每个幼儿在沿着相似进程发展的过程中,各自的发展速度和到达某一水平的时间不完全相同。教师在教育过程中既要准确把握幼儿发展的阶段性特征,又要充分尊重幼儿的个体差异,支持和引导每个幼儿从原有水平向更高水平发展,按照自身的速度和方式到达《指南》所呈现的发展“阶梯”。因此,教师要切忌用一把“尺子”衡量所有幼儿。

2. 为什么幼儿园教育内容要贴近幼儿生活?

幼儿园教育内容要贴近幼儿生活的原因如下:

(1)学前儿童生理、心理的特点决定了对儿童的教育要特别注重生活化,并发挥一日活动的整体功能。生活化首先是指教育生活化,也就是说要将

富有教育意义的生活内容纳入课程领域。其次是指生活教育化，也就是将学前儿童日常生活中已获得的原有经验加以系统化、条理化，在生活中适时引导，促进学前儿童发展。通过帮助儿童组织已获得的零散的生活经验，可以使幼儿的经验系统化、完整化。

(2)幼儿园教育本身具有生活化的特点。幼儿园教育活动带有浓厚的生活化特征，活动内容来源于生活，活动实施贯穿于幼儿的生活。

(3)《幼儿园教育指导纲要(试行)》指出，幼儿园教育活动内容应“既贴近幼儿的生活来选择幼儿感兴趣的事物和问题，又有助于拓展幼儿的经验和视野”，幼儿园教育活动内容的组织应“充分考虑幼儿的学习特点和认识规律，各领域的内容要有机联系，相互渗透，注重综合性、趣味性、活动性，寓教育于生活、游戏之中”。因此，幼儿园教育内容贴近幼儿生活符合《幼儿园教育指导纲要(试行)》的要求。

3. 列出幼儿园课程生活化的实施要求并分别举例说明。

(1)幼儿园课程内容选择的生活化。《幼儿园教育指导纲要(试行)》中指出：教育活动内容的组织应充分考虑幼儿的学习特点和认识规律，各领域的内容要有机联系，相互渗透，注重综合性、趣味性、活动性，寓教育于生活、游戏之中。例如：课程内容的安排可依据节日顺序来展开，或者依据时令、季节变化规律来组织等。

(2)幼儿园课程资源利用的生活化。陶行知先生主张“社会即学校”，认为学前教育机构的教育不能局限于狭小的教室，应让幼儿回归大自然、大社会的怀抱。例如：主题活动“春天”，教师可利用春天的树木、景色变化等自然资源组织活动；幼儿园中组织“安全防火活动”时，也可利用幼儿家长的职业进行课程组织。

(3)幼儿园课程教学实施的生活化。根据幼儿的年龄特点，将富有教育意义的生活内容纳入课程领域，课程实施中教师应为幼儿创设多种多样的生活化学习情境，加强教育同生活的联系，将学前儿童在各种情境中的经验加以整合。例如：为了了解秋天的变化，教师可组织主题活动“金色的秋天”，带领幼儿到户外摘果实、捡树叶，满足幼儿的探索心理，使幼儿真正了解秋天的特点。

4. 简述幼儿社会学习的指导要点。

(1)社会领域的教育具有潜移默化的特点。因此，幼儿社会态度和社会情感的培养尤应渗透在多种活动和一日生活的各个环节之中，教师要为幼儿创设一个使其感受到接纳、关爱和支持的良好环境，避免单一呆板的言语说教。

(2)幼儿与成人、同伴之间的共同生活、交往、探索、游戏等，是其社会学习的重要途径。教师应多为幼儿提供人际间相互交往和活动的机会和条件，并对幼儿加以引导。

(3)社会学习是一个漫长的过程，需要幼儿园、家庭和社会密切合作、协调一致。因此，教师要密切联系家长和社会，共同促进幼儿良好社会性品质的形成。

三、论述题(参考答案)

1. 幼儿园教师应具备哪些专业能力？

(1)环境的创设与利用能力。建立良好的师幼关系，帮助幼儿建立良好的同伴关系，让幼儿感到温暖和愉悦；建立班级秩序与规则，营造良好的班级氛围，让幼儿感受到安全、舒适；创设有助于促进幼儿成长、学习、游戏的教育环境；合理利用资源，为幼儿提供和制作适合的玩教具和学习材料，引发和支持幼儿的主动活动。

(2)一日生活的组织与保育能力。合理安排和组织一日生活的各个环节，将教育灵活地渗透到一日生活中；科学照料幼儿日常生活，指导和协助保育员做好班级常规保育和卫生工作；充分利用各种教育契机，对幼儿进行随机教育；有效保护幼儿，及时处理幼儿的常见事故，危险情况优先救护幼儿。

(3)游戏活动的支持与引导能力。提供符合幼儿兴趣需要、年龄特点和发展目标的游戏条件；充分利用与合理设计游戏活动空间，提供丰富、适宜的游戏材料，支持、引发和促进幼儿的游戏；鼓励幼儿自主选择游戏内容、伙伴和材料，支持幼儿主动地、创造性地开展游戏，充分体验游戏的快乐和满足；引导幼儿在游戏活动中获得身体、认知、语言和社会性等多方面的发展。

(4)教育活动的计划与实施能力。制定阶段性的教育活动计划和具体活动方案；在教育活动中观察幼儿，根据幼儿的表现和需要，调整活动，给予适宜的指导；在教育活动的设计和实施中体现趣味性、综合性和生活化，灵活运用各种组织形式和适宜的教育方式；提供更多的操作探索、交流合作、表达表现的机会，支持和促进幼儿主动学习。

(5)激励与评价能力。关注幼儿日常表现，及时发现和赏识每个幼儿的点滴进步，注重激发和保护幼儿的积极性、自信心；有效运用观察、谈话、家园联系、作品分析等多种方法，客观地、全面地了解和评价幼儿；有效运用评价结果，指导下一步教育活动的开展。

(6)沟通与合作能力。使用符合幼儿年龄特点的语言进行保教工作；善于倾听，和蔼可亲，与幼儿进行有效沟通；与同事合作交流，分享经验和资源，共同发展；与家长进行有效沟通合作，共同促进幼儿发展；协助幼儿园与社区建立合作互助的良好关系。

(7)反思与发展能力。主动收集分析相关信息，不断进行反思，改进保教工作；针对保教工作中的现实需要与问题，进行探索和研究；制定专业发展规划，积极参加专业培训，不断提高自身专业素质。

2. 试述幼儿园班级管理工作的主要内容。

幼儿园班级管理指班级保教人员充分利用幼儿园的人、财、物、时间、信息等资源，以班级为单位，通过计划、组织、实施、总结等环节，实现育人的目标。按幼儿在园活动分类，幼儿园班级管理一般

由生活管理和教育管理两方面组成，其他管理工作服务于幼儿的生活、教育管理，具体内容如下：

(1)生活管理。幼儿园生活管理是为了保证幼儿身体正常发育、心理健康成长，保教人员围绕幼儿在园起居、饮食等生活活动的需要而进行的管理工作。生活管理包括睡眠、饮食、如厕、衣着等全部生活内容，是保育工作的重要内容，是教育工作的前提与基础，是班级管理的主要内容。生活管理可以满足幼儿在园生活的物质需要，为幼儿健康成长提供物质环境。

(2)教育管理。幼儿园班级教育管理是指保教人员在班主任教师带领下对班级幼儿进行调查研究，对教育过程精心设计、组织，对教育效果进行细致评估的一系列工作。教育管理对于明确教育目标、优化教育方法、保证教育效果起着重要作用。教育管理是幼儿园教师最经常和最基本的管理工作，也是幼儿园各项管理工作的核心内容。

(3)其他管理。幼儿园班级管理除了着重进行生活、教育管理外，还有许多与之相关的其他管理。如班级间交流管理、家庭教育管理、幼儿社区活动管理等。这些管理工作或弥补生活、教育管理的不足，或加强了生活、教育管理的效果，它们也是幼儿园班级常规管理的重要组成部分。

3. 试述科学安排幼儿园一日生活的原则。

科学安排幼儿园一日生活对幼儿的成长和发展具有重要的意义和影响，因此，教师在安排幼儿园一日生活时应遵循以下原则：

(1)时间安排应有相对的稳定性与灵活性，既有利于形成秩序，又能满足幼儿的合理需要，照顾到个体差异；

(2)教师直接指导的活动和间接指导的活动相结合，保证幼儿每天有适当的自主选择和自由活动时间，教师直接指导的集体活动要能保证幼儿的积极参与，避免时间的隐性浪费；

(3)尽量减少不必要的集体行动和过渡环节，减少和消除消极等待现象；

(4)建立良好的常规，避免不必要的管理行为，逐步引导幼儿学习自我管理。

过关必刷题库

专题一　教育与幼儿教育

一、单项选择题

答案速查

1～5	AABBA

1. A 【解析】制定学前教育目标的依据包括：(1)社会要求；(2)幼儿身心发展特征和规律；(3)具体学科性质和幼儿学习的特点。

2. A 【解析】对幼儿实施全面发展教育是我国幼儿教育的基本出发点，也是我国幼儿教育法规所规定的幼儿教育的任务。

3. B 【解析】幼儿园教育的双重任务包括幼儿园对幼儿实施保育和教育；幼儿园同时面向幼儿家长提供科学育儿指导。此外，为基础教育打好基础也是幼儿园的重要任务。幼儿园具有公益性质，幼儿园担负着不可推卸的社会责任，要服务社会，为社会发展做贡献。

4. B 【解析】国家制度影响学前教育的领导权、受教育者的权利及幼儿教育的性质、目标、内容、方式方法、管理体制及幼儿教育的发展规模和速度，国家对幼儿教育的影响是直接的。学前教育的目标和内容受政治的影响和制约。幼儿教育的目标通常是由国家直接制定，或在国家的指导方针下由地方政府制定。幼儿教育内容范围的界定，亦要受国家和地方政府的影响。因此，题干的表述反映了政治对学前教育的影响。

5. A 【解析】幼儿园的任务之一是“贯彻国家的教育方针，按照保育与教育相结合的原则，遵循幼儿身心发展特点和规律，实施德、智、体、美等方面全面发展的教育，促进幼儿身心和谐发展”；其二是“幼儿园同时面向幼儿家长提供科学育儿指导”。

二、简答题(参考答案)

1. 简述学前教育目标制定的依据。

(1)社会要求：学前教育目标要符合我国社会发展和国情的需求，要预见社会新的要求，具有前瞻性；(2)幼儿身心发展特征和规律；(3)具体学科性质和幼儿学习的特点。

2. 简述幼儿教育的意义。

(1)促进生长发育，提高身体素质；

(2)开发大脑潜力，促进智力发展；

(3)发展个性，促进人格的健康发展；

(4)培育美感，促进想象力、创造性的发展。

专题二　中外幼儿教育的发展

一、单项选择题

答案速查

1～5	BCCDB	6～10	AABDA
11～15	DCABD	16～20	BBACA
21～25	CABCB	26～30	BABAA
31～35	CBBAD	36～40	ACBAD

1. B 【解析】陶行知先生是我国伟大的人民教育家。在教育救国的思想影响下，他毕生从事旧教育的改革，推行生活教育、大众教育，为我国教育做出了重大贡献。在教育实践中，他创立了生活教育理论和教、学、做合一的教育方法。

2. C 【解析】行为课程的要旨是以行为为中心，以设计为过程。行为课程的教学方法是采取单元教学，它一般是先根据幼儿的学习动机，决定其学习目的，再根据目的估量行为的内容。包括幼儿的工作、游戏、音乐、故事、儿歌，以及常识等学科的教材。但在实施时，则应彻底打破各学科的界限。

3. C 【解析】卢梭的教育思想主要集中于他的教育著作《爱弥儿》一书中，它被誉为“儿童宪章和儿童权利宣言”。

4. D 【解析】陶行知先生认为教育要启发、解放幼儿的创造力，为他们提供手脑并用的条件和机会。

5. B 【解析】我国创办的第一所学前教育机构是1903年9月(清光绪二十九年八月)在湖北武昌创办的湖北幼稚园，由湖北巡抚端方在武昌寻常小学堂内创办，聘请了三名日本保姆负责经办，并拟定了《湖北幼稚园开办章程》，首开中国儿童公共教育的历史先河。

6. A 【解析】以自然教育理论为依据，卢梭在道德教育上提出了“自然后果法”。他强调对于幼儿的过失，不必加以责备和处罚，而要利用幼儿过失所造成的自然后果，使他们自食其果，从而使他们认识其过失并予以改正。

7. A 【解析】柏拉图是西方教育史上最早提出学前教育思想的人。他认为教育应该从幼年开始，人在幼年时最容易接受影响，幼年所接受的影响决定以后行为的性质。

8. B 【解析】在蒙台梭利教育中，感官教育是重要内容。她认为3～6岁是幼儿身心迅速发展的时期，幼儿的各种感觉先后处于敏感期，因此必须对幼儿进行系统的和多方面的感官训练，使他们通过与外部世界的直接接触发展敏锐的感觉和观察力，为高级的智力活动和思维发展奠定基础。

9. D 【解析】陈鹤琴强调以幼儿经验、身心发展特点和社会发展需要作为选择教材的标准；反对实行分科教学，提倡综合的单元教学，以社会自然为中心的“整个教学法”；主张游戏式的教学。

10. A 【解析】蒙台梭利指出教育要适合孩子的“敏感期”，所谓“敏感期”指的是儿童在这一时期，表现出对于某种事物或活动特别敏感或产生一种特殊兴趣和爱好，学习也特别容易且迅速。

11. D 【解析】瑞士教育家裴斯泰洛齐继承了前人教育要遵循儿童的自然的思想，并以毕生的教育实践证明：一切教育都应以感官教育为基础，儿童学习的最好方式是操作，母亲是儿童的最好老师等原则和方法。裴斯泰洛齐以和谐发展的理论及要素教育方法为依据，详细研究了学前儿童教育的内容和方法，重视道德情感的培养，强调直观、语言和活动在儿童智力发展中的意义，并把游戏作为教育幼儿的重要方法。

12. C 【解析】柏拉图的《理想国》、卢梭的《爱弥儿》、杜威的《民主主义与教育》合称为西方教育史上三大里程碑。

13. A 【解析】卢梭自然教育的核心思想是强调对幼儿进行教育，必须遵循自然的要求，顺应幼儿的自然本性，即顺应幼儿身心自然发展的特点进行教育。

14. B 【解析】强调游戏在幼儿教育中的地位和价值是福禄贝尔的教育思想。

15. D 【解析】陈鹤琴先生是我国著名的幼儿教育家。他于1923年创办了我国最早的幼儿教育实验中心——南京鼓楼幼稚园，创立了“活教育”理论，一生致力于探索中国化、平民化、科学化的幼儿教育道路。

16. B 【解析】为了培养身心和谐发展的完人，裴斯泰洛齐提出实施和谐发展的教育内容，包括德育、智育、体育和劳动教育。

17. B 【解析】陶行知身体力行地推行平民的、乡村的教育，是农村幼儿教育事业的开拓者，在南京郊区首创了中国第一所乡村幼儿园——南京燕子矶幼稚园，还创建了乡村幼儿师范教育、农村幼教研究会等。

18. A 【解析】福禄贝尔是第一位阐明游戏价值的人，强调游戏的教育价值，认为游戏是儿童内部存在的自我活动的表现，是一种本能性的活动。

19. C 【解析】洛克在《教育漫话》中论述了“绅士教育”，提出体育是教育的基础，德育是教育的核心，智育是教育的辅助。

20. A 【解析】杜威主张教育要以儿童为中心，基本方法是“从做中学”。

21. C 【解析】德国教育家福禄贝尔极为重视学前教育，他于1837年创办了世界上第一所幼儿园，系统地提出了学前教育理论，为学前教育学成为一门独立的学科做出了巨大贡献。学前教育学是从教育家福禄贝尔开始创立的。

22. A 【解析】湖北巡抚端方于1903年在武昌创办湖北幼稚园，我国第一所学前儿童教育机构正式诞生。

23. B 【解析】蒙台梭利认为，教育者应当为儿童创造一个自由活动的环境，即“有准备的环境”。

24. C 【解析】裴斯泰洛齐是提倡“爱的教育”和实施“爱的教育”的典范。

25. B 【解析】张雪门的幼稚师范教育思想和实践有一个十分鲜明的特点，就是他非常注意实践，从一开始就从“骑马者应从马背上学”这一基本指导思想出发，把见习和实习放在突出的重要地位。

26. B 【解析】洛克从唯物主义的立场出发，提出了著名的“白板说”。

27. A 【解析】蒙台梭利原是一名精神病学的医生，她在研究和治疗弱智幼儿的实践中，取得了明显的效果。她相信把自己的方法和经验用于正常幼儿的教育一定会更有效，于是她转向了正常幼儿的教育，于1907年在罗马贫民区创办了世界上第一所“儿童之家”。

28. B 【解析】从题干中可以看到“儿童变成了太阳，而教育的一切措施则围绕着他们转动……”说明教育都是围绕儿童来进行的，即以儿童为中心。

29. A 【解析】陈鹤琴提倡的幼儿园课程理论中将课程内容划分为：健康、社会、科学、艺术、文学五项，被称为“五指活动”。

30. A 【解析】卢梭要求把幼儿在教育中的被动地

位变为主动地位,教师要多给幼儿自由,尊重幼儿的天性,使幼儿真正成为教育上的主人,把儿童当作儿童来看待。

31. C 【解析】杜威认为,学校生活组织应该是以儿童为中心,一切需要的措施都应该是为了促进儿童的生长。因为是儿童,而不是教学大纲决定教育的质和量,所以,教学内容、计划和方法以及一切教育活动都要服从儿童的兴趣和经验的需要,也就是我们现在所说的以儿童为中心。

32. B 【解析】陶行知在南京郊区首创了中国第一所乡村幼稚园——南京燕子矶幼稚园,还创建了乡村幼儿师范教育,农村幼教研究会,等等。

33. B 【解析】陈鹤琴先生于 1923 年创办了我国最早的幼儿教育实验中心——南京鼓楼幼稚园。他被誉为"中国幼儿园之父",被称为"中国的福禄贝尔"。

34. A 【解析】蒙台梭利的教育思想主要包括:(1)幼儿自我学习的法则;(2)重视教育环境的作用;(3)教师是环境的创设者、观察者、指导者;(4)幼儿的自由和作业的组织相结合的原则;(5)重视感官教育;(6)重视敏感期的价值。

35. D 【解析】1940 年陈鹤琴创立了我国第一所公立的独立幼师学校——江西省立实验幼稚师范学校。

36. A 【解析】张雪门的主要著作有《幼稚园教育概论》《新幼稚教育》《幼稚园行为课程》《幼稚园的研究》等,对丰富和提高幼儿教育理论,做出了很大的贡献。

37. C 【解析】卢梭在《爱弥儿》里明确阐述了自然主义教育观。

38. B 【解析】1816 年,英国空想社会主义者欧文在苏格兰的纽兰纳克创办了一所幼儿学校,目的是寻求儿童特别是社会底层家庭儿童的生存、健康和幸福之路,这堪称欧洲最早的幼儿教育机构。

39. A 【解析】夸美纽斯的《母育学校》是世界上第一部论述学前教育的专著,集中体现了夸美纽斯的学前教育思想。

40. D 【解析】德国幼儿教育家福禄贝尔被誉为"幼儿园之父",他创办了世界上第一所幼儿园。

二、简答题(参考答案)

1. 简述洛克的幼儿教育思想。

(1)学前教育具有十分重要的作用,提出了"白板说";
(2)学前教育的目的是培养绅士;
(3)从德、智、体三方面进行学前教育。

2. 简述福禄贝尔的教育思想。

(1)幼儿自我发展的原理。福禄贝尔认为,幼儿的行为是其内在生命形式的表现,是由内在的动机支配的。
(2)游戏理论。福禄贝尔是第一个阐明游戏教育价值的人。他认为游戏是儿童内部存在的自我活动的表现,是一种本能性的活动。
(3)协调原理。我们应该让孩子和周围的环境、社会、自然结合,协调一致。能够得到真正的协调是最美好的事。
(4)亲子教育。福禄贝尔认为,要让孩子在爱中成长,首先就必须教育母亲,这或许是他幼时没得到母爱的一种体验。

3. 简述陈鹤琴的教育思想。

(1)反对半殖民地半封建的幼儿教育,提倡适合国情的中国化幼儿教育;
(2)反对死教育,提倡活教育:"做人,做中国人,做现代中国人"即目的论、"大自然、大社会,都是活教材"即课程论、"做中教,做中学,做中求进步"即方法论;
(3)幼儿园课程理论:把课程内容划分为:健康、社会、科学、艺术、文学等五项,被称为"五指活动";提倡"整个教学法";
(4)重视幼儿园与家庭的合作。

4. 陶行知的生活教育理论源自对杜威思想的吸收和改造,请简述两位教育家的主要观点。

(1)陶行知的教育观点:建立适合中国国情的、省钱的、平民的幼稚园;重视幼儿教育;生活是教育的中心;教学做合一的教育方法;解放幼儿的创造力。
(2)杜威的教育观点:①杜威的儿童观:重视儿童的本能;儿童具有自我生长的能力;儿童与成人在心理上存在着很大的差异。②杜威的进步主义教育思想:"教育即生长""教育即生活""教育即经验的不断改造"。③杜威的教育原则:"儿童中心论""从做中学"。

5. 简述卢梭的教育思想。

(1)自然教育理论——教育有三个来源:"自然""人""事物";教育遵循自然;教育的目的是培养"自然人";
(2)把儿童的教育年龄划分成四个时期;
(3)具体阐述了幼儿教育的方法:给予行动的自由、合理的养护锻炼、注意语言的发展、感觉教育、重视模仿、自然后果法。

三、论述题(参考答案)

1. 试述蒙台梭利的主要教育思想。

(1)幼儿自我学习的法则。蒙台梭利认为,每个幼儿都是一个遵循自身内部法则的生物体,都有各自不同的需要和发展进程表。她在教育过程中发现,幼儿有强烈探索环境和周围一切的本能,这种生命的冲动促使幼儿从生活中学习并发展自我。
(2)重视教育环境的作用。在蒙台梭利教育中,一个有准备的环境是关键。她认为,幼儿的发展离开适宜的环境是不可能实现的。因此,教育就是给幼儿创造一个好的学习环境。
(3)教师是环境的创设者、观察者、指导者。在蒙台梭利教育中,教师不是传统的灌输知识的机器,而是一个环境的创设者、观察者、指导者。教师为幼儿精心设计环境和学习材料,提供必要的发展手段,保证幼儿能展开自由的学习。
(4)幼儿的自由和作业的组织相结合的原则。蒙

台梭利认为,给予幼儿自由和教师对作业的组织是一个统一体的两个侧面。她说,理想的作业组织给了幼儿自我发展的可能性,给了幼儿发泄能量的机会,才使每个幼儿获得了满足。

(5)重视感官教育。在蒙台梭利教育中,感官教育是重要内容。她认为3~6岁是幼儿身心迅速发展的时期,幼儿的各种感觉先后处于敏感期,因此必须对幼儿进行系统的和多方面的感官训练,使他们通过与外部世界的直接接触发展敏锐的感觉和观察力,为高级的智力活动和思维发展奠定基础。

(6)重视敏感期的价值。蒙台梭利认为,儿童发展的各种敏感期与儿童的智力发展有密切关系,在儿童发展的敏感期内为幼儿提供适宜的环境,可以极大地促进幼儿智力的发展。

2. 试述陶行知在教育方面的主要贡献和观点。

(1)农村幼儿教育事业的开拓者。陶行知先生猛烈地批判旧中国幼儿教育的弊端,坚决主张改革外国化的、费钱的、富贵的幼儿园,建立适合中国国情的、省钱的、平民的幼儿园。他在南京郊区首创了中国第一所乡村幼稚园——南京燕子矶幼稚园,还创建了乡村幼儿师范教育,农村幼教研究会,等等。

(2)重视幼儿教育。陶行知先生高度评价幼儿教育的社会价值,向社会宣传幼儿教育的重要性。

(3)生活是教育的中心。陶行知先生认为,生活即教育,游戏即工作。

(4)教、学、做合一的教育方法。陶行知先生坚决反对教、学、做分家,他看见国内学校里先生只管教,学生只管学的情形,就认定有改革之必要。

(5)解放幼儿的创造力。陶行知先生认为教育要启发、解放幼儿的创造力,为他们提供手脑并用的条件和机会。具体包括六个方面:①解放幼儿的头脑,把他们的头脑从迷信、成见、曲解和幻想中解放出来;②解放幼儿的双手,给幼儿动手的机会;③解放幼儿的眼睛;④解放幼儿的嘴,给幼儿说话的自由,尤其是要允许他们发问;⑤解放幼儿的空间,让他们接触大自然、大社会;⑥解放幼儿的时间,给他们自己学习、活动的时间,但不要把儿童的全部的时间占去,让儿童有学习人生的机会。

(6)改变训练教师的制度,采用艺友制开展师范教育。

专题三　学前教育的基本原则与特点

一、单项选择题

答案速查

1~5	CCCBA	6~10	ADABC

1. C 【解析】儿童是学习的主体。只有儿童积极参与、主动建构,课程才能内化为他们的学习经验,促进其身心发展。

2. C 【解析】保教结合原则是指在幼儿一日生活中,教育者要将保育与教育结合。在幼儿生活中包含着许多有用的知识和促进幼儿智力发展的机会,而这往往会被教师所忽视。教师应充分把握生活活动中的教育机会,寓教育于日常生活活动中。题干的描述体现了保教结合原则。

3. C 【解析】保教合一的原则,也称保教结合或保教并重,指对幼儿保育和教育要给予同等的重视,并使两者相互配合。保教结合是全面发展教育方针在幼儿期的具体体现,也是我国幼教实践工作的总结。它是我国幼儿教育中所特有的一条原则,可以说具有很强的中国特色。这一原则最早来源于中国共产党领导下的老解放区的幼儿教育工作中。

4. B 【解析】尊重儿童人格尊严和合法权益的原则是指儿童从一出生就具有人格尊严,他们与我们是同样的社会成员,不能因为他们小而歧视他们,要杜绝对孩子随意敷衍、盲目指责、任意羞辱的粗暴行为,更不能拿儿童作为宠物玩耍,随意给他们起绰号,当众披露他们的缺陷。张老师当众披露婷婷的缺点,还给婷婷起绰号,违背了尊重儿童人格尊严和合法权益的原则。

5. A 【解析】生活教育化是将学前儿童日常生活中已获得的原有经验加以系统化、条理化,在生活中适时引导,促进学前儿童发展。题干中主要体现了学前教育生活教育化的原则。

6. A 【解析】学前教育机构应充分认识和利用一日生活中各种活动的教育价值,通过合理组织、科学安排,让一日活动发挥一致的、连贯的、整体的教育功能,寓教育于一日活动之中。

7. D 【解析】整合性原则是指将学前教育看作是一个完整的系统,保证学前儿童身心整体健全、和谐的发展,综合化地整合课程的各要素实施教育。内容的整合最终应落实到具体的教育活动之中。例如,语言教育领域,不仅可以在语言教育领域内部对知识学习和能力培养进行整合,而且还可以将社会、科学、艺术等领域的学习内容整合在一起。

8. A 【解析】发展适宜性原则要求教育的设计、组织、实施既符合儿童的现实需要,又有利于其长远发展。既适合儿童的现有水平,又有一定的挑战性;教育活动内容的安排与要求、活动过程的推进应循序渐进。

9. B 【解析】发展适宜性原则是指教育设计、组织、实施既要适合儿童的现有水平,又有一定的挑战性。教育活动内容的安排与要求、活动过程的推进应循序渐进。题干中提前学习小学低年级内容的做法不符合幼儿的现有发展水平,没有考虑到幼儿身心发展的特点,违背了发展适宜性原则。

10. C 【解析】学前儿童认知的直觉行动性与形象性的方式和特点,决定了他们不可能像中、小学生那样,主要通过课堂书本知识的学习来获得发展,而必须通过活动去接触各种事物和现象,与人交往,实际操作物体,从而逐步积累经验、获得真知。题干中王老师为幼儿提供了小棒、积木和圆片等学具供其操作,体现了教育的活动性和直观性原则。

二、简答题(参考答案)

1. 为什么说游戏是幼儿的基本活动?

(1)游戏是儿童最好的学习方式。对于学前儿童来说,游戏也是一种学习,是一种更重要、更适宜的学习。在游戏活动中易于唤起儿童的学习兴趣,使儿童在玩中学,学中玩,学得轻松愉快。

(2)游戏是内容和形式的结合。游戏既是课程的内容,又是课程实施的背景,还是课程实施的途径。游戏所涉及的内容是与儿童的兴趣相关联的,教师要充分发挥游戏对儿童发展的作用,保证游戏的时间和空间,提供丰富的游戏材料,使儿童充分自主、愉快地游戏,通过游戏促进幼儿的身心发展。

2. 简述遵循发展适宜性原则的几层含义。

(1)教育设计、组织、实施既要符合儿童的现实需要,又有利于其长远发展。

(2)教育设计、组织、实施既要适合儿童的现有水平,又有一定的挑战性。教育活动内容的安排与要求、活动过程的推进应循序渐进。

(3)教育必须促进儿童体、智、德、美诸方面全面发展。

(4)为每个儿童着想,关注个体差异。

3. 简述幼儿园教育的特点。

(1)群体性;(2)专业性;(3)计划性;(4)组织性;(5)活动性。

三、论述题(参考答案)

试述学前教育的一般原则。

(1)尊重儿童的人格尊严和合法权益的原则。贯彻这一原则应注意:①尊重儿童的人格尊严;②保障儿童的合法权益。

(2)发展适宜性原则。贯彻这一原则时要注意:①教育设计、组织、实施既要符合儿童的现实需要,又有利于其长远发展;②教育设计、组织、实施既要适合儿童的现有水平,又有一定的挑战性;③教育必须促进儿童体、智、德、美诸方面全面发展;④为每个儿童着想,关注个体差异。

(3)目标性原则。贯彻这一原则应注意:①把握目标的方向性和指导性;②注重教育目标实施过程的动态管理。

(4)主体性原则。贯彻这一原则应注意:①准确把握儿童发展的特点和现状;②在活动之前还要善于激发学前儿童的学习兴趣和动机。

(5)科学性、思想性原则。贯彻这一原则,要做到以下几点:①教育内容应是健康、科学的;②教育要从实际出发,对儿童健康发展有利;③教育设计和实施要科学、正确。

(6)充分发掘教育资源,坚持开放办学的原则。贯彻这一原则要注意以下几点:①与家长合作共育;②开门办学,与社区合作;③学前教育机构、家庭、社区一致的教育。

(7)整合性原则(综合性原则)。贯彻整合性原则应注意以下几点:①活动目标的整合;②活动内容的整合;③教育资源的整合;④活动形式和活动过程的整合。

四、材料分析题(参考答案)

1. 在材料中,教师组织的活动体现了保教结合原则、教育的活动性和直观性原则、发展适宜性原则。

(1)教师运用了保教结合原则。保育和教育工作相互联系、相互渗透。幼儿园保育和教育不可分割的关系是由幼教工作的特殊性和幼儿身心发展的特点决定的。虽然保育和教育有各自的主要职能,但并不是完全分离的。教育中包含了保育的成分,保育中也渗透着教育的内容。材料中幼儿教师通过合理组织、科学安排,使其成为一个有机的整体,让幼儿在自然的生活中身心健康地发展。

(2)教师运用了教育的活动性和直观性原则。学前儿童认知的直觉行动性与形象性的方式和特点,决定了他们不可能像中、小学生那样,主要通过课堂书本知识的学习来获得发展,而必须通过活动来接触各种事物和现象,与人交往,实际操作物体,从而逐步积累经验、获得真知。教师应从儿童身心发展的特点和水平出发,以活动为基础开展教育过程。材料中的教师为了帮助孩子牢固地掌握正确的洗手方法,在墙上画洗手的小图示,并配上简单的文字,体现教育的活动性和直观性。

(3)发展适宜性原则。教育必须促进儿童体、智、德、美诸方面全面发展。每一方面的发展也应该是全面的、整体的发展,包括情绪、情感、良好习惯、智力、技能、创造性的发展等,不能偏废任何一个方面。材料中的教师采取多种教育方法使幼儿掌握正确的洗手步骤,促进幼儿良好习惯的养成,体现教师教学过程中遵循发展适宜性原则。

2. (1)生活化首先就是指教育生活化,也就是说要将富有教育意义的生活内容纳入课程领域。材料中的教师开展了关于饮水的一系列活动,体现了教育同生活的联系。在教育活动中要将学前儿童在各种情境中的经验加以整合,不论是日常生活中学习积累的,还是在非日常生活中应该了解和认识的,都纳入到课程组织结构中加以统合。

(2)生活化还有一种含义就是指生活教育化,也就是将学前儿童日常生活中已获得的原有经验加以系统化、条理化,在生活中适时引导,促进学前儿童发展。材料中教师发现大部分幼儿需要不断提醒才会饮水,于是教师就展开了一系列关于饮水的活动,及时抓住了机会对儿童实施教育,取得了良好的效果。

(3)幼儿园应充分认识和利用一日生活中各种活动的教育价值,通过合理组织、科学安排,让一日活动发挥一致的、连贯的、整体的教育功能,寓教育于一日活动之中。材料中教师将饮水活动作为一个整体,贯穿幼儿活动的各个方面,如情境表演、游戏活动等,使幼儿在统一的活动中明白饮水的重要性。

3. (1)王老师的做法体现了以游戏为基本活动的原则。将游戏与教育活动内容相结合。在游戏活动中易于唤起幼儿的学习兴趣,使幼儿在玩中学,学

中玩,学得轻松愉快。教师要充分发挥游戏对幼儿发展的作用,通过游戏促进幼儿身心发展。如材料中,“本来两分钟就能完成的点名,结果用了十来分钟”,而后,老师利用兔妈妈和大灰狼的角色,轻而易举地吸引了幼儿的注意,也激起了幼儿的兴趣。再有,幼儿害怕大灰狼用凶巴巴的声音念出自己的名字,就安静坐好,这样有利于幼儿养成良好的行为习惯,也有利于教育活动的顺利开展。

(2)在教学实践中,游戏所涉及的内容应是与儿童的兴趣相关联的,教师要充分发挥游戏对儿童发展的作用,保证游戏的时间和空间,提供丰富的游戏材料,使儿童充分自主、愉快地游戏,通过游戏促进幼儿的身心发展。

专题四　幼儿园班级管理

一、单项选择题

答案速查

1~5	DDACA

1. D 【解析】规则引导法是指用规则引导幼儿行为,使其与集体活动的方向和要求保持一致或确保幼儿自身安全并不危及他人的一种管理方法。规则引导法是对班级幼儿最直接和最常用的管理方法。题干中王老师和幼儿共同协商“超市”游戏规则,并让幼儿将规则用符号表征的形式呈现在区域里是运用了规则引导法。
2. D 【解析】幼儿园班级的物质要素是幼儿园班级实施全面发展教育的前提和基础,它对保教质量具有重要的影响。
3. A 【解析】幼儿园班级教育管理是班级保教人员最经常和最基本的管理工作,也是幼儿园各项管理工作的中心部分,是幼儿园管理水平和质量的反映。生活管理是顺利进行教育管理的必要条件。
4. C 【解析】总结班级幼儿生活管理工作,指出成绩与问题,是学期末的总结工作。其他三项都是属于学期中老师要进行的工作。
5. A 【解析】幼儿园班级管理指班级保教人员充分利用幼儿园的人、财、物、时间、信息等资源,以班级为单位,通过计划、组织、实施、总结等环节,实现育人的目标。

二、简答题(参考答案)

1. 简述幼儿园生活管理的内容。

(1)学期(学年)初的工作。①填写班级幼儿名册,填写幼儿家庭情况登记表,明确家园联系的方法;②家访并调查幼儿家庭教养情况,初步了解幼儿生活习惯,做好记录;③安排幼儿个人用的床、衣柜、毛巾架等,写上姓名并做好便于幼儿识别的标记;④初步布置活动室环境,安排室内家具、准备活动设施等;⑤观察幼儿一日生活的言行举止,并记录分析;⑥依据幼儿一日生活表现的观察分析与家访调查,制定班级生活管理计划与措施。

(2)学期(学年)中的工作。①班级保教人员每日根据幼儿一日生活程序履行生活管理的职责;②每日做好幼儿上、下午来园、离园的交接记录;③每日保管好幼儿生活用品;④每日做好室内外幼儿活动场地的清洁工作和各项设备的安全检查;⑤每周对活动玩具进行消毒,更换生活用品;⑥每周检查班级幼儿生活管理计划的实施情况;⑦班级教师每周初总结上周经验,调整本周幼儿生活管理的工作内容与措施,分工负责;⑧观察幼儿生活行为,记录好其表现;⑨对幼儿计划免疫、疾病、传染病情况做登记;⑩做好对体弱幼儿的生活护理。

(3)学期末(学年末)的工作。①汇总平日幼儿生活表现的记录,做好对幼儿生活情况的小结;②总结班级幼儿生活管理工作,指出成绩与问题;③向家长发放幼儿在园生活情况小结,指导家长对幼儿假期生活进行管理;④整理室内外环境,对集体用品、材料进行清点登记。

2. 简述幼儿园班级管理的目的。

(1)提高幼儿园管理的整体效益;
(2)保证保教工作的顺利开展;
(3)协调和统一各种教育力量;
(4)促进优良班集体的形成;
(5)培养学前儿童自我管理的能力。

3. 简述幼儿园班级管理的意义。

(1)班级管理有助于协调幼儿园的人力、物力和财力,提高资源的使用效率;
(2)班级管理有助于提高班级保教质量,建立良好的班风、班貌,培养幼儿积极向上的品质;
(3)班级管理的效果又反过来促进教师的成长,提高教师的保教水平和管理能力;
(4)班级管理也是幼儿园管理的基础工程,体现幼儿园文化,有助于幼儿园建立良好的公共形象,获得长远发展。

专题五　幼儿教育法律法规

一、单项选择题

答案速查

1~5	ADDBC	6~10	ABDCB
11~15	DDBDB	16~20	ACBCA
21~25	DDCCD	26~30	CDCBD
31~35	DBBDD	36~40	DADCD
41~45	DADDA	46~50	BADDC

1. A 【解析】《3~6岁儿童学习与发展指南》中健康领域动作发展部分目标3“手的动作灵活协调”中规定,3~4岁幼儿能用笔涂涂画画,A项正确;健康领域生活习惯与生活能力部分目标2“具有基本的生活自理能力”中规定4~5岁幼儿的目标是能自己穿脱衣服、鞋袜、扣纽扣,B项错误;学前儿童平衡能力的发展中,5、6岁儿童平衡能力发展

很快,能滑冰、骑双轮自行车,C 项错误;科学领域数学认知部分目标 2"感知和理解数、量及数量关系"中 5 ~6 岁儿童能通过实物操作或其他方法进行 10 以内的加减运算,D 项错误。

2. D 【解析】《幼儿园教育指导纲要(试行)》中提到的五个领域,每个领域都可以提炼出一个关键的能力。健康—生活自理能力;语言—表达能力;社会—人际交往能力;科学—思维能力;艺术—创造能力。

3. D 【解析】《幼儿园教师专业标准(试行)》中对幼儿一日生活的组织与保育要求包括:(1)合理安排和组织一日生活的各个环节,将教育灵活地渗透到一日生活中;(2)科学照料幼儿日常生活,指导和协助保育员做好班级常规保育和卫生工作;(3)充分利用各种教育契机,对幼儿进行随机教育;(4)有效保护幼儿,及时处理幼儿的常见事故,危险情况优先救护幼儿。

4. B 【解析】《幼儿园教育指导纲要(试行)》语言教育领域的内容与要求指出,培养幼儿对生活中常见的简单标记和文字符号的兴趣。

5. C 【解析】《3 ~6 岁儿童学习与发展指南》艺术领域指出,每个幼儿心里都有一颗美的种子。幼儿艺术领域学习的关键在于充分创造条件和机会,在大自然和社会文化生活中萌发幼儿对美的感受和体验,丰富其想象力和创造力,引导幼儿学会用心灵去感受和发现美,用自己的方式去表现和创造美。

6. A 【解析】《幼儿园教师专业标准(试行)》反思与发展的内容包括:(1)主动收集分析相关信息,不断进行反思,改进保教工作;(2)针对保教工作中的现实需要与问题,进行探索和研究;(3)制定专业发展规划,积极参加专业培训,不断提高自身专业素质。题干中李老师关于绘本阅读的有效指导的教育行动研究,是针对保教工作中的现实需要与问题,进行探索和研究的表现,故本题选 A。

7. B 【解析】《幼儿园教育指导纲要(试行)》指出,幼儿园的教育内容是全面的、启蒙性的,可以相对划分为健康、语言、社会、科学、艺术等五个领域,也可作其他不同的划分。各领域的内容相互渗透,从不同的角度促进幼儿情感、态度、能力、知识、技能等方面的发展。

8. D 【解析】《幼儿园教育指导纲要(试行)》第三部分组织与实施中第十条指出,教师要善于发现幼儿感兴趣的事物、游戏和偶发事件中所隐含的教育价值,把握时机,积极引导。

9. C 【解析】《幼儿园教育指导纲要(试行)》第二部分科学领域的指导要点中指出,幼儿的科学教育是科学启蒙教育,重在激发幼儿的认识兴趣和探究欲望。

10. B 【解析】《幼儿园教育指导纲要(试行)》健康领域指导要点指出,幼儿园必须把保护幼儿的生命和促进幼儿的健康放在工作的首位,树立正确的健康观念,在重视幼儿身体健康的同时,要高度重视幼儿的心理健康。

11. D 【解析】《幼儿园教育指导纲要(试行)》第三部分组织与实施中第五条指出,教育活动内容的选择应遵照本《纲要》第二部分的有关条款进行,同时体现以下原则:(1)既适合幼儿的现有水平,又有一定的挑战性;(2)既符合幼儿的现实需要,又有利于其长远发展;(3)既贴近幼儿的生活来选择幼儿感兴趣的事物和问题,又有助于拓展幼儿的经验和视野。

12. D 【解析】《幼儿园教育指导纲要(试行)》指出,健康领域的目标包括:(1)身体健康,在集体生活中情绪安定、愉快;(2)生活、卫生习惯良好,有基本的生活自理能力;(3)知道必要的安全保健常识,学习保护自己;(4)喜欢参加体育活动,动作协调、灵活。D 项是社会领域的目标,故本题选 D。

13. B 【解析】《3 ~6 岁儿童学习与发展指南》语言领域的教育建议指出,尊重和接纳幼儿的说话方式,无论幼儿的表达水平如何,都应认真地倾听并给予积极的回应。

14. D 【解析】《幼儿园教育指导纲要(试行)》第三部分组织与实施中的第九条指出,科学、合理地安排和组织一日生活,时间安排应有相对的稳定性与灵活性,既有利于形成秩序,又能满足幼儿的合理需求,照顾到个体差异。

15. B 【解析】《幼儿园教育指导纲要(试行)》社会领域指导要点指出,社会学习是一个漫长的积累过程,需要幼儿园、家庭和社会密切合作,协调一致,共同促进幼儿良好社会性品质的形成。故 A 项说法正确。社会领域的教育具有潜移默化的特点。幼儿社会态度和社会情感的培养尤应渗透在多种活动和一日生活的各个环节之中,要创设一个能使幼儿感受到接纳、关爱和支持的良好环境,避免单一呆板的言语说教。故 B 项说法错误,C 项说法正确。幼儿与成人、同伴之间的共同生活、交往、探索、游戏等,是其社会学习的重要途径。应为幼儿提供人际间相互交往和共同活动的机会和条件,并加以指导。故 D 项说法正确。

16. A 【解析】《幼儿园教育指导纲要(试行)》第三部分组织与实施中的第六条指出:"教育活动内容的组织应充分考虑幼儿的学习特点和认识规律,各领域的内容要有机联系,相互渗透,注重综合性、趣味性、活动性,寓教育于生活、游戏之中。"

17. C 【解析】《幼儿园教育指导纲要(试行)》语言领域的指导要点中指出,语言能力是在运用的过程中发展起来的,发展幼儿语言的关键是创设一个能使他们想说、敢说、喜欢说、有机会说并能得到积极应答的环境。

18. B 【解析】《幼儿园教育指导纲要（试行）》社会领域的目标是：(1)能主动地参与各项活动，有自信心；(2)乐意与人交往，学习互助、合作和分享，有同情心；(3)理解并遵守日常生活中基本的社会行为规则；(4)能努力做好力所能及的事，不怕困难，有初步的责任感；(5)爱父母长辈、老师和同伴，爱集体、爱家乡、爱祖国。

19. C 【解析】《幼儿园教育指导纲要（试行）》第三部分组织与实施中的第八条指出，教师的态度和管理方式应有助于形成安全、温馨的心理环境；言行举止应成为幼儿学习的良好榜样。

20. A 【解析】《幼儿园教育指导纲要（试行）》第四部分教育评价指出，评价应自然地伴随着整个教育过程进行。综合采用观察、谈话、作品分析等多种方法。

21. D 【解析】《幼儿园教育指导纲要（试行）》第三部分组织与实施中的第二条指出，幼儿园的教育活动，是教师以多种形式有目的、有计划地引导幼儿生动、活泼、主动活动的教育过程。

22. D 【解析】《3～6 岁儿童学习与发展指南》说明部分第三条指出，目标部分分别对 3～4 岁、4～5 岁、5～6 岁三个年龄段末期幼儿应该知道什么、能做什么，大致可以达到什么发展水平提出了合理期望，指明了幼儿学习与发展的具体方向；教育建议部分列举了一些能够有效帮助和促进幼儿学习与发展的教育途径与方法。

23. C 【解析】《3～6 岁儿童学习与发展指南》"健康领域"中"生活习惯和生活能力"部分的目标 1"具有良好的生活与卫生习惯"中指出，3～4 岁幼儿的发展目标是喜欢参加体育活动。

24. C 【解析】《3～6 岁儿童学习与发展指南》说明部分第四条指出，理解幼儿的学习方式和特点。幼儿的学习是以直接经验为基础，在游戏和日常生活中进行的。要珍视游戏和生活的独特价值，创设丰富的教育环境，合理安排一日生活，最大限度地支持和满足幼儿通过直接感知、实际操作和亲身体验获取经验的需要，严禁"拔苗助长"式的超前教育和强化训练。题干的描述体现了李老师理解幼儿的学习方式和特点。

25. D 【解析】《3～6 岁儿童学习与发展指南》"科学领域"中"科学探究"部分的目标 1"亲近自然，喜欢探究"指出，5～6 岁幼儿的发展目标是对自己感兴趣的问题总是刨根问底。

26. C 【解析】《3～6 岁儿童学习与发展指南》"健康领域"中"生活习惯与生活能力"部分的目标 1"具有良好的生活与卫生习惯"指出，5～6 岁幼儿的发展目标是不在光线过强或过暗的地方看书，连续看电视等不超过 30 分钟。

27. D 【解析】《幼儿园教育指导纲要（试行）》中指出，幼儿发展评价的方法包括观察法、作品分析法、谈话法、问卷调查法、档案评估法。

28. C 【解析】《3～6 岁儿童学习与发展指南》健康领域动作发展中目标 1"具有一定的平衡能力，动作协调、灵敏"指出，4～5 岁（中班）幼儿能在较窄的低矮物体上平稳地走一段距离。故答案选 C 项。

29. B 【解析】《3～6 岁儿童学习与发展指南》"社会领域"中"人际交往"部分的目标 2"能与同伴友好相处"中指出，3～4 岁幼儿的发展目标是与同伴发生冲突时，能听从成人的劝解。

30. D 【解析】《3～6 岁儿童学习与发展指南》"艺术领域"中"感受与欣赏"部分的目标 2"喜欢欣赏多种多样的艺术形式和作品"指出，5～6 岁幼儿的发展目标是愿意和别人分享、交流自己喜爱的艺术作品和美感体验。

31. D 【解析】《3～6 岁儿童学习与发展指南》科学领域"科学探究"目标 3"在探究中认识周围事物和现象"指出，3～4 岁幼儿能感知和发现物体和材料的软硬、光滑和粗糙等特性。

32. B 【解析】从《3～6 岁儿童学习与发展指南》"语言领域"中"倾听与表达"部分的目标 2"愿意讲话并能清楚地表达"可以看出，"能清楚地说出自己想说的事"属于语言领域的目标。

33. B 【解析】《3～6 岁儿童学习与发展指南》"语言领域"中"倾听与表达"部分的目标 2"愿意讲话并能清楚表达"的教育建议部分指出，当幼儿因为急于表达而说不清楚的时候，提醒他不要着急，慢慢说。

34. D 【解析】《3～6 岁儿童学习与发展指南》"健康领域"中"生活习惯与生活能力"部分的目标 2"具有基本的生活自理能力"指出，5～6 岁幼儿的发展目标是会自己系鞋带。

35. D 【解析】"具有文明的语言习惯"是《3～6 岁儿童学习与发展指南》"语言领域"中"倾听与表达"部分的目标 3 内容。

36. D 【解析】《3～6 岁儿童学习与发展指南》指出，重视幼儿的学习品质。幼儿在活动过程中表现出的积极态度和良好行为倾向是终身学习与发展所必需的宝贵品质。要充分尊重和保护幼儿的好奇心和学习兴趣，帮助幼儿逐步养成积极主动、认真专注、不怕困难、敢于探究和尝试、乐于想象和创造等良好学习品质。忽视幼儿学习品质培养，单纯追求知识技能学习的做法是短视而有害的。

37. A 【解析】《3～6 岁儿童学习与发展指南》"艺术领域"中"表现与创造"部分的目标 2"具有初步的艺术表现与创造能力"指出，3～4 岁幼儿的发展目标是能模仿学唱短小歌曲。

38. D 【解析】《3～6 岁儿童学习与发展指南》"社会领域"中"社会适应"部分的目标 3"具有初步的归属感"的教育建议指出，亲切地对待幼儿，关心幼儿，让他感到长辈是可亲、可近、可信赖的，家庭和幼儿园是温暖的。如：通过和幼儿一起翻阅照片、讲幼儿成长的故事等，让幼儿感受到家庭和幼儿园的温暖，老师的和蔼可亲，对养育自己的人产生感激之情。

39. C 【解析】《3～6岁儿童学习与发展指南》"科学领域"中"数学认知"部分的目标2"感知和理解数、量及数量关系"指出，4～5岁幼儿能通过数数比较两组物体的多少。

40. D 【解析】《幼儿园教师专业标准(试行)》中指出，以幼儿为本就是要尊重幼儿权益，以幼儿为主体，充分调动和发挥幼儿的主动性；遵循幼儿身心发展特点和保教活动规律，提供适合的教育，保障幼儿快乐健康成长。

41. D 【解析】培育幼儿良好的意志品质属于《幼儿园教师专业标准(试行)》基本内容中"幼儿保育和教育的态度和行为"的内容。

42. A 【解析】《幼儿园教师专业标准(试行)》"专业知识"中"幼儿发展知识"的内容包括：了解关于幼儿生存、发展和保护的有关法律法规及政策规定；掌握不同年龄幼儿身心发展特点、规律和促进幼儿全面发展的策略与方法；了解幼儿在发展水平、速度与优势领域等方面的个体差异，掌握对应的策略与方法；了解幼儿发展中容易出现的问题与适宜的对策；了解有特殊需要幼儿的身心发展特点及教育策略与方法。幼儿出现冲突行为需要教师想出适宜的对策去解决，故答案选A项。

43. D 【解析】《幼儿园教师专业标准(试行)》专业能力中"环境的创设与利用"指出，建立班级秩序与规则，营造良好的班级氛围，让幼儿感受到安全、舒适。

44. D 【解析】①②③⑤是《幼儿园教师专业标准(试行)》游戏活动的支持与引导的内容，④是一日生活的组织与保育的内容。

45. A 【解析】《幼儿园教育指导纲要(试行)》中科学领域的目标包括：(1)对周围的事物、现象感兴趣，有好奇心和求知欲；(2)能运用各种感官，动手动脑，探究问题；(3)能用适当的方式表达、交流探索的过程和结果；(4)能从生活和游戏中感受事物的数量关系并体验到数学的重要和有趣；(5)爱护动植物，关心周围环境，亲近大自然，珍惜自然资源，有初步的环保意识。

46. B 【解析】《幼儿园教育指导纲要(试行)》第一部分中第二条指出，幼儿园教育是基础教育的重要组成部分，是我国学校教育和终身教育的奠基阶段。

47. A 【解析】《幼儿园教育指导纲要(试行)》第一部分总则中的第五条明确指出："幼儿园教育应尊重幼儿的人格和权利，尊重幼儿身心发展的规律和学习特点，以游戏为基本活动，保教并重，关注个别差异，促进每个幼儿富有个性的发展。"

48. D 【解析】《幼儿园教育指导纲要(试行)》第三部分组织与实施中的第十条规定："教师应成为幼儿学习活动的支持者、合作者、引导者。"

49. D 【解析】《幼儿园教育指导纲要(试行)》第三部分组织与实施中第九条提出，教师直接指导的活动和间接指导的活动相结合，保证幼儿每天有适当的自主选择和自由活动时间，教师直接指导的集体活动要能保证幼儿的积极参与，避免时间的隐性浪费。

50. C 【解析】《幼儿园教育指导纲要(试行)》第四部分教育评价中的第四条规定："幼儿园教育工作评价实行以教师自评为主，园长以及有关管理人员、其他教师和家长等参与评价的制度。"

二、简答题(参考答案)

1. 简述实施《3～6岁儿童学习与发展指南》应把握哪几个方面。

(1)关注幼儿学习与发展的整体性；
(2)尊重幼儿发展的个体性；
(3)理解幼儿的学习方式和特点；
(4)重视幼儿的学习品质。

2. 简述幼儿园语言领域的教育目标。

(1)乐意与人交谈，讲话礼貌；
(2)注意倾听对方讲话，能理解日常用语；
(3)能清楚地说出自己想说的事；
(4)喜欢听故事、看图书；
(5)能听懂和会说普通话。

3. 简述在《幼儿园教育指导纲要(试行)》中指出的教育工作评价考察内容。

(1)教育计划和教育活动的目标是否建立在了解本班幼儿现状的基础上。
(2)教育的内容、方式、策略、环境条件是否能调动幼儿学习的积极性。
(3)教育过程是否能为幼儿提供有益的学习经验，并符合其发展需要。
(4)教育内容、要求能否兼顾群体需要和个体差异，使每个幼儿都能得到发展，都有成功感。
(5)教师的指导是否有利于幼儿主动、有效地学习。

4. 简述幼儿良好的社会适应能力主要表现在哪些方面。

《3～6岁儿童学习与发展指南》社会领域中，幼儿良好的社会适应能力主要表现在：
(1)喜欢并适应群体生活；(2)遵守基本的行为规范；(3)具有初步的归属感。

5. 简述幼儿园科学领域的教育目标。

(1)对周围的事物、现象感兴趣，有好奇心和求知欲；
(2)能运用各种感官，动手动脑，探究问题；
(3)能用适当的方式表达、交流探索的过程和结果；
(4)能从生活和游戏中感受事物的数量关系并体验到数学的重要和有趣；
(5)爱护动植物，关心周围环境，亲近大自然，珍惜自然资源，有初步的环保意识。

6. 简述幼儿园艺术领域教育的指导要点。

(1)艺术是实施美育的主要途径，应充分发挥艺术的情感教育功能，促进幼儿健全人格的形成，要避免仅仅重视表现技能或艺术活动的结果，而忽视幼儿在活动过程中的情感体验和态度的倾向；

(2)幼儿的创作过程和作品是他们表达自己的认识和情感的重要方式，应支持幼儿富有个性和创造性的表达，克服过分强调技能技巧和标准化要求的偏向；

(3)幼儿艺术活动的能力是在大胆表现的过程中逐渐发展起来的，教师的作用应主要在于激发幼儿感受美、表现美的情趣，丰富他们的审美经验，使之体验自由表达和创造的快乐。在此基础上，根据幼儿的发展状况和需要，对表现方式和技能技巧给予适时、适当的指导。

7. 简述5~6岁的幼儿在"健康"领域中的"手的动作灵活协调"这个目标中所具有的典型表现。

(1)能根据需要画出图形，线条基本平滑；

(2)能熟练使用筷子；

(3)能沿轮廓线剪出由曲线构成的简单图形，边线吻合且平滑；

(4)能使用简单的劳动工具或用具。

8.《幼儿园教师专业标准(试行)》中提出师德为先的具体要求是什么？

(1)热爱学前教育事业，具有职业理想，践行社会主义核心价值体系，履行教师职业道德规范，依法执教。(2)关爱幼儿，尊重幼儿人格，富有爱心、责任心、耐心和细心；为人师表，教书育人，自尊自律，做幼儿健康成长的启蒙者和引路人。

9. 简述幼儿教师应具备的有关幼儿保育和教育的知识。

(1)熟悉幼儿园教育的目标、任务、内容、要求和基本原则；

(2)掌握幼儿园各领域教育的学科特点与基本知识；

(3)掌握幼儿园环境创设、一日生活安排、游戏与教育活动、保育和班级管理的知识与方法；

(4)熟知幼儿园的安全应急预案，掌握意外事故和危险情况下幼儿安全防护与救助的基本方法；

(5)掌握观察、谈话、记录等了解幼儿的基本方法和教育心理学的基本原理和方法；

(6)了解0-3岁婴幼儿保教和幼小衔接的有关知识与基本方法。

三、论述题(参考答案)

1.《3~6岁儿童学习与发展指南》在艺术领域的教育建议中提出，幼儿绘画时，不宜提供范画，特别不应要求幼儿完全按照范画来画。对此，你是如何理解的？教学中应如何实施该建议。

理解：

(1)模仿是幼儿的天性，幼儿往往通过模仿来学习，尤其是艺术领域的学习，根本离不开模仿。《指南》鼓励的是在幼儿感受和体验基础上的自发模仿，这种模仿是个性化的，而用范画来让所有幼儿进行相同的临摹，这种被动式的模仿对幼儿的自我表现意义不大。实验表明，范画临摹的认出率最低，因为不是自己想要表现的，且大家画的都一样，所以幼儿不会留下深刻印象。

(2)范画临摹超出幼儿绘画水平，容易使幼儿丧失绘画的信心。

建议：

(1)鼓励幼儿在自己认识和理解的水平上，以自己的方式对印象深刻的感知对象或感兴趣的事物模仿再现；

(2)提供范画应注意儿童认知的发展水平和握笔的精细水平；

(3)注意避免要求过多，以免幼儿丧失绘画的信心，鼓励幼儿大胆表现。

2. 试述幼儿园健康领域教育的内容与要求。

(1)建立良好的师生、同伴关系，让幼儿在集体生活中感到温暖，心情愉快，形成安全感、信赖感；

(2)与家长配合，根据幼儿的需要建立科学的生活常规。培养幼儿良好的饮食、睡眠、盥洗、排泄等生活习惯和生活自理能力；

(3)教育幼儿爱清洁、讲卫生，注意保持个人和生活场所的整洁和卫生；

(4)密切结合幼儿的生活进行安全、营养和保健教育，提高幼儿的自我保护意识和能力；

(5)开展丰富多彩的户外游戏和体育活动，培养幼儿参加体育活动的兴趣和习惯，增强体质，提高对环境的适应能力；

(6)用幼儿感兴趣的方式发展基本动作，提高动作的协调性、灵活性；

(7)在体育活动中，培养幼儿坚强、勇敢、不怕困难的意志品质和主动、乐观、合作的态度。

3. 试述幼儿教师需具备的专业知识。

(1)幼儿发展知识

①了解关于幼儿生存、发展和保护的有关法律法规及政策规定；

②掌握不同年龄幼儿身心发展特点、规律和促进幼儿全面发展的策略与方法；

③了解幼儿在发展水平、速度与优势领域等方面的个体差异，掌握对应的策略与方法；

④了解幼儿发展中容易出现的问题与适宜的对策；

⑤了解有特殊需要幼儿的身心发展特点及教育策略与方法。

(2)幼儿保育和教育知识

①熟悉幼儿园教育的目标、任务、内容、要求和基本原则；

②掌握幼儿园各领域教育的学科特点与基本知识；

③掌握幼儿园环境创设、一日生活安排、游戏与教育活动、保育和班级管理的知识与方法；

④熟知幼儿园的安全应急预案，掌握意外事故和危险情况下幼儿安全防护与救助的基本方法；

⑤掌握观察、谈话、记录等了解幼儿的基本方法和教育心理学的基本原理和方法；

⑥了解0~3岁婴幼儿保教和幼小衔接的有关知识与基本方法。

(3)通识性知识

①具有一定的自然科学和人文社会科学知识；

②了解中国教育基本情况；
③具有相应的艺术欣赏与表现知识；
④具有一定的现代信息技术知识。

4. 请结合工作实际，谈谈幼儿园教师应如何科学、合理地安排组织幼儿一日生活。

(1)时间安排应有相对的稳定性与灵活性，既有利于形成秩序，又能满足幼儿的合理需要，照顾到个体差异。如每次教育活动的时间，可根据活动的内容、活动的方式和儿童年龄而定，有长有短，以儿童不过度疲劳为限。

(2)教师直接指导的活动和间接指导的活动相结合，保证幼儿每天有适当的自主选择和自由活动时间，教师直接指导的集体活动要能保证幼儿的积极参与，避免时间的隐性浪费。如在户外游戏活动环节，可由教师组织幼儿集体活动，也可由幼儿自由选择开展活动。教师要为幼儿准备好玩具、材料及活动场地，要让全班幼儿积极参加活动、情绪愉快。

(3)尽量减少不必要的集体行动和过渡环节，减少和消除消极等待现象。如在过渡环节，教师可以避免说教，改用幼儿喜闻乐见的歌曲、故事、游戏等方式进行积极的过渡。将幼儿静坐等待的时间变为积极的活动过程。

(4)建立良好的常规，避免不必要的管理行为，逐步引导幼儿学习自我管理。常规的制订是贯彻《幼儿园教育指导纲要(试行)》的保证，常规是儿童社会化的一个方面。幼儿在一日生活中，只有按照制定的常规去努力养成各种良好的生活习惯、行为习惯，才能很好地在集体的共同生活中协调一致。教师介绍规则应在必要的时候进行，如休息前，第一次玩积木前等，并应注意把这些规则和幼儿的生活经验联系起来。

5. 试述对幼儿发展状况的评估要求。

(1)明确评价的目的是了解幼儿的发展需要，以便提供更加适宜的帮助和指导。

(2)全面了解幼儿的发展状况，防止片面性，尤其要避免只重知识和技能，忽略情感、社会性和实际能力的倾向。

(3)在日常活动与教育教学过程中采用自然的方法进行。平时观察所获的具有典型意义的幼儿行为表现和所积累的各种作品等，是评价的重要依据。

(4)承认和关注幼儿的个体差异，避免用划一的标准评价不同的幼儿，在幼儿面前慎用横向的比较。

(5)以发展的眼光看待幼儿，既要了解现有水平，更要关注其发展的速度、特点和倾向等。

四、材料分析题(参考答案)

1. (1)入园之后，有的幼儿没多久就完全适应了，可有些幼儿，入园都好几个月了，还是孤独的样子，没有好朋友。其实让幼儿更快地适应幼儿园生活、感受到幼儿园带给他的快乐，一个很有效的方法就是指导幼儿学会与人交往，培养幼儿乐意与人交往的品质。

(2)《幼儿园教育指导纲要(试行)》指出："引导幼儿参加各种集体活动，体验与教师、同伴等共同生活的乐趣，帮助他们正确认识自己和他人，养成对他人、社会亲近、合作的态度，学习初步的人际交往技能。"材料中青青小朋友特别乖，可她总是一个人玩，不喜欢和小朋友们做游戏，也不喜欢说话，是因为她还不善于和小朋友们交往，没有体会到和小伙伴们一起游戏的快乐。青青学会和小朋友交往，才能体会到同伴交往的乐趣。让她学会如何与老师交往和沟通，才能形成更好的师幼互动。能够与小朋友、老师友好相处的幼儿就会更喜欢幼儿园了。

2. 《幼儿园教育指导纲要(试行)》中指出，幼儿园的科学教育是科学启蒙教育，重在激发幼儿的认识兴趣和探究欲望。要尽量创造条件让幼儿实际参加探究活动，使他们感受科学探究的过程和方法，体验发现的乐趣。科学教育应密切联系幼儿的实际生活进行，利用身边的事物与现象作为科学探索的对象。材料中，"植物用什么喝水"引起了幼儿的极大兴趣，杜老师没有直接地告诉幼儿答案，而是为幼儿创造了一个动手操作的机会，让孩子们亲自种植物并从中去观察、发现，最后得出结论。幼儿的兴趣是一切活动的根源，杜老师没有直接告诉孩子们问题的答案，而是充分激发起幼儿探索的兴趣，让他们主动地去观察、去发现，让孩子们从活动中得到最大程度的发展。

3. (1)小萌在社会适应方面的表现如下：①愿意并主动参加群体活动。材料中小萌喜欢阅读，积极参加区域活动。②不能遵守基本的规则。材料中小萌在阅读区已经满了的情况下，仍要挤进去；一下把两三本新书抱在身上，不愿意分享。

(2)教师的指导策略：结合社会生活实际，帮助幼儿了解基本行为规则或其他游戏规则，体会规则的重要性，学习自觉遵守规则。如：①经常和幼儿玩带有规则的游戏，遵守共同约定的游戏规则。②利用实际生活情境和图书故事，向幼儿介绍一些必要的社会行为规则，以及为什么要遵守这些规则。材料中，教师可生成一节以遵守规则为主题的社会教育活动，引导幼儿体验遵守规则的重要性。③在幼儿园的区域活动中，创设情境，让幼儿体会没有规则的不方便，鼓励他们讨论制定规则并自觉遵守。④对幼儿表现出的遵守规则的行为要及时肯定，对违规行为给予纠正。如材料中，当小萌出现遵守规则的行为时，可给予正强化法及时给予肯定。当小萌出现违规行为时，可采用负强化法暂停游戏。⑤结合具体情境，引导幼儿换位思考，学习理解别人。如材料中，当小萌出现不愿意分享的行为时，可以引导她想想：假如你是那个小朋友，你有什么感受。

4. (1)材料中教师的行为是不对的。

(2)①教师要充分理解和尊重幼儿发展进程中的个别差异，支持和引导他们从原有水平向更高水

平发展,按照自身的速度和方式到达《指南》所呈现的发展“阶梯”,切忌用一把“尺子”衡量所有幼儿。这一原则主要包含了两层含义:一是尊重幼儿发展的连续性与阶段性规律;二是尊重幼儿在相似发展进程中的个别差异。决不能超越幼儿的发展阶段,强迫他们过早地去达到下一阶段的目标。实施《指南》时,在帮助不同年龄阶段的幼儿学习与发展的过程中,要特别注意尊重幼儿发展的连续性与阶段性,不急于求成、拔苗助长,要努力地为幼儿创造一个可以让他们从容地从“量变”到“质变”的环境,让每一个幼儿可以按照自己的速度、自己的节奏获得实实在在的发展。

②除了必须尊重幼儿发展的连续性与阶段性等共性规律之外,还必须尊重幼儿在相似的发展进程中出现的个体差异。即是说,对于幼儿在学习与发展过程中,由于个体先天的或后天的、环境的或自身的种种原因所带来的个体差异必须予以尊重。

③幼儿在学习与发展上的这些差异是完全正常的,因此实施《指南》时,不要对幼儿做盲目的、简单的攀比,用一把尺子去统一丈量所有的幼儿,特别是不能将《指南》中“各年龄段典型表现”当成核对标尺或固定模式,抹杀幼儿之间的差异,错误地强求幼儿齐步走、统一化,将幼儿驱赶到千篇一律的僵化的发展框架中去。当然,幼儿与幼儿之间能力强弱的差异是不可否认的,有些幼儿具有某方面的天赋也是需要予以关注的。但不论怎样,每个幼儿都有获得表扬和承认的需要,这是幼儿成长过程中的一种基本需要。这一需要能否得到满足对幼儿人格发展有重大影响。因此《规程》强调一定要“注重个体差异,因人施教,引导幼儿个性健康发展”。

所以,幼儿园对孩子进行体能测试,测试幼儿“拍球,平衡”能力,教师对照《指南》,并用典型表现对不同年龄段幼儿进行评分,这种做法是不对的。

第三章　生活指导

核心知识提要

①学前儿童　②工作人员　③个人卫生　④消毒

经典真题回顾

一、单项选择题

答案速查

1～5	ABBBA	6～11	CCAABA

1. A 【解析】本题考查眼内异物的处理。处理眼内异物,不能用手或手帕揉擦,可让幼儿用力眨眼,利用泪水将异物带出;也可用温水或蒸馏水冲洗眼睛,还可翻开上、下眼睑,找到异物后用干净的棉签、纱布擦去。题干中洗手液溅进幼儿的眼睛里,教师首先要做的是用流动的水冲洗眼睛,故本题选A项。

2. B 【解析】本题考查幼儿常见意外事故的防护和急救。当异物堵住气管时,幼儿会出现呼吸困难,面色青紫。因此题干中所述症状符合异物落入气管的表现,故本题选B。

3. B 【解析】本题考查常见的传染病及预防。风疹是儿童时期常见的一种由风疹病毒引起的急性出疹性传染病。病原体由口、鼻及眼部的分泌物直接传给他人,或通过呼吸道飞沫传染,风疹病毒易被干燥或高热灭活,故密切接触才能感染。

4. B 【解析】本题考查常见的传染病及预防。水痘的皮疹特点为向心性,即躯干多,面部四肢较少,手掌、足跖更少。故本题选B。

5. A 【解析】本题考查幼儿营养基础知识。锌是人体必需的微量元素之一,锌的缺乏会引起蛋白质合成障碍、细胞分裂减少,导致幼儿生长发育迟缓、停滞、性发育延迟、智能发育迟缓、伤口愈合不良、食欲减退,甚至发生异食癖。

6. C 【解析】本题考查幼儿常见意外事故的急救处理。一旦遭蜂蜇后,首先要找到并取出毒刺,然后在蜇伤处涂些液体。黄蜂毒液呈碱性,可在伤口涂食醋等弱酸性液体,若蜇伤后还伴有中毒症状,应立即送医院。

7. C 【解析】本题考查工作人员健康检查。《托儿所幼儿园卫生保健工作规范》规定,托幼机构在岗工作人员必须按照《管理办法》规定的项目每年进行1次健康检查。

8. A 【解析】本题考查幼儿常见意外事故的急救处理。幼儿扭伤时应停止活动、减少出血,采用冷敷的方式达到止血、消肿、止痛的目的。故本题选A。

9. A 【解析】本题考查《幼儿园工作规程》。《幼儿园工作规程》指出,“幼儿园应当培养幼儿良好的大小便习惯,不得限制幼儿便溺的次数、时间等”。因此,教师应当允许幼儿按需自由如厕,故本题选A。

10. B 【解析】本题考查幼儿生活保健常识。正确的擤鼻涕方法应是先压住一侧鼻孔擤鼻涕,然后再压住另一侧擤鼻涕。不能同时按住两侧鼻孔,以防鼻腔压力过大,使病原体经咽鼓管吸入中耳,引发中耳炎。

11. A 【解析】本题考查学前儿童健康检查。根据《托儿所幼儿园卫生保健工作规范》规定,1～3岁儿童每年健康检查2次,每次间隔6个月;3岁以上儿童每年健康检查1次。所有儿童每年进行1次血红蛋白或血常规检测。1～3岁儿童每年进行1次听力筛查;4岁以上儿童每年检查1次视力。

二、简答题(参考答案)

从儿童发展角度,简述幼儿户外运动的价值。

(1)户外运动有利于促进幼儿身体发展。幼儿在户外运动中,能够与大自然亲密接触,增强对外界

环境的适应能力,加强机体新陈代谢,促进幼儿的生长发育。

(2)户外运动有利于促进幼儿心理健康发展。活泼好动是幼儿的天性,适宜的户外运动能够满足幼儿的需要,让幼儿在活动中感受快乐、放松心情,促进幼儿心理健康发展。

(3)户外运动有利于促进幼儿认知发展。幼儿在户外运动的过程中,能够积累丰富的经验,激发想象力和创造性,从而促进思维的发展。

(4)户外运动有利于丰富幼儿的审美体验。幼儿在户外运动过程中,能够充分感受大自然的美,从中获取丰富的审美体验。

三、论述题(参考答案)

什么是幼儿园一日生活常规?试述培养幼儿一日生活常规的意义和方法。

(1)幼儿园一日生活常规指的是幼儿园为了培养幼儿良好的生活习惯和生活基本能力,确保幼儿健康和谐发展而制定的幼儿园生活各环节的基本规则与要求。幼儿园一日生活常规是多方面的,具体包括:卫生常规、行为习惯常规、学习活动常规等。

(2)培养幼儿一日生活常规的意义:

①一日生活常规可以培养幼儿的生活规律,养成良好的行为习惯。幼儿园里的幼儿来自不同背景的家庭,有些幼儿由于各种原因,生活作息没有规律,而幼儿园则会按照幼儿生理和心理的需要做出符合科学的合理安排,幼儿生活在其中,能逐渐养成有规律的生活习惯、明确的时间观念和有组织、有条理的办事能力,并逐步适应幼儿园的环境。

②一日生活常规可以帮助幼儿适应幼儿园环境,学习在集体中生活。幼儿园一日活动是为满足幼儿自身需要进行的,但在活动过程中,需要幼儿具备一定的知识技能以适应集体生活,幼儿必须具备一定的知识技能,执行成人的要求和适应集体生活的规则,这样才能在自身需要和客观要求、主观能动性及外部条件的交互作用下,获得适应幼儿园环境的能力,并且不断学习怎么样在集体中生活。

③一日生活常规可以培养幼儿的自律能力,维持班级的秩序。幼儿能够通过遵守一日生活常规而逐渐培养自律能力,同时使班级秩序得以维护、幼儿园正常的游戏活动和教育活动得以正常进行。

④一日生活常规能够增强幼儿的安全感,有助于幼儿健康成长。幼儿在有规律的环境里生活才会感到安全,合理的常规有助于为孩子创造一种有序的、和谐的生活环境,使他们在心情愉快的情境中自然地形成一种符合其身心发展水平的规则意识和规范行为,使遵守规则成为孩子们的自主行为,同时促进幼儿身心健康发展。

(3)培养幼儿一日生活常规的方法有:

①榜样示范法;②渗透教育法;③评价激励法;④成果欣赏法;⑤图示观察法;⑥游戏练习法;⑦家园共育法。

过关必刷题库

专题一 幼儿园一日生活组织

一、单项选择题

答案速查

1 ~7	CABBCCD

1. C 【解析】教师利用晨间接待的机会,与幼儿亲切交谈,了解幼儿在家的情况,有计划地进行个别教育。检查幼儿的身心状况,对不爱活动、性格孤僻的幼儿要具体关照,给予帮助,吸引幼儿参加集体生活。

2. A 【解析】在幼儿的一日活动中,游戏和户外活动应占3~4小时以上。户外活动时,教师要为幼儿准备好玩具、材料及活动场地,要让全班幼儿积极参加活动、情绪愉快。

3. B 【解析】洗手的环节有:知道饭前饭后、便前便后、活动前后、手脏时洗手,养成良好的洗手习惯;知道用正确的方法(七步洗手法)把手洗干净;能做到用水时不玩水、不嬉戏、不打闹;懂得把衣袖挽起来,不弄湿衣服、衣袖。B项节约用水,省去洗手的环节是错误的。

4. B 【解析】教师通过比赛的方式激励幼儿进餐,可能会出现幼儿由于过快进餐而导致呛着或者噎着等情况,对幼儿身心健康是有害的,更不利于幼儿进餐积极性的培养,这是一种错误的方式。教师应提醒幼儿要细嚼慢咽,不挑食、不偏食,心情愉悦地进餐。

5. C 【解析】一日活动应该保证幼儿充分的自主选择和自由活动时间。

6. C 【解析】科学、合理的生活作息,可以保证学前儿童的健康生长发育。要根据学前儿童的年龄特点,合理安排生活作息制度,做到有规律、有节奏。也就是说,一方面要能够保证充足的睡眠时间,丰富的营养,定时进餐;另一方面要有足够的户外活动和适当的学习时间,这样可以有效地促进幼儿生长发育。

7. D 【解析】托幼机构应做好每日晨间检查,晨间检查是为了了解幼儿的健康状况,检查幼儿的个人清洁卫生,以便做到对疾病的早发现、早预防、早隔离、早治疗。其中"查"主要是检查儿童口袋里有无不安全的东西。

二、简答题(参考答案)

1. 简述幼儿入园晨检的具体步骤。

(1)一问:即儿童入园时,询问家长,了解儿童在家的健康状况,如食欲、睡眠、大小便、精神等,以及有无传染病接触史。

(2)二摸:摸儿童额部、手心是否发烫,摸腮腺及淋巴有无肿大。

(3)三看:观察儿童的精神状态以及脸色是否正常、眼睛是否有流泪、眼结膜是否充血、皮肤是否

有皮疹等。

(4)四查:检查儿童口袋里有无不安全的东西,如小刀、弹弓、别针、小钉子、玻璃片、黄豆等。

在检查中如发现问题应及时处理。如果发现儿童有身体不适情况,应测体温,如发现为可疑传染病者,应隔离观察。

2. 简述照顾好幼儿睡眠的三条标志。

(1)幼儿按时睡,睡得好,按时醒,醒后精神饱满愉快;

(2)幼儿睡够应睡的时间,即教师要以幼儿为主,不能任意减少或增加睡眠时间;

(3)幼儿保持良好的睡眠姿势和习惯。

3. 幼儿教师应如何安排和组织幼儿园一日生活?

(1)把幼儿园一日活动列入教育计划,保证幼儿身心得到全面的、充分的、主动的发展;

(2)制定一日生活常规;

(3)把组织的集体教育活动和分散的个体活动结合起来;

(4)处理好自由与纪律的关系;

(5)面向全体幼儿;

(6)保教结合、教养并重。

4. 简述制定幼儿园一日生活日程的依据。

(1)根据幼儿的年龄和体质安排活动;

(2)根据幼儿的生理活动特点安排活动;

(3)根据地区特点及季节变化做适当的调整;

(4)根据家长的需要,安排幼儿入园和离园的时间。

三、论述题(参考答案)

1. 试述教师设计与组织教育活动应注意的问题。

(1)每个教育活动应有明确的、适宜的教育目的和要求;(2)组织教育活动应充分利用周围环境的有利条件;(3)灵活采用集体的、小组的或个别的活动形式和多样化的方法;(4)教育活动中要注意引导幼儿运用各种感官积极参与;(5)促进每个幼儿在原有水平上发展进步;(6)每次教育活动的时间可根据活动的内容、活动的方式和幼儿年龄而定,有长有短,以幼儿不过度疲劳为限;(7)每日均应安排有组织的教育活动。

2. 试述如何正确组织幼儿进餐?

根据幼儿身体发育的特点,幼儿园要制定正确的饮食制度,合理地安排就餐时间,幼儿进餐必须定时定量,开饭要准时,两餐之间的时间间隔不少于3.5小时,以3.5~4小时为宜;幼儿园要合理地分配食物数量,早餐食物供应要充足,晚餐不宜过多。正确组织幼儿进餐应做好以下工作:(1)进餐的准备:由教师带领值日生布置好餐桌,准备好餐具,为幼儿创设一个干净、安静的进餐环境。(2)进餐过程:①要观察幼儿的食量,及时添饭,注意培养幼儿文明进餐的习惯;②教给幼儿正确的坐姿和使用餐具的方法;③教育幼儿不挑食、不偏食;④提醒幼儿细嚼慢咽,不撒饭菜,不弄脏衣服,不东张西望,不大声讲话。为保证幼儿进餐时的良好情绪,教师在幼儿进餐前后不要处理问题或批评孩子。教师要保证幼儿心情愉快,绝对不能让幼儿哭、叫,以免将食物吸进气管,更不能用禁止吃饭作为体罚的手段。(3)进餐结束:幼儿吃完最后一口饭才能离开座位,并把餐具、椅子整齐地放在指定的地方。要养成饭后擦嘴、漱口的习惯。幼儿进餐期间,工作人员不应打扫活动室,以免污染吃饭的环境。

四、材料分析题(参考答案)

1. (1)材料中李老师的教育行为有许多地方是值得我们学习的。李老师是位细心的教师,她能细致地关注到幼儿的个别行为(在盥洗室玩水,不关水龙头等),并能根据幼儿的行为及时进行教育。在教育时,会倾听幼儿的声音,了解幼儿行为背后隐藏的需要,达到了较好的教育效果。

(2)①教师要帮助幼儿养成良好的盥洗习惯,教给他们正确的盥洗技能。②合理安排幼儿盥洗的时间,饭前、外出、集体活动前及入睡前安排、提醒幼儿如厕。允许幼儿按需要随时大小便。养成在进食前、手脏时、大小便后用肥皂、流水洗手的习惯。③在盥洗活动中,教师应对幼儿提出明确具体的要求:有秩序地排队如厕、洗手,不推不挤;不在盥洗室内人声喧哗吵闹,不妨碍他人如厕、洗手,不在盥洗室内追逐、嬉戏;不玩水和肥皂;洗手完毕要在水池中甩掉手上的水再离开,不把水甩在别人身上或地上。

2. 该园的做法是十分合理的,它对幼儿的主要生活环节进行了很好的安排。这样做意义重大。

(1)保护了幼儿神经系统的正常发育。将幼儿一日生活中的主要环节,如睡眠、进餐、活动、如厕等加以合理安排,使幼儿养成习惯,到什么时间就知道做什么,做时轻松愉快,形成动力定型。动力定型建立后,能节省神经细胞的功能消耗,达到"事半功倍"的效果。

(2)安排幼儿进行户外活动,不是让幼儿总是在户内作业、活动,而是安排3~4小时的户外活动时间,使幼儿大脑皮质的"工作区"与"休息区"轮换,保证劳逸结合,预防过度疲劳,从而保护了幼儿发育不够成熟的大脑皮质。

(3)婴幼儿需要较长时间的睡眠进行休整,合理安排生活制度,使睡眠时间有了保证。

(4)幼儿合理的进餐,既可使幼儿获得足够的营养,又能保护功能尚未发育成熟的消化系统,对幼儿的睡眠、进餐、活动安排好了,也便于安排幼儿的教育活动,使幼儿更好地获得各种知识、技能,并养成良好的生活和行为习惯。

专题二　幼儿生活常规教育

一、单项选择题

答案速查

1~4	ADDC

1. A 【解析】幼儿园一日生活常规可以培养幼儿良好的生活习惯和生活基本能力,还可以帮助幼儿

适应幼儿园环境，培养幼儿的自律能力，所以制定幼儿生活常规的主要目的是帮助幼儿学会自我管理。

2. D 【解析】榜样示范法充分利用幼儿了幼儿好模仿的心理特点。通过树立榜样，为幼儿示范良好的卫生习惯。A 项，评价激励法强调的是定期对幼儿的生活行为进行检查和评比。

3. D 【解析】文艺作品中的人物形象鲜明，易于给幼儿留下深刻的印象，成为他们模仿的对象。题干中教师向幼儿讲述故事，组织幼儿讨论，引导幼儿形成良好的生活习惯，运用了榜样示范法。

4. C 【解析】制定合理的幼儿园生活制度，首先要考虑的因素是幼儿的身心发展特点。

二、简答题（参考答案）

1. 简述幼儿生活常规教育的意义。

(1)常规可以培养幼儿的生活规律，养成良好的行为习惯；

(2)常规可以帮助幼儿适应幼儿园环境，学习在集体中生活；

(3)常规可以培养幼儿的自律能力，维持班级的秩序；

(4)常规能够增强幼儿的安全感，有助于幼儿健康成长。

2. 简述培养幼儿一日生活常规的方法。

(1)榜样示范法；(2)渗透教育法；(3)评价激励法；(4)成果欣赏法；(5)图示观察法；(6)游戏练习法；(7)家园共育法。

三、论述题（参考答案）

试述幼儿生活常规教育的内容与要求。

幼儿生活常规教育的主要内容：(1)学习有规律的生活的基本常识，能自觉遵守作息时间和生活制度。(2)学习生活的基本技能，培养生活自理能力，包括吃饭、穿衣、刷牙、洗脸、收拾玩具书本、铺床等生活技能。(3)培养良好的生活卫生习惯，卫生习惯包括饭前便后洗手，定时排便，不乱扔垃圾，爱护公共卫生等，生活习惯包括讲文明、讲礼貌、不玩水、不浪费水等。

幼儿生活常规教育的总体要求：(1)对不同年龄幼儿的要求应有差别。根据不同年龄儿童身心发育的特点，教师应制定不同的生活常规要求。一般小班为最基本的生活要求，中班、大班的要求逐渐增多，难度增大。(2)具体而规范。幼儿在幼儿园一日生活的各个环节都必须按照生活常规教育的具体要求接受培训和训练。通过日复一日的动力定型，儿童就会养成良好的生活行为和习惯。(3)保育与教育相结合。培养幼儿生活常规需要保育和教育同时进行。幼儿年龄越小，越需要通过保育的手段使其养成良好的习惯，并在生活每一个环节接受教育。(4)注意照顾个体差异。不同年龄、体质、气质的幼儿，生活和学习能力有明显的个体差异。尤其对于体弱多病的幼儿来说，完成生活常规要求较困难，教师更需要特别照顾，给予耐心细致的帮助。

四、材料分析题（参考答案）

(1)郑老师培养幼儿良好的生活卫生习惯的行为有：①培养幼儿良好的饮水习惯。材料中郑老师与幼儿共同创设“能量加油站”，引导幼儿以刷卡的方式记录喝水的次数。②养成良好的睡眠习惯，睡觉时不带小物品到床上。材料中郑老师放置收纳盒（“小房子”），让幼儿把自己的小物件、玩具分类放到“小房子”里面休息。③培养良好的如厕习惯，正确使用便池和抽水马桶，排便时不弄脏便池和衣裤。材料中郑老师在男生小便池里面贴上“怪兽”，引导幼儿对着怪兽射击。

(2)建议：①严格执行。作息制度一旦制定，必须严格执行，不得随意更改，持之以恒，才能起到预期的效果。②家园同步。争取让家长在节假日也安排好儿童的一日生活，保持良好的卫生习惯，饮食、起居要有规律。③个别照顾。对体弱多病，有生理缺陷或体力、智力较强的儿童要给予个别照顾。④预防为主。学前儿童对疾病的抵抗力差，在集体生活中儿童接触密切，若发生传染病，很容易蔓延；儿童好奇心重，探索欲望强，自我保护能力差，容易发生意外伤害。所以，要采取积极措施，加强儿童体格锻炼和户外活动，注意培养儿童良好的卫生习惯，防患于未然，促使儿童健康成长。

专题三　幼儿园卫生保健常规

一、单项选择题

答案速查

1～4	CCAC

1. C 【解析】教师应引导幼儿形成良好的生活常规，要求每人每日 1 巾 1 杯专用。教师在对小班幼儿进行常规教育时，应从正面、积极的角度去鼓励和引导幼儿，为幼儿提供正面积极的范例。故本题选择 C 选项。

2. C 【解析】3 岁以上儿童每年健康检查 1 次。儿童定期健康检查项目包括：测量身长（身高）、体重，检查口腔、皮肤、心肺、肝脾、脊柱、四肢等，测查视力、听力，检测血红蛋白或血常规。

3. A 【解析】学校和托幼机构遇到以下病情应进行传染病疫情报告：(1)在同一宿舍或者同一班级，1 天内有 3 例或者连续 3 天内有多个学生（5 例以上）患病，并有相似症状（如发热、皮疹、腹泻、呕吐、黄疸等）或者有共同用餐、饮水史时。(2)当学校和托幼机构发现传染病或疑似传染病患者时。(3)个别学生出现不明原因的高热、呼吸急促或剧烈呕吐、腹泻等症状时。(4)学校发生群体性不明原因疾病或者其他突发公共卫生事件时。

4. C 【解析】《托儿所幼儿园卫生保健管理办法》规定，患有传染病等疾病的工作人员治愈后须持县级以上人民政府卫生行政部门指定的医疗卫生机构出具的诊断证明，并取得“托幼机构工作人员健康合格证”后，方可回园（所）工作。

二、简答题(参考答案)

简述幼儿园的日常消毒常规。

(1)儿童活动室、卧室应当经常开窗通风,保持室内空气清新。每日至少开窗通风2次,每次至少10~15分钟。在不适宜开窗通风时,每日应当采取其他方法对室内空气消毒2次。

(2)餐桌每餐使用前消毒。水杯每日清洗消毒,用水杯喝豆浆、牛奶等易附着于杯壁的饮品后,应当及时清洗消毒。反复使用的餐巾每次使用后消毒。擦手毛巾每日消毒1次。

(3)门把手、水龙头、床围栏等儿童易触摸的物体表面每日消毒1次。坐便器每次使用后及时冲洗,接触皮肤部位及时消毒。

专题四　幼儿常见疾病预防和处理

一、单项选择题

答案速查

1~5	DBDBC	6~10	AACDA
11~15	CBDAB	16~20	DBBAA
21~24	BDDA		

1. D 【解析】水痘是由水痘—带状疱疹病毒引起的急性传染病,具有高度的传染性,主要通过空气飞沫和密切接触传播。

2. B 【解析】手足口病主要发生于学前儿童,尤以1~2岁婴幼儿为多。多在夏季流行,潜伏期为4~6日。

3. D 【解析】佝偻病的具体症状如下:(1)佝偻病的早期,以烦躁、夜啼、多汗、摇头和枕后秃发等表现为主。(2)佝偻病进入活动期,出现骨骼改变。儿童在3~6个月时,仅见颅骨软化(俗称乒乓球头,手指按压顶骨或枕骨中部有弹性感);7~12个月后,可见方颅、肋串珠、肋软沟,也可呈鸡胸、漏斗胸畸形;会坐后可见脊柱后凸或侧弯;学爬行时,腕、踝处骺部胀大,呈手镯或脚镯状;会走后,下肢因负重而弯曲,呈O型或X型腿畸形。(3)动作发育迟缓。由于肌肉、韧带松弛,坐、站、走均较正常小儿迟缓。(4)大脑皮层兴奋性降低,条件反射形成迟缓,语言发展较晚。故D项错误。

4. B 【解析】斜视是指由先天或后天的因素导致的眼外肌协调运动失常,双眼不能同时注视同一物体。故本题选B项。

5. C 【解析】家长或教师应教会幼儿正确的刷牙方法:(1)顺着牙缝竖刷,刷上牙自上而下,刷下牙自下而上;(2)磨牙的里外要竖刷,咬合面横刷;(3)刷牙时间不要太短,要使牙齿里外及牙缝都刷到。为有效祛除牙菌斑,每次刷牙的时间不宜少于3分钟。

6. A 【解析】养成良好的用眼习惯是预防幼儿视力问题的最佳方法。

7. A 【解析】预防接种是当前最有效、最经济、最简便的预防水痘的方法。

8. C 【解析】甲型肝炎病毒存在于病人的粪便中,粪便污染食物、饮水,经口造成传染。

9. D 【解析】预防痱子的措施包括:(1)夏季应注意居室内通风、降温;(2)儿童应避免在烈日下玩耍,出汗后要及时擦干;(3)勤洗澡,洗后扑上痱子粉或擦痱子水;(4)衣服应选用纯棉面料,宽大、柔软、舒适、吸水性强。

10. A 【解析】流行性乙型脑炎是由乙脑病毒引起的急性中枢神经系统传染病,可出现喷射性呕吐、抽风等。

11. C 【解析】肺炎主要由细菌或者病毒自上呼吸道、气管、支气管向下蔓延,侵入肺泡而引起,因此肺炎常发生在上呼吸道感染或气管炎之后,但也可能一开始就患肺炎,最常见的是细菌感染,如肺炎球菌、金黄色葡萄球菌、溶血性链球菌、肺炎杆菌等。

12. B 【解析】年龄越小,弱视的治愈率越高,最佳治愈的年龄段为3~6岁。年龄大于7岁,治疗效果明显下降,而到了青春期,治疗基本无望。

13. D 【解析】佝偻病中以维生素D缺乏性佝偻病最为常见,严重者可出现骨骼畸形和软化。常用药物有维生素D、钙剂、磷剂。

14. A 【解析】当维生素D严重缺乏时,学前儿童可出现肋软骨区膨大,因几个相连的肋骨都有隆起,故呈"串珠"样突起,如"串珠"向胸内扩大,可使肺脏受压造成局部肺不张。肋骨软化后,因受膈肌附着点长期牵引收缩,造成肋缘上部内陷,肋缘外翻,形成肋软沟。胸部肋骨与胸骨相连处内陷时,可使胸骨前凸,形成鸡胸。以剑突为中心内陷的漏斗胸亦可见到。故答案选A项。

15. B 【解析】呼吸道传染病是指病原体由传染源的唾液、痰以及鼻咽分泌物通过空气、飞沫、尘埃等作为媒介,经过呼吸道侵入机体,感染疾病,如麻疹、流感、猩红热等。

16. D 【解析】湿疹是婴幼儿常见的过敏性皮肤炎症,病因较为复杂,可由小儿的遗传过敏体质引发;也可由致敏食物引起,如鱼、虾、牛羊肉、鸡蛋、牛奶等;还可由接触丝织品、人造纤维、外用药物等引起。

17. B 【解析】饮食中铁的摄入量不足是导致缺铁性贫血的重要原因。

18. B 【解析】肺炎是学前儿童常见病、多发病,一年四季均可发生,以冬春两季及气候突变时多见,与寒冷、空气干燥、小儿抵抗力降低有关。

19. A 【解析】病毒性肝炎的病毒主要侵犯肝脏,造成肝细胞变性、坏死等病理变化,临床表现有消化道症状,有或无黄疸,肝脏大及肝功能异常。患儿主要表现有:食欲减退、恶心、乏力,或偶尔呕吐、腹泻,肝大并有压痛、肝功能异常,不喜欢吃油腻食物等。部分人有黄疸(巩膜、皮肤变黄),尿色加深,肝功能不正常,出现黄疸后2~6周,黄疸消退,食欲精神好转,肝功能逐渐恢复正常。少数儿童感染乙型肝炎后无任何症状,仅"乙型肝炎表面抗原"(或称"澳抗")呈阳性,成为不自觉的传染源。

20. A 【解析】手足口病主要发生于学前儿童,尤以1~2岁婴幼儿为多。多在夏季流行。

21. B 【解析】细菌性痢疾的症状有:潜伏期从数小时至8天不等,大多数病例为2~3天。以发热、腹痛、腹泻、里急后重为特征,便中带黏液及脓血。患儿一天内可腹泻10~30次,甚至更多。严重者有惊厥和休克,可导致死亡。

22. D 【解析】风疹症状一般为咳嗽、打喷嚏、流涕、咽痛、头痛、结膜炎、食欲不佳、发热(体温常在38℃~39℃之间)等,这些症状出现半天至1天后,即开始发疹,可在软腭及咽部附近见到玫瑰色或出血性红点,大小如针头或稍大。出疹第一天末,全身遍布猩红色斑丘疹,第二天面部皮疹消退,很少脱皮。出疹一天后,全身症状很快消失。部分患儿可不出现皮疹;部分患儿表现为枕部、耳后和两侧颈部的淋巴结肿大。

23. D 【解析】手足口病的症状之一是在指(趾)的背面、侧缘、手掌、足跖,尤其是指(趾)甲的周围,有时在臀部、躯干四肢发生红色斑丘疹,很快发展为水疱。题干描述的症状与手足口病的症状相符。

24. A 【解析】弱视是指视力低下但又检查不出眼睛有器质性病变的眼疾。弱视患儿视力低下,缺乏良好的双眼单视,没有完善的立体视觉,无法完成许多精细工作(如穿珠、剪纸等),今后也难以胜任需要正常立体视觉的工作(如外科医生、精密仪器制造者、运动员等)。

二、简答题(参考答案)

1. 简述缺铁性贫血的病因。

(1)先天储铁不足:储铁不足,在乳儿期则会出现缺铁性贫血。早产、双胎儿往往先天储铁不足。

(2)饮食中铁的摄入量不足:这是导致缺铁性贫血的重要原因。(3)生长发育过快:随着体重增长,血容量亦相对增加。(4)疾病的影响:长期腹泻引起铁的吸收障碍。

2. 简述学前儿童急性上呼吸道感染的预防措施。

(1)应使学前儿童尽量避免接触急性上呼吸道感染者,隔离患者,以防传染他人;

(2)及时为患者治疗,防止并发症的发生(如中耳炎);

(3)加强营养,坚持"三浴"锻炼,增强儿童体质;

(4)注意室内通风换气,保持居室空气新鲜;

(5)注意根据气温的突然变化及时增减儿童所穿、盖的衣物;

(6)小儿不宜穿着过多,以防出汗后吹风受凉。

3. 简述学前儿童肺炎的预防及护理。

(1)应注意学前儿童的体格锻炼,增强体质,预防感冒、麻疹、百日咳、佝偻病等疾病,加强营养,这些均可减少肺炎的发生;

(2)患儿卧室应通风,保持空气新鲜,改善缺氧状况;

(3)患儿衣着要宽松,以免加重呼吸困难;

(4)患病期间及恢复期的饮食应易消化且富有营养,并保证有充足的维生素。

4. 简述水痘的预防措施。

(1)隔离病人直至全部皮疹结痂,对接触病人的易感儿童应注意观察。室内通风换气,用紫外线对空气进行消毒。

(2)接种水痘减毒活疫苗,对保护易感者有较好的作用。

5. 简述幼儿龋齿的预防措施。

(1)教育儿童从小注意口腔卫生,养成早晚刷牙、吃东西后漱口、睡前不吃零食的习惯。

(2)注意正确的刷牙方法,即刷上牙内外面时从上往下刷,刷下牙内外面时从下往上刷,咬合面可以前后拉动着刷,各牙面和缝隙均应刷到,尤其要注意磨牙的咬合面的清洁。每次刷牙的时间不少于3分钟。

(3)根据儿童的年龄选择大小适宜的牙刷,每3个月更新一次牙刷,含氟牙膏对降低龋齿的发生率有一定的效果。

(4)合理营养,增强机体的抗龋能力。

(5)定期进行口腔检查,发现龋齿及时治疗。

6. 简述病毒性肝炎的预防措施。

(1)急性肝炎病儿应隔离治疗,隔离时间不少于30天。出院后要遵从医嘱,注意休息,不要疲劳,适当增加一些优质蛋白质食品,少吃脂肪。

(2)预防接种是目前预防甲肝和乙肝的最佳措施,丙肝的预防重点是管理血液和血液制品的使用安全。同时,注意个人卫生和饮食卫生,防止病从口入。

三、材料分析题(参考答案)

1. (1)材料中的孩子患了弱视。材料中的孩子是因为五个月时左眼眶磕伤,被包扎后,就发现孩子的表现不正常,后来他的左眼视力非常差,总是把一个物体看成两个物体等。婴幼儿期眼睛被遮盖,致使外界光刺激不能到达眼内和大脑,导致视觉发育停顿而引起。导致这种病的原因还有:①先天遗传;②高度远视、近视、散光或两眼曲光数不等;③斜视。

(2)凡弱视者均应散瞳验光,佩戴合适的矫正眼镜,或遵医嘱采取其他矫治措施。年龄越小,治愈率越高。年龄大于7岁,治疗效果明显下降,而到了青春期,治疗基本无望。对弱视应引起广泛的重视,学前儿童应在4岁前检查视力和眼位,以便及早发现弱视,及时治疗。

2. (1)材料中豆豆出现发热、咳嗽,几天后手指、脚趾的背部、手掌、指甲周围、嘴巴周围等地方出现红色斑丘疹,很快发展成水疱等符合手足口病的症状。由此可以看出豆豆患了手足口病。

(2)预防:①本病流行季节,教室和宿舍等场所要保持良好通风。②每日对玩具、个人卫生用具、餐具等物品进行清洗消毒。③进行清扫或消毒工作(尤其清扫厕所)时,工作人员应穿戴手套。清洗工作结束后应立即洗手。④每日对门把手、楼梯扶手、桌面等物体表面进行擦拭消毒。⑤教育指导儿童养成正确洗手的习惯。⑥每日进行晨检,发现可疑患儿时,要对患儿采取及时送诊、居家休

息的措施;对患儿所用的物品要立即进行消毒处理。⑦患儿增多时,要及时向卫生和教育部门报告。根据疫情控制需要,教育和卫生部门可决定采取托幼机构或小学放假措施。

专题五　幼儿营养与膳食

一、单项选择题

答案速查

1~5	CABCC	6~10	BCDAC
11~15	BDDBC	16~20	BDACB

1. C 【解析】膳食中蛋白质摄入量不足,会导致学前儿童生长发育迟缓、体重过轻、贫血、精神疲乏甚至产生智力发育障碍、营养不良性水肿等症状。

2. A 【解析】维生素 A 严重缺乏会造成夜盲症和干眼病。

3. B 【解析】维生素 B_1 又称硫胺素,是一种水溶性维生素。它参与糖类的代谢,对维持神经系统正常功能起着重要作用。同时,维生素 B_1 可以促进肠蠕动,辅助消化。维生素 B_1 缺乏常引起“脚气病”,表现为乏力、肢体麻木、水肿、感觉迟钝等。故 B 项错误。

4. C 【解析】为了提高食物蛋白质的营养价值,人们将几种营养价值较低的蛋白质混合食用,使必需氨基酸得以相互补充,其模式更接近人体需要,这种食物搭配的效果叫作“蛋白质互补作用”。例如,大米中赖氨酸含量不足,大豆缺乏蛋氨酸,将它们混合食用,就能够取长补短,提高其营养价值。

5. C 【解析】维生素 B_1 又称硫胺素,是一种水溶性维生素。它参与糖类的代谢,对维持神经系统的正常功能起着重要作用。同时,维生素 B_1 可以促进肠蠕动,辅助消化。

6. B 【解析】维生素 D 能调节钙、磷代谢,维持血钙浓度稳定,在促进骨骼和牙齿的正常生长和钙化过程中起着重要作用。维生素 D 有助于预防佝偻病,又称抗佝偻病维生素。

7. C 【解析】通常,幼儿一日膳食次数可定为三餐两点或三餐一点。故 A 项不正确。当食物中任何一种必需氨基酸缺乏或过量,就会造成人体内氨基酸的不平衡,使其他氨基酸不能被利用,从而影响蛋白质的合成。所以不能每餐食物都加氨基酸,对氨基酸的摄入必须结合幼儿的需求来决定。故 B 项不正确。钙的食物来源首选牛奶,它含钙丰富,吸收率也较高,其次是豆类、豆制品和绿叶蔬菜。故 D 项不正确。幼儿膳食巧搭配的方法有粗细粮搭配、米面搭配、荤素搭配、谷类与豆类搭配、蔬菜五色搭配、干稀搭配。故 C 项正确。

8. D 【解析】碘缺乏会导致甲状腺素合成不足,造成碘缺乏病。碘缺乏的典型症状为甲状腺肿大。胎儿发育期缺碘,婴儿出生后就会生长发育迟缓、智力低下,严重者发生“呆小症”,即“克汀”,表现为聋、哑、矮、傻。

9. A 【解析】锌的缺乏会引起蛋白质合成障碍、细胞分裂减少,导致幼儿生长发育迟缓、停滞、性发育延迟、智能发育迟缓、伤口愈合不良、食欲减退,甚至发生异食癖。

10. C 【解析】好的饮食习惯的内容包括:(1)按时定位进食,食前有准备;(2)细嚼慢咽,专心进餐;(3)饮食定量,控制零食;(4)不偏食,饮食多样;(5)注意饮食卫生和就餐礼貌。题干中描述的习惯属于饮食习惯,本题选择 C 选项。

11. B 【解析】1~2 岁小儿每日可进食 5 次,三餐加上、下午各一次点心,以后逐渐改为 4 次,三餐加午后点心一次。每次间隔约 3.5~4 小时。

12. D 【解析】维生素 B_1 缺乏常引起“脚气病”,表现为乏力、肢体麻木、水肿、感觉迟钝等。维生素 B_1 广泛存在于瘦肉、动物内脏、豆类、坚果类食物中,粮谷类食物外皮中维生素 B_1 含量也很丰富。所以幼儿膳食应注意粗细搭配,每天吃豆类及其制品,以获取维生素 B_1。

13. D 【解析】钙的食物来源首选牛奶,牛奶含钙丰富,吸收率也较高。其次是豆类、豆制品和绿叶蔬菜。

14. B 【解析】脂类的生理功能包括:(1)人体组织的重要组成成分;(2)供给机体能量;(3)保护机体组织、器官,维持体温恒定;(4)提供脂溶性维生素,并促进脂溶性维生素的吸收;(5)提供必需脂肪酸;(6)促进食欲,增加饱腹感。

15. C 【解析】碘是合成甲状腺素的原料。甲状腺素具有调节新陈代谢、促进神经系统发育的生理功能。碘缺乏会导致甲状腺素合成不足,造成碘缺乏病。碘缺乏的典型症状为甲状腺肿大。

16. B 【解析】钙是构成人体骨骼和牙齿的重要成分,并在维持神经和肌肉的兴奋性、血液凝固、心动节律方面发挥重要作用。铁是人体内含量最高的微量元素,是合成血红蛋白的原料,参与维持正常造血功能和体内氧的运送。碘是合成甲状腺素的原料。

17. D 【解析】维生素 D 可从食物中摄取,也可由皮肤合成。人体皮肤中的 7-脱氢胆固醇通过紫外线照射后,可转变为维生素 D,晒太阳是人体获得充足、有效的维生素 D 的最好来源。

18. A 【解析】维生素 C 是水溶性维生素,又名抗坏血酸。维生素 C 可以促进胶原合成,参与胆固醇代谢,增强机体免疫力,还能促进铁的吸收和利用。维生素 C 缺乏会造成毛细血管通透性增加,导致坏血病。

19. C 【解析】幼儿园教师和家长要注意幼儿良好饮食习惯的培养:按时定位进食,食前有准备;细嚼慢咽,专心进餐;饮食定量,控制零食;不偏食,饮食多样;注意饮食卫生和就餐礼貌。

20. B 【解析】蛋白质的生理功能有:构成、更新和修复机体组织;调节生理功能;供给能量。B 项促进食欲,增加饱腹感属于脂类的生理功能。

二、简答题(参考答案)

1. 简述碳水化合物的生理功能(可吸收部分)。

(1)供给能量;(2)构成细胞和组织;(3)节约蛋白质;(4)抗酮体生成和解毒。

2. 简述钙的食物来源及生理功能。

(1)钙的食物来源首选牛奶,牛奶含钙丰富,吸收率也较高。其次是豆类、豆制品和绿叶蔬菜,如小白菜、油菜、芹菜等。海产品如小虾皮、小鱼干、紫菜等也是钙的良好来源。

(2)钙的生理功能:钙是人体需要量最多的矿物质。它是构成人体骨骼和牙齿的重要成分,并在维持神经和肌肉的兴奋性、血液凝固、心动节律方面发挥重要作用。幼儿时期摄入充足的钙有助于增加骨密度,从而延缓成年后发生骨质疏松的年龄。幼儿缺钙会影响骨骼和牙齿发育,容易引发佝偻病,导致骨骼变形。

3. 简述安排幼儿膳食的原则。

(1)合理配膳;(2)膳食巧搭配;(3)细心烹调;(4)进餐次数。1~2岁小儿每日可进食5次,三餐加上、下午各一次点心。以后逐渐改为4次,三餐加午后点心一次。每次间隔约3.5~4小时。

4. 简述幼儿良好饮食习惯的内容。

(1)按时定位进食,食前有准备;

(2)细嚼慢咽,专心进餐;

(3)饮食定量,控制零食;

(4)不偏食,饮食多样;

(5)注意饮食卫生和就餐礼貌。

5. 简述托幼机构增进和保持幼儿食欲的方法。

(1)食物多样化,讲究色、香、味、形;(2)创造良好的进餐环境;(3)养成良好的饮食习惯;(4)保持愉快的情绪,餐前和进餐时不训斥、惩罚儿童,不强迫儿童进食,让儿童在轻松愉快的情绪状态下用餐。

三、材料分析题(参考答案)

1. (1)能吃完饭菜固然是最好。能把饭菜吃完的孩子占大多数,这些孩子没有挑食的习惯,能牢记老师的话,是老师眼中的“乖孩子”,小朋友的好榜样。对于这种孩子,应该在其他孩子面前加以鼓励,起到正面教育的作用。这样能激励类似博伦的孩子继续保持这种好习惯,还能给其他孩子一种目标的定向。

(2)不能把老师的意愿强压于孩子的身上。为什么会有那么多孩子一到吃饭就会那么痛苦,不难发现一是有的孩子确实挑食,二是有的孩子确实是胃口不好,有的孩子胃容量不大,吃到一定限度就是吃不下了。如果一味地对孩子说:“不行,一定都要吃完。”对于这些孩子来说无疑就是一种压力。如果吃饭带着一种压力,那么本身很愉快的事情就变得痛苦。

(3)针对幼儿进餐应采取的措施:①指导家长,配合教育;②循循善诱,消除心结;③量身定做,尊重孩子身心发展的规律。

2. (1)生活老师的行为分析:①生活老师重视并做好餐前的卫生工作和准备工作;②提醒小朋友端汤时注意安全;③为小朋友们剔除鱼刺,并且提醒小朋友们小心鱼刺。这些说明生活老师是一个有经验、重视进餐环节细节的老师。

(2)教师的行为分析:教师正在组织其他小朋友讨论今天的饭菜,对小朋友讲解吃葱的好处的行为值得肯定,但是,进餐前批评小朋友会影响他们的食欲。

(3)幼儿的行为分析:小朋友一起摆放餐具、毛巾的行为值得肯定,小朋友饭菜搭配着吃是正确的进餐方式,先吃完的小朋友把碗筷放在指定的地方,然后看书去了,说明这些小朋友平时已经形成了好的习惯。几个小朋友把葱挑了出来放在桌上的行为需要慢慢引导、改正。

(4)保育建议:①进餐环境包括物质环境和精神环境的创设;②对幼儿良好饮食习惯的培养;③对幼儿饮食卫生、进餐礼仪的要求;④对幼儿进餐中应注意的问题进行提醒,提出建议;⑤对幼儿的正确行为进行肯定、表扬。

专题六　幼儿安全与急救

一、单项选择题

答案速查

1~5	ABBDB	6~10	CDDBC
11~15	ABADB		

1. A 【解析】若是苍蝇、蚂蚁等小昆虫钻入耳内,爬来爬去,使幼儿感到疼痛,较易被发现。此时可用灯光对着外耳道口,利用昆虫的趋光性,引诱它爬出来;也可将半茶匙稍加热后的食用油、甘油、酒精倒入耳内,再让幼儿病耳朝下,控5~10分钟,被淹死的昆虫可随液体一道流出。

2. B 【解析】儿童发生鼻出血时,安慰儿童,不要紧张,安静坐下,头略向前低;压迫止血,捏住鼻翼,一般压住5~10分钟即可止血。如果仍然出血,可用0.5%麻黄碱或1/1000肾上腺素湿棉球填塞出血侧鼻孔,一定要深达出血部位,前额、鼻部用湿毛巾冷敷。

3. B 【解析】幼儿骨骼含有机物比成人多,无机盐比成人少,故骨骼弹性大,可塑性强,容易变形。一旦发生骨折,常会出现折而不断的现象,称为“青枝骨折”。

4. D 【解析】海姆里克腹部冲击法也称为海氏手技,是美国医生海姆里克先生发明的为气道阻塞(食物嵌顿或窒息)的人员进行现场急救的有效方法。操作方法为:急救者环抱患者,突然向其上腹部施压,迫使其上腹部下陷,造成膈肌突然上升,这样就会使患者的胸腔压力骤然增加,由于胸腔是密闭的,只有气管一个开口,故胸腔(气管和肺)内的气体就会在压力的作用下自然地涌向气管,每次冲击将产生450~500毫升的气体,从而就有可能将异物排出,恢复气道的通畅。

5. B 【解析】被狗咬伤后，第一时间应快速彻底冲洗伤口。清洁流水冲洗 15 分钟，肥皂水冲洗 15 分钟，冲洗的水量要大，水流要急，最好对着自来水龙头急水冲洗，以最快速度把沾染在伤口上的狂犬病毒冲洗掉。

6. C 【解析】幼儿烫伤时可将损伤部位用凉水或冷开水反复冲洗，若手足灼伤可直接浸于冷水中，至疼痛缓解后去除冷水。故 A 项说法正确。被狗咬伤后，第一时间应快速彻底冲洗伤口。清洁流水冲洗 15 分钟，肥皂水冲洗 15 分钟，冲洗的水量要大，水流要急，最好对着自来水龙头急水冲洗，以最快速度把沾染在伤口上的狂犬病毒冲洗掉。除个别伤口大，又伤及血管需要止血外，一般不上任何药物，也不要包扎。及时送医院做进一步的救治处理，并在 24 小时内尽早注射狂犬病疫苗。故 B 项说法正确。骨折的急救原则是限制伤肢再活动，避免断骨再刺伤周围组织，减轻疼痛，这种处理叫“固定”。故 D 项说法正确。发现煤气中毒者应立即打开门窗或尽快将病人移至通风好的房间内或户外，呼吸新鲜空气。注意保暖，给病人盖好被子，防止受寒发生感冒、肺炎。故 C 项说法错误。

7. D 【解析】幼儿有时候会误吞骨头、纽扣等异物，这些异物有时会卡在食道里，有时还会沿着食道进到胃里。一旦发生食道异物，应立即送患儿到医院医治，禁止采用吃东西把异物顶到胃中的做法。

8. D 【解析】幼儿园发生火灾的处理：(1)一旦发生火险，应在第一时间扑救。如果火势失控，要指派专人向 119、110 报警，立即启动托幼机构的火灾应急预案，并在第一时间内向所属区县教育局和当地党委、政府报告。(2)立即切断着火楼(室)的电源。(3)听到火警报告后所有工作人员应该立即进入紧急状态，按照平时消防演练逃生的路线迅速疏散儿童。如不能撤离，应迅速带领儿童进入相对安全的区域。(4)在火灾现场的负责人要统一指挥，果断命令距离火场最近的人员首先撤离，其余人员依次疏散。(5)如有儿童或工作人员受伤，要及时送往区级以上医院救治，及时通知家长或者家属。(6)保护现场，配合消防部门、行政部门开展调查，有关人员写出事故报告，追究责任，维护托幼机构的利益，协助处理善后事宜。故 D 选项的做法错误。

9. B 【解析】黄蜂毒液呈碱性，可在伤口涂食醋等弱酸性液体；蜜蜂的毒液呈酸性，可在伤口涂淡碱水、肥皂水等弱碱性液体，以达到减轻疼痛和消除水肿的目的。

10. C 【解析】当幼儿烫伤时，教师首先要用冷水对幼儿烫伤部位进行反复冲洗，千万不可随意乱抹肥皂水、牙膏、酱油等。

11. A 【解析】处理眼内异物，不能用手或手帕揉擦，可让幼儿用力眨眼，利用泪水将异物带出；也可用温水或蒸馏水冲洗眼睛，还可翻开上、下眼睑，找到异物后用干净的棉签、纱布擦去。

12. B 【解析】儿童被咬伤时，教师要应采取以下措施：皮肤没有破损的情况下可以轻轻按摩及用温热毛巾敷于患处；皮肤破损流血的，要用温开水或生理盐水冲洗拭干后，以碘伏或酒精消毒、止血，并送至医院做消炎及病毒防治处理。

13. A 【解析】如果骨折为开放性骨折伴有出血，首先要进行止血处理。肢体骨折时使用薄木板将伤肢固定，木板的长度必须超过伤处的上、下两个关节。

14. D 【解析】对新生儿使用胸外心脏按压法急救时：用双手握住其胸，用两拇指压胸骨(乳头连线的中央)，使胸骨下陷 1 厘米左右，然后放松，每分钟按压 120 次左右。

15. B 【解析】对心脏停止跳动的年长儿童进行胸外心脏按压时：救护者把右手掌放在胸骨偏下方，左手按压在右手上，呈垂直交叉式，以助右手之力。每分钟按压 60 ~ 80 次，直至病儿自主呼吸恢复。

二、简答题(参考答案)

1. 简述幼儿鼻出血常见的原因和处理方法。

(1)病因：鼻出血的原因较多，鼻外伤、鼻炎、鼻腔异物、上呼吸道感染等都能导致鼻出血的发生。儿童期较为常见。

(2)处理方法：

①儿童发生鼻出血时，安慰儿童，不要紧张，安静坐下，头略向前低；压迫止血，捏住鼻翼，一般压住 5 ~ 10 分钟即可止血。

②如果仍然出血，可用 0.5% 麻黄碱或 1/1000 肾上腺素湿棉球填塞出血侧鼻孔，一定要深达出血部位，前额、鼻部用湿毛巾冷敷。

2. 简述地震的防范措施。

(1)园长一定要在思想上高度重视，做到宁可千日无震，不可一日不防，切实把保护教职工及儿童生命和国家财产安全放在首位；

(2)加强对保教人员和儿童防震抗灾知识及自救知识的宣传教育；

(3)选择合适位置作为避险区，制定好撤离疏散路线图，定期进行模拟演练。

三、论述题(参考答案)

试述幼儿心跳停止时的急救处理。

当病儿心跳停止，要立即用人为的方法来维持病儿的血液循环，使心脏重新跳动。常用的是心脏跳动按压法，具体的操作方法如下：

(1)使病儿仰卧，背部有硬物支撑。使病儿脸朝上躺在平直的木板或平整的地面上，背部有硬物支撑。如果原来躺在软床或帆布担架上，要移至硬板或地面上，才能使心脏按压有效。

(2)按压心脏。

①对新生儿：用双手握住其胸，用两拇指压胸骨(乳头连线的中央)，使胸骨下陷约 1 厘米左右，然后放松，每分钟按压 120 次左右，直至病儿心跳恢复。

②对 3 岁以下小儿：左手托其背，右手用手掌根部按压胸骨偏下方，使胸骨下陷约 2 厘米左右。如

此,每分钟按压80次左右,直至病儿自主呼吸恢复。

③对年长的儿童:救护者把右手掌放在胸骨偏下方,左手按压在右手上,呈垂直交叉式,以助右手之力。每分钟按压60~80次,直至病儿自主呼吸恢复。

在进行胸外心脏按压时,要垂直向下用力,挤压面积不可过大,以免伤及肋骨,造成肋骨骨折,刺伤肺脏,使病情加重。

第四章 环境创设

核心知识提要

①安全性 ②发展适宜性 ③幼儿参与性 ④建立安全、温暖、互相信任的师幼关系 ⑤建立学前儿童之间良好的同伴关系

经典真题回顾

一、单项选择题

答案速查

1~3	CDB

1. C 【解析】本题考查教师与家长沟通的根本目的。幼儿教师与家长沟通的根本目的是为了更好地促进幼儿的发展,增进家园情感。家园合作是指幼儿园和家庭都把自己当作促进儿童发展的主体,双方积极主动地相互了解、相互配合、相互支持,通过幼儿园和家庭的双向互动,共同促进儿童的身心发展。

2. D 【解析】本题考查幼儿园环境的教育功能。题干中教师使用幼儿易于识别的生活行为规则标识图,有利于幼儿习得生活技能和行为准则,故本题选D。

3. B 【解析】本题考查幼儿园环境创设的原则。安全的环境是幼儿发展的必备条件,只有在安全的环境里,幼儿的生命才能获得保障,才可能获得自由、快乐的发展。因此在环境创设中,教师要把设施、设备、执教玩具、操作材料等所有物质材料的安全和卫生始终放在首位。安全性原则具体包括:(1)所有设备、装饰物、玩具都应采用无毒、不吸尘的材料;(2)实施软包装;(3)幼儿使用的设备材料要定期更换、清理、消毒。

二、简答题(参考答案)

1. 简述社区在幼儿园教育中的作用。

(1)社区环境对学前儿童产生潜移默化的影响。社区环境或多或少地影响着学前儿童,一个自然环境优美的社区会让学前儿童产生美好的情感,和谐积极的社区人文环境会给学前儿童一种良好的情绪体验。具体而言,社区中的邻里关系、同伴关系、风土人情以及社区的建筑、活动设施、人文景观等都会对学前儿童产生各种各样的影响。可以说社区中的一人一景一物都具有一定的教育意义。

(2)社区资源为幼儿园提供了现实支持。幼儿园可以直接利用社区丰富的教育资源,让学前儿童走进社会的大课堂。如参观社区中的各种机构、设施,请社区的劳动模范、解放军战士、医务人员、警察叔叔等与学前儿童共同活动,慰问敬老院的爷爷、奶奶,或请他们到幼儿园做客等等。社区的积极参与将会使幼儿园教育变得更生动、更富有时代气息。

(3)社区文化是一种现存的教育资源。优秀的社区文化是幼儿园教育的宝贵资源。如一些少数民族地区的幼儿园会有意识地让地区文化渗透到幼儿园,使幼儿园赋予一种与汉文化不同的民族特色。无论是幼儿园的环境布置、教师的服饰,还是幼儿园的生活课程、人际交往方式等等,都反映出当地民族文化对幼儿园教育的影响。

2. 作为幼儿教师,如何在保教活动中营造更好的心理氛围?

(1)创设优美、整洁的幼儿园物理环境;

(2)以园长为中心,创设幼儿园教师之间和谐的精神环境;

(3)建立安全、温暖、互相信任的师幼关系;

(4)建立学前儿童之间良好的同伴关系;

(5)重视幼儿园文化建设,形成良好的幼儿园风气。

三、论述题(参考答案)

1. 什么是幼儿园环境?为什么幼儿园教育中要强调创设良好的幼儿园环境?请联系实际说明。

(1)对于幼儿园教育而言,广义的幼儿园环境是指幼儿园教育赖以进行的一切条件的总和。它包括幼儿园内部的小环境,又包括园外的家庭、社会、自然、文化等大环境,狭义的幼儿园环境是指在幼儿园中,对幼儿身心发展产生影响的物质与精神要素的总和。

(2)良好的幼儿园环境创设对于幼儿的发展具有重要意义,主要表现在以下几个方面:

①为幼儿提供发展保障。幼儿要在幼儿园吃饭、睡觉、游戏等,只有具备相应功能的建筑、空间设备,才能使幼儿感到安全、方便、舒适和愉悦。

②促进幼儿身心健康。宽敞的空间、齐全的设备器具可以使幼儿机体得到锻炼;整洁、优美的环境会给幼儿美的享受;具有探索性的环境可满足幼儿的好奇心,激发幼儿的探究热情,培养幼儿的探究能力;文明有序的集体活动环境有利于培养幼儿的适应能力;融洽和谐的人际关系可使幼儿感到宽松、自由、被尊重、被接纳,从而乐观自信。

③激发幼儿创造潜能。幼儿不是环境创设的消极旁观者和享用者,而是环境创设的积极参与者和互动者。在幼儿园环境创设的过程中,幼儿通过参与设计构思、材料搜集、动手制作和布置的全过程,可以激发他们自我发展的主人翁意识。在与环境交互的过程中,幼儿会根据自己的需要自由

选择环境，探索环境、控制和驾驭环境，其积极性、主动性、创造性都可以得到最大限度的释放。

2. 有家长说："这家幼儿园天天让孩子玩，什么都没教。不教拼音，不教写字，孩子连字都认不了几个。"为什么说该家长的说法是错误的？请说明理由。

(1)该家长未正确理解幼儿的学习方式和特点。《3~6岁儿童学习与发展指南》指出，幼儿的学习是以直接经验为基础，在游戏和日常生活中进行的。要珍视游戏和生活的独特价值，创设丰富的教育环境，合理安排一日生活，最大限度地支持和满足幼儿通过直接感知、实际操作和亲身体验获取经验的需要，严禁"拔苗助长"式的超前教育和强化训练。

(2)该家长未正确理解幼儿园教育的目的。《幼儿园工作规程》指出，幼儿园的任务是：贯彻国家的教育方针，按照保育与教育相结合的原则，遵循幼儿身心发展特点和规律，实施德、智、体、美等方面全面发展的教育，促进幼儿身心和谐发展。幼儿园应以游戏为基本活动，寓教育于各项活动之中。

(3)该家长未正确理解幼儿园教育活动内容的特点。幼儿园教育的内容是广泛的，涉及儿童所接触的自然环境、社会环境、文学艺术等方方面面，具有广泛性、丰富性；但从儿童的认识水平和儿童阶段的教育任务看，这些教育内容又是粗浅的，具有启蒙性，教育过程中，并不强调教育内容的系统性和抽象逻辑性。

(4)该家长未正确理解幼小衔接的实质。幼小衔接的实质是幼儿在入学之前，需要达到的身心全面发展的水平，包括健康的身体、主动性、独立性、人际交往能力、规则意识和任务意识等方面的培养。该家长将幼小衔接片面理解为学习拼音、会写字，忽视了幼儿行为习惯、心理适应等方面的衔接。

综上所述，该家长观念陈旧，未正确理解幼儿身心发展和学习的特点，具有明显的小学化倾向，故其说法错误。

3. 试述如何做好幼小衔接工作。

(1)幼儿在入学前需要做好的准备：①幼儿在入学前需要做好身心准备；②幼儿在入学前需要做好生活准备；③幼儿在入学前需要做好社会准备；④幼儿在入学前需要做好学习准备。

(2)幼儿园针对幼小衔接需要开展的工作：①培养幼儿对小学生活的热爱和向往；②培养幼儿对小学生活的适应性，包括培养主动性、培养独立性、发展人际交往能力、培养幼儿的规则意识和任务意识、发展动作、增强体质；③帮助幼儿做好入学前的学习准备，培养良好的学习习惯、良好的非智力品质，发展思维能力和基础能力，适当调整课程结构和内容；④加强幼儿园教师业务能力培养；⑤建立和健全幼儿园与小学的联系。

(3)家长在幼小衔接方面起到的作用：①增强幼儿的信心；②发展幼儿的语言能力；③调整好幼儿的生活规律；④培养幼儿的自理能力；⑤为幼儿准备家庭学习环境，营造良好的学习气氛；⑥对幼儿进行安全教育，增强幼儿自我保护意识。

过关必刷题库

专题一　幼儿园环境创设

一、单项选择题

答案速查

1~5	BCBBC	6~10	DDBBD
11~15	BBCBC	16~18	BAC

1. B 【解析】狭义的幼儿园环境是指在幼儿园中，对幼儿身心发展产生影响的物质与精神要素的总和，即物质环境和精神环境两大类。

2. C 【解析】发展适宜性原则是指幼儿园环境创设要符合幼儿的年龄特征及身心健康发展的需要，促进每个幼儿全面、和谐地发展。题干中李老师针对本班幼儿语言表达能力差的特点，创设了促进幼儿语言能力发展的相应环境，体现环境创设的发展适宜性原则。

3. B 【解析】从一般年龄特征来看，小班、中班、大班儿童在身心发展特点上的差异是非常明显的，其身心发展所需要的环境也不尽相同。因此，教师要根据儿童不同的年龄特征，为其提供适宜的发展环境。

4. B 【解析】幼儿参与性原则是指环境创设过程需要幼儿与教师共同合作、共同参与。根据幼儿讨论的结果进行环境创设，体现该教师尊重幼儿的主体性和参与性。

5. C 【解析】环境创设必须重视幼儿的全面发展，德智体美劳不可偏废。幼儿的个体差异很大，教师必须根据不同年龄阶段幼儿的发展特点设置环境，避免统一化。我国经济发展虽然有了较大的进步，但是还有很多地区较为穷困，不能浪费。

6. D 【解析】开放性原则是指创设幼儿园环境时应把大、小环境有机结合，形成开放的幼儿教育系统。幼儿园主要是与家庭、社区合作，互相取长补短，同心协力，在一个开放的系统中，去培养适合新时代要求的幼儿。

7. D 【解析】室外游戏环境创设是为了促进幼儿全面和谐发展，因而在规划中必须保持其整体性。内容要全面、系统。凡是促进孩子发展的室外游戏所涉及的项目，就应有相应的环境，如有发展身体的、有发展认知能力的、有发展社会性的等等。既要注意不同领域、不同方面内容之间的横向联系，又要在纵向上考虑由易到难、由简单到复杂，依次递进。题丁中幼儿园的户外游戏环境规划体现了整体性原则。

8. B 【解析】在环境创设中，教师要把设施、设备、执教玩具、操作材料等所有物质材料的安全和卫

生始终放在首位。在园区的安全性上,应注意:幼儿园户外设备应固定在地上,以免翻倒;室外的插座及电线设备应设置在幼儿够不到的地方;楼梯的两边应设幼儿扶手,楼梯踏步不宜过高,以幼儿的跨度为准;在幼儿安全疏散和经常出入的通道上,不应设有台阶等。幼儿园小班不宜用过小的玩具,防止幼儿吞咽。

9. B 【解析】在幼儿园教育中,环境创设不仅是美化的需要,更是教育者实现教育意图的重要中介,教育者把教育意图隐含在环境中,让环境去说话,让环境去引发幼儿应有的行为。因此,幼儿园的环境具有教育功能,是为实现教育目标服务的。题干的描述体现了环境创设的教育性。

10. D 【解析】开放性原则是指创设幼儿园环境时应把大、小环境有机结合,形成开放的幼儿教育系统。通过大小环境的配合,主要是与家庭、社区合作,互相取长补短、同心协力,在一个开放的系统中培养起适合新时代要求的幼儿。题干的描述体现了幼儿园与家庭的合作,即体现了开放性原则。

11. B 【解析】题干描述的是幼儿园环境创设方法中的探索法,该方法可以培养幼儿学习的内在动机,提高幼儿与环境、材料交往的积极性。

12. B 【解析】教师带领幼儿一起布置环境,体现幼儿参与性原则;利用废弃物制作各种花架,体现经济性原则;家长提供花卉和植物,体现开放性原则。安全性原则是指在环境创设中,教师要把设施、设备、执教玩具、操作材料等所有物质材料的安全和卫生始终放在首位。题干没有体现这一原则,因此答案为 B 选项。

13. C 【解析】经济性原则是指创设幼儿园环境应考虑不同地区、不同条件园所的实际情况,做到因地制宜、勤俭办园。贯彻经济性原则要就地取材、废物利用、一物多用,建设有本园特色的教育环境。

14. B 【解析】发展适宜性原则是指幼儿园环境创设要符合幼儿的年龄特征及身心健康发展的需要,促进每个幼儿全面和谐地发展。题干中老师抓住孩子的年龄特点投入玩具,体现了发展适宜性原则。

15. C 【解析】经济性原则是指创设幼儿园环境应考虑不同地区、不同条件园所的实际情况,做到因地制宜、勤俭办园。材料中利用当地的自然优势,体现的是环境创设的因地制宜,即经济性原则。

16. B 【解析】幼儿参与性原则是指环境创设过程需要幼儿与教师共同合作、共同参与。环境创设的过程是幼儿与教师共同参与合作的过程,同时也要关注幼儿参与创设环境的深度与广度。题干的描述体现了幼儿园环境创设的幼儿参与性原则。

17. A 【解析】在环境创设中,教师要把设施、设备、执教玩具、操作材料等所有物质材料的安全和卫生始终放在首位。尖头飞镖对幼儿有一定的伤害性,不适合投放在幼儿园中,故 A 项没有考虑幼儿园环境创设的安全性原则。

18. C 【解析】参与环境的创设有助于培养幼儿的主体意识、责任感和合作精神,这是对幼儿最好的教育,其效果绝不低于教师创设的现成环境。其中,教师树立正确的观念是贯彻这一原则的根本保证。

二、简答题(参考答案)

1. 简述幼儿园环境创设的一般原则。

(1)安全性原则;(2)环境与教育目标的一致性原则;(3)发展适宜性原则;(4)幼儿参与性原则;(5)开放性原则;(6)经济性原则。

2. 简述幼儿园环境创设的意义。

(1)为幼儿提供发展保障;(2)促进幼儿身心健康;(3)激发幼儿创造潜能。

三、材料分析题(参考答案)

1. 问题:(1)班级环境创设时没有考虑到幼儿的兴趣。环境要体现教育目标,也必须符合幼儿的需要和兴趣,但幼儿现存的兴趣无论广度和深度都有限,他们对自己的需要也往往不能意识到。因此,只要是幼儿发展所必需的东西,应当将其纳入环境中,并引导和发展幼儿的兴趣。材料中的李老师上网搜了许多与“马路上的车”有关的文字和图片资料,并没有考虑到幼儿的兴趣和需要,只是单纯地完成园长布置的任务。

(2)班级环境创设时没有体现幼儿参与性原则。环境毕竟是用来供幼儿活动的,因此贯彻幼儿参与性原则是教师准备环境时最重要的内容之一,也是教师发挥作用的最重要的一个方面。很多幼儿园的成功实践证明,幼儿积极参与准备的环境,最受幼儿喜欢,最能引起幼儿关注和投入,而那些完全由教师包办的环境,却并不怎么吸引幼儿。

(3)没有体现出发展适宜性原则。发展适宜性原则是指幼儿园环境创设要符合幼儿的年龄特征及身心健康发展的需要,促进每个幼儿全面、和谐地发展。材料中的李老师上网搜了许多与“马路上的车”有关的文字资料,不符合中班幼儿的年龄特征,导致孩子看不明白。

建议:(1)幼儿教师在环境创设时要让幼儿感兴趣,更使其增加兴趣。李老师在以后的环境创设中应使环境符合幼儿的需要和兴趣。

(2)幼儿参与性原则是指环境的创设过程是幼儿与教师共同合作、共同参与的过程。李老师在以后的环境创设中应让幼儿参与环境的创设,这有助于培养幼儿的主体意识、责任感、合作精神。这是对幼儿最好的教育,其效果绝不亚于教师创设的现成环境。

(3)李老师在以后的环境创设中还应遵循发展适宜性原则。根据幼儿不同的年龄特征为其提供适宜的发展环境。

(4)环境与教育目标的一致性原则是指环境的创设要体现环境的教育性。即环境设计的目标要符合幼儿全面发展的需要,与幼儿园教育目标相一

致。李老师在以后的环境创设中要符合幼儿全面发展的需要,与幼儿园教育目标相一致。

2. (1)存在的主要问题是:

①区域设置过多过满,容易影响项目选择并引发纠纷。材料中每个班都至少设置了7~8个区域,内容过多,会影响幼儿的选择。

②部分活动区域内容材料更换不及时,影响了孩子的活动积极性。材料中语言区的图片已经积了一层灰,智力区的拼图无人问津,这些材料对该班的幼儿没有起到实质性的作用,却没有及时更换,对幼儿的活动有一定的影响。

③部分区域提供的活动材料过难,影响了孩子的活动兴趣。

(2)建议:

①将班上的区域进行整合,数量控制在6个左右;

②及时根据幼儿活动进度和教育内容需要更换调整语言区的图片;

③智力活动区内提供的拼图要符合本班大部分孩子的认知程度,避免因过难而影响幼儿操作的成就感。

专题二　常见活动区的创设及其功能

一、单项选择题

答案速查

1~5	BBCAB	6~9	CCCC

1. B 【解析】区域活动的材料和工具要符合幼儿的年龄特点,这样容易引起幼儿操作的兴趣,幼儿也容易在操作中获得成就感。小班幼儿喜欢玩平行游戏,所以老师给他们的玩具应该同种类的多一些,提供的材料体积大一些,防止幼儿塞入嘴巴,以免发生危险。

2. B 【解析】表演游戏区是兼有游戏性与表演性,又以游戏性为主的活动区域。题干中描述的活动区域是表演游戏区。

3. C 【解析】放大镜、天平、水箱等属于科学探究性材料,应投放在科学区。

4. A 【解析】教师在创设活动区时要把类似的活动安排在一起,注意动静交替。如将安静的图书区、自然区放在一起,以免其它活动干扰。老师在设置区域时,将“阅读区”与“表演区”等吵闹的区隔开,这样做的好处是动静分区。

5. B 【解析】操作性原则是指幼儿喜欢操作摆弄,教师所提供的区域活动材料最好能让幼儿动手做做、摆摆,再配以说说、画画,这样有助于吸引幼儿主动地参与操作,激发创造欲望,在操作中使逻辑思维能力、动手能力以及合作能力得到发展。

6. C 【解析】根据动静交替的原则,阅读区和娃娃家区域是不能放在一起的,娃娃家的小朋友会干扰图书区的小朋友,所以A项错误。自选游戏环境的创设应该是由幼儿进行的,B项错误。在积木区提供一些玩偶等辅助材料,可以帮助幼儿思考,C项正确。娃娃家属于角色扮演区,在角色扮演区的氛围创设中,可设计一些隔断,并用家具、矮架子、纸箱、积木等材料围起来,以确定本区的活动范围,D项错误。

7. C 【解析】益智区是幼儿通过手脑并用操作材料(棋牌类、拼图类)进行逻辑思维活动的游戏场所。它能极大地满足幼儿的求知欲,在数、形、空间等的感知过程中培养幼儿爱动脑筋的习惯,使之变得聪明和智慧,并且促进幼儿理智感的发展。

8. C 【解析】教师在指导幼儿的区域活动时,应加强区域间的配合、渗透,加强横向联系。不同区域虽然是相对独立的,但它们之间可以相互联系起来,这可以增强活动的趣味性,使儿童保持活动的兴趣。

9. C 【解析】适宜性指的是区域活动的材料和工具要符合幼儿的年龄特点,这样容易引起幼儿操作的兴趣,幼儿也容易在操作中获得成就感。其次适宜性还体现在活动材料和工具的投放要适量和有序。

二、简答题(参考答案)

1. 在创设幼儿活动区的过程中应注意哪些问题?

(1)要向幼儿介绍每个活动区的用途;(2)让幼儿有充分的自由选择自己喜欢的活动区;(3)允许幼儿在活动区中主动、自由地活动,真正成为活动的主人;(4)教师要有目的地观察并记录幼儿参与活动区活动的内容及次数,作为评价和指导幼儿活动的依据;(5)建立必要的规则,如标明每个活动区适合的人数,教育幼儿爱护活动区的设备、材料等。

2. 简述幼儿园常见的活动区。

(1)表现性功能区:①装扮区;②表演区;③建构区;④美工区。

(2)探索性活动区:①益智区;②科学区;③沙水区;④种植饲养区。

(3)运动性活动区:①固定运动器械区;②可移动运动器材区;③自然游戏区。

(4)欣赏性活动区:①阅读区;②展示区。

3. 简述幼儿园活动区材料投放利用的具体要求。

(1)按目标投放材料;(2)按主题投放材料;(3)投放不同层次的材料;(4)分期分批投放材料;(5)有些材料需随时投放。

4. 简述幼儿园活动区材料投放时遵循适宜性原则应注意的问题。

(1)区域活动的材料和工具要符合幼儿的年龄特点,这样容易引起幼儿操作的兴趣,幼儿也容易在操作中获得成就感。

(2)区域活动材料和工具的适宜性还体现为适量和有序。活动区材料的种类和数量能满足幼儿操作需要即可,并非越多越好。

(3)所增添的区域活动材料必须是幼儿熟悉的,在幼儿懂得操作要求的基础上放置在活动区中,这样既明确体现了材料的功能性,又奠定了活动区有序的基础,有助于幼儿形成使用工具、材料的良好操作习惯。

三、论述题(参考答案)

1. 试述幼儿园活动区的功能。

(1)能适应幼儿个别差异的需要,扩充幼儿学习的

领域；
(2)引发幼儿学习动机、培养幼儿独立探索的精神；
(3)给幼儿提供相互学习与观摩的机会，培养幼儿想象力、创造力、观察力和动手操作的能力；
(4)为幼儿创设互动的学习环境；
(5)为幼儿提供个别化的学习机会；
(6)为幼儿提供静态和动态相平衡的课程；
(7)给教师提供观察与评价幼儿的机会。

2. 试述创设活动区的具体要求。
(1)多样而丰富的内容。为适应幼儿个别差异，要根据幼儿的兴趣和身心发展水平或配合教育任务，设置多种活动区，并要经常更换活动区的内容。
(2)要易于观察或记录。无论活动区布置在室内任何角落，都必须方便教师的观察或记录。
(3)合乎安全原则。设备、材料的放置应合乎幼儿的身高，并坚固耐用。
(4)类似的活动安排在一起，注意动静交替。如将安静的图书区、自然区放在一起，以免其它活动干扰。
(5)活动时所需材料应置于附近。各种设备、材料应尽量放在幼儿伸手可及之处，刺激并便于幼儿充分利用其开展活动。切忌束之高阁，限制幼儿利用。
(6)有足够的自由活动空间。单纯追求活动区的多而全，造成每一区的活动空间和整个室内空间过于拥挤、狭小，反而影响幼儿活动的开展。如果空间有限，可根据幼儿兴趣和教育的需要轮流安排活动区，不必同时设置所有的活动区。
(7)注意活动区间的相对封闭与分割。活动区之间形成间隔，使每个区域独成一体，有利于幼儿在区域内的活动，特别是对于一些独立操作性较强的活动区更应如此。但应注意的是，封闭的程度要以幼儿之间互不干扰活动、教师置身于活动区外又能观察到幼儿的活动为原则。对于一些独立性不太强的活动区，如美工区、建构区、角色区等，可以利用活动柜、桌椅、布袋、积木矮墙等相隔成区。当然，这种分割与封闭都是相对的，应根据本园和本班的实际，灵活掌握。
(8)注意光线的明暗。对于需要光线的活动区，如图书区、观察区，要将其安排在光线充足、照明好的位置上，使幼儿在活动的过程中，不仅在知识、技能上能得到发展，而且在健康上也能得到保障。

四、材料分析题(参考答案)

1. 该幼儿园结构区的材料投放遵循了层次性原则。在选择和投放操作材料时，将所投放的材料与所要达成的目标之间，按照由浅入深、从易到难的要求，分解出若干个能与幼儿认知发展相吻合的层次，投放角度不同、难度不同的材料。例如材料中该幼儿园刚开始投放一些大型的积塑；然后投放木板海绵块，暗示幼儿混合使用材料；最后投放纸盒、易拉罐等材料，鼓励幼儿搭建有主题的物体。这种具有层次性的投放原则，适应了幼儿的身心发展特点，促进幼儿想象力和设计能力的发展，满足幼儿个体操作和学习的需要。

2. 该区域活动材料投放的策略主要有：
(1)适宜性。区域活动的材料和工具要符合幼儿的年龄特点，这样容易引起幼儿操作的兴趣，幼儿也容易在操作中获得成就感。中班幼儿开始学习使用筷子，并且有的幼儿对筷子产生了很大兴趣，老师针对幼儿的年龄特点和兴趣，将筷子投放到了不同的区域，幼儿玩得不亦乐乎。
(2)丰富性。为满足幼儿操作需要，要提供数量充足，形式、功能多样的活动区材料。材料中老师为幼儿提供不同材质、颜色、长短、粗细的筷子，并与幼儿探讨筷子的不同玩法。
(3)操作性。幼儿喜欢操作摆弄，教师所提供的区域活动材料最好能让幼儿动手做做、摆摆，再配以说说、画画。材料中的教师和幼儿一起探讨筷子的玩法，并将幼儿的想法具体实施操作，有助于吸引幼儿主动地参与操作，激发创造欲望。
(4)开放性。区域材料的投放要通过大小环境的配合，主要是通过与家庭、社区的合作，互相取长补短、同心协力，在一个开放的系统中培养适合新时代要求的幼儿。材料中教师请幼儿和家长共同收集不同材质、颜色、长短、粗细的筷子，充分体现了开放性原则。

专题三 幼儿园心理环境创设

一、单项选择题

答案速查

1～4	CDCD

1. C 【解析】幼儿园心理环境创设的要求包括：(1)创设优美、整洁的幼儿园物理环境；(2)以园长为中心，创设幼儿园成人之间和谐的精神环境；(3)建立安全、温暖、互相信任的师幼关系；(4)建立学前儿童之间良好的同伴关系；(5)重视幼儿园文化建设，形成良好的幼儿园风气。故不包括C项。

2. D 【解析】题干中，不强迫幼儿画画，允许幼儿做自己想做的事，体现了李老师对幼儿的尊重，发挥了幼儿的主动性。

3. C 【解析】幼儿园精神环境即指幼儿园的心理氛围，它是一种重要的潜在课程。其范围很广，包括影响教职工和幼儿精神状态、情绪的一切因素。通常来讲，幼儿园精神环境的构成要素主要有：幼儿园在一定时期内形成的大众心理、幼儿园文化、幼儿园的人际关系。故本题选C。

4. D 【解析】A选项中对儿童的批评会伤害儿童，而不是对儿童抗挫折能力的培养。B选项中采取威胁和恐吓的教育方式是错误的，对幼儿来说，良好的心理环境的创设不能使用威胁和恐吓。C选项中教师的做法不符合教师职业道德，幼儿教师必须对所有的孩子一视同仁，必须关注每一个孩子，这样才能促进儿童积极情绪的发展，才能创设

良好的心理环境。D 选项中教师的言语充满了鼓励性，有利于幼儿园心理环境的创设。

二、简答题(参考答案)

1. 简述幼儿园良好的心理环境对幼儿发展的影响。

(1)影响幼儿情绪、情感的健康发展。良好的心理环境能使幼儿产生积极的情绪，有助于幼儿形成活泼、开朗和自信的性格特征。

(2)影响幼儿创造潜能的发展。宽松和谐的心理氛围有助于幼儿思维活跃和智力的开发，帮助幼儿主动学习和探索创造。

(3)影响幼儿人格的形成。民主的环境有利于幼儿活泼开朗性格的形成。

2. 简述幼儿园心理环境创设的方法。

(1)创设优美、整洁的幼儿园物理环境；

(2)以园长为中心，创设幼儿园教师之间和谐的精神环境；

(3)建立安全、温暖、互相信任的师幼关系；

(4)建立学前儿童之间良好的同伴关系；

(5)重视幼儿园文化建设，形成良好的幼儿园风气。

3. 简述教师的言行对幼儿心理环境形成的重要作用。

(1)教师的言行有利于幼儿安全感的形成；

(2)教师的言行有利于幼儿自我价值的形成；

(3)教师的言行有利于幼儿独立人格的形成。

专题四　幼儿园与家庭的合作

一、单项选择题

答案速查

1 ~ 5	ADADB	6 ~ 8	DCC

1. A 【解析】在家长开放日，家长可以亲自体验和参与幼儿园的教学活动，观察自己的孩子在幼儿园的学习生活情况，了解孩子的进步和差距，并及时同教师交流。请家长参加大班幼儿离园告别会适合在家长开放日进行，故 A 项正确。

2. D 【解析】家长开放日指幼儿园定期或不定期地向家长开放，届时邀请家长来园观摩和参观幼儿园的活动。

3. A 【解析】家庭访问是加强幼儿园与家庭联系的一种常用方式。教师可以向家长汇报学前儿童每天在幼儿园的表现，以通过家庭教育和幼儿园联合，或解决学前儿童发展过程中的问题，或进一步巩固其良好的行为习惯。

4. D 【解析】在家园合作过程中，在教育孩子的问题上，家长和教师是平等、共育、合作的关系。只有在平等、共育、合作的基础上才能建立和谐一致的家园合作关系。

5. B 【解析】家园合作的形式包括：(1)幼儿园与家长互动沟通的方式：①集体方式有家长会、家长学校、家长开放日、家长接待日和专家咨询、家园联系栏、小报小刊和学习材料提供。②个别方式有家庭访问、个别谈话、家园联系册或联系卡、书信、电话、网络等、接送孩子时的随机交流。(2)引导和组织家长参与幼儿园的教育：①与孩子一起参与班级的活动；②支持与参与幼儿园创设环境的各项活动；③参与教师的教学。B 项，参观小学不属于家园合作的形式。

6. D 【解析】家长作为重要的教育力量表现在：(1)家长的参与极有利于幼儿的发展；(2)家长是教师最好的合作者，是教师了解幼儿的最好信息源；(3)家长参与幼儿在园的活动能够大大提高幼儿活动的兴趣和积极性；(4)家长与教师的配合使教育计划的可行性、幼儿园课程的适宜性、教育的连续性和有效性等都能更好地得到保证；(5)家长本身是幼儿园宝贵的教育资源。

7. C 【解析】家访是教师进入儿童家庭了解儿童情况的一种方式。题干中针对乐乐的情况，林老师可进行家访，了解乐乐出现此情况的原因，与家长合作，从而能更好地解决乐乐爱打人、不来幼儿园的问题。

8. C 【解析】家长学校是普及家教知识的有效渠道。举办家长学校，主要是向家长系统地宣传先进的教育理念，指导教育孩子的正确方法。

二、简答题(参考答案)

1. 简述家园合作的必要性。

(1)家庭是幼儿成长最自然的生态环境；

(2)家庭是幼儿的第一个学校；

(3)家长是幼儿园重要的教育力量。

2. 简述幼儿园与家长互动沟通的方式。

(1)集体方式：①家长会；②家长学校；③家长开放日；④家长接待日和专家咨询；⑤家园联系栏；⑥小报、小刊和学习材料提供。

(2)个别方式：①家庭访问；②个别谈话；③家园联系册或联系卡；④书信、电话、网络等；⑤接送孩子时的随机交流。

三、论述题(参考答案)

结合实际，分析我国家园合作中存在的问题和解决策略。

家园合作中易出现的问题：

(1)家长和教师之间存在矛盾与冲突。

(2)合作不够深入，合作内容脱节。

(3)家长参与配合不够好，援助学前教育少。

(4)母亲参与度明显高于父亲，不利于儿童阳刚性格的培养。

家园合作中存在问题的解决措施：

(1)幼儿园要主动创造条件开辟沟通渠道。

①教师要以诚相待，放下权威，把“支持每个家庭在学校里找到归属感和幸福感，家长和教师共同思考家庭参与的途径，不断丰富和支持家长参与学校教育”作为宗旨，实现与家长真正意义上的沟通和交流；

②引导家长对自己孩子在幼儿园活动中的表现进行观察；

③利用现代科学技术和网络技术，建立幼儿园网站，为家园双方提供相互交流的平台，加强家园交

流的双向互动和信息共享；

④定期就儿童的家园表现进行交流；

⑤家访工作要落到实处；

⑥在家长每日接送孩子时，教师应尽可能地和家长交流。

(2)家长要积极参与幼儿园保教活动。

①在家园合作过程中家长要谨记，在教育孩子的问题上家长和教师是平等、共育、合作的关系；

②家长要有参与幼儿园教学的积极性和兴趣。

四、材料分析题(参考答案)

1. (1)教师应鼓励和引导家长直接或间接地参与幼儿园教育，同心协力培养幼儿，帮助家长树立正确的教育观念和教育方法，优化家庭教育的物质环境和精神环境。幼儿园和家长形成教育合力，共同促进幼儿全面和谐发展。这样有利于在一定程度上，避免困惑1出现的“星期一”现象。

(2)培养幼儿良好生活习惯可以采用以下方法：①榜样示范法。教师可以充分利用幼儿好模仿的心理特点，通过树立榜样，为幼儿示范良好的行为习惯，学会正确地搬放椅子和坐椅子。②渗透教育法。培养幼儿形成良好的生活习惯，不能一蹴而就，教师要有足够的耐心引导幼儿在一日生活各环节中，逐渐形成良好的生活习惯。③游戏练习法。游戏练习法是让幼儿在生动有趣的活动中接受教育，快乐地学习，这样既符合幼儿的心理，又能取得良好的效果。④家园共育法。幼儿园每一项活动的开展都离不开家庭，幼儿良好习惯的养成仅仅靠幼儿园是远远不够的，还需要得到家长的支持与配合。教师应与家长多沟通，并定期召开家长会，向家长宣传良好习惯养成的重要性，帮助家长建立正确的教养观念，要求家长密切配合幼儿园，达成共识，使幼儿在幼儿园形成的行为习惯在家里得以延续和巩固。

2. (1)分析：

“过于保护”的家庭教育模式，造成孩子缺乏自信。在家里，父母对孩子过于保护；孩子的日常生活事务都由家长包办代理，而且活动中还受到父母的诸多限制，不允许“玩”这，不准“做”那，怕有危险、出意外。因此养成了晨晨过度依赖及胆小怕事的个性。

(2)措施：

①给予信任，帮其战胜胆怯心理。针对晨晨畏惧、怯懦的特点，教师应该采取树立榜样和耐心帮助相结合的方法，促使晨晨克服胆怯心理，以勇敢、无畏的精神去锻炼自己。

②家园配合，共施良策，促其转变。主动与家长联络交流，共同研究探索一套科学的、适应晨晨特点的教育方案。如让晨晨动手做自己能做的事；关注和支持晨晨有益的兴趣和爱好，并为之提供方便，培养他的主动性和参与意识；多以积极肯定的态度来帮助晨晨树立自强、自立、自信的信念。

3. 身为一名幼儿教师，不仅要时刻关心孩子的一举一动，还要注意不要冷落了家长。幼儿园应加强与家长的情感沟通与信息交流，了解家长对孩子教育的需要，尽可能地满足他们的需求，从而激发他们参与幼儿园教育的兴趣和热情。

具体做法如下：(1)教师要以诚相待，放下权威，把“支持每个家庭在学校里找到归属感和幸福感，家长和教师共同思考家庭参与的途径，不断丰富和支持家长参与学校教育”作为宗旨，实现与家长真正意义上的沟通和交流。对于严宇飞奶奶的误解，材料中的教师选择第二天与其沟通，耐心解释。

(2)引导家长对自己孩子在幼儿园活动中的表现进行观察。材料中的教师可以引导奶奶观察严宇飞在幼儿园的表现，弄清楚事情的来龙去脉。

(3)利用现代科学技术和网络技术建立幼儿园网站，为家园双方提供相互交流的平台，加强家园交流的双向互动和信息共享。

(4)定期就儿童的家园表现进行交流。

(5)家访工作要落到实处。

(6)在家长每日接送孩子时，教师应尽可能地和家长交流。

专题五　幼儿园与社区的合作

一、单项选择题

答案速查

1～3	CDB

1. C 【解析】社区学前教育是指以学前儿童及其家庭为对象开展的各种形式的优生、优育、优教活动，目的在于尽可能使社区内所有学前儿童获得良好的教育与发展。社区的自然景观、名胜古迹、公园、游乐园、图书馆等人文设施，是学前儿童游览、游玩、参观、开拓儿童的视野，增进身心健康的好去处，社区内的商店、超市、银行、邮电局、敬老院、电影院、学校是学前儿童丰富社会认知、积累社会经验、进行社会性教育的重要资源。故组织幼儿参观医院、社区超市属于社区教育。

2. D 【解析】社区文化对幼儿园教育具有重要的意义，它无形地影响着幼儿园的教育，优秀的社区文化更是幼儿园教育的宝贵资源。题干中有的幼儿园将社区的历史、风俗、革命传统等作为乡土教材来利用，丰富了教育内容，发挥了社区文化对幼儿园教育的意义。

3. B 【解析】题干的描述是幼儿园与社区的合作，幼儿园可以采用“请进来”的形式，把社区里不同职业的人士适当、适时地请到幼儿园来参与儿童教育，与儿童一起活动。

二、材料分析题(参考答案)

1. (1)整合社区资源，促进儿童发展。①带儿童到社区去开展教育活动。主要包括散步与玩耍、感受社区文化、认识和关心周围的人、参加社会实践。②把社区的人力资源请进幼儿园。幼儿园可以采用“请进来”的形式，把社区里不同职业的人士适当、适时地请到幼儿园来参与儿童教育，与儿童一起活动。

(2)发挥幼儿园的教育优势,为社区建设出力。教师可发挥自己的专业特长,为社区群众举办教育讲座,开设学前教育、家庭教育等各种宣传专栏。节假日可以帮助社区排练节目,协助开展文娱活动。还可以利用幼儿园的资源,在双休日向社区开放,让社区的儿童来活动,充分发挥其服务社区教育、为建设社区出力的作用。总之,幼儿园所具有的人力、物力等资源优势,在不干扰正常教育秩序的前提下,应积极主动地根据社区的需要真心实意地与社区相互配合,实现合作共育。

专题六　幼儿园与小学衔接

一、单项选择题

答案速查

1~5	BCADB	6~10	ADCCA

1. B 【解析】双向性原则是指幼小衔接工作的开展要小学和幼儿园彼此配合,相互衔接。幼小衔接工作不是幼儿园单方面地向小学靠拢,小学也要积极地做好准备工作。题干的描述充分体现了幼小衔接工作的双向性原则。
2. C 【解析】题干的表述说明幼儿的独立性、生活自理能力对入学后的适应影响很大。在培养幼儿对小学生活的适应性方面,应注意培养幼儿的独立性。
3. A 【解析】对小学生活充满向往,有上小学的愿望,是幼儿开启小学学习生活的情感动力,也是重要的入学心理准备。大班下学期,通过参观小学,与小学生面对面交流、体验小学课堂等方式,帮助幼儿初步了解小学的学习生活。
4. D 【解析】按时完成作业、不许出现小动作这些是属于小学纪律的要求,齐齐刚上小学难以遵守,说明要加强规则意识和任务意识。
5. B 【解析】幼儿园实施幼小衔接工作的指导思想有:(1)长期性而非突击性;(2)整体性而非单项性;(3)培养入学的适应性而非小学化;(4)家、园、校的一致性而非孤立化的原则。B项的描述"进行某些方面的强化训练"是单项性的,而不是整体性的,应当从幼儿体、智、德、美各方面全面进行,不应仅偏重某一方面。故B项错误。
6. A 【解析】幼儿园在入小学前教幼儿拼音、识字、做算术是小学化的表现,是不正确的。
7. D 【解析】幼儿园教师应定期参观小学一年级的教学活动,主动参与一年级教师的教研活动,并向小学一年级教师介绍幼儿园的教育方法,展示幼儿的学习水平,在教育工作上做到衔接;幼儿园教师还应带领幼儿参观小学,使幼儿了解小学生的一般情况,让幼儿参加小学生的某些活动,同小学生联欢,举办作品交流展览,以引起幼儿入学的兴趣,激发他们求学和效法小学生的愿望。D项提早学习小学的知识是不正确的做法。
8. C 【解析】幼小衔接的工作是长期性而非突击性的。对幼儿园来讲,在时间上要把幼小衔接工作贯穿于幼儿园教育的各个阶段,而不仅仅是大班后期。
9. C 【解析】幼儿园和小学的主导活动和学习方式是不同的。幼儿园强调的是玩中"学",教师的指导方法也比较直观、灵活、多样,没有家庭作业及考试制度;小学阶段是以上课为主要的教学形式,教学方法相对比较固定、单一,有一定的家庭作业及必要的考试制度。
10. A 【解析】幼儿园应当通过多种教育活动,特别是加强与家长、小学的合作,来让幼儿逐步了解小学,喜欢小学,渴望上小学,最后愉快、自信地跨进小学。

二、简答题(参考答案)

1. 简述做好幼小衔接工作的意义。

(1)做好幼小衔接工作,是学前儿童身心健康发展的需要;

(2)做好幼小衔接工作,是儿童入学适应不良现状的实践要求;

(3)做好幼小衔接工作,是幼儿园教育内容的重要组成部分;

(4)做好幼小衔接工作,符合世界幼儿园教育的发展潮流。

2. 简述幼儿园培养幼儿良好的交往和合作能力的措施。

(1)扩展幼儿的交往范围;

(2)丰富幼儿分工合作的经验;

(3)营造宽容接纳的师幼交往氛围。

3. 简述幼儿在入学前需要做好的身心准备。

(1)向往入学。①初步了解小学,对小学生活充满期待;②希望成为一名小学生,愿意为入学做准备。

(2)情绪良好。①能经常保持积极、稳定的情绪;②遇到困难和不开心的事情,不乱发脾气,不迁怒于他人。

(3)喜欢运动。①积极参加多种形式的户外活动;②能连续参加体育活动半小时以上。

(4)动作协调。手部动作协调,能使用简单的工具和材料。

三、论述题(参考答案)

试述幼儿阶段与小学阶段的不同特点。

(1)办学性质不同。从办学性质上来看,幼儿园教育是非义务教育,没有统一的教材,没有成套的考核条例,办学与教学随意性较强;而小学是义务教育,有严格的教育要求,学校对学生学习成绩要进行考试、检查。

(2)教学内容不同。幼儿园所学的内容是与幼儿生活紧密相关的浅显知识;小学的教育内容是以符号为媒介的学科知识,其抽象水平相对较高,这种学习内容只有当学习者的思维具有一定的抽象、概括能力时才能理解和接受。

(3)教学方法不同。幼儿园教师多采用归纳法,即让幼儿看到许多有关的现象,让幼儿开动脑筋,自己去归纳、发现其中的规律;小学教师则多采用演绎

法，即教师教学生一些规律性的知识，然后用例题来证明此规律是正确的，这一过程与幼儿阶段的学习过程正好相反。

(4)主导活动方面。学前阶段的主导活动是多种多样、丰富多彩的游戏，幼儿在玩中“学”，教师指导方法比较直观、灵活、多样，没有家庭作业及考试制度；小学阶段的主导活动是各种学科文化知识的学习，以上课为主要的教学形式，教学方法相对固定、单一，有一定的家庭作业及必要的考试制度。

(5)作息制度及生活管理。学前阶段的生活节奏是宽松的；一日生活中游戏活动时间较多；生活管理不带强制性，没有出勤要求；教师对幼儿在生活上的照顾比较周到和细致。小学阶段的生活节奏快速、紧张；作息制度非常严格，每天上课时间较长；纪律及行为规范带有强制性；教师对儿童在生活上的照料明显减少。

(6)师幼关系。学前阶段教师与幼儿个别接触机会多，时间长，涉及面广，关系密切、具体；小学阶段师生接触主要是在课堂上，个别接触少，涉及面较窄。

(7)环境设备的选择与布置。学前阶段教室的环境布置生动活泼，有许多活动区域，其中有丰富的玩具和材料供幼儿动手操作、摆弄，幼儿可以自由选择游戏及进行同伴交往；小学阶段教室的环境布置相对严肃，成套的课桌椅排列固定，教室内没有玩具，学生自由选择活动的余地较少。

(8)社会及成人对幼儿的要求和期望。社会及成人对幼儿的要求相对宽松，幼儿的学习压力小、自由多，没有非完成不可的社会任务；对小学生的要求相对严格、具体，家长对小学生具有很高的期望，儿童的学习压力大、自由少，要负担一定的社会责任。

四、材料分析题(参考答案)

(1)幼小衔接中存在的问题：

把幼小衔接看作是单纯的物质准备和知识准备。如材料中，不少幼儿园主动适应家长和小学的需要，把幼儿园的最后一年变成了学前班，不断地进行习题和知识训练，学习的是上小学后的知识。幼儿园这样的做法，会使孩子进入小学后自以为：“这些我都知道”“这些我已经会了”，对学习失去了好奇心和新鲜感。家长急于求成，反而使儿童求知兴趣下降，学习动力不强，缺乏上进心。

(2)解决策略：搞好幼小衔接工作需要幼儿园、小学和家庭的共同努力，以帮助儿童顺利跨进学习、生活的新起点。

①除了材料中所述的物质知识准备以外，还要积极开展对大班家长的宣传教育。幼儿园园长与大班教师共同负责动员家长做好准备工作。

第一，心理准备：为适应新环境做准备，鼓励孩子大胆参与新集体，结交新朋友，既要有克服困难的勇气，又要相信多数同学一定会欢迎自己，自己也一定能和他们友好相处的。

第二，能力准备：利用暑假培养孩子听闹钟早起早睡，保证睡足 8 ~ 10 小时，午睡半小时；独立安排应负责的学习与劳动任务，学会生活自理。

第三，学习准备(生活习惯与学习习惯)：家长要有意识地让孩子学会按课程表取书，学会有条理地整理书包和管理好学习用品，从小养成孩子放置东西整洁有序，爱惜书本和物品，看书、握笔姿势正确，在固定地点认真、专心地看书、绘画等学习习惯。

第四，物质准备：孩子进入小学之前，需要准备好书包、铅笔、橡皮等学习用品和水杯、餐具等生活用品，这个过程对孩子具有很强的吸引力。此外，还有身体的准备。

②对大班幼儿开展专门的入学准备工作。第一，培养幼儿良好的学习品质，提高幼儿的学习能力；第二，加强幼儿独立生活和劳动习惯的培养。

第五章　游戏活动的指导

核心知识提要

①平行游戏　②象征性游戏　③表演游戏　④认知和语言　⑤创造力　⑥社会性　⑦游戏场地　⑧游戏时间　⑨性别　⑩个性　⑪游戏

经典真题回顾

一、单项选择题

答案速查

1 ~ 5	DBADA	6 ~ 9	DDBD

1. D 【解析】本题考查幼儿游戏的类型。规则性游戏是一种由两人以上参加的，按一定规则从事的游戏。幼儿赛跑、下棋都需要遵循游戏的规则，属于规则游戏。

2. B 【解析】本题考查幼儿游戏的指导。为了让幼儿在游戏中实现一物多玩，就要充分发挥幼儿的自主性，让他们自己去体验和探索玩具玩法的多种可能。如果教师一味地限制幼儿，则无法达到让幼儿实现一物多玩的目的。故本题选 B。

3. A 【解析】本题考查幼儿游戏的类型。感觉机能性游戏又称为练习性游戏或机械性游戏，它是幼儿发展中最早出现的一种游戏形式，其动因来自感觉器官所获得的快感，由简单的重复运动所组成，如奔跑、跳跃、攀登、摇拨浪鼓、骑木马、敲打和摆弄物体等。

4. D 【解析】本题考查小班幼儿角色游戏的特点。题干中，小班“医院”存在六位“小医生”，他们都积极地为老师看病、打针，忙着自己的工作，但他们并没有意识到彼此的角色和行为都是重复的，也没有进行很好的沟通与合作，说明他们仍处于平行游戏的状态。

5. A 【解析】本题考查小班幼儿角色游戏的特点。题干中小班幼儿在玩“娃娃家”的游戏时，经常会出现多个同一角色，说明小班幼儿喜欢模仿其他

人的行为,看到别人玩什么就会玩什么。

6. D 【解析】本题考查幼儿游戏的类型。表演游戏是指儿童根据故事、童话的内容,运用动作、表情、语言,通过扮演角色,进行创造性表演的游戏。题干中儿童通过塑造角色来表现文艺作品内容,这种游戏类型属于表演游戏。

7. D 【解析】本题考查玩具的类型。玩具的种类从功能划分,一般可分为:形象玩具、益智玩具、建构玩具、运动性玩具、音乐玩具、娱乐玩具。D项,传统玩具并不是从功能角度对玩具进行的划分,故本题选D。

8. B 【解析】本题考查幼儿游戏的类型。结构游戏又称建构游戏或造型游戏,是指儿童运用积木、积塑、金属材料、泥、沙等各种材料进行建构或构造,从而创造性地反映现实生活的游戏。题干中幼儿以积木、沙、雪等材料为道具来模仿现实生活,符合结构游戏的特点,故属于结构游戏。

9. D 【解析】本题考查幼儿的自发性游戏。依据游戏中的教育目的性成分,可以将儿童的游戏分为自发游戏和教学游戏。儿童的自发游戏是儿童的权利,应得到尊重。当然儿童的自发游戏有时也需要成人加以适当的引导,使游戏的题材和内容更加健康、有趣、积极。自发性游戏是指幼儿自己想出来的、自己发起的游戏,这种游戏完全符合游戏的特点,最贴近游戏的本质,也是幼儿最愿意玩的游戏。自发性游戏除了具备一般游戏的功能外,还特别有利于培养幼儿的自主性、独立性和创造性。幼儿只有有了一定的自主性,才可能成为自己活动的真正主体,才可能使以自主性为显著特征的游戏成为幼儿的基本活动。作为幼儿教师,应充分认识自发性游戏对幼儿的重要作用,应准许、支持并鼓励幼儿进行自发性游戏。

二、简答题(参考答案)

简述角色游戏活动中教师的观察要点及其目的。

角色游戏是幼儿期最典型、最有特色的一种游戏。教师对于角色游戏的观察是多维度的,不同年龄班,角色游戏的观察要点和目的也不一样,具体表现为:

(1)小班观察要点:游戏内容是否重复操作,是否只是在摆弄玩具,主题是否单一,情节是否简单。

目的:注意规则意识的培养,让儿童在游戏中学会独立。

(2)中班观察要点:游戏主题是否稳定,有没有与别人交往的愿望,是否具备交往的技能,发生纠纷的情节和原因。

目的:指导儿童学会并掌握交往技能和规范,促进儿童与同伴的交往,帮助幼儿在游戏中解决简单的问题,引导幼儿分享游戏经验。

(3)大班观察要点:游戏主题能否主动反映生活经验和人际关系,合理地按照自己的意愿计划游戏,解决问题的能力是否提高。

目的:培养儿童的独立性,鼓励儿童在游戏中的创造性。通过讨论、交流让儿童相互学习,拓展思路,不断提高角色游戏水平。

三、论述题(参考答案)

幼儿园集体教学活动和游戏的涵义分别是什么?试述两者的区别与联系。

涵义:幼儿园集体教学活动一般是在教师直接指导下进行的活动。它的特点是全班幼儿在同一时间内做相同的事情,活动过程以教师的引导和组织为主;游戏是一种主动、自愿、愉快、假想的社会性活动,是学前儿童获得知识最有效的手段。

(1)区别:①活动中的主体不同。游戏中幼儿是游戏的主人、是活动的真正主体,幼儿可以自由支配自己的活动,教师更多起到的是观察者和指导者的作用。而集体教学活动是在教师的引导与支持下所进行的教学活动,教师的参与支配程度相对更高。②活动的形式不同。集体教学活动是在教师的引导下有目的、有计划、全体幼儿在同一时间所进行的活动,具有集中性和统一性的特征。而游戏中幼儿的活动是自主的,可以通过集体的形式进行,也可以以小组或个别的形式组织。

(2)联系:①教育目的一致。游戏的内容与目的要围绕教学的目标进行,教师要使幼儿在游戏中获得的愉快体验与教学目标实现有机统一。因此,教师既要熟悉游戏的理论,了解幼儿的身心发展水平、年龄特点、兴趣爱好,又要安排与之相适宜的教学活动,并与游戏结合在一起。②两者互为补充。游戏是顺利开展集体教学活动的“温床”,集体教学活动又能提升和巩固儿童的知识经验。因此,教师在进行教学活动时要体现“寓教学于游戏”的教育理念,在课程游戏化的大背景下,幼儿园的游戏活动可以辅助集体教学活动,集体活动也可以用游戏的方式来开展,或者可以用游戏活动作为集体活动后的延伸,让游戏活动与集体教学活动有效衔接起来。

四、材料分析题(参考答案)

1. (1)李老师的阻止行为不合适。

①李老师的阻止行为违背了幼儿游戏的自主性。游戏是儿童自主自愿的活动,游戏不要求务必达到外在的任务和要求,没有严格的程序和方式,儿童完全可以自由自在地进行游戏,玩什么、怎么玩,均由儿童自己决定。材料中幼儿玩得不亦乐乎,但李老师却加以阻止,违背了幼儿游戏的自主性特点。②李老师的阻止行为不利于幼儿想象力的发展。幼儿对游戏充满了兴趣,在游戏中,幼儿能够无拘无束地玩耍,产生许多新颖的想法和独特的行为,激发幼儿创造性的萌芽并发展。象征游戏是幼儿期幼儿的典型游戏,也是幼儿最喜爱的一种游戏,幼儿进行这种游戏,对其创造力水平的提高有直接的影响。材料中幼儿将玩具吹风机当“手枪”、仿真型灯箱当“大炮”,这都体现了幼儿在游戏中对于游戏材料的假想,而教师强调“吹风机”是“理发店”的玩具,阻碍了幼儿想象力的发展。③李老师对游戏的介入与指导不合理。教师对幼儿游戏的指导必须以保证幼儿游戏的特点为前提,在观察的基础上把握好介入时机,推动游

戏的发展。材料中李老师能及时发现幼儿在游戏过程中出现的情况是值得肯定的，但是选择以现实代言人的身份进行指导，介入的时机与方法是错误的，容易使幼儿丧失游戏的兴趣。

(2)教师应在保证幼儿游戏特点的前提下指导幼儿的游戏。①尊重幼儿游戏的自主性。幼儿在游戏中想象、探索、表现、创造的同时，是幼儿自主性得到极大提高和体现的时候，也是游戏功能正在实现的时候，所以教师应予以尊重、鼓励。②以间接指导为主。教师应该有观察幼儿游戏的意识，重视对幼儿游戏的观察，在观察的基础上，参与幼儿的游戏。③选择恰当的时机与方式介入幼儿的游戏。教师应根据幼儿游戏的性质及正在游戏的幼儿特征，进行仔细观察，不断变换所扮演的角色，推动游戏的发展。

2. (1)①游戏促进了莉莉和小娟学习与发展的整体性。材料中，莉莉和小娟在游戏中，通过思考问题、彼此讨论、解决问题等方式促进了自身言语、交往、思维等方面的发展；②幼儿学习的主要特点是做中学、玩中学、在生活中学。幼儿的这一学习特点是由其年龄特征、认知特征、所持经验的特征等决定的，幼儿只有这样学习才能学得有趣，学得有效，学得有用。材料中，莉莉和小娟通过让娃娃睡觉的游戏获得了关于物体空间的认知，并且在此过程中，她们遇到问题能够及时调整，想各种办法，也提高了自身的问题解决能力；③《3～6岁儿童学习与发展指南》指出，要重视幼儿的学习品质。学习品质主要指学习态度、行为习惯、方法等与学习密切相关的基本素质，并对幼儿现在与将来的学习都具有重要影响。材料中，莉莉和小娟在玩游戏时积极主动、认真专注、不怕困难，敢于探究和尝试，并且在不断地探究和尝试中学会了解决问题，体现了她们的学习品质。

(2)这次游戏后，作为教师我认为应该在如下几方面做出努力，以支持莉莉和小娟的游戏发展：①幼儿在游戏的时候，其经验往往是综合的，不会出现语言、社会、思维、动作等领域的割裂或具有孤立的单一性，因此教师从幼儿经验出发进行的指导行为也必须是整合的；②自由、自发和自主是游戏的本质特征，而这三个"自"意味着每个幼儿都是在自己的水平上，根据自己的兴趣和需要来进行活动的，幼儿的个体差异在游戏中体现得淋漓尽致，因此，教师所进行的指导也必须是有差异的，能够从不同幼儿的角度出发；③游戏为幼儿提供了直接感知、实际操作和亲身体验的机会，游戏情境比教师创设的教学情境更真切，游戏中解决的问题都是幼儿的真问题，所以教师必须从幼儿的真问题出发进行指导，使幼儿获取有用的知识和经验；④积极主动、好奇探究是幼儿重要的学习品质，也是幼儿在游戏中最鲜明的行为特质。在游戏中，教师要对幼儿予以支持和鼓励，在顺应幼儿天性的前提下，促进幼儿良好学习品质的发展。

过关必刷题库

专题一　幼儿游戏概述

一、单项选择题

答案速查

1～5	AACCA	6～10	BAACC
11～15	CBBBD	16～20	DDADC
21～27	DCCACBA		

1. A 【解析】在练习性游戏阶段，儿童的游戏以动作为主，实质上是感知动作的自我训练。其作用是使已获得的技能巩固化，并将已经掌握的动作重新组织。儿童经过动作的反复练习，从控制自己动作和体验动作与结果之间的因果关系中得到快乐和满足。

2. A 【解析】表演游戏又称为戏剧游戏，它是以故事或童话情节为表演内容的一种游戏形式。在表演游戏中，儿童扮演故事或童话中的人物，并以故事中人物的语言、动作和表情进行活动。

3. C 【解析】弗洛伊德认为游戏也有潜意识成分，游戏是补偿现实生活中不能满足的愿望和控制创伤性事件的手段。在游戏中，幼儿可以"复活"他们的快乐经验，也能修复自己的精神创伤。

4. C 【解析】有规则游戏是成人在儿童自发游戏的基础上，为一定的教育目的而编制的。大都由教师组织儿童进行，有时也可以由儿童组织进行。包括体育游戏、智力游戏、音乐游戏等。

5. A 【解析】角色游戏是指学前儿童通过模仿和想象，扮演角色，创造性地反映周围现实生活的一种游戏，又称想象性游戏。结构游戏是指儿童利用积木、积塑、泥、沙等结构材料进行建造的游戏。表演游戏是指儿童根据故事、童话的内容，运用动作、表情、语言、扮演角色，进行创造性表演的游戏。题干中幼儿扮演各种角色但并没有固定的剧本，所以属于角色游戏。

6. B 【解析】象征性游戏是学前儿童最典型的游戏形式，对儿童人格和情绪的发展都能发挥一定的功效。基于它的这一功效，现代的游戏治疗也是通过这种游戏形式得以实现的。

7. A 【解析】幼儿游戏有利于促进幼儿情感的发展。"游戏治疗"理论和实践表明，游戏是幼儿发泄自己不良情绪的一种重要形式。通过游戏，可以使幼儿的情绪变得平静、缓和，有利于抑制、降低消极情绪的负面作用。

8. A 【解析】游戏促进幼儿创造力的发展表现之一是游戏激发幼儿的探究行为，有利于儿童发散性思维的形成。在游戏中，幼儿能变换各种方式来对待物体，通过对同一游戏材料做出不同的设想和行为，或对不同的物体做出同一种思考和动作，能扩大幼儿与游戏材料相互作用的范围，增加相

互作用的频率，使求异思维得到充分的训练。儿童在游戏中玩出新玩法，这体现了游戏可以促进儿童的创造力的发展。

9. C 【解析】表演游戏是一种创造性游戏，它与其他游戏一样，幼儿可以自主地选择游戏的主题、内容，决定游戏的难易程度，并按自己的意愿开展游戏。幼儿通过表演一个又一个文学(艺)作品，在游戏中享受着表演和成长的快乐，因此表演游戏具有游戏性。同时，表演游戏还具有区别于其他游戏的根本特征——表演性。幼儿利用语言、动作、表情、道具扮演文学(艺)作品中的角色，体验角色的情感，创造性地再现作品内容，幼儿的表演与作品紧密相联。

10. C 【解析】感觉机能性游戏又称为练习性游戏或机械性游戏。它是儿童发展中最早出现的一种游戏形式，其动因来自感觉器官所获得的快感，由简单的重复运动所组成。他们通过自己的身体作为游戏的中心，逐渐地会摆弄与操作具体物体，并不断反复练习已有动作，从简单的、重复的练习中，尝试发现、探索新的动作，在反复的成功的摆弄和练习中，获得愉快的体验，游戏的驱动力就是获得"机能性的快乐"、"动"即快乐。该游戏的主要表现形式为徒手游戏或重复地操作物体的游戏。故C项表述错误。

11. C 【解析】席勒、斯宾塞的"精力过剩说"，把游戏看作是幼儿借以发泄体内过剩精力的一种方式。

12. B 【解析】结构性游戏又称建构游戏或造型游戏，是指儿童运用积木、积塑、金属材料、泥、沙等各种材料进行建构或构造，从而创造性地反映现实生活的游戏。堆雪人属于结构性游戏。

13. B 【解析】象征性游戏是处于前运算阶段(2～7岁)儿童常进行的一类游戏。它是把知觉到的事物用它的替代物来象征的一种游戏形式。儿童将某物体作为一种信号物来代替现实的客体，这就是象征游戏的开始。题干中孩子的游戏属于象征性游戏。

14. B 【解析】教师对儿童游戏的评价应该是正面评价，这样才能保持儿童在游戏过程中的愉悦、成功的情绪体验，有利于激起儿童再次游戏的愿望。

15. D 【解析】表演游戏是儿童根据故事、童话的内容，运用动作、表情、言语，通过扮演角色，进行创造性表演的游戏。

16. D 【解析】合作游戏是幼儿后期出现的较高级的游戏形式，是一种有着共同需要、共同计划、共同协商完成的游戏活动。

17. D 【解析】智力游戏是指以生动、新颖、有趣的游戏形式，使儿童在轻松愉快的活动中，增进知识、发展智力的游戏。猜谜语有利于幼儿增进知识、发展智力，属于智力游戏。

18. A 【解析】角色游戏以模仿和想象，通过扮演角色，创造性地反映周围现实生活的一种游戏，又称想象性游戏。表演游戏是儿童根据故事、童话的内容，运用动作、表情、语言，通过扮演角色，进行创造性表演的游戏。角色游戏和表演游戏都属于创造性游戏，游戏过程具有想象性和创造性。

19. D 【解析】以皮亚杰等为代表的认知学派倾向于将认知发展作为儿童游戏分类的依据，主要包括感觉机能性游戏(练习性游戏)、象征性游戏、结构性游戏、规则性游戏。

20. C 【解析】游戏扩大了儿童的社交范围，增加了儿童的社交频率，使儿童掌握了与人交往的技能和艺术，社交能力也得到不断的提高。此外，游戏还能为儿童在满足自己的需要和同伴的需要之间以及在学会分享、给予和索取之间找到平衡。

21. D 【解析】幼儿的游戏离不开游戏材料。有的材料较接近于真实的事物，有的材料则和真实物体有较大的差异。幼儿在运用这些游戏材料时，需要把它们想象成为真的，并对其施加类似成人的真实动作。题干的表述反映了幼儿游戏充满了想象、创新。

22. C 【解析】游戏是在假想的情景中反映真实的生活，是虚构和现实的统一。儿童对游戏的假想表现在：(1)对游戏角色的假想(以人代人)；(2)对游戏材料的假想(以物代物)；(3)对游戏情景的假想(情景转换)。

23. C 【解析】游戏能促进学前儿童的创造力的发展。学前儿童的创造力在游戏中表现得十分明显，若是在搭积木、做手工的时候就去想象，去思考：我想搭一个什么样的东西？它的主要特征是什么？用什么搭？怎样搭才像？然后搭造出一个新的"产品"，这个思考、想象的过程就是孩子发展创造力的过程。

24. A 【解析】游戏是儿童最为喜欢的活动和交往方式，伴随游戏，儿童彼此交流思想、表达情感，学会处理人与人之间的关系，扩大了词汇量，加深了对词义的理解，语言表达能力得到了训练和提高。如针对语音能力和技巧的绕口令游戏，针对词汇掌握的词语接龙游戏。

25. C 【解析】平行游戏是指2岁半至3岁半以后的儿童，他们会在一起玩，一般各玩各的，彼此之间交流很少，但是会察觉到其他儿童的存在。他们喜欢用与别人相同的材料或玩具做游戏，但并不试图影响别人的行为。同时，儿童之间会相互模仿，形成初步的玩伴关系。

26. B 【解析】创造性游戏强调儿童的主动性和创造性，大都由儿童自由地玩，包括角色游戏、结构游戏和表演游戏等。

27. A 【解析】游戏丰富了幼儿的知识。游戏是幼儿学习知识最有效的途径，幼儿在游戏中通过使用材料和器械，从中习得了许多关于周围世界的基本知识和主要概念。

二、简答题(参考答案)

1. 简述幼儿游戏的本质。

(1)游戏是幼儿最喜爱的活动，是幼儿生活的主要

内容;

(2)游戏是幼儿对生长的适应,符合幼儿身心发展的特点;

(3)游戏是幼儿的自发学习。

2. 简述幼儿游戏的特点。

(1)游戏是儿童自主自愿的活动(自由性);

(2)儿童重视的是游戏的过程,而非游戏的结果,无强制性的外在目的;

(3)游戏是充满想象和创造的活动(想象性);

(4)游戏具有假想成分,是在假想的情景中反映社会生活,是虚构和现实统一的活动(虚构性和社会性);

(5)游戏是能给儿童带来积极情感体验的活动(愉悦性);

(6)游戏是具体的活动。

3. 简述游戏对幼儿认知和语言的促进作用。

(1)游戏提高了儿童的感知能力;(2)游戏激发了儿童的想象力;(3)游戏发展了儿童的思维能力;(4)游戏培养了儿童的语言能力。

4. 简述游戏促进幼儿创造力发展的主要表现。

(1)游戏为幼儿提供了宽松的心理氛围;

(2)游戏激发了幼儿的探究行为,有利于幼儿发散性思维的形成。

5. 简述角色游戏和表演游戏的异同。

角色游戏是指学前儿童以模仿和想象,通过扮演角色,创造性地反映周围现实生活的一种游戏。表演游戏又称为戏剧游戏,它是以故事或童话情节为表演内容的一种游戏形式。

(1)相同点:二者都是以想象为基础的,都是幼儿扮演角色的游戏,以表演角色的活动为满足。

(2)不同点:表演游戏中,幼儿扮演的角色以一定的故事或童话为依据,情节内容也是对故事或童话情节内容的反映;而在角色游戏中,幼儿扮演的角色既是生活印象的再现,又是幼儿自由创造的表现。

6. 简述游戏促进幼儿社会性发展的主要表现。

(1)游戏有助于克服幼儿的自我中心;

(2)游戏培养了幼儿的合群行为;

(3)游戏发展了幼儿遵守规则的能力。

7. 简述以儿童行为表现为依据的游戏分类。

(1)语言游戏,是指儿童时期运用语音、语调、词语、字形而开展的游戏。

(2)动作技能游戏,指通过手脚和身体其他部位的运动而获得快乐的游戏活动,既可以是一种户外进行的身体大幅度的运动,也可以是在室内桌面上进行的相对精细的活动。

(3)想象游戏,又被称为象征游戏,以儿童的想象为转移。

(4)交往游戏,指两个以上的儿童以遵守某些共同规则为前提而开展的社会性游戏。

(5)表演游戏,又称为戏剧游戏,它是以故事或童话情节为表演内容的一种游戏形式。在表演游戏中,儿童扮演故事或童话中的人物,并以故事中人物的语言、动作和表情进行活动。

三、材料分析题(参考答案)

1. (1)游戏促进儿童认知和语言的发展。①游戏提高了儿童的感知能力。②游戏激发了儿童的想象力。③游戏发展了儿童的思维能力。④游戏培养了儿童的语言能力。材料中,萱萱通过和砚砚在游戏中的交流学到了车辆消毒的知识,绿色圆形积木充当消毒标志锻炼了其想象能力和思维能力。

(2)促进儿童创造力的发展。①游戏为儿童提供了宽松的心理氛围。儿童的创造性只有在自由、轻松、愉快的气氛中才能产生,而游戏则为儿童提供了这种心理氛围。②游戏激发了儿童的探究行为,有利于儿童发散性思维的形成。材料中,绿色圆形积木充当消毒标志体现了萱萱创造力的发展。

(3)促进儿童情感的发展。①游戏使儿童有机会表现自己的情感。②游戏能使儿童充分体验到快乐之情。③游戏能起到缓解儿童的紧张心理、降低儿童的惧怕情绪的作用,从而减少儿童的心理压力,使儿童的心理处于健康状态。④游戏能使儿童进行情感宣泄。材料中萱萱和娃娃家的妈妈以及砚砚愉快地进行游戏,促进了其情感的发展。

(4)促进儿童社会性的发展。①游戏有助于克服儿童的自我中心。②游戏培养了儿童的合群行为。③游戏发展了儿童遵守规则的能力。材料中萱萱和娃娃家的妈妈以及砚砚遵循游戏规则,愉快交流,在交流过程中学会了交往,促进了其社会性的发展。

2. (1)游戏是学前儿童的基本活动,是学前儿童喜爱的、主动的活动,是学前儿童反映现实生活的活动。儿童的游戏具有以下特点:①游戏是儿童自主自愿的活动(自由性);②儿童重视的是游戏的过程,而非游戏的结果,无强制性的外在目的;③游戏是充满想象和创造的活动(想象性);④游戏具有假想成分,是在假想的情景中反映社会生活,是虚构和现实统一的活动(虚构性和社会性);⑤游戏是能给儿童带来积极情感体验的活动(愉悦性);⑥游戏是具体的活动。

(2)材料中的教师没有尊重幼儿的意愿,强制要求幼儿上台表演,违背了自主自愿的特点;材料中的教师不时地按照故事情节规范语言,纠正孩子们的动作,使得幼儿失去了创造的机会,也不会给幼儿带来愉悦性。

(3)综上所述,该材料中的老师组织的所谓“游戏”活动并不是真正的游戏,违背了游戏的本质特点。教师在组织儿童进行游戏的时候,应当充分尊重儿童游戏的兴趣和意愿,根据儿童的身心特点及生活经验进行游戏环境的创设,在儿童游戏的过程中,用心观察儿童在游戏中的表现,鼓励幼儿的自主性和创造性,在幼儿园中为幼儿提供他们感兴趣的游戏材料和游戏环境。

专题二　影响儿童游戏的因素

一、单项选择题

答案速查

1～7	AAABBBA

1. A 【解析】形象玩具主要有玩具娃娃、玩具动物、交通玩具、医院玩具、模拟日常用品的玩具(如碗、杯子、衣服)等。此类玩具在象征性游戏的角色扮演中占有重要地位。
2. A 【解析】物理环境因素是游戏活动中物的要素或条件,包括玩具及材料、游戏场地、游戏时间等因素。其中游戏时间直接影响着儿童游戏的数量和质量。
3. A 【解析】智力玩具(益智玩具)主要有拼图、拼板、镶嵌板、魔方、套塔、套碗、棋类玩具、纸牌等,侧重于促进儿童智力的发展,在智力游戏中较为常用。
4. B 【解析】在很大程度上,儿童对某类玩具喜好的倾向性,反映着儿童游戏发展的程度及其个体差异性。伴随着年龄的增长、能力的不断发展,儿童在游戏时对不同种类及特点的玩具的需要是逐渐演变的。
5. B 【解析】保证幼儿充足的游戏时间是幼儿开展游戏活动的首要前提和重要保证,游戏时间的长短,直接影响儿童游戏的质量。
6. B 【解析】较大的空间可增加运动的想象性游戏和打闹嬉戏的发生频率,较小的空间则能产生较多安静的社会性游戏和结构游戏。因此,空间不能太大以致无人际互动,空间也不能太小以致多身体攻击。A 项错误。场地是儿童游戏的空间。场地的空间密度、地点、结构特征及设备的位置对儿童游戏产生着一定的影响。B 项正确。游戏时间直接影响着儿童游戏的数量和质量。C 项错误。一般而言,个人的安静的游戏一般多发生在较小、封闭式的空间中。D 项错误。
7. A 【解析】从结构特征上看,户外游戏场地可分为传统游戏场地和创造性游戏场地。

二、简答题(参考答案)

1. 简述影响儿童游戏的个体因素。

   (1)性别差异;(2)年龄差异;(3)个性差异;(4)健康和情绪等其他个体偶然因素的影响。

2. 简述影响儿童游戏的社会环境因素。

   (1)家庭因素。①母子早期关系;②家庭结构。
   (2)儿童伙伴。①有无伙伴;②伙伴的熟悉程度;③伙伴的不同年龄;④伙伴的性别。
   (3)大众媒体。
   (4)教育的课程。

专题三　幼儿游戏的指导

一、单项选择题

答案速查

1～7	CAAACAD

1. C 【解析】C 项中教师没有参与到幼儿的游戏中,而是作为游戏的旁观者,这种做法是不恰当的。
2. A 【解析】内部干预是指教师以游戏中的角色身份参与幼儿的游戏,以游戏情节需要的角色动作和语言来引导幼儿的游戏行为。
3. A 【解析】幼儿的游戏水平具有年龄差异性。在角色游戏中,小班幼儿以模仿为主,大班幼儿则以创造为主。教师应针对幼儿的年龄特点和游戏水平,有针对性地进行指导。
4. A 【解析】对幼儿教师而言,观察就是观察儿童行为、分析儿童行为发生的原因,跟进指导策略、及时调整指导方式或内容,更好地支持游戏,推进游戏进程,进而促进幼儿全面的发展。题干中李老师在游戏中的观察是调整教育行为的主要依据。
5. C 【解析】适宜的介入时机有:(1)当幼儿游戏出现困难时介入;(2)当必要的游戏秩序受到威胁时介入;(3)当幼儿对游戏失去兴趣或准备放弃时介入;(4)在游戏内容发展或技能方面发生困难时介入。教师在介入时,应该尊重幼儿游戏的想象、探究、表现和创造性。C 项描述的现象是游戏秩序受到威胁。
6. A 【解析】教师更多的应以游戏伙伴的身份进入儿童的活动,成为活动的支持者,这样才能保证孩子在一日生活中顺利地按照自己的意愿去发展。
7. D 【解析】舞台管理者是指教师不参与游戏,但积极地帮助幼儿为游戏做准备,并随时为正在进行的游戏提供帮助,如回应幼儿关于材料的要求,协助幼儿布置环境,提出适当的建议以延伸幼儿的游戏等。

二、简答题(参考答案)

1. 简述教师介入幼儿游戏时的角色定位。

   (1)非支持性角色:①不参与者;②导演者。
   (2)支持性角色:①旁观者;②舞台管理者;③共同游戏者;④游戏带头人。

2. 简述教师指导幼儿游戏的要点。

   (1)尊重幼儿游戏的自主性;
   (2)以间接指导为主;
   (3)按幼儿游戏发展的特点指导游戏;
   (4)按各种类型游戏的特点指导游戏;
   (5)正确评价幼儿的游戏;
   (6)使游戏成为幼儿园的基本活动。

3. 简述衡量幼儿游戏是否成功的关键。

   (1)幼儿是否按意愿选择玩具做游戏,幼儿在游戏中是否感到轻松、愉快,发挥了创造性;
   (2)幼儿在游戏中能否克服困难,遵守游戏规则,不依赖他人独立游戏;
   (3)幼儿能否正确使用玩具、爱护玩具,会收放玩具;
   (4)幼儿在游戏中能否对同伴友爱、谦让,能否与同伴合作,愿意帮助别人、不妨碍别人;
   (5)游戏内容是否健康,是否有益于幼儿的身心

发展。

4. 简述教师应如何确保游戏成为幼儿园的基本活动。

(1)重视幼儿的自发性游戏;(2)充分利用游戏组织幼儿园各类教育活动;(3)满足幼儿对多种游戏的需要。

5. 简述中班幼儿角色游戏的指导要点。

(1)教师应结合幼儿的社会经验,为幼儿提供丰富且富有变化的游戏材料,鼓励幼儿不断丰富游戏主题;

(2)仔细观察并认真分析幼儿发生冲突的起因,以游戏者的身份介入游戏,指导游戏;

(3)通过幼儿讨论等形式展开游戏评价,增长幼儿的游戏经验,丰富游戏内容;

(4)指导幼儿在游戏中逐渐掌握社会规则和交往技能,逐渐学会独立解决问题。

6. 简述幼儿智力游戏的组织与指导原则。

(1)选择和编制合适的智力游戏;

(2)帮助幼儿构建规则意识;

(3)培养幼儿的游戏策略意识,而不是教给幼儿游戏的策略。

7. 简述小班幼儿的游戏特点。

(1)目的性不强;(2)兴趣不稳定;(3)兴趣持续时间短;(4)重内容,轻规则。

8. 简述幼儿体育游戏的指导原则。

(1)经常化原则;(2)适量的运动负荷原则;(3)多样化原则;(4)全面发展原则。

三、论述题(参考答案)

1. 试述大班幼儿结构游戏的特点和指导要点。

(1)大班幼儿结构游戏的特点:

①结构游戏的目的性、计划性和持久性增强,建构内容丰富,使用材料增多,有一定的独立构造能力;

②能合作选取丰富多样的材料,围绕主题大胆动手、尝试,灵活应用多种技能进行一定的设想规划,围绕主题进行较复杂的建构;

③希望自己的作品有新意,追求结构的逼真和完美。

(2)指导要点:

①丰富幼儿的结构造型知识和生活印象,引导幼儿为结构活动收集素材;

②指导幼儿学习表现物体的细节和特征,准确表现游戏的构思和内容,使用结构材料和辅助材料美化构造物;

③指导幼儿制订计划(包括协商确定主题,商量结构步骤及方法,如何分工合作等);

④重点指导幼儿掌握并应用新的技能,帮助他们实现自己的构思;

⑤教育幼儿重视结构成果,欣赏自己及伙伴的作品,发展评价、分析自我以及别人的能力;

⑥引导幼儿开展参加人数多、持续时间长的大型结构活动。在活动过程中,不断鼓励幼儿进行创造性思维,并为他们提供材料,帮助他们克服困难。教师也可参加幼儿的活动,与他们共同完成结构任务。

2. 试述幼儿音乐游戏的指导内容和指导原则。

(1)音乐游戏的指导内容:

①自娱性音乐游戏的指导。自娱性音乐游戏的特点是“自发性、趣味性、随机性”,这决定了教师的指导应当少之又少,基本上只提供游戏材料或者间接指导,尽量不干涉幼儿游戏。教师应创设丰富的音乐环境,提供自娱性音乐游戏的平台。音乐环境一般包括小舞台和音乐区,教师要用心布置该区域,调动幼儿积极性。

②教学性音乐游戏的指导。教师要通过选择合适的、有趣的内容,通过教师的感染力来激发幼儿游戏的兴趣。注重游戏过程中的音乐体验,给幼儿充分地表现自我的机会。

(2)音乐游戏的指导原则:

①“漫不经心的娱乐”原则,强调幼儿自身的参与和感受,从幼儿身心特点出发,让幼儿在亲身参与和感受中体会音乐的魅力和内涵。

②“幼儿主体、教师引导”原则:在了解幼儿的基础上,以促进幼儿的发展为目的来设计游戏,确定游戏主题;充分发挥幼儿的想象力,与他们共同设计音乐游戏;要以幼儿为主体,帮助幼儿建立规则意识;当幼儿没有兴趣继续进行游戏时,教师可以参与到游戏中去,通过一些示范活动与鼓励重新激发起幼儿游戏的兴趣。此外,教师还要在音乐游戏中扮演多种角色,灵活处理突发事件。

四、材料分析题(参考答案)

1. (1)游戏是幼儿的自发学习。在观察实录的游戏中,贝贝看到老师拿雪花片当菜,在接下来的游戏中,也将雪花片当作菜,这是一种自发的学习。瓜瓜把手指当成筷子,夹起一片雪花片“啊呜啊呜”地吃起来,也是一种自发的学习。

(2)教师的回应策略:中班角色游戏重点是引导幼儿解决游戏冲突。①教师应结合幼儿的社会经验,为幼儿提供丰富且富有变化的游戏材料,鼓励幼儿不断丰富游戏主题;②仔细观察并认真分析幼儿发生冲突的起因,以游戏者的身份介入游戏,指导游戏;③通过幼儿讨论等形式展开游戏评价,增长幼儿的游戏经验,丰富游戏内容;④指导幼儿在游戏中逐渐掌握社会规则和交往技能,逐渐学会独立解决问题。观察实录中,教师首先应该为幼儿提供足够量的“菜”,启发幼儿想象没有菜了,可以怎么办?其次,教师可以扮演卖菜的,丰富游戏主题。再者,在指导的过程中,应让幼儿学会独立解决问题。最后,在游戏结束时,组织幼儿讨论游戏中遇到的问题,增长游戏经验。

2. (1)李老师采用了内部干预的方式,即通过游戏者的身份介入到幼儿的游戏中。

(2)①李老师的介入时间是恰当的。材料中李老师在观察了幼儿游戏一段时间之后,寻找到了可

以对幼儿加以暗示点拨的情节，即以“交警“的身份介入了幼儿游戏，并进行了及时的随机教育。使幼儿知道遵守交通规则的重要性。②教师介入幼儿游戏的时机：其一，当幼儿游戏出现困难时介入。当幼儿不知道自己该做什么游戏，如何去游戏时，教师的介入是引导幼儿开始游戏的关键。其二，当必要的游戏秩序受到威胁时介入。当必要的游戏秩序受到威胁时，教师可用游戏口吻自然地制止幼儿的干扰行为并提出活动建议。其三，当幼儿对游戏失去兴趣或准备放弃时介入。这时教师的介入可以帮助幼儿拓展游戏内容，提高游戏技能，进一步激发幼儿游戏的兴趣。其四，在游戏内容发展或技巧方面发生困难时介入。在这种情况下，教师可以作为游戏同伴介入游戏给予幼儿示范，或者让幼儿相互启发，相互影响，以帮助幼儿克服困难，拓展游戏。

3. (1)与幼儿一起准备游戏环境，侧重语言引导，培养幼儿的自主性；(2)认真观察游戏，给幼儿提供必要的条件和机会以及适当的引导；(3)允许并鼓励幼儿在游戏中进行创造，培养幼儿的创造性。材料中，刘老师带领幼儿去参观真实的理发店，为大班幼儿提供种类较多的游戏材料，以鼓励和支持他们进行多样化探索。

4. (1)①表演游戏可以加深幼儿对文学作品的学习理解；②对幼儿语言的发展有突出作用；③有助于发展幼儿的想象力；④有助于培养幼儿良好的个性；⑤有效地使幼儿受到艺术熏陶。材料中，教师通过让幼儿扮演角色，体会到《孙悟空打妖怪》作品内容的实质，让幼儿设计头饰，充分发展幼儿的想象力和合作的能力，并让幼儿受到艺术熏陶。

(2)教师首先为幼儿提供了感兴趣的游戏材料，激发了幼儿参与游戏的兴趣和热情。在发现幼儿争抢孙悟空面具时，及时介入加以引导，建议他们协商分工扮演其他角色让幼儿感受到合作表演的乐趣。

5. (1)①材料中王老师充分尊重幼儿游戏的氛围和游戏中的想象、探索、表现、创造。当幼儿提出游戏里没有小朋友扮演交警时，王老师没有立即停止游戏进行指导和说明，而是保持游戏的氛围，运用言语解决了这一问题，保证了幼儿游戏的积极性，同时也提高了幼儿游戏的自主性，保证了游戏的正常进行和游戏功能的实现。②王老师在看到幼儿游戏进程受阻的情况下才介入，同时以舞台管理者的角色介入游戏，积极地帮助幼儿为游戏做准备，并随时为正在进行的游戏提供帮助。没有破坏游戏进程，更没有控制游戏进程，在充分尊重幼儿游戏自主性的前提下保证游戏的顺利进行。(言之有理即可)

(2)如何指导幼儿开展角色游戏：

角色游戏前期准备：丰富幼儿的生活经验，提供适合的场所以及丰富的游戏材料，提供充足的游戏时间。

角色游戏过程中的现场指导：鼓励和启发幼儿按照自己的意愿自主确定游戏主题；教会幼儿分配游戏角色；观察、参与幼儿游戏，尊重幼儿个体差异性，给予适宜的指导。

角色游戏结束环节的指导：愉快地结束游戏，培养幼儿对游戏的兴趣；引导幼儿收拾游戏材料和场地，培养幼儿良好的习惯；评价游戏，丰富幼儿的游戏经验，提升游戏水平。

第六章　教育活动的组织与实施

核心知识提要

①内容领域　②组织形式　③情感领域　④从具体到抽象　⑤从同化到顺应　⑥从自我中心到社会化

经典真题回顾

一、单项选择题

答案速查

1～3	CBC

1. C 【解析】本题考查学前科学教育的方法。学前科学教育中观察的方法是指教师有目的、有计划地组织和启发儿童运用多种感官，去感知客观世界的事物与现象，使之获得具体的印象，并在此基础上逐步形成概念的一种方法。题干中的教师让幼儿通过视觉、嗅觉等多种感官观察不同的液体，这种教学方法是观察法。

2. B 【解析】本题考查布卢姆教育目标分类。布卢姆将教育目标划分为认知、情感、动作技能三大类，分别涵盖三个不同的方面。题干中“了解青蛙的生长发育过程”是知识的掌握和理解，因此属于认知目标。

3. C 【解析】本题考查幼儿园教育活动内容选择的原则。题干中教师在重阳节组织幼儿到敬老院探访老人，将教学内容与幼儿的生活实际相结合，体现了幼儿园教育内容选择的生活性原则。

二、简答题(参考答案)

1. 简述种植活动对幼儿发展的价值。

(1)在连续观察和记录中，提高幼儿科学探索能力和观察能力；

(2)通过种植活动，帮助幼儿领略自然常识；

(3)在照顾植物的过程中，培养幼儿不怕困难、坚持不懈的科学品质。

2. 体育活动中与活动后，教师分别可以从哪些方面判断幼儿的活动量是否合适？

(1)在体育活动中，教师可从幼儿的面色、汗量、呼吸、动作、注意力和反应力、精神状态等方面观察

幼儿状态。

①适度疲劳状态:面色稍红,汗量不多;呼吸中速或较快;动作协调、准确,步态轻稳;注意力集中,反应正常;情绪愉快。

②中度疲劳状态:面色相当红,汗量较多;呼吸显著加快、加深;动作协调性、准确性和速度均降低;能集中注意力,但不够稳定,反应减弱;略有倦意。

③非常疲劳状态:面色十分红或苍白,大量出汗,呼吸急促、表浅、节奏紊乱;动作失调、步态不稳,用力颤抖;注意力分散,反应迟钝;精神疲乏。

(2)在体育活动后,教师可从幼儿的食欲、睡眠、精神状态等方面观察幼儿状态。

①适度疲劳状态:饮食良好,食欲增加;入睡较快,睡眠良好;精神爽快,情绪好,状态稳定。

②中度疲劳状态:食欲一般,有时略有降低;入睡较慢或睡眠一般;精神略有不振,情绪一般。

③非常疲劳状态:食欲降低,进食量减少,甚至有恶心、呕吐现象;很难入眠,睡眠不安;精神恍惚,心悸,厌倦练习。

三、论述题(参考答案)

试述积极师幼关系的意义,并联系实际谈谈教师应如何建立积极的师幼关系?

(1)积极师幼关系的意义:

①幼儿从与教师的关系中获得关爱。教师对幼儿的关爱是在一定师幼关系中实现的,脱离一定的师幼关系就不可能存在对幼儿真正的关爱。

②幼儿获得来自教师的安全感。教师充满期待和关爱的眼神、目光、微笑、点头等都是幼儿学习和发展的动力。幼儿从良好的师幼关系中可以获得心理上的安全感。

③教师的榜样作用来自一定的师幼关系之中。教师要发挥应有的榜样作用需要与幼儿建立平等交往的关系,教师以关怀、接纳、开放的态度与幼儿相处,让幼儿深深感受到教师的行为方式和态度。

④良好的师幼关系有助于教师对幼儿给予更多的理解与关注。如果教师与幼儿建立了一种良好的关系,教师自然会理解孩子们的所作所为,并会对孩子们的行为做出适当的反应。

⑤良好师幼关系有助于教师指导幼儿之间的同伴关系。帮助幼儿建立良好的伙伴关系是教师的职责,教师与幼儿的关系也会影响幼儿之间的同伴关系。

(2)构建良好师幼关系的策略:

①关爱幼儿。关爱幼儿是对幼儿教师的基本要求,也只有在关爱幼儿的基础上才有可能与幼儿建立良好的关系。关爱给幼儿带来自信、安全、信任感,同时也形成了幼儿对教师的信赖关系。但是,需要注意的是,教师对幼儿的关爱不是体现在一时一事之中,而是体现在教师与幼儿互动的整个过程之中。

②与幼儿经常性的平等交谈。教师应在日常生活中对幼儿感兴趣的事物、话题与幼儿平等、亲切地交谈,这种形式的互动有利于良好师幼关系的形成。此外,教师面对幼儿要坦白诚实。

③参与幼儿的活动。在幼儿园的教育活动中,有许多是幼儿自主的活动,如游戏活动、活动区活动以及幼儿的个别活动等,教师应该积极地参与到幼儿自主的活动中去。这要求教师做到:以普通的活动参与者心理参与;积极主动地与幼儿交往;对幼儿和幼儿的活动真正关注并感兴趣。

④与幼儿建立个人关系。教师与个别幼儿的关系,尤其是与班级里特殊的幼儿的关系,常常会影响着教师与其他幼儿的关系,教师应该设法与个别幼儿建立良好的个人关系,并以个人关系影响与其他幼儿的关系。

⑤积极回应幼儿的社会性行为。教师应该对幼儿的行为做出适当的反应,尤其是一些良好的社会性行为,如具有合作、谦让、互助、负责、正直、友好、勇敢等特征的行为。这要求教师做到:理解与宽容地对待幼儿的错误;帮助幼儿形成良好的同伴关系;帮助幼儿摆脱不良行为习惯。

此外,教师对幼儿应一视同仁,因人施教,应做到以身作则,为人师表。

四、活动设计题(参考答案)

1. 一起去春游(大班)

(一)活动目标

(1)了解关于春游的一些事情,比如游玩的地方,乘坐的交通工具以及携带的食物等。

(2)能够完整地向朋友讲述春游活动。

(3)体验和小朋友一起春游的乐趣。

(二)活动准备

幼儿从家中带的食物,幼儿园自制点心。关于春游的视频。儿歌《去郊游》。

(三)活动过程

1.谈话导入,引起幼儿的兴趣

教师引导幼儿围绕春游的具体事情展开讨论,引起幼儿的兴趣,教师在幼儿讨论完之后提问幼儿,从而引出活动的主题。

师:小朋友们,你们了解春游吗?

2.播放视频,初步感知关于春游的活动

教师播放其他班的小朋友之前去春游的视频,引导幼儿仔细观看,并提问幼儿关于春游活动中的事情,从而使幼儿初步感知春游活动。

师:小朋友们,视频中的小朋友们是怎么到达春游的地方的呢?到达春游的地点后,他们都做了些什么呢?

师:视频中的小朋友们开心吗?他们为春游准备了什么呢?

3.开展讲述活动,巩固幼儿对于春游活动的了解

教师引导幼儿围绕春游活动中的事情展开讲述,引导幼儿能够用完整的话讲述出来,从而巩固提高幼儿对于春游活动的了解。

师:小朋友们,等我们去春游的时候,你们最想做什么呢?
师:小朋友们,你们觉得春游的时候需要注意什么呢?
4. 播放音乐,体验春游的快乐
教师播放音乐,带领幼儿一起玩视频中小朋友在春游时玩的游戏。游戏结束后,引导幼儿在歌声中分享自己带来的食物。
5. 活动结束,教师总结
师:今天我们知道了,我们要乘坐校车去春游,春游前需要爸爸妈妈帮我们准备好自己想带的食物和水,在春游时一定要拉好其他小朋友的手,不能随便跟陌生人走,一定要保护好自己。春游的时候我们还可以一起做游戏,还可以互相分享自己带的食物。
(四)活动延伸
教师引导幼儿去美工区画一画关于春游的活动。

2. 高高兴兴上幼儿园(小班)

主题活动目标
(1)认识幼儿园,了解幼儿园的环境;
(2)可以积极参与幼儿园的各项活动,敢于表达自己的想法;
(3)喜欢上幼儿园,体验幼儿园生活的乐趣。
子活动一
小班语言活动:我爱上幼儿园
(一)活动目标
(1)了解幼儿园的环境;
(2)能用自己的语言讲述图片的内容,大胆表达自己的想法;
(3)乐于分享自己对幼儿园的喜爱之情。
(二)活动准备
《果果爱上幼儿园》的故事音频、幼儿园的环境图片。
(三)活动过程
1. 故事导入,引起幼儿的兴趣
教师播放《果果爱上幼儿园》的故事音频,引出活动主题——我爱上幼儿园。
师:小朋友们,故事听完了,你们都听到了什么?
2. 观察图片,初步感知幼儿园环境
教师引导幼儿观察图片,熟悉幼儿园环境。
师:你看到了什么?他们在做什么?这是哪里?
3. 幼儿交流讨论,深入理解
教师鼓励,请个别幼儿大胆说说自己对幼儿园的想法,增加幼儿对幼儿园的喜爱之情。
师:小朋友们,你们在幼儿园开心吗?为什么?
4. 讲述活动,加深对幼儿园环境的了解
教师组织讲述活动,引导幼儿用简短的语言描述幼儿园环境。
师:幼儿园里有什么?你们谁愿意说一说呢?
5. 活动结束,教师总结
教师总结活动情况,并激发幼儿对幼儿园的热爱之情。
(四)活动延伸
教师可以组织幼儿参观幼儿园,了解幼儿园的环境。
子活动二
小班音乐活动:《我上幼儿园》
活动目标
(1)理解《我上幼儿园》歌词内容;
(2)能用自然声音歌唱,并可以随音乐做动作;
(3)感受音乐活动的快乐。
子活动三
小班社会活动:《我爱我的幼儿园》
活动目标
(1)了解幼儿园的环境,知道本班的位置;
(2)尝试用语言大胆地说出幼儿园的生活;
(3)体验在幼儿园生活中的快乐。

3. 不懂分享的大白鹅(中班)

(一)活动目标
(1)能认真倾听大白鹅的故事并自由表达自己的看法;
(2)知道争抢玩具是不礼貌的行为,懂得玩别人的玩具要先征得对方同意;
(3)愿意和同伴分享自己的玩具,体会大家一起玩的快乐。
(二)活动准备
大白鹅玩偶、图片、少量玩具
(三)活动过程
1. 活动导入
情景导入,引起幼儿的兴趣。
教师出示大白鹅的玩偶,并以大白鹅的口吻来介绍自己,引起幼儿的兴趣,从而引出活动主题。
师:小朋友们好,我是大白鹅,我现在很伤心,小朋友们都不愿意和我玩,你们愿意来帮帮我吗?
2. 活动展开
(1)教师讲述故事,幼儿初步感知故事内容
教师引导幼儿边看图片边听故事,引导幼儿了解大白鹅和其他动物之间的争抢玩具现象。
师:小朋友们,大白鹅身上发生了什么事情呢?为什么呢?
(2)展开讨论,深入理解故事内容
教师引导幼儿围绕怎么帮助大白鹅解决困难展开讨论,激发幼儿思考。
师:大白鹅的做法对吗?你喜欢它这种方式吗?你认为它应该怎么做?
(3)提供玩具,巩固提高幼儿的分享意识
教师把提前准备好的玩具(玩具数量少于幼儿数量)分发给幼儿,让他们自由结合,通过和其他小朋友一起玩玩具,让幼儿懂得分享的重要性,体会到分享的快乐。
3. 活动结束
教师总结:小朋友们,我们在玩玩具的时候呀,一定要文明、礼貌。如果我们想玩别人的玩具,一定要先问问他愿不愿意让我们玩。当他同意让我们

玩了,我们要说“谢谢”。如果我们有玩具的话,也可以邀请别人跟我们一起玩。

(四)活动延伸

教师引导幼儿回家后,把在幼儿园学到的与人分享的道理,讲给爸爸妈妈听,让爸爸妈妈也来做一个懂得分享的人。

过关必刷题库

专题一　幼儿园教育活动概述

一、单项选择题

答案速查

1~6	ADBBDB

1. A 【解析】幼儿园教育的内容是广泛的,涉及儿童所接触的自然环境、社会环境、文学艺术等方方面面,具有广泛性、丰富性;但从儿童的认识水平和儿童阶段的教育任务看,这些教育内容又是粗浅的,具有启蒙性,教育过程中,并不强调教育内容的系统性和抽象逻辑性。
2. D 【解析】根据幼儿园教育活动的不同内容,可以分为健康领域教育活动、语言领域教育活动、科学领域教育活动、社会领域教育活动和艺术领域教育活动五类。
3. B 【解析】谈话与讨论是教师和幼儿双方围绕一个问题或主题,自由地发表自己的想法、意见,表达自己的感受、体验,进行相互交流的过程。儿童在讨论法的教育活动中处在主体的地位。
4. B 【解析】题干描述的是区角活动的概念,也称小组活动是由教师创设一定的环境,提供相应的材料并给予一定的间接影响的教育活动类型。小组活动中,儿童可以在同一时间单元里选择不同的活动内容,一般组织比较宽松,时间相对自由,儿童可以相互合作,也可以个别操作。
5. D 【解析】幼儿园教育活动内容具有生活性和生成性,具体表现在:与中小学教育不同,儿童的学习侧重感性经验、直接经验的积累,他们是通过游戏、观察、操作在一日生活的活动之中获得各方面发展的,具有突出的生活性。在丰富的社会生活之中,儿童在亲身接触认识各种事物,形成已有知识经验的基础上,不断拓展其认识范围,生成新的、超出原有教育内容的知识经验。题干的描述体现了幼儿园教育活动内容具有生活性和生成性。
6. B 【解析】幼儿的年龄特征决定了兴趣是直接支配他们学习的最大内在动力,有了兴趣,幼儿就有了主动参与活动的愿望和积极的态度。“小猫钓鱼”的游戏符合幼儿的年龄特征,能提高幼儿的参与兴趣。

二、简答题(参考答案)

1. 简述幼儿园教育活动内容选择的原则。

(1)时代性原则;(2)生活性原则;(3)兴趣性原则;(4)内容和目标相一致的原则;(5)因地制宜原则。

2. 简述布卢姆的教育目标类型。

(1)认知领域,主要包括知识的掌握、理解或回忆、再认,以及认知能力的形成、发展等方面的目标。

(2)情感领域,主要包括兴趣、态度、习惯和价值观等方面的形成、发展的目标。

(3)动作技能领域,主要包括神经肌肉协调的操作技能、动作技能和行动等方面的目标。

3. 简述幼儿园教育教学的方法。

(1)观察;(2)实验;(3)游戏操作;(4)参观;(5)谈话、讨论;(6)讲解、讲述。

专题二　学前儿童健康教育

一、单项选择题

答案速查

1~4	BCAA

1. B 【解析】中班幼儿的健康教育目标之一:了解自己身体的各种器官及功能,知道身体不舒服时要告诉成人,并乐于接受疾病的治疗;爱吃各种食物;接受成人有关的提示,学习避开活动中可能出现的危险因素。
2. C 【解析】大班儿童的健康目标之一:了解身体主要器官及自身生长的需要,并初步掌握自我保健的有关常识和简单方法;对食物的营养有初步的认识,具有初步的自我控制饮食的意识;学习沉着地处理日常生活中有可能出现的紧急情况。
3. A 【解析】在体育活动中,幼儿已经非常疲劳的表现是面色十分红或苍白,大量出汗,呼吸急促、表浅、节奏紊乱,动作失调、步态不稳、用力颤抖,注意力分散,反应迟钝,精神疲乏。
4. A 【解析】题干中幼儿园举行的“蒙眼猜物”“听声音猜东西”“气味真正多”等活动,是让幼儿认识自己身体的主要器官,如眼睛、耳朵、牙齿、鼻子等,知道其名称、主要功能及初步的保护方法,促使学前儿童逐步形成关注健康的意识和习惯,为保证学前儿童生理的健康发展打下良好的基础。

二、简答题(参考答案)

1. 简述学前儿童健康教育的组织形式。

(1)身体保健教育的组织形式:集体教学形式和日常教育形式。

(2)身体锻炼的组织形式:幼儿体育教学、幼儿早操活动和幼儿户外体育活动等。

2. 简述幼儿身体锻炼的教育方法。

(1)讲解法;(2)示范法;(3)练习法;(4)语言提示和具体帮助法;(5)游戏法;(6)比赛法;(7)领做法;(8)信号法。

三、活动设计题(参考答案)

1. 让自己快乐(中班)

(一)活动目标

(1)能表达不同情境下自己的感受。

(2)知道一些让自己快乐的简单方法。
(3)学会保持愉快的心情,培养热爱生活,快乐生活的良好情感。
(二)活动准备
经验准备:帮助幼儿积累获得积极情绪的体验。
物质准备:小树叶、小鸟、青蛙、小狗等教具。
材料配套:幼儿活动操作材料《快乐记录表》。
(三)活动过程
1. 结合教具讲述故事《小树叶找快乐》,帮助幼儿理解故事内容
提问:故事中有哪些小动物?为什么这些小动物很快乐?
2. 引导幼儿表演故事
引导幼儿扮演故事中的各种小动物,表现小动物们的对话内容、动作和表情,体验快乐。
3. 开展游戏“小记者”
(1)将幼儿分成若干组,分别扮演记者与被采访者。记者提出“你做了哪些事感到快乐?为什么?”的问题,请被采访者回答。
(2)小结:快乐就在我们身边,让自己快乐、保持好心情就不会让自己生气、伤心,这样我们的身心就会更加健康。
4. 指导幼儿完成操作材料《快乐记录表》
(1)引导幼儿看一看、说一说记录表内容;
(2)请幼儿观察好朋友和教师的心情;
(3)记录自己、好朋友和教师的心情,在“高兴”或“不高兴”旁画“√”。
(四)活动延伸
(1)生活活动:提供开心、伤心、生气等心情牌,请幼儿根据自己的心情从中选取相应的心情牌,挂在自己的照片旁,教师注意观察,并及时给予鼓励或疏导。
(2)家园共育:引导家长在日常生活中有意识地与幼儿谈论笑、哭、生气、害怕等原因,并反馈幼儿在家产生的负面情绪,与教师共同探讨培养幼儿积极情绪的有效方法。
(3)领域整合:引导幼儿学习歌曲《我的心情》,鼓励幼儿保持好心情。

2. **沙包乐(大班)**

(一)活动目标
(1)探索将沙包夹在两脚间向前掷包的动作,锻炼幼儿的运动协调能力;
(2)主动尝试练习,发现问题,并积极表述自己的解决方法;
(3)积极参与竞赛游戏,与同伴一起体验胜利的快乐。
(二)活动准备
经验准备:幼儿已有玩沙包的经验。
物质准备:沙包人手一个。
(三)活动过程
1. 准备部分
幼儿排成4列,站在相对应的垫子上做热身运动。上肢动作——下蹲动作——腿动作——体侧动作——跳跃动作。
2. 基本过程
(1)自由玩沙包,拓展沙包玩法
师:今天我们要用沙包锻炼身体,请小朋友先自己一个人玩沙包,看谁能玩得和别人不一样。你们找个地方去玩一玩吧。
(幼儿自由探索玩沙包,教师观察指导)
师:谁来说一说你是怎样玩的?(抛、接、头顶着走平衡木、投掷……)
(2)学习新玩法,双脚夹沙包跳
(听口令,幼儿呈两排横队,面对面站)
①教师示范讲解。
师:刚才小朋友用许多方法玩沙包,我有一种用脚来玩沙包的新方法,你们想不想学一学?
(教师示范讲解,将沙包放在地上,用双脚夹住,然后用力跳起,将沙包抛向前方,强调要在跳起时用力抛出沙包,这种玩法叫“夹包跳”)
②幼儿练习,教师观察指导。
③请两名幼儿做示范(一强一弱),教师帮助幼儿掌握动作要领。
师:把沙包放在脚的什么部位最好?在什么时候抛出沙包?跳得高好还是跳得低好?
(教师小结:用双脚紧紧夹住沙包,要夹在前脚掌处,跳起时用力向前抛出,要跳高一些)
④幼儿练习,教师指导。
(3)游戏:投石进河
(听口哨声,幼儿呈四路纵队)
师:今天我们学会了一个新本领——夹包跳,下面我们来玩游戏“投石进河”,每四个小朋友为一组,轮流跑到“河边”,将沙包放在横线上,用夹沙包跳的方法投进“河里”,一定要在投进后才可以跑回,回来后拍下一个小朋友的手,击掌后下一个小朋友才可以出发,最先投完沙包的那一组为冠军。
(小朋友开展竞赛,教师观察指导。教师总结小朋友的竞赛情况)
3. 结束部分
师:今天我们学习了一种沙包的新玩法,请小朋友们想一想,夹包跳除了可以向前抛,还可以向什么地方抛?你们可以再想一些新的玩法,咱们下次再玩。
(四)活动延伸
教师引导幼儿回家后和家长一起玩游戏,锻炼幼儿身体的协调能力。

3. **牙齿真干净(小班)**

(一)活动目标
(1)明白不刷牙,牙齿会有小细菌,会得虫牙。
(2)学习正确的刷牙方法,明白饭后要漱口刷牙。
(3)明白天天漱口刷牙能够保护牙齿,养成饭后漱口、刷牙的好习惯。
(二)活动准备
一盒饼干、水盆3个、水杯人手一份、牙齿模具。图片、儿歌:小牙刷。

(三)活动过程

1. 实物导入,激发幼儿兴趣

(1)教师出示一盒饼干,请幼儿猜一猜:礼盒里可能是什么?教师可简单描述一下外形等。

(2)请幼儿尝一尝,并提问:是什么味道呀?鼓励幼儿用一句完整的话大胆说出自己品尝到的味道。

2. 做实验,发现问题

(1)提问:嘴里的饼干都吃完了吗?小朋友之间互相看一看。确定没有饼干了。

(2)小实验。分三组进行。请幼儿取水杯,来漱漱口,漱口的时候要轻轻地吐到盆里并进行观察。

(3)提问讨论:漱口时发现盆里有什么?是哪来的?粘在牙齿上时间长了会怎样?

(4)教师与幼儿小结:原来吃完东西,看起来都好像咽下去了,其实还有一些小小的、碎碎的东西粘在我们的牙齿上,留在我们的牙缝里,时间长了,牙齿会有小虫子,牙齿会生病。

3. 观看图片

(1)提问:图片上的这个小朋友怎样了?(我的牙好疼)

(2)为什么会牙疼?再播放牙疼的原因。

(3)师小结:爱吃甜食,吃过东西就去睡觉,不爱刷牙的小朋友,细菌就会在他的牙齿里住下来,把牙齿弄黑、弄坏、弄出小洞。这样就不能很好地咀嚼食物,并且还很疼,影响我们吃饭睡觉,说话也不清楚,牙齿也变得不好看了。所以每一天吃完饭后要漱口刷牙,我们要保护好自己的牙齿。

4. 学习正确刷牙方法

(1)教师出示牙齿模具,幼儿欣赏儿歌,教师示范刷牙方法。

(2)幼儿边唱儿歌边徒手操作学刷牙。

儿歌:小牙刷手中拿,上排从上往下刷,下排从下往上刷,两边来回再刷刷,里里外外真干净,我的小牙不生病。

5. 活动总结

教师总结:今天小朋友们学会了刷牙,天天刷能使我们的牙齿白白的、亮亮的,吃起东西来香香的,这样我们的身体就会长得棒棒的。

专题三　学前儿童语言教育

一、单项选择题

答案速查

1~5	CDABB

1. C 【解析】故事由于篇幅较长无法一次讲完时,教师可在情节扣人心弦处有意停下,且每次中断时巧妙设置疑问、悬念,让幼儿猜想,可以发展幼儿的思维能力。

2. D 【解析】按照游戏使用的语言要素来看,语言游戏可以分为语音游戏、词汇或句型游戏、语篇游戏。语音游戏是以听音或发音为主要内容的游戏,有利于提高幼儿的辨音和发音能力。词汇或句型游戏中涉及的主要语言内容是词汇或语句,有利于幼儿丰富词汇、学习按照语法规则正确运用语句。语篇游戏是以一段话作为游戏材料,笑话、幽默、谜语等都是典型的语篇游戏。题干中教师用笑话、谜语的方式开展语言游戏属于语篇练习的游戏。

3. A 【解析】谈话活动创设的是日常口语交往情境,要求儿童调动自己已有的经验,围绕一定的话题倾听他人的意见,表达自己的想法。谈话活动的重点目标在于培养儿童运用口头语言与他人交际的意识、情感和能力。故A项正确。

4. B 【解析】在谈话活动中,小班幼儿的目标是学会安静地听同伴说话,不随便插嘴,初步学习常见的交往语言和礼貌用语。

5. B 【解析】在围绕故事开展系列创造性语言活动中,中班幼儿的要求是编高潮和结局,即编“有趣情节”;大班幼儿的要求是编完整故事;小班则是编结局。

二、简答题(参考答案)

1. 简述幼儿园语言领域早期阅读部分的总目标。

(1)认知目标:懂得口语与文字和图书的对应与转换关系。

(2)情感与态度目标:对图书和文字产生兴趣,喜欢认读常见的、简单的独体汉字。

(3)能力与技能目标:掌握阅读图书的基本方法;能集中注意阅读图书,倾听、理解图书内容;学会制作图书并配以文字说明;能按规范笔顺书写自己的姓名和一些常见的独体汉字。

2. 简述中班儿童听说游戏的活动目标。

(1)在游戏中巩固练习发音,正确运用代词、方位词、副词、动词、连词和介词等;

(2)能说简单而完整的合成句;

(3)能听懂并理解多种游戏规则;

(4)学习较迅速地领悟游戏中的语言规则,并能及时做出相应的反应。

3. 简述幼儿园讲述活动的设计与实施的基本结构。

(1)感知、理解讲述对象;

(2)运用已有经验自由讲述;

(3)引进并学习新的讲述经验;

(4)巩固和迁移新的讲述经验。

三、活动设计题(参考答案)

1. 袋鼠妈妈(中班)

(一)活动目标

(1)通过阅读图画,理解故事内容,并大胆地讲述故事;

(2)喜欢阅读图书,引起幼儿对阅读的兴趣;

(3)体会父母劳动的辛苦,知道体贴父母并帮助父母做力所能及的事。

(二)活动准备

(1)配套课件,音乐《小袋鼠》;猫妈妈、猫娃娃、鸡

妈妈、鸡娃娃、鸭妈妈、鸭娃娃的图片和文字。

(2)袋鼠头饰和有口袋的围裙一个。

(三)活动过程

1. 教师打扮成袋鼠妈妈,情景导入

师:小朋友看看我是谁?(袋鼠妈妈)

谁愿意做我的袋鼠娃娃呢?我有这么多的袋鼠娃娃真开心,我们一起唱歌吧!(音乐起,师幼边唱歌边表演《小袋鼠》)

师:袋鼠娃娃,你知道妈妈身上有一个什么吗?(大口袋)袋鼠妈妈的大口袋里可以装些什么呢?我们一起来看一本书,名字叫《袋鼠妈妈》。

2. 看课件阅读并理解故事

(1)幼儿自由阅读图画。

师:看看这本书里有什么?猜猜看发生了什么事情?(引导幼儿根据自己看到的画面依次讲述)

(2)看动画课件理解故事。

师:我们一起来看一看到底怎么回事。(完整欣赏动画课件一遍)

①袋鼠妈妈的大口袋里装了什么?袋鼠妈妈买了哪些东西?

②袋鼠妈妈的口袋装不下了,怎么办呢?袋鼠娃娃看到袋鼠妈妈拿不下东西了是怎样做的?又是怎样说的呢?(引导幼儿笑嘻嘻地对妈妈说:别急,我们也有大口袋)

(3)他们是怎么回家的?一个跟着一个像什么?(学一学)

(4)继续看课件中的图文匹配。

师:小朋友看这是谁?谁是妈妈?谁是娃娃?(分别有猫妈妈、猫娃娃、鸡妈妈、鸡娃娃、鸭妈妈、鸭娃娃的图片和文字,集体认读练习)

师:我们一起来看看故事里还有没有这些字,如果你发现了就跟着一起说一说!(教师和幼儿共同阅读,找出“妈妈”“娃娃”)

3. 讨论总结活动

袋鼠妈妈拿不下东西,娃娃是怎么做的?(幼儿自由讲述)

平时,在家里,爸爸妈妈做事的时候,你是怎么做的?你怎么帮助他们的?

4. 游戏活动

(教师在自己身上贴上字卡“妈妈”,幼儿贴“娃娃”)

师:袋鼠娃娃,跟妈妈一起来开火车吧!(开火车音乐起,教师带领幼儿在教室里走一圈,开到室外结束活动)

2. 小老虎请客(小班)

(一)活动目标

(1)观察画面,大胆猜想并表达,初步理解儿歌内容。

(2)在听听、讲讲、找找中掌握每种动物的叫声及喜爱的食物,借助儿歌进行大胆表达。

(二)活动准备

《小老虎请客》PPT,儿歌《小老虎请客》教学图谱。幼儿人手一份操作卡和各种食物图片。

(三)活动过程

1. 导入活动——听声音猜动物

(1)观看 PPT 课件——《小老虎请客》

师:瞧!谁来了?(小老虎)小老虎为什么这么开心?我们来问问它吧!

(2)创设小老虎请客情境

师:小老虎,你好,请问你为什么这么开心?

小老虎:大家好,我是小老虎,今天我过生日,请来了许多小动物。听!它们来啦!

小结:哦,原来小老虎要过生日请客呢!

(3)听声音,猜动物

提问:第一位客人会是谁?(小黄狗)(小黄狗,汪汪汪)(以此类推,引出小花猫、小山羊和小鸡)

2. 在情境中引导幼儿大胆讲述

(1)分句学习儿歌

师:瞧!小老虎请来了这么多小客人,它还给小客人准备了好吃的食物。

师:有什么呢?

师:小黄狗,汪汪汪,吃什么?(吃骨头)我们把它连起来说一说。

(以此类推,提问小花猫、小山羊和小鸡)

(2)完整学习儿歌

①看图谱,学习儿歌

师:小朋友真能干,不仅让小动物吃到了自己最爱吃的食物,而且还编了一首好听的儿歌,我们来读一读自己编的儿歌。

②边说儿歌,边表演,引导幼儿学会看图说儿歌,从而发现儿歌的特点。

(3)创编儿歌

师:小花猫还没吃饱,它还喜欢吃什么?(小花猫,喵喵喵,吃什么,吃老鼠)

3. 分组操作

师:又有客人来了,我们帮小老虎去招待它们吧!(请小朋友找找与动物或食物相对应的朋友)

4. 结束活动

师:小动物都吃饱了,我们带小动物出去散散步吧!

(四)活动延伸

组织幼儿在美工区画一画小动物们。

附儿歌:

小老虎请客

小黄狗,汪汪汪,吃什么?吃骨头。
小花猫,喵喵喵,吃什么?吃小鱼。
小山羊,咩咩咩,吃什么?吃青草。
小鸡,叽叽叽,吃什么?吃虫子。

3. 蒲公英(大班)

(一)活动目标

(1)在观察认识蒲公英的基础上,欣赏散文,理解散文优美的词句和比喻句;

(2)学会有感情地朗诵散文,并能用绘画等形式表达自己对作品的理解;

(3)扩展幼儿的想象,运用积累的经验与词汇,仿

编新的散文。

(二)活动准备

(1)幼儿观察过蒲公英,了解它的外形特征;

(2)音频《蒲公英》、水彩笔、油画棒、白纸。

(三)活动过程

(1)教师提出话题"我们看到的蒲公英是什么样的",引出散文的名字。

(2)幼儿听录音一遍,教师提问:蒲公英在什么季节开花?散文里说青草地上怎么样?我最喜欢什么?蒲公英开着什么颜色的小花朵?散文里说"多么有趣的蒲公英",它什么地方有趣?

(3)教师朗诵一遍散文,事先要求幼儿注意倾听,找一找散文里是怎么说蒲公英有趣的。提问:田野的风吹来,它怎么样?(帮助幼儿理解"飞扬"和"比柳絮还轻"一句)飞着飞着,它又怎么样了?为什么说它像一片片雪花?(帮幼儿理解"轻盈地降落",可请幼儿用动作表演出来)

(4)举例说明什么是比喻句,让幼儿学说比喻句。然后继续讨论:①为什么说花托结出的种子像雪白的绒毛似的球?②为什么飞着飞着,又像一片片雪花?③你觉得散文听起来怎么样?为什么很美呢?教师帮助幼儿归纳词语丰富、语句优美的特点。

(5)提出问题:"春天除了蒲公英开花外,还有哪些花儿也开放了?"

(6)教师和幼儿一起讨论:阳光照在上面,花怎么样?春风吹过,它会怎么样?像什么?如果春雨打在花上,花儿会怎么样?手摸上去、蜜蜂飞来呢?启发幼儿充分想象,鼓励幼儿说出与别人不一样的话。要求幼儿运用恰当的词语进行描述。

(四)活动延伸

(1)带领幼儿外出观察,观察后谈话:"你看到什么花儿也开放了,它们开着什么样的小花朵?"

(2)在观察、谈话的基础上,提出绘画要求,请幼儿画出自己最喜欢的花,在绘画中表现出它们的特征。

专题四　学前儿童社会教育

一、单项选择题

答案速查

1~5	BCACD

1. B 【解析】教育儿童初步懂得不提无理要求、不无故发脾气,属于小班社会教育目标。

2. C 【解析】榜样示范法是指在学前儿童社会教育中,教师用他人的好思想、好行动和英雄事迹去影响和教育儿童,促使儿童形成良好社会品质的方法。

3. A 【解析】讲解法是指教师以口头言语对社会教育内容进行系统和生动的解释,以使儿童较系统地理解社会教育的内容和意义,掌握正确的行为准则和方法,从而指导其行为的一种方法。这是学前儿童社会教育中最经常使用的一种方法。

4. C 【解析】共情训练法(移情训练法)是指通过一些形式让学前儿童去理解和分享他人的情绪体验,以使学前儿童在以后的生活中对他人的类似情绪能主动、习惯地自然理解和分享的方法。

5. D 【解析】人际交往教育活动是指教师通过创造一定的情境和条件,引导学前儿童学习某种人际交往能力的教育活动,其目的在于通过为学前儿童提供交往的机会,构建人际交往的平台,培养儿童关心、理解、尊重和赞赏他人的人际交往态度。题干的描述属于人际交往方面的教育。

二、简答题(参考答案)

简述学前儿童社会教育的方法。

(1)学前儿童社会教育的一般方法:讲解法;谈话法;讨论法;观察、演示法;参观法;行为练习法;强化评价法。

(2)学前儿童社会教育的特殊方法:榜样示范法;角色扮演法;陶冶熏陶法;共情训练法;价值澄清法。

三、活动设计题(参考答案)

1. 垃圾"回家"(大班)

(一)活动目标

(1)了解垃圾的来源,认识其危害,并能区分可回收、不可回收及有害垃圾;

(2)养成不乱丢垃圾的好习惯,建立初步的环保意识;

(3)愿意为维护环境卫生做一些力所能及的事。

(二)活动准备

(1)经验准备:请幼儿观察居住小区及周围的环境,和父母一起讨论并收集有关生活垃圾的相关图片。

(2)物质准备:事先收集一些废旧材料。如可乐瓶、牛奶瓶、玻璃瓶、纸盒、废电池、废纸等;可回收垃圾桶、不可回收垃圾桶和有害垃圾桶各一个;两段录像短片(整洁和脏乱小区的环境录像、垃圾分类回收和处理的科技短片)。油画棒、画纸若干。

(三)活动过程

1. 录像导入,了解垃圾的来源

播放录像(录像内容:整洁美丽的小区,又脏又乱、蚊蝇飞舞的小区景象),提问:"你们喜欢哪个小区,为什么?""垃圾从哪里来?""垃圾有什么危害?"

让幼儿了解满地的垃圾是因为人们不讲卫生,随意丢弃杂物而造成的。肮脏的环境给人们的健康带来许多危害,使幼儿产生送垃圾"回家"的愿望。

2. 师生讨论,了解垃圾的分类及处理

播放科教短片:垃圾的分类和处理。提问:"垃圾可以分成几类?""哪些垃圾可以重新回收?""我们该怎么做?"

通过短片让幼儿了解垃圾的种类及不同的处理方法,知道有些垃圾可以回收,有些垃圾对人体有害,对我们的生存环境有影响,从而产生分类丢垃圾的意识。

3. 动手操作,送垃圾"回家"

幼儿亲身尝试,将实物垃圾送到环保垃圾桶内。

提问:"你们认识这个垃圾桶吗?可回收垃圾桶是什么颜色的?不可回收垃圾桶是什么颜色的?有害垃圾桶又是什么颜色的?你们能将这些垃圾送回它们的'家'吗?"

认识环保垃圾桶,了解绿色代表可回收垃圾桶,黄色代表不可回收垃圾桶,红色代表有害垃圾桶。在送垃圾"回家"的游戏中,能正确分类投放,帮助幼儿树立环保从我做起的意识。

4. 设计"环保标志"

幼儿结合自身说说我们该如何保护环境,引出设计"环保标志"。

提问:"保护我们的生存环境,我们该做些什么?"鼓励幼儿为环保活动做力所能及的事,争做"小小环保宣传员"。设计"环保警示标志",张贴"我们只有一个地球"等宣传画。

(四)活动延伸

收集废旧材料,投放在活动区中。

2. 各种各样的车(中班)

(一)活动目标

(1)加强对生活中常见车辆的认识。

(2)掌握三种特殊车辆的用途:警车、救护车、消防车。

(3)明白在有困难时拨打相应的求助电话:110、120、119。

(二)活动准备

课件 PPT《各种各样的车》。带声音的警车、救护车、消防车模型。自行车铃铛声、摩托车加油门声、汽车喇叭声和火车鸣笛声的音频。

(三)活动过程

1. 谈话导入,引发幼儿对车的兴趣

师:宝贝们是如何来幼儿园的?(引导幼儿说出骑自行车、电瓶车、摩托车等)

师:除了我们平常见过的这些车之外,你还知道哪些车?(引导幼儿说出更多的车,如火车、货车等。)

2. 出示课件,认识、掌握生活中常见车辆及用途

听声音,辨别车辆。

(1)自行车铃铛声。

师:什么车?由什么组成?怎样才能走?(引导幼儿说出自行车由车身和两个轮子组成;自行车要用脚蹬才能走。)

模仿骑自行车动作和铃铛发出的响声。

(2)摩托车加油门声。

师:什么车?由什么组成?怎样才能走?(引导幼儿说出摩托车的组成和自行车一样,但要加油才能走。)

(3)汽车喇叭声。

师:什么车?由什么组成?怎样才能走?(引导幼儿说出汽车由车身和四个轮胎组成,和摩托车一样,加上油才能走。

(4)火车鸣笛声。

师:什么车?由什么组成?怎样才能走?(引导幼儿说出火车由很多节车厢组成,有些火车是烧煤才能走。)

师小结:生活中有各种各样的车,有脚蹬的如自行车;有用电的如电瓶车;有用油的如摩托车、汽车等。

3. 特殊车辆的认识与掌握

(1)情境引入:警车、救护车、消防车。

利用故事引入三种特殊车辆,并播放声音,让幼儿大胆猜测车辆的种类。

(2)出示三种车辆模型,强调三种特殊车辆的用途。幼儿仔细观察,发现其特征——三种车辆上都有相应数字即相应的电话号码:警车(110)、救护车(120)、消防车(119),明白在遇到困难时及时拨打相应电话。

(3)经过小实例让幼儿掌握在遇到困难时拨打相应求助电话。

4. 游戏"找朋友"

课件:人们在生活中的各种场景图,让幼儿给相应的图片找到朋友。

上学——骑自行车、电动车;外出——坐公共汽车等。

5. 律动《去郊游》,放松心情,结束活动

教师:刚刚认识了警车、救护车、消防车,听了它们特殊的声音,心里很紧张呢!我们来放松一下,一起去郊游吧!(引导幼儿说出和很多小伙伴去郊游时应坐大客车)

专题五　学前儿童科学教育

一、单项选择题

答案速查

1~5	DDBCB	6~8	AAA

1. D 【解析】所谓时代性是指学前儿童科学教育的内容应是适当反映时代与科技进步的新知识。所谓民族性是指科学教育的内容应对保存、传播和发展我国的优秀民族文化传统有所体现。题干中,老师既展示电动豆浆机,又展示石磨,引导儿童在古今的对比中体会现代科学技术的先进和古代人民的智慧。

2. D 【解析】集体科学教育活动可分为以下几个类型:观察认识活动、实验探究活动、科技制作活动、讨论交流活动。A 项、B 项、C 项属于观察认识活动,D 项属于实验活动,对于幼儿来说比较困难。

3. B 【解析】帮助儿童学习运用简单的工具进行测量的方法是中班儿童科学教育活动目标中的方法技能方面的目标。

4. C 【解析】激发和培养儿童好奇、好问、好探索的态度是大班(5~6 岁)儿童科学教育活动目标中的情感目标。

5. B 【解析】观察测量是指通过眼睛、手等感官的观察来测量物体。

6. A 【解析】在选择学前儿童科学教育活动内容时

应遵循教育内容的科学性和考虑学前儿童科学教育的启蒙性。所谓科学性是指学前儿童科学教育的内容应符合科学原理,不违背科学事实。所谓启蒙性是指学前儿童科学教育的内容应是粗浅的而不是系统的科学知识,应是儿童可见、可直接探索的内容,不能超越儿童的发展水平和理解能力。教师让儿童一个学期认识近200种昆虫很明显违背科学性和启蒙性。

7. A 【解析】演示法是教师通过向儿童展示各种实物或直观教具,引导儿童按一定的顺序注意物体的各个方面和各种特征,使他们获得对某一事物或现象较完整的认知的方法。

8. A 【解析】随着身心的发展,4~5岁儿童比3~4岁儿童显得更加活泼好动,好奇好问,对大自然产生浓厚的兴趣,什么都想去看看摸摸,逐渐会学习运用感官去探索、了解新事物。题干的描述是儿童科学学习好奇好问特点的具体表现。

二、简答题(参考答案)

1. 简述5~6岁儿童科学教育活动中知识方面的目标。

(1)帮助儿童初步了解不同环境中的动植物及其与环境的相互关系;

(2)帮助儿童了解周围生活中的环境污染现象和人们保护生态环境的活动;

(3)帮助儿童获取有关季节与人类、动植物、环境等关系的感性经验,形成四季的初步概念;

(4)引导儿童探索周围生活中常见的自然现象,获取有关的科学经验;

(5)让儿童接触周围生活中的现代科学技术及其在生活中的运用。

2. 简述选择学前儿童科学教育内容的要求。

(1)科学性和启蒙性;(2)时代性和民族性;(3)广泛性和代表性;(4)地方性和季节性。

3. 简述中班儿童科学教育活动中方法技能方面的目标。

(1)帮助儿童学会综合运用多种感官感知事物特征,发展观察力;

(2)帮助儿童学会按照特定的标准,对物体进行简单分类;

(3)帮助儿童学习运用简单的工具进行测量的方法;

(4)引导儿童用自己的语言描述发现,并与同伴、教师交流;

(5)指导儿童学习常见科技产品的使用方法,运用简单工具进行制作活动。

4. 简述学前儿童科学教育的方法。

(1)观察;(2)实验;(3)种植与饲养;(4)分类;(5)测量;(6)信息交流;(7)科学游戏;(8)早期科学阅读。

5. 简述4~5岁儿童科学学习的特点。

(1)好奇、好问;

(2)初步理解科学现象中表面的和简单的因果关系;

(3)开始根据事物的表面属性、功用和情境进行概括分类。

三、活动设计题(参考答案)

1. 沙子和泥土(小班)

(一)活动目标

(1)在玩乐的过程中初步感知沙子和泥土的特性;

(2)在活动中乐意表达自己的发现。

(二)活动准备

(1)选择一块有沙子和泥土的场地;

(2)玩沙工具每人一件;

(3)透明杯子人手一个(装水),细棍一根。

(三)活动过程

1. 进入场地

带领幼儿到室外有沙和泥土的地方,引起幼儿参与活动的兴趣。

师:今天,我们要和沙子、泥土做好玩的游戏,好吗?

2. 操作活动一:筛一筛

(1)出示玩沙工具,问:这是什么?

介绍玩沙和泥土的工具,交代操作目的、要求。

教师引导语:我们要用篮子去装一装沙子和泥土,你会有什么发现,待会儿告诉大家,注意玩的时候不能抛撒沙子。

(2)幼儿自由谈论玩沙和泥土的发现。

教师引导语:你刚才是怎么玩的?你有什么发现?为什么泥土没有全部掉下来?有什么办法让泥土都掉下来?有什么办法让沙子不掉下来吗?

3. 操作活动二:踩一踩

(1)请幼儿脱下袜子去踩一踩沙子和泥土。

(2)提问:你刚才在玩什么?你发现了什么?

沙子踩下去有什么变化?泥土有什么变化?怎样把泥土踩下去才会留脚印呢?

4. 操作活动三:搅一搅

(1)猜一猜,沙子放到水里会怎么样?泥土放到水里会怎么样?

(2)请幼儿选一个杯子任选泥土或沙子放进去,用细棍搅一搅,说说有什么变化?

5. 活动结束

鼓励幼儿的发现,表扬敢于发言的小朋友。

2. 奇妙的影子(大班)

(一)活动目标

(1)探究影子的成因,初步了解影子的变化与光之间的关系。

(2)能合理进行光与影子关系的猜想,并乐于操作,验证。

(二)活动准备

光线较暗的教室,手电筒、玻璃片、透光纸、纸、布娃娃、剪刀、记录纸、《西游记》人物卡片。

(三)活动过程

1. 猜谜导入,激发幼儿活动兴趣

请幼儿猜谜语:有个好朋友,天天跟我走,有时走

在前,有时走在后,我和他说话,就是不开口。

2. 组织幼儿操作实验,了解影子的成因

(1)引导幼儿回顾经验,理解影子的成因之一:光。

教师可结合幼儿的经验进行提问:“你们都在什么地方见过影子?为什么会有影子?在什么地方没有影子?”

教师小结:有光的地方有影子,没有光就没有影子。

(2)幼儿进行探究实验,发现影子的成因之二:不透光的物体遮住了光才会形成影子。

教师出示各种材料,如手电筒、玻璃片、透光纸、纸、布娃娃、剪刀等,指导幼儿两人一组,用手电筒做光源,分别照射物体进行实验,并做好记录(有影子的用对号表示)。

引导幼儿交流实验结果,并思考为什么纸、布娃娃、剪刀有影子,当光照射在玻璃片、透光纸这些透光的物体时,没有影子。

小结:当光照在纸、布娃娃、小玩具这些不透光物体上时,就会产生影子,当光照射玻璃片、透光纸这些透光的物体时,没有影子,光线能穿透过去。

3. 幼儿操作探究,探究影子的变化与光和物体的距离、位置有关

(1)操作验证,探究影子的变化与光和物体距离位置的关系。

幼儿两人一组,用手电筒做光源,从远近不同距离、高低不同角度照射布娃娃,观察布娃娃影子的大小变化,并做好记录。

(2)幼儿交流分享实验结果。

小结:当光离物体近时,影子变大;离物体远时,影子变小;光从低处照向物体时,物体变大;从高处照向物体时,物体变小。

(四)活动延伸

科学区提供各种用卡纸剪的《西游记》中的人物卡片、手电筒等,组织幼儿玩皮影戏的游戏,继续探究光与影的秘密。

3. 有趣的肥皂(中班)

(一)活动目标

(1)能运用各种感官感知肥皂的主要特征,了解肥皂的基本用途。

(2)乐于参与活动,能大胆表述自己的发现。

(3)在游戏中体验成功的喜悦。

(二)活动准备

小猴姐姐玩偶,水盆,各种样式的肥皂,黑纸盒。课件《有趣的肥皂》。

(三)活动过程

1. 调动幼儿已有的生活经验,认识肥皂

师:嗨!小朋友们,你们好,我是小猴姐姐,今天我想带你们去小猴王国旅行,你们看,小猴姐姐这里有一只神秘的盒子,盒子里有一样东西,猜猜看会是什么呢?

师:原来是肥皂宝宝,肥皂宝宝请出来。

2. 幼儿感知各种各样的肥皂,说说自己的发现和肥皂的作用。

(1)哇,这么多的肥皂宝宝呀,请你们每人挑一块你自己喜欢的肥皂宝宝,拿在手中仔细看一看、摸一摸、闻一闻,说说你的肥皂宝宝是什么样子的?

(2)先与旁边小朋友互相讲一讲,再请小朋友来告诉大家。

师:这么多肥皂宝宝是不是一样的?什么不一样?(有各种形状、各种颜色、闻起来有的有香味,有的有药味)

3. 欣赏课件,认识新式肥皂,进一步了解肥皂给人们生活带来的方便。

幼儿看课件认识蛋糕肥皂、棒棒糖肥皂、不锈钢肥皂、竹碳肥皂等。

师:很多新式肥皂看起来更漂亮,用起来更方便,对我们的健康越来越有好处,所以人们越来越喜欢使用肥皂。

4. 说说肥皂的用途。

师:那你们在什么地方也见过肥皂宝宝?肥皂宝宝是用来干什么的呢?它有什么用?

什么时候要洗手(在饭前便后、手脏)、洗澡(晚上睡觉前)、洗衣服(衣服脏了)等。

5. 感知肥皂遇水后的变化。

师:小猴姐姐告诉你们一个小秘密,肥皂宝宝有一个好朋友,他们经常在一起玩游戏,知道它是谁吗?(水)你们也想跟肥皂宝宝和水一起来玩玩吗?(先把袖口卷起来)

(1)老师提出要求:看一看,肥皂在水里会有什么变化?你发现了什么,把你的发现告诉大家。

(2)幼儿尝试跟肥皂宝宝和水一起玩。

6. 引导幼儿在玩中发现肥皂的小秘密。

把肥皂放在水盆中,引导幼儿洗洗手,然后用毛巾把小手擦干。再过来告诉大家你的发现。

(1)肥皂在水中摸起来有什么感觉?(滑滑的)

(2)小手搓一搓会发现什么?(白泡泡变成黑泡泡)

(3)刚开始的水是没有颜色的,然后呢?现在呢?(肥皂溶在水中,水变白了,就叫肥皂水,肥皂水变成脏水。)

(四)活动延伸

幼儿在轻松、愉快音乐声中玩“吹泡泡”游戏。

4. 使声音变大(大班)

(一)活动目标

(1)勇于提出问题,大胆实践,培养科学探索精神。

(2)培养归纳思维,通过比较,了解声音在固体中和空气中的传播是不一样的。

(3)知道把声音拢起来后,声音放大了。

(二)活动准备

幼儿2~4人一组,每组钟表1个、方纸筒4个、带盖的铁盒1个、观察记录表一人一张。

(三)活动过程

1. 幼儿探究活动一

探究的问题:在同一位置、相同的距离,怎样使桌

上钟表的声音听起来变大？
幼儿讨论：我用什么方法听？
试一试：把耳朵贴在桌面上，在桌边听钟表的声音。
记一记“我”的观察记录。
说一说“我”的发现。
耳朵贴在桌面听到的钟表声音比在桌边听到的钟表声音大。
2. 幼儿探究活动二
探究的问题：在同一位置、相同的距离，怎样使盒子里钟表的声音听起来变大？
幼儿讨论：“我”可以用什么方法听？
试一试：把耳朵贴在盒盖上，贴近盒盖听钟表的声音；把耳朵贴在木头桌子上。
记一记“我”的观察记录。
说一说“我”的发现。
玩一玩游戏：纸筒里的钟表声。
(1)耳朵靠近纸筒口听一听，放在纸筒中的钟表和不放在纸筒中的钟表声音一样吗？
(2)再往上加一个纸筒，钟表的声音变大了还是变小了？
(3)再往上加第三、第四个纸筒，听听钟表的声音有什么不一样？
(4)讨论结果：纸筒拢住声音，使钟表的声音听得更清楚。

专题六　学前儿童数学教育

一、单项选择题

答案速查

1～6	CCBBBA

1. C 【解析】数学教育内容应具有生活性，是指数学教育活动内容应与儿童的生活实际紧密联系，活动内容应该是儿童所熟悉的，也是他们所能理解的，能让他们感受到数学与人们生活的关系。
2. C 【解析】题干的表述体现了儿童还不能从事物的具体特征中摆脱出来，从而抽象出数量特征，这种由事物的具体特征而带来的干扰，将随着他们对数学知识的抽象性质的理解而逐渐减少。
3. B 【解析】中班幼儿的数学教育目标包括：认识10以内的数字，理解数字的含义，会用数字表示物体的数量；学习10以内的基数：顺着数、倒着数、学习目测数群，学习不受物体空间排列形式和物体大小等外部因素的干扰，正确判断10以内的数量，感知和体验10以内自然数列中相邻两数的等差关系；学习10以内的序数等。
4. B 【解析】操作法是指提供给儿童合适的材料、教具、环境，让儿童在摆弄、实践过程中进行探索，获得数学感性经验和逻辑知识的一种方法。
5. B 【解析】学前数学教育内容应具有生活性，是指数学教育活动内容应与儿童的生活实际紧密联系，活动内容应该是儿童所熟悉的，也是他们所能理解的，让他们感受到数学与人们生活的关系。例如，这是一棵大树，那是一棵小树；今天班上有3个小朋友没有来；手帕是正方形的，毛巾是长方形的等。儿童在与环境的接触中获得了许多数学感性经验。
6. A 【解析】讲解演示法是教师通过语言和运用直观教具，把抽象的数、量、形等知识加以说明和解释，具体地呈现出来的一种教学方法。它是讲解与演示相结合的方法。

二、简答题(参考答案)

1. 简述学前儿童数学学习的心理特点。
(1)从具体到抽象；(2)从个别到一般；(3)从外部动作到内部动作；(4)从同化到顺应；(5)从不自觉到自觉；(6)从自我中心到社会化。
2. 简述数学教育活动内容选择的要求。
(1)学前儿童数学教育活动内容应具有启蒙性；
(2)学前儿童数学教育活动内容应具有生活性；
(3)学前儿童数学教育活动内容应具有可探索性；
(4)学前儿童数学教育活动内容应具有系统性。

三、活动设计题(参考答案)

1. 生活中的数字(大班)

(一)活动目标
(1)发现生活中用数字做标识的事物。
(2)了解和感受数字用在不同的地方的意义。
(3)尝试使用数字的信息进行一些简单的推理。
(二)活动准备
物质准备：准备有关数字的物品，如日历、时钟、计算器、温度计、尺子、鞋子等；准备小猫、小狗、小羊卡片各一张；多媒体课件。
经验准备：活动前请家长与幼儿一起寻找生活中的数字，准备相关物品，让幼儿带到幼儿园；幼儿已经知道数字的基本知识。
(三)活动过程
1. 创设情境，激发幼儿兴趣
(多媒体播放《数字象形歌》)
教师让幼儿跟着音乐一起做动作，引导幼儿初步感受数字的形象。
教师：今天老师给大家带来了一些数字卡片，老师称它为数字王国，现在我来给大家展示数字王国里的成员，大家看看都有谁呢？
幼儿1：在树林里能找到数字1。
幼儿2：小鸭子在池塘里游水的图画里能找到数字2。
幼儿3：海鸥在大海上飞翔的图画中能找到数字3。
2. 让幼儿根据自己带来的物品，说一说生活中的数字
教师：大家看看老师的桌子，是不是摆放了很多东西？这些物品有老师准备的，也有小朋友们从家里面带来的。下面，我们来看一看这些物品都是什么，上面的数字都有什么用途。
(1)请个别幼儿介绍自己带来的物品
幼儿1：我带的是温度计，看温度计上面的数字，我

们能知道屋子里面的温度。
幼儿2:我带的是跑步鞋,它的鞋码是数字表示的,在鞋底部中间。
幼儿3:我带的是儿童智能手表,它不仅能够看时间,还能够进行定位,妈妈再也不用担心我了。
教师:很好,小朋友们带来了这么多带有数字的东西。老师也给大家带来了一个带数字的东西,大家看看这是什么?
幼儿:是书本。
教师:书本的数字在哪里呢?
幼儿:是页码,表示多少页。
(2)请幼儿互相介绍带数字的物品
(教师分发带数字的物品给幼儿)
教师:你们现在都拿到了带数字的物品了。现在请你和你的同伴互相介绍一下你们各自的物品是什么。物品上的数字表示什么意思,有什么用处。
幼儿热情地向同伴介绍带数字的物品,教师在一旁观察指导。
(3)请幼儿说说生活中其他带数字的物品。
教师:生活中带数字的物品可真多啊!那么,你们见过什么带数字的物品呢?
幼儿1:我在过马路时,看到了红绿灯上有数字,绿灯亮了会有60秒的时间。
幼儿2:爷爷的手机上面有数字,能够拨打电话号码。
幼儿3:我家客厅的时钟也有数字,我可以看时间。
幼儿4:爸爸的汽车上也有数字,是汽车牌照。
3.观看幻灯片,了解生活中数字的重要作用
教师:有了数字,我们的生活变得方便多了。老师给大家拍了一些带数字的东西,现在咱们一起来看看这些东西吧。
(1)幻灯片一(红绿灯、公交车站牌、门牌号)
教师:这张图片上,你们看到了什么呢?
幼儿1:我看到了红绿灯上有数字。
幼儿2:我看到了公交站牌,这个牌子上有很多路车,都是用数字表示的。有653路、87路、13路、27路等等。
幼儿3:我看到了门牌号,好像是我们幼儿园的。
(2)幻灯片二(超市价格牌、餐厅菜单价格)
教师:超市里面、餐厅里的菜单也有很多数字,大家看看老师拍的这个价格牌。它们有什么用途呢?
幼儿1:超市里有7个数字,都是收银台的号码。有了收银台,我们可以知道去哪里付钱了。
幼儿2:从这个餐厅的菜单上,我能看到鸡腿的价格。这个图片上的鸡腿是6元。
教师:大家真聪明,说得真好。
(3)幻灯片三(没有数字的电梯、没有数字的时钟、没有数字的挂历)
教师:小朋友们,你们看看这些图片有什么特点呢?
幼儿:它们都没有数字。
教师:那这些物品没有数字,会有什么结果呢?
幼儿1:电梯没有数字了,我们都不知道怎么回家了。
幼儿2:时钟没有数字了,我们不知道现在几点了,我们也不知道什么时候睡觉、什么时候吃饭了。
幼儿3:日历上没有数字,我们不知道今天是星期几了,也就不能知道前天和后天是星期几了。
4.玩数字游戏,体验奇妙的数字
(教师引导幼儿玩《看谁数得对》游戏)
教师:小朋友们今天表现得都很乖,接下来我们一起来做游戏。老师这里有一张小猫卡片,你们是小猫,我说小猫叫一声,你们就喊“喵”。我说小猫叫两声,你们就喊“喵、喵”。我说小猫叫三声,你们就喊“喵、喵、喵”。
教师和幼儿开始互动游戏。小猫卡片完成后,教师再拿出小狗、小羊的卡片,依上面的方法继续游戏,直到幼儿熟练掌握。

2. 比高矮(中班)

(一)活动目标
(1)学习比较物体高矮的正确方法(在同一个起点上)。
(2)能够按照高矮特征给三个物体进行正反排序。
(二)活动准备
高矮不同的长颈鹿图片三张,山羊图片一张,幼儿用书。
(三)活动过程
1.讲述《长颈鹿和山羊》的故事,自然引出高矮的概念
(1)出示山羊和长颈鹿图片。教师一手拿着山羊图片,一手拿着长颈鹿的图片说:“老师今天给大家请来了两位动物朋友,我们和它们打个招呼吧!”幼儿分别与山羊和长颈鹿打招呼。教师边表演边说:“可是,山羊和长颈鹿怎么都不说话呢?它们两个怎么了?闹矛盾了?为什么呢?”
(2)讲述《长颈鹿和山羊》的故事。
提问:“说一说山羊和长颈鹿为什么不开心呢?他们两个这样做对吗?他们应该怎么做?”
师:原来山羊和长颈鹿不开心是因为高矮的问题,高有高的好处,矮有矮的方便,好朋友之间要互相尊重,不能嘲笑别人。
2.学习三个物体比较高矮的方法,并按照一定的顺序排列
(1)教师:长颈鹿改掉了爱嘲笑别人的坏习惯,别的长颈鹿也愿意和它交朋友。(出示另外两张长颈鹿的图片)他们三个是好朋友,三个好朋友也是有高有矮的,我们来帮它们比一比吧!
(2)个别幼儿操作,教师指导。
(3)大家说说比较高矮的方法。
(4)教师边演示边强调三个长颈鹿比较高矮的方法:让三只长颈鹿脚对齐,站在同一个平面上,先找出最高的那个,然后再将剩下的两个进行比较。这样我们就按照从高到矮的顺序帮它们排好队了。

(5)讨论：还可以怎样来排呢？（用同样的方法引导幼儿进行从矮到高的排序。）
(6)教师小结：比较高矮时，我们要把物体放在同一起点上，可以按照从矮到高的顺序排，也可以按照从高到矮的顺序排。
3. 幼儿三人一组比较高矮，并按一定的顺序排队
(1)教师：你们想和长颈鹿一样也来比一比吗？
(2)教师请幼儿三人一组自由组合，排队比高矮，并说一说他们是按照什么顺序排的，还能怎么排。
(3)重复游戏，请幼儿换朋友，三人一组重新组合。
4. 巩固练习，强化对高矮的认识
(1)打开幼儿用书，教师说明操作方法，请幼儿按要求操作。
(2)教师巡回指导帮助个别幼儿。
(3)请幼儿互相交流分享，体验成功操作的乐趣。
（四）活动延伸
引导幼儿把图书角的图书按照高矮的顺序排列。

3. **4以内的数（小班）**

（一）活动目标
(1)感知4以内的数，学习手口一致地点数并能说出总数。
(2)初步学习从左到右或从上到下按物数数的方法。
(3)体验数学活动的乐趣。
（二）活动准备
兔子、猫、狗图片，若干点子卡小红旗（两面点子的排列方式不同，数量不等）若干，小红花等。
（三）活动过程
1. 学习按序点数的方法
(1)学习从左到右按物数数
师：今天，教师请了很多小动物和我们一起学本领。我们一起来看看、说说有哪些小动物。（分别演示猫、狗、兔的图片）
师：每种小动物各有几只呀？（一只猫、一只狗、一只兔）
师（一边指着图一边说）：对，是一只猫、一只狗、一只兔。合起来一共有几只小动物呀？（三只）
师：我们再一起来数一数。从哪边开始数呢？
师（边说边伸出右手指向小猫）：我们数数时一般先伸出右手，小动物横着排队时，我们可以从左到右数。（请小朋友举起右手，从左到右一起数。）当幼儿数到3时，教师可围着三个小动物画一个大圆圈，并大声说：“一共有3只小动物。”
(2)学习从上到下按物数数
师：小动物们觉得小朋友本领学得很快，它们决定回去请更多的小伙伴来和大家一起学本领。
师：喵喵，谁先来了？（教师出示4只小猫的图）
师：它们是横着排队还是竖着排队的？
师：我们该从哪边数呢？
师：小动物竖着排队时，我们可以从上到下数一数。举起我们的右手？
师：好，我们一起来数一数。（在图的右上方演示从上往下的箭头标记）
(3)巩固练习数数方法
师：汪汪汪，猜猜我是谁？（演示小狗图）
师：长耳朵、短尾巴，走起路来蹦蹦跳。你们猜是谁？（演示小兔图）
师：小狗、小兔排着不一样的队伍来和小朋友一起学本领了，我们用什么方法来数小狗有几只、小兔有几只？请小朋友想一想，再和旁边的小朋友说一说。
2. 看点卡数数，巩固数数方法
师（演示点子卡）：点子朋友也知道小朋友爱动脑筋了，它们也赶来了。有的点子是横着排的，有的是竖着排的，它们都藏在小红旗里。（出示学具）现在我来考考大家，每个小朋友拿一面红旗（学具），先把正反两面都看一看，然后再想一想，用什么方法来数，想好后，可以数给教师看，也可数给旁边的小朋友看，数得好，说得对的，教师还会奖励小红花。
3. 游戏“找朋友”，巩固对4以内数量的感知
师：今天我们做游戏，老师有个要求，我说2个朋友拉拉手，你们就2个朋友拉拉手，我说3个朋友拉拉手你们就3个朋友拉拉手，看看谁最能干，会找对朋友，好不好？（教师说数字，幼儿玩游戏）一遍游戏后停下来检查找对了没有，再继续游戏。

专题七　学前儿童音乐教育

一、单项选择题

答案速查

1~5	BABCC

1. B 【解析】中班歌唱活动的目标是能用正确的姿势、自然的声音歌唱，并做到吐字清楚、唱准曲调和节奏（音域在 $c^1 \sim a^1$ 之间）。
2. A 【解析】动作材料是指通过跟随音乐做动作的方式参与到音乐进行的过程中去，这是学前儿童感知、理解和表现音乐最自然、最重要的途径之一。
3. B 【解析】模仿动作是指儿童在表现特定事物的外在形态和运动状况时所用的身体动作。3~4岁儿童最感兴趣的是模仿动作。因为他们所关心的不是动作本身，而是该动作所表现的熟悉事物。所以，在为4岁以前儿童选择韵律动作时，应以模仿为主。
4. C 【解析】基本动作复习或练习导入主要适应于从复习某个熟悉的动作开始，联系新动作学习的活动，或直接从观察新动作示范开始的新动作学习活动。
5. C 【解析】学前音乐教育活动的主要类型有：(1)歌唱活动；(2)韵律活动；(3)打击乐演奏活动；(4)音乐欣赏活动。

二、简答题（参考答案）

1. 简述小班歌唱活动的目标。
(1)学习用正确的姿势、自然的声音歌唱，并基本做到吐字清楚、唱准曲调和节奏（音域在 $c^1 \sim g^1$ 之间）；
(2)能跟着歌曲的前奏整齐地开始和结束；

(3)在有伴奏的情况下,能独立地、基本完整地唱熟悉的歌曲;

(4)能初步理解和表现歌曲的形象、内容和情感;

(5)在教师的帮助、引导下,能够为熟悉、短小、工整而多重复的简单歌曲增编新的歌词;

(6)喜欢自己歌唱,也喜欢与同伴一起歌唱,并能注意使自己的歌声与集体相一致。

2. 简述幼儿园歌唱材料的选择特点。

(1)歌唱活动材料的审美性;

(2)歌唱活动材料的教育性;

(3)歌唱活动材料的适宜性;

(4)内容、形式、情绪与风格的丰富性与多样性。

三、活动设计题(参考答案)

1. **小老鼠找朋友(大班)**

(一)活动目标

(1)在歌词和教师动作的提示下,用"找朋友"的方法玩游戏。

(2)迁移生活中的经验表现高兴和孤单的样子,并创编小老鼠寻找老猫的动作。

(3)在游戏中体验卧底追逃游戏所带来的乐趣。

(二)活动准备

会玩"猫捉老鼠"的游戏。

(三)活动过程

1.故事导入

师:"有一只小老鼠住在一楼,空空的房子里只有它自己,它觉得很孤单,想要去找好朋友,孩子们,你们知道孤单是什么意思吗?"(一个人)"那你们一个人在家孤单的时候是什么样子的?我们一起来学一学。(耸肩、无聊)"

2.学习《小老鼠找朋友》游戏的玩法

师:我就是那只孤单的小老鼠,现在我要出门去找好朋友了,待会儿我请到谁?谁就和我一起坐电梯去找好朋友。(第一遍音乐)

(1)教师当老鼠边唱边随乐合拍走,做孤单造型不动,唱到"来来来"时双手伸向台下做出邀请状,然后双手拉着台下幼儿A的双手上台站好。

(2)依次上二楼、三楼。

师:二楼的小老鼠也在找朋友,它们是怎么找朋友的?请你仔细地看一看。继续出发上楼找好朋友,以此类推教师邀请其他幼儿。

(3)最后上四楼。

师:"四楼,住着一只大老猫,它真的肚子饿,想要吃小老鼠,看看看、听听听,猫在哪?哇!我们太幸运了,今天猫不在家,我们赶紧跑回家!"

3.巩固游戏的玩法

师:"过了一天,我又觉得孤单了,我又想找好朋友,这次我要请你们来和我一起玩,刚才我是唱到哪一句的时候找好朋友的?我们一起做一遍!"(教师和孩子一起练习"来来来,好朋友"的动作)

(1)教师当老鼠边唱边随乐合拍走和幼儿手拉手,两人各自找一个朋友"上二楼"。

(2)教师和幼儿A、B、C四人两两合作(邀请者和被邀请者)手拉手边唱歌边随乐合拍走;四人各自找一个人"上三楼"。

(3)"四楼,住着一只大老猫,它真的肚子饿,想要吃小老鼠,看看看、听听听,猫在哪?"

"哇!我们太幸运了,今天猫不在家,我们赶紧跑回家!"

4.变化游戏玩法,揭秘卧底猫

师:"收到可靠的消息,猫今天在家,你们敢不敢和我去冒险?这次我会邀请更多的好朋友一起去挑战!但是我们一定要注意了,当猫'喵'一声的时候,我们要赶紧跑回家哦!"

(1)依照玩法依次上二楼、三楼,这次可一次邀请多个幼儿,直到把所有的孩子都邀请出来。

(2)师:"四楼,住着一只大老猫,它真的肚子饿,想要吃小老鼠,看看看、听听听,猫在哪?"唱完老师大叫一声喵……小老鼠赶紧跑回家。

师:"现在你们知道谁是猫了吧?对,就是老师,我把自己伪装成一只小老鼠,一开始你们都没有发现我是猫,我可不是一只简单的猫,我是混在老鼠群里的猫,我是一只卧底猫。"揭秘卧底猫是老师。

5.请幼儿玩卧底游戏

(1)师:"你们想不想当卧底猫呀?怎样才可以当好卧底猫?要注意哪些问题?"

小结:"卧底猫要伪装好,不要被别人看出来,当唱到'猫在哪?'就要暴露自己的身份出来抓小老鼠。千万不要忘了自己是只猫哦!"

"现在请所有的小朋友闭上眼睛,把头埋在自己的膝盖上,老师摸到谁,谁就是那只卧底猫!"

(2)幼儿随乐完整做游戏,教师指导。

师:"你们喜欢这个游戏吗?找好朋友的时候你的心情是怎样的?一开始你觉得谁是卧底猫?当听见猫叫的时候你有什么感觉?你当卧底猫的心情是怎样的?"

2. **小老鼠上灯台(小班)**

(一)活动目标

(1)初步理解歌词内容,学习用自然的声音演唱歌曲,并能用动作表现;

(2)喜欢参加音乐活动,体验与同伴一起游戏的快乐。

(二)活动准备

小老鼠头饰人手一个,大猫头饰一个,《小老鼠上灯台》图片及音乐、小老鼠图片、大胖猫图片。

(三)活动过程

1.谜语引出主题

幼儿猜谜语"两撇小胡子,贼头又贼脑,喜欢偷油吃"。

出示小老鼠图片,并讨论小老鼠特征,继而请出大胖猫。

2.讲故事,帮幼儿熟悉并理解歌词内容

通过讲述故事,让孩子感受歌曲中的故事情节,理解和熟悉歌曲的内容。

有一群小老鼠肚子饿了,想出去找东西吃,找呀,

找呀,找到了一盏灯,啊!好香呀!那灯里面肯定有油,他们就爬呀,爬呀,爬上去偷油吃。正吃着高兴呢,突然"喵喵喵"大胖猫来了,小老鼠听到了大胖猫的声音,害怕极了,叽里咕噜地滚下来,赶快跑到洞里躲起来了。

3.播放第一遍歌曲,使幼儿熟悉歌曲旋律

这么好玩的事情,我们把它唱出来吧。

4.再次播放歌曲,启发幼儿用动作表现歌曲内容

(1)启发幼儿学小老鼠的动作;

(2)启发幼儿学大胖猫的动作;

(3)幼儿自由结伴,尝试表演动作。

5.教师和幼儿一起完整表演歌曲,感受表演的乐趣

(1)幼儿扮老鼠,教师扮猫一起表演;

(2)幼儿扮老鼠或"猫"一起表演。

专题八 学前儿童美术教育

一、单项选择题

答案速查

1~6	DCDCBD

1.D 【解析】A、C项是小班幼儿手工活动的认知目标。B项是小班幼儿手工活动的情感目标。D项是中班幼儿手工活动的目标。

2.C 【解析】中班(4~5岁)儿童绘画目标中,教师应引导儿童学习用各种线条表现感受过的物体的基本结构和主要特征。

3.D 【解析】图式期的儿童为在画中强调表现某一意图,不会顾及画中形象的大小、比例、内容等是否合理。这样的画常常会令人感到很夸张。题干中幼儿的画夸张,不符合常理,是感觉的强调和夸张的表现。

4.C 【解析】图式期是学前儿童美术能力发展的一个阶段,5~8岁儿童处于此阶段,是儿童逐渐形成并发展其绘画表现的"样式"的阶段。在这一阶段中,儿童通过自身的观察、理解与多次实践,开始以较为固定的样式描画事物,因此也常常被称为概念性的表现阶段。

5.B 【解析】对于小班儿童来说,可引导儿童体验泥的可塑性,学习用搓、团圆、压扁、粘合的方法塑造简单的立体物象。

6.D 【解析】儿童绘画中的强调式表现指的是儿童为在画中强调表现某一意图,不会顾及画中形象的大小、比例、内容等是否合理。

二、简答题(参考答案)

简述学前儿童美术教育的方法。

(1)感知欣赏法;(2)示范和范例法;(3)游戏练习法;(4)线索启迪法。

三、活动设计题(参考答案)

1. 扎染手帕(大班)

(一)活动目标

(1)尝试自己设计图稿,选择材料扎染手帕。

(2)能大胆操作,并积极向同伴展示和介绍自己的扎染作品和经验。

(3)培养观察、操作、表达能力,提高审美情趣及创新意识。

(二)活动准备

(1)幼儿已有用皮筋、玩具等工具和材料进行扎染的经验。用不同方法制作的扎染作品若干,相对应的方法图谱。

(2)白色手帕、剪刀、各色食用染料、牛皮筋、塑料抽拉带、细铜丝等。

(三)活动过程

1.欣赏用不同方法扎染的手帕,迁移已有经验,进一步了解与其对应的扎法

(1)师:今天老师带来了几块扎染手帕,你最喜欢哪块?为什么?

师:像火车道的花纹在哪里呢?

(2)师:你知道这些好看的花纹是用什么方法扎出来的吗?

(教师根据幼儿交流情况,在手帕的下方出示相应的方法图谱。)

2.回忆经验,明确设计图稿与作品的关系,产生设计、扎染手帕的愿望

(1)出示设计图稿,引导幼儿观察设计的花纹,猜测扎法。

师:昨天,我们一起设计了一张手帕的图稿,看一看,上面都有哪些花纹?怎样才能在手帕上出现这些花纹呢?

(2)出示扎染好的手帕,引导幼儿比较。

师:这是我们扎染出来的手帕,看看和设计图一样吗?想一想,这两个圆怎么会一个大一个小的呢?怎样才能让扎染出来的两个圆一样大呢?

3.设计、扎染

(1)共同讨论制作要求。

师:今天我们来做小小设计师,自己设计图稿,扎染一块漂亮的手帕。大家先要想好在手帕的什么地方染出什么样的花纹,然后把它画下来,再根据图稿上的花纹选择合适的材料扎染。

(2)设计图稿并制作。

教师观察并指导幼儿设计图稿,根据图稿选择合适的方法及材料进行制作。

(3)染色。

(教师帮助幼儿拧干手帕,并到水池里冲洗多余的染料。)

4.欣赏作品

(1)展示设计图稿及扎染的手帕,自由欣赏。

(2)将手帕与设计图稿进行对比,分析成功的地方。

(教师引导幼儿共同分析原因,使幼儿知道在扎染手帕时要看清楚设计图稿上花纹的位置,并把手帕折叠平整。)

(3)产生继续探索使用多种材料进行扎染的兴趣。

2. 画画我自己(中班)

(一)活动目标

(1)认识自己,知道自己和别人的不同之处;

(2)能运用简单的线条和图形,画出自己的主要特征;

(3)体验绘画的乐趣,增强自信心。

(二)活动准备

(1)幼儿自带的近期照片一张;图画纸、水彩笔、马克笔;

(2)幼儿认识自己身体的一些部位。

(三)活动重难点

(1)活动重点:认识自己,能运用简单的线条和图形,画出自己的主要特征。

(2)活动难点:体验绘画的乐趣,增强自信心。

(四)活动过程

1.谈话导入

师:我们每个小朋友都有一张可爱的脸蛋。脸蛋上有什么?这是我们每个人都有的。每个人长得一样吗?请小朋友拿出自己的照片看看,自己长得什么样?你喜欢做什么?和旁边的小朋友说一说。

2.活动展开

(1)引导幼儿进行小组交流、讨论,介绍照片中的自己,说说自己的形象特征

①请小朋友介绍自己,说说自己的外形特征。

②请小朋友介绍自己的好朋友,说说好朋友的外形特征。

(2)教师进行示范画

①引导语:我们每个人长得都不一样。都有自己的特点和喜欢做的事情,今天老师请小朋友给自己画一张自画像,把自己最好最喜欢的样子画出来,在画之前,小朋友看看老师是怎样画的。

②教师边说边示范画一张自画像。(我们每个人都有一张可爱的脸蛋,脸蛋上有圆圆的头……)

(3)幼儿自由绘画,教师巡回指导

①提醒幼儿先构思,再动笔作画,突出自己的主要外形特征和特长爱好。

师:老师给你们准备了不同的画画材料请小朋友自己画,在画之前要先想好怎样画,画自己在做什么,然后再动笔。

②幼儿分组作画,教师巡视

③注意事项:提醒小朋友不能将画笔画到自己和小朋友的身上,不能在纸上乱抹乱画。

(4)展示作品,增强幼儿的自信心

①组织幼儿展示作品,相互欣赏与交流。

②小结:每个小朋友都画得不错,都把自己最好的形象展现出来了,我们每个人都有自己最棒的一面,我们要对自己有信心。

(五)活动延伸

区角活动延伸:去到表演区,将自己的才艺展示给大家。

专题九 幼儿园主题活动

一、单项选择题

答案速查

1~3	ADB

1. A 【解析】主题活动强调从幼儿的认知水平、经验和兴趣出发,加强学科、领域之间的横向联系。题干中由“丰收水果店”的主题联系其他领域的学习,体现了知识的横向联系特点。

2. D 【解析】幼儿园主题活动的特点包括:(1)学习内容之间的有机关联;(2)各种教育资源的整合;(3)活动具有动态生成性;(4)多种活动形式的运用。A、B、C三项均符合主题活动的特点,故答案选D项。

3. B 【解析】在制定主题活动的总目标时,首先需要分析主题潜在的多种价值,包括教育价值和发展价值。其次,制定总目标时应注意涵盖情感态度、认知、技能三个维度。在情感态度方面,包括兴趣、爱好、态度、习惯的养成和好奇心、价值观的培养等。在认知方面,包括对知识的理解、记忆、掌握等。在技能方面,包括操作、表达、交往、创造等能力的形成。因此,题干中设置的目标是认知领域的目标。

二、活动设计题(参考答案)

1. 秋天在哪里?(大班)

主题活动总目标

(1)了解秋天的季节特征;

(2)喜欢亲近大自然,感受秋天景色的美;

(3)尝试用艺术形式表达对秋天的感知,体验创作的乐趣;

(4)发展想象力和动手能力。

子活动一

大班健康活动《秋天天气凉》

(一)活动目标

(1)发现秋天气温变化与人们着装变化的规律;

(2)感知秋天天气凉爽;

(3)了解秋天保健的基本常识。

(二)活动准备

(1)经验准备:师幼共同记录一个多月以来的气温变化,并绘制成坐标图。

(2)物质准备:挑选从开学到现在所拍摄的、可以突显衣服长度、厚度变化的幼儿照片。

(三)活动过程

1.记一记,比一比

(1)出示师幼共同记录的一个多月以来气温变化的坐标图。

师:这张图记录了从开学到现在一个多月来每天的气温,看一看,比一比,你发现了什么?

(2)启发幼儿根据图表的曲线,说一说一个多月以来气温的变化情况,帮助幼儿提升经验。

(3)引导幼儿共同得出结论:进入秋天以后,气温

在逐步下降。
2. 想一想,说一说
(1)引导幼儿回顾开学以来自己衣着的变化。
(2)出示从开学到现在拍的幼儿着装照片,引导幼儿观察比较。
师:这是刚开学时拍摄的照片,那时你们穿的是什么?这是昨天拍摄的照片,随着天气的变化,大家穿的服装有什么不同?
(3)小结:秋天到了,天气越来越凉,大家穿的衣服越来越厚,越来越多。
3. 走一走,跑一跑
(1)带幼儿到户外散步,感受秋风吹拂的感觉,体验秋天天气凉,提醒幼儿要随气温的变化加衣服。
(2)组织幼儿在户外跑一跑,并说一说秋天运动后的感觉。
(3)小结:秋天到了,气候干燥,要注意多喝水,补充身体的水分。
(四)活动延伸
利用上午、中午、下午三个时间段分别带幼儿穿同样的衣服到户外散步,感受秋天早晚凉、中午热的季节特征,提醒幼儿早晚要添加衣物。
子活动二
大班科学活动《秋天菊花开》
(一)活动目标
(1)知道菊花在秋天开放;
(2)感受菊花的美与香;
(3)欣赏儿歌,体会菊花的品性。
(二)活动准备
环境创设:师幼一起收集各种菊花的图片,请园丁挑选几盆有代表性的菊花盆栽,挑选合适的场地布置成“菊花展厅”。
(三)活动过程
1. 提问引入
(1)师:春天桃花开,夏天荷花开,冬天梅花开,秋天什么花开?(菊花)
(2)小结:秋天,许多花儿已慢慢凋谢,但菊花却开得最灿烂。
2. 赏菊品香
(1)带领幼儿到事先布置好的菊花展厅观赏菊花。
(2)引导幼儿观察比较各种菊花的颜色、花瓣、花苞及花朵的数量。
师:看一看,都有什么颜色的菊花,它们的花瓣分别是什么形状的?
(3)启发幼儿闻一闻菊花的气味,感受菊花的清香。
师:菊花有哪些颜色,是什么样子的?深深吸一口气,你闻到菊花的香味了吗?是什么味道的?
(4)小结:菊花的色彩丰富,有红、黄、白、紫、绿、橙、粉等颜色;常常是一朵或几朵簇生。花朵的大小和形状各有不同,有单瓣,有复瓣;有扁形,有球形;花絮有长有短,有平有卷;有空心和实心;有挺直的和下垂的;气味清香。
3. 听歌怡情
(1)教师朗诵儿歌《菊花》,幼儿欣赏。
(2)引发交流:你听到儿歌里说了什么?为什么黄叶和秋风说菊花是勇敢和坚强的?
(3)引导幼儿跟念儿歌。
(四)活动延伸
(1)在美工区提供棉签、颜料、画纸等美工材料,让幼儿画菊花;
(2)师幼一起利用各种美术手段表现菊花,布置“秋天菊花开”主题墙饰;
(3)在自然角里尝试养护菊花,提醒幼儿为菊花浇水,数数开了几朵菊花。

2. 安全我知道(小班)

主题活动总目标
(1)了解生活中的安全注意事项。
(2)掌握发生危险时的基本逃生方法。
(3)提高自我保护意识和处理安全事故的能力。
子活动一
小班健康活动《会咬人的电》
(一)活动目标
(1)具有安全用电的意识。
(2)认识“有电危险”的标志。
(3)学会安全用电,知道不能用手触摸插座的插孔。
(二)活动准备
多媒体教学动画《会咬人的电》、“有电危险”的标志图片、接线板。
(三)活动过程
1. 幼儿观看动画,教师根据动画内容对幼儿进行简单提问。
(1)动画里都有谁?
(2)他们偷的宝贝是什么?
(3)接线板里面藏着什么?可以用手触摸接线板吗?触摸了会发生什么呢?
(4)我们的教室里有接线板吗?我们能用手去触摸吗?
2. 认识“有电危险”的标志
教师出示图片引导幼儿认一认、说一说在哪见过这样的标志,以加强幼儿对“有电危险”标志的认识。(幼儿自由交谈)
3. 教师小结
不管是在幼儿园还是家里,我们都不能碰接线板,更不能用手指或小金属片去捅插线板和插座的小嘴巴,插头要请大人来插,小朋友要学会安全用电。
子活动二
小班社会活动《火灾来了怎么办》
活动目标
(1)了解火灾发生的几种原因,懂得如何防范。
(2)初步掌握几种自救逃生的方法及技能。
(3)具备初步的自我保护意识。

子活动三

小班语言活动《小蜜蜂遇险记》

活动目标

(1)能仔细观察图片内容,用完整的语句大胆地在同伴面前讲述图片内容。

(2)发展幼儿思维的发散性和独创性。

(3)知道在自己或别人有危险时,要积极勇敢地自救或帮助他人。

3. **春雨(中班)**

主题活动总目标

(1)了解关于春雨的一些科学现象;

(2)感受大自然的变化,激发探索大自然的兴趣。

子活动一

中班科学活动《下雨的秘密》

(一)活动目标

(1)自己尝试做小实验,初步感知"水蒸气蒸发"以及"雨是怎样形成的"等一些科学现象;

(2)了解雨与人类的关系;

(3)激发幼儿观察、发现、探索自然的兴趣。

(二)活动准备

(1)木偶小兔、兔妈妈;

(2)酒精灯、烧杯、玻璃片、玻璃杯、火柴;

(3)故事《小水滴旅行记》、有关幻灯片、配套音乐。

(三)活动过程

1. 木偶表演,提出问题

教师:兔妈妈带小兔出去玩,忽然,天下雨了,小兔问妈妈:"天上为什么会下雨?"

根据故事情境播放幻灯片,提出问题:"小朋友,你知道天上为什么会下雨吗?"

2. 做小实验

(1)教师点燃酒精灯,把水加热;

(2)教师提出问题:仔细观察一下,你发现了什么?

(3)小结:水热了就会有水蒸气,许多水蒸气向上跑的现象叫作"蒸发"。

(4)讨论:你平时看到过"蒸发"现象吗?

3. 观察水蒸气遇冷变成小水珠的现象

(1)请你摸一下,玻璃片是冷的还是热的?

(2)倒热水在杯里,问:杯子里冒出来的是什么?(水蒸气)

(3)把玻璃片盖在杯上,会出现什么?为什么玻璃片上会有小水珠?得出实验结果:水蒸气遇冷就会变成小水珠。

4. 放幻灯片(通过直观教学,重点理解"为什么会下雨"的科学现象)

(1)太阳是一个大火球,又像一个奇怪的炉子,衣服、手帕、江河、土地里的水被太阳一晒,都变成了水蒸气,这么多的水蒸气都到哪里去了呢?

(2)请小朋友听一个有趣的故事《小水滴旅行记》(结合幻灯片)。

(3)请小朋友把"天上为什么会下雨"的小秘密告诉兔妈妈和小兔。

5. 了解雨与人类的关系

(1)请幼儿试着说出雨的好处。

(2)请幼儿试着说出雨的危害。

子活动二

中班音乐活动《春雨沙沙》

活动目标

(1)注意力集中地欣赏歌曲,知道歌曲名字,初步理解歌曲的内容;

(2)感受和表现音乐力度的强弱,会用自然声音唱歌;

(3)大胆运用肢体表演春雨,感受春雨悄悄下的意境和种子发芽的喜悦。

子活动三

中班语言活动《春天到了》

活动目标

(1)欣赏并理解散文故事,把图片贴到相应的匹配位置上;

(2)感受春天里大自然变化的美丽景象。

专题十　幼儿园教育活动中的师幼关系

一、单项选择题

答案速查

1～3	CDC

1. C 【解析】在民主、平等的氛围中,教师不再以权威自居、发号施令,幼儿敢于表达自己的感受、乐于表达自己的想法。在所表述的做法中,C 项的做法是不妥的,没有考虑到幼儿的兴趣和需要。

2. D 【解析】理想的师幼互动,应该建立在平等的师幼关系上。幼儿与成人都是人类个体生命存在的组成部分,师幼双方皆为具有独立人格的主体,一方不依附于任何一方,也不受任何一方的控制。互动双方对彼此间的平等关系要有清晰的认同,尤其是教师,要做到平视幼儿。D 选项教师用幼儿能理解的语言及时回应体现了平等的师幼关系。

3. C 【解析】良好的师幼关系具有民主性的特点,表现为教师与幼儿自由交流、讨论,共同制定活动计划和规则,以平等的身份参与幼儿的探索活动。在民主、平等的氛围中,教师不再以权威自居、发号施令,幼儿敢于表达自己的感受、乐于表达自己的想法。在所表述的做法中,C 项的做法是不妥的,没有考虑到幼儿的兴趣和需要。

二、简答题

幼儿教师应如何建立理想的师幼关系?

(1)关爱幼儿;(2)与幼儿经常性的平等交谈;(3)参与幼儿的活动;(4)与幼儿建立个人关系;(5)积极回应幼儿的社会性行为。

第七章　教育评价

核心知识提要

①个体内差异评价　②形成性评价　③日常教育工作　④观察法　⑤档案袋评定法

经典真题回顾

单项选择题

1. D 【解析】本题考查幼儿园教育评价的类型。形成性评价是指在教育活动过程中评价活动本身的效果,目的在于及时了解教育活动过程中的情况,以便及时地获取反馈信息,适时调节控制,以缩小工作过程与目标之间的差距,并通过评价研究工作进程、总结经验教训,及时改进工作。题干中王老师在教学过程中随时观察和评价幼儿的行为表现,以便及时地获取反馈信息,适时调整指导策略,故体现的是形成性评价。

2. B 【解析】本题考查幼儿发展评价的方法。作品分析法是指教师和儿童合作收集儿童不同时期具有代表性的阅读、数学、美工和音乐作品,把作品和教师的文字记录放在一起,从而分析儿童的发展状况,确认儿童进步的情形。因此,教师根据幼儿图画来评价幼儿发展的方法属于作品分析法,故本题选 B。

过关必刷题库

专题一　幼儿园教育评价概述

一、单项选择题

答案速查

1～4	BAAD

1. B 【解析】外部评价也称他人评价,是指被评价者之外的其他人或组织对被评价者进行的评价。各级教育行政部门的领导评价,督导系统的督导评价,以及专家、同行的评价和幼儿园管理者对员工、幼儿的评价等,都属于他人评价。

2. A 【解析】诊断性评价是指在教育活动开始之前,为使其计划更有效地实施而进行的预测性评价,其目的在于了解评价对象的基本情况,为制订教育计划或解决问题搜集资料、做好准备。

3. A 【解析】幼儿园评价是了解教育的适宜性、有效性,调整和改进工作,促进每一个幼儿发展,提高教育质量的必要手段。

4. D 【解析】根据评价的参照体系分类,可以将幼儿园教育评价分为相对评价、绝对评价、个体内差异评价。绝对评价是在评价对象的集合之外确定一个标准,评价时将评价对象与这个客观标准进行比较,评价其达到标准的程度,从而做出价值判断。幼儿园实际工作中经常出现绝对评价。题干中要求将班级幼儿的身高、体重与标准进行比较,属于绝对评价。

二、简答题(参考答案)

简述幼儿园教育评价应注意的问题。

(1)树立正确的评价观;

(2)与日常教育工作相结合;

(3)充分、合理地运用评价结果。

专题二　幼儿发展评价的方法

一、单项选择题

答案速查

1～4	ACDD

1. A 【解析】幼儿园教育评价方法主要包括测验、观察、谈话法、作品分析法和档案袋评定法等,其中,观察法是幼儿教育评价最主要的方法。

2. C 【解析】档案袋评定法又称成长记录袋,是指幼儿教师或家长有目的地收集儿童的各种有关表现材料,并进行合理的分析与解释,以反映儿童在学习与发展过程中的努力、进步状况或成就的一种方法。故档案袋的内容包括项目、项目的评定标准、有关要求和说明、学生完成项目的佐证材料。学生简介不属于档案袋内容。所以 C 项错误。

3. D 【解析】时间抽样观察法是对特定时间内幼儿所发生的行为进行观察和记录的方法。题干中李老师使用的是时间抽样观察法。

4. D 【解析】观察法是通过有目的、有计划地观察幼儿在日常生活、游戏、学习和劳动过程中的表现,包括其言语、表情和行为,并根据观察结果分析幼儿心理发展的规律和特征的方法。测验法是根据一定的测验项目和量表,来了解幼儿心理发展水平的方法。谈话法是通过和幼儿交谈来研究他们的各种心理活动的方法。作品分析法是通过分析幼儿的作品(如手工、图画等)去了解幼儿心理的方法。题干中通过对幼儿绘画作业的分析来了解幼儿,体现的是作品分析法。

二、简答题(参考答案)

简述幼儿发展评价的方法。

(1)测验法;(2)观察法;(3)谈话法;(4)作品分析法;(5)档案袋评定法。

三、材料分析题(参考答案)

(1)材料中的幼儿教师对乐乐小朋友采取的评价方法包括:作品分析法和谈话法。幼儿教师通过观察乐乐小朋友的画,发现乐乐的画除了画了妈妈,还画了许多心形图案,这显然是作品分析值得注意的地方。谈话法是评价者通过与调查对象当面交谈来获取信息,而进行评价的方法。幼儿教师如果只通过作品对乐乐进行评价,显然无法了解画妈妈的

画上为什么会有杂乱无章的心形图案。通过谈话不但知道了原因,而且发现了乐乐对妈妈的喜爱之情和对感情的表达之意。

(2)幼儿的想象力丰富,如果乐乐把妈妈画好后就此停下来,单从作品的布局来评价,将是一幅很成功的作品,但孩子的情感往往是通过作品反映出来的,因此画好妈妈的画后又画了许多心形图案。幼儿教师淡化了评价的甄别与选拔功能,通过有效引导评价,将定量评价结果和定性评价整合应用,教师的评价取向重心已经发生了转移,从关注幼儿的成长、进步以及情感、态度、价值观入手。该幼儿教师的评价体现了评价的综合性特征,更加注重幼儿的创造力、观察力、逻辑思维能力、整合能力等,也体现了发展性和多元化的教育评价理念。

第二模块　全真模拟试卷

国家教师资格考试《保教知识与能力》(幼儿园)全真模拟试卷(一)

一、单项选择题

答案速查

1~5	AABBC	6~10	ADCDC

1. A 【解析】语序策略指儿童完全根据句子中词的顺序来理解句子。国内外的研究发现,5~6岁儿童在经常使用主动语态句的过程中,已形成一种把句子中出现的名词—动词—名词的词序当作施事—动作—受事来进行句子加工的策略。

2. A 【解析】1.5~2岁是儿童语言发展最为迅速的时期,也是儿童掌握词汇的第一个转折期。此时期词汇数量迅速增加,出现"词语爆炸现象"。

3. B 【解析】经验性指的是幼儿从他自己的具体生活经验去思维的,而不是按逻辑推理进行思维。

4. B 【解析】3~5岁的儿童处于象征期,此阶段的儿童开始有目的地创造形体,用自己的样式符号(儿童图画中的形象)来尝试表现物体。

5. C 【解析】某一教育活动目标是指一个具体的教育活动所要达到的结果,或引起幼儿行为的变化,是最具操作性的目标。

6. A 【解析】角色游戏是指学前儿童以模仿和想象,通过扮演角色,创造性地反映周围现实生活的一种游戏,又称想象性游戏。

7. D 【解析】儿童的社会性是后天形成的,是在与环境的相互作用中逐渐实现的。

8. C 【解析】脱臼后不能随意搬动,应止痛固定后送医院处理。不要用药膏涂抹在脱臼部位,以防病情加重。

9. D 【解析】科学性是指学前儿童科学教育的内容应符合科学原理,不违背科学事实。题干中王老师的做法违背了科学活动组织的科学性。

10. C 【解析】《3~6岁儿童学习与发展指南》健康领域生活习惯与生活能力中目标1"具有良好的生活与卫生习惯"指出,3~4岁的幼儿不用脏手揉眼睛,连续看电视等不超过15分钟。4~5岁幼儿知道保护眼睛,不在光线过强或过暗的地方看书,连续看电视等不超过20分钟。5~6岁的幼儿能够主动保护眼睛。不在光线过强或过暗的地方看书,连续看电视等不超过30分钟。

二、简答题(参考答案)

11. 简述《幼儿园教育指导纲要(试行)》中语言领域的目标。

(1)乐意与人交谈,讲话礼貌;(2)注意倾听对方讲话,能理解日常用语;(3)能清楚地说出自己想说的事;(4)喜欢听故事,爱看图书;(5)能听懂和会说普通话。

12. 简述幼儿亲社会行为发展的阶段与特点。

(1)亲社会行为的萌芽(2岁左右)。研究证明,2岁左右,幼儿的亲社会行为即已萌芽。观察发现,1岁之前的儿童当看到别人处于困境,如摔倒、哭泣时,他们会加以关注,并出现皱眉、伤心的表情。到1岁左右,儿童还会做出积极的抚慰动作,如轻拍或抚摸等。2岁以后,随着生活范围和交往经验的增多,儿童的亲社会行为进一步发展,他们逐渐能够根据一些不太明显的细微变化来识别他人的情绪体验,推断他人的处境,并做出相应的抚慰或帮助行为。

(2)各种亲社会行为迅速发展,并出现明显个别差异(3~6、7岁):①合作性行为发展迅速;②分享行为受物品的特点、数量、分享对象的不同而变化;③出现明显的个性差异。

三、论述题(参考答案)

13. 试述教师在组织幼儿园活动时,如何发挥一日活动整体教育功能的原则。

幼儿园应充分认识和利用一日生活中各种活动的教育价值,通过合理组织、科学安排,让一日活动发挥一致、连贯、整体的教育功能,寓教育于一日活动之中。

(1)一日生活中的各种活动不可偏废。无论是幼儿吃喝拉撒睡一类的生活活动,还是教学活动、参观访问等活动;无论是有组织的活动,还是儿童自主自由的活动,都各具重要的教育作用,对儿童的发展都是不可缺少的。因此,不能顾此失彼,随意削弱或取消任何一种活动。

(2)各种活动必须有机统一为一个整体。每一种活动不是分离地、孤立地对儿童发挥影响的。一日活动必须统一在共同的教育目标下,形成教育合力,才能发挥整体教育功能。因此,如何把教育目标渗透到各种活动中,每个活动怎样围绕目标来展开,就成为实践中应当特别关注的问题。

四、材料分析题(参考答案)

14. (1)小李老师在处理幼儿之间的问题时方法不恰当。没有了解东东和萌萌产生矛盾的原因,用恐吓的方法吓唬东东也是不正确的。

(2)假如我遇到此类问题我将会这样与孩子交流:①要理解孩子的内心世界。该材料中小李老

师没有尊重东东,没有了解产生矛盾的原因。作为幼儿教师我们要尊重孩子,孩子虽小但他们也有自尊心,只有尊重他们,才能让孩子接受教师所讲的话。教师任何时候都不应该伤害孩子的自尊心,要讲道理,让孩子感受到老师是喜欢他的。②运用谈话的技巧。若孩子犯错,教师要用平静严肃的表情对孩子讲话,用词应简单易理解,让孩子认识到自己行为的错误性,而不可用责骂的语气对待他们,严禁打骂。材料中小李老师把东东拖到萌萌面前命令他给萌萌道歉,并恐吓说:"如果下次再抓伤人,老师就把手给绑了。"这种做法是不正确的,起不到教育东东的作用。③要与孩子建立平等关系,不要居高临下。如果教师想要接近孩子,必须放下自己的架子,同孩子建立一种平等的谈话方式,与孩子站在同样的高度,用孩子的眼光看问题。④重视运用非语言沟通策略。教师与儿童的非言语沟通主要是指教师运用微笑、点头、抚摸、搂、蹲下与儿童交谈等方式与儿童沟通。

假如我遇到此类问题我将会这样与家长沟通:①家长作为教师的合作者加入到教育者的一方,共同对受教育者——幼儿施教,有利于提高教育的质量。②加强与家长的沟通不仅需要教师掌握与家长沟通的技巧,例如,根据家长的职业、文化水平等选择沟通策略;还需要掌握传达信息的技巧。③了解东东、萌萌父母的情况以了解两个孩子同伴关系处理上的差别,然后对症下药,帮助其建立合理的社交技能。

15.(1)角色游戏的特点:

①自主性和创造性。角色游戏是幼儿自主的活动。幼儿根据自己的生活经验和兴趣需要选择主题、角色、材料,游戏过程中自由切换情节和发展内容,使自身的主动性和创造性在游戏中得到充分体现,这些创造性也是未来创造活动的萌芽。例如,材料中豆豆在"小小餐厅"游戏中,自己作为服务员推销新菜品,用彩泥做的面条,都体现了游戏的独立自主性。

②表征性。幼儿在游戏中常以动作、语言来扮演角色,对游戏的动作和情景进行假想,会出现以物代物、以物代人、以人代物,人和物无定指表征的特点。例如,材料中"小小餐厅"的服务员豆豆用彩泥做的面条,体现了象征性游戏中的以物代物。

③社会性。角色游戏既是幼儿对周围现实生活的体验,也是幼儿对人类社会生活的模拟,还常常包含着幼儿对成人社会的某种期待。例如,材料中豆豆向客人推销自己的新菜品,小客人丁丁说:"请给我来一份苹果味的面条。"豆豆礼貌地回答:"好的,请稍等。"体现了角色游戏社会性的特点。

(2)角色游戏的指导:

①游戏前的指导:

第一,经验准备。丰富的现实生活经验是开展角色游戏的前提条件。材料中教师可以带领幼儿到生活中的饭店去观察、访问,以丰富豆豆、丁丁等小朋友的生活经验。

第二,场地和材料准备。材料中教师应提供丰富的材料,让豆豆做更多的菜品,丰富游戏的情节和主题。

第三,时间准备。学前儿童角色游戏所需时间一般都较长,每次不能少于30分钟。材料中教师应给小朋友足够的时间,满足他们的游戏需要。

②游戏过程中的指导:

第一,鼓励和协助学前儿童按自己的意愿选择和确定游戏的主题。材料中的豆豆自己选择了游戏主题,教师要协助豆豆丰富游戏的主题。

第二,指导学前儿童选择和分配角色。角色选择与分配时要注意公平性和针对性。材料中教师应分配更多的角色参与到游戏中,而不仅仅是服务员和客人。

第三,指导学前儿童丰富游戏内容和情节。材料中教师可以参与到角色游戏中,促进"小小餐厅"游戏更好地开展。

第四,引导学前儿童加强角色之间的内在联系,按角色的职责行动。材料中教师应多让服务员和客人沟通交流,以促进同伴之间的交往。

③游戏后的指导:游戏后的指导任务主要集中在愉快地结束游戏、整理玩具场地和评价总结三个方面。在愉快自然、情绪尚未低落的状态下结束游戏,能保持学前儿童下次继续游戏的积极性。游戏后的整理场地、收拾玩具的工作是培养学前儿童良好生活习惯的重要时机,教师千万不要包办代替。评价总结游戏时,教师要组织学前儿童讲评游戏,不要以教师评价为主。材料中教师应帮助幼儿结束角色游戏,用"餐厅要下班了""用餐的时间结束了"等游戏言语,并引导幼儿主动参与整理玩具场地。

五、活动设计题(参考答案)

16. **花的礼物(大班)**

(一)活动目标

(1)通过看看、品品、听听、玩玩,了解花的用途;

(2)创造性地设计花的礼物,进一步萌发爱花、护花的意识。

(二)活动准备

(1)场地布置(花仙子的花园);

(2)金银花露、玫瑰花茶、菊花茶、桂花糕、蜂蜜、花卉精油、熏香用品、干花袋、花朵装饰品、花朵头箍、纸、记号笔若干。

(三)活动过程

1.观察环境,感知花的美

(1)带入场地:今天我们去花仙子的花园玩,好吗?

(2)观察环境:你们觉得花仙子的花园怎么样?为什么漂亮?看见花你感觉怎么样?

2.观察、品尝、发现、感知花的用途

(1)出示花的礼物:花仙子还为我们准备了许多礼物,我们一起来看看好吗?

(2)幼儿观察、品尝花的礼物。

①提问:你们认识这些礼物吗?它是怎么用的?

②教师和幼儿一起说说、尝尝、戴戴、喝喝、用用花的礼物。

(3)逐个提问:这是什么?可以用来做什么?

(4)小结:花的用途。

提问:花可以做什么?

①做药;②可以吃;③泡茶喝;④用花做好看的装

饰品;⑤使空气清香;⑥可以美容……

3. 创造花的艺术品

(1)观察花仙子的花朵头箍:花仙子的礼物你喜欢吗?我也要送点礼物给花仙子。我的头箍是用什么做的?

(2)提出创造的要求:你想不想用花做礼物送给别人?后面老师准备了纸笔,请你们把自己想做的花的礼物画下来。等下说给大家听,你做了什么花的礼物,准备送给谁。

(3)幼儿绘画:花的礼物。

(4)幼儿描述自己的创作。

4. 情感激发

你觉得花的用处多吗?我们应该怎样对待花?(环保教育)

(四)活动延伸

小朋友们去公园玩的时候,总会去捡一片片不同的花瓣。幼儿教师也可以教幼儿"怎么制作不同的花瓣标本",保存起来留作纪念。

国家教师资格考试《保教知识与能力》(幼儿园)全真模拟试卷(二)

一、单项选择题

答案速查

1~5	AAACD	6~10	CDBCD

1. A 【解析】洛克从唯物主义的立场出发,提出了著名的"白板说"。他认为人出生后心灵如同一块白板,没有任何标记和观念;人的一切知识都是后天得来的,都建立在经验的基础上。

2. A 【解析】反抗型幼儿在母亲要离开之前,总显得很警惕,有点大惊小怪。如果母亲要离开他,他就会表现出极度的反抗。但是与母亲在一起时,又无法把母亲作为他安全探究的基地。这类幼儿见到母亲回来时就寻求与母亲的接触,但同时又反抗与母亲接触,甚至还有点发怒的样子。

3. A 【解析】狭义的物质环境是指幼儿园内对幼儿发展有影响作用的各种物质要素的总和。包括园舍建筑、园内装饰、场所布置、设备条件、物理空间的设计与利用及各种材料的选择与搭配等。

4. C 【解析】教师和儿童既是课程评价的"对象",又是课程评价的主体,而在多元评价的主体中,教师与儿童则是主体中的主体。

5. D 【解析】学前教育的目标最终要落实到每个儿童的身上,因此只有正确认识并理解儿童身心发展的特点和规律,才能制定出科学的学前教育目标。

6. C 【解析】注意的集中性是指心理活动在指向某一事物的同时,会对这个事物全神贯注,把精神都集中到这一事物上,使人的活动得以进行并使活动得以完成。人在注意力高度集中时,除了对目标物之外,对自己周围的其他事物就会"视而不见、听而不闻"了。

7. D 【解析】《3~6岁儿童学习与发展指南》中艺术领域的子领域是感受与欣赏、表现与创造。

8. B 【解析】黏液质孩子的典型特点是"慢",因此,对此类幼儿进行教育时,要多给予他们参加各种活动的机会,及时表扬他们的成绩,培养他们的自信心,激发他们活动的积极性。引导他们机敏地完成活动,防止拖拉过分谨慎等。当孩子完成某项活动后,及时鼓励赞赏,同时提出进一步的要求,如"以后再快一点就更好了"。教师对幼儿的要求应适宜,以孩子经过努力能达到为标准,以后逐渐提高要求。

9. C 【解析】幼儿想象的主题易受外界的干扰而变化。幼儿初期的孩子,想象不能按一定的目的坚持下去,很容易从一个主题转换到另一个主题,这主要是由幼儿初期孩子的直觉行动性思维决定的。题干描述的现象表明幼儿想象的主题不稳定。

10. D 【解析】思维是人脑对客观现实的间接的和概括的反映,是人认知的高级阶段。题干描述的现象是通过思维获得的。

二、简答题(参考答案)

11. 简述幼儿理解事物的特点。

(1)幼儿对事物的理解常常是孤立的,不能发现事物之间的内在关系。年龄越小的幼儿,这个特点表现越明显。

(2)幼儿对事物的理解主要依靠事物的具体形象。

(3)幼儿对事物的理解往往是表面的,不能理解事物的内部含义。

12. 简述幼儿园游戏活动对幼儿情感发展的作用。

(1)游戏使儿童有机会表现自己的情感。

(2)游戏能使儿童充分体验到快乐之情。

(3)游戏能起到缓解儿童的紧张心理、降低儿童的惧怕情绪的作用,从而减少儿童的心理压力,使儿童的心理处于健康状态。

(4)游戏能使儿童进行情感宣泄。

三、论述题(参考答案)

13. 试述学前儿童比较的发展趋势。

比较是在思想上把各种事物进行对比,并确定它们的异同。比较是分类的前提,通过比较才能进行分类和概括。学前儿童对物体进行比较,有以下特点和发展趋势:

(1)逐渐学会找出事物的相应部分。儿童最初不善于寻找物体的相应部分。他们常常按照物体的颜色来进行比较。4~5岁的学前儿童逐渐能够找出物体的相应部分,并进行比较。但是他们只能找到两三个相应部分。

(2)先学会找物体的不同处,后学会找物体的相同处,最后学会找物体的相似处。学前儿童倾向于比较物体的不同之处。找出物体的相似之处,既要找出物体的共同处,又要找出其不同处,需要较复杂的分析和综合,这必须在成人的教育下才能学会。一般地说,加入第三种物体,有助于确定两种物体之间的相似点。

四、材料分析题(参考答案)

14. 游戏是幼儿自主的活动,并不是说幼儿的游戏不需要教师的指导。相反,教师在幼儿游戏中起着很重要的作用。教师对幼儿游戏的指导必须以保证幼儿游戏的特点为前提。否则,一切指导都可能是徒劳的,甚至可能成为幼儿发展的障碍。

(1)教师要尊重幼儿游戏的自主性。教师尊重幼

儿游戏的意愿和兴趣，尊重幼儿游戏的氛围和游戏中的想象、探索、表现、创造。如材料中，老师在编织区拉着放射状的绳子(表示蜘蛛网的中轴线)，墙上挂着一些不同颜色的毛线和细包装带，都可以激发幼儿的兴趣。

(2)教师要以间接指导为主。材料中当冰冰遇到困难时，老师并没有直接告诉他怎么做，而是采用示范的方式来引导幼儿。

(3)教师要适时提出开放性问题。在幼儿游戏的过程中，教师要善于把握时机，提出启发性的问题，以促进幼儿游戏的开展。如冰冰在制作蜘蛛网的过程中，老师一直在旁提醒，并提出启发性的问题。

(4)教师要及时提出合理化建议。当幼儿的游戏未能向前发展时，教师应给予提示、建议，以帮助幼儿更好地开展游戏。如冰冰在编网的时候没有规律，老师告诉他："蜘蛛网是很有规律、很有次序的，一圈结完再结一圈，可是你刚才那圈还没结完。"

15. "五角星"是孩子的骄傲和挚爱，教师通过"五角星"评比旨在调动孩子活动的主动性、积极性，形成良好的行为习惯。老师在评价孩子的过程中，为追求理想的效果，用统一的标准来要求每一个孩子，对强强这种顽皮的孩子来说一时难以做到。可是，他也像其他孩子一样需要关注和鼓励。因此，评价的关注点应放在孩子的变化和发展上，多用纵向比较，慎用横向比较，故教师应重新和孩子们一起制定得到"五角星"的标准。

五、活动设计题(参考答案)

16. **珍惜粮食(中班)**

(一)活动目标

(1)知道粮食来之不易；

(2)懂得爱惜粮食。

(二)活动准备

(1)水稻、麦子、农民种田图片。

(2)馒头、面包、包子、油条、面条、饺子等食品的图片。

(三)活动过程

1. 教师出示图片

小朋友们，今天老师给大家带来两位好朋友，想不想见见它们？

欢迎它们和大家见面，拿出水稻、麦子的图片，我们请这两位朋友给大家做一下自我介绍。

水稻：我的名字叫水稻。小朋友们吃的白米饭是由我做成的。

麦子：小朋友们，你们好！我是麦子，白白的馒头是用我做成的。

小朋友，你们喜欢这两位朋友吗？他们有一个共同的名字叫什么？(粮食)

2. 粮食来之不易

(1)粮食今天有许多心里话想对小朋友们说，你们想听吗？让我们先请水稻来说一说吧！

A. 小朋友，这是一碗普通的白米饭，而我是一颗普通的米粒。你们知道我是怎样诞生的吗？

B. 你们看，农民们在做什么？仔细观察他们是怎样插秧的。(农民伯伯双脚泡在冷水中，弯着腰，时间长了，真是腰酸背痛)

C. 禾苗在农民的精心养护下，渐渐长高了，为了让庄稼长得更加茁壮，农民伯伯要做什么？(锄草、施肥、喷洒农药、引水浇灌)

经过半年多时间的辛勤劳动，庄稼成熟了。农民们还要做些什么？(农民们要把稻子割下来，捆成捆儿，运到地头，再经过脱粒、碾去稻壳等许多的工序，才能加工成我们现在吃的大米。

(2)下面请小麦来和大家说一说。

小朋友们，你知道我能做成哪些食品吗？(据幼儿所答出示馒头、面包、包子、油条、面条、饺子等食品的图片)

这么多好吃的都是粮食做成的，粮食与我们的关系怎么样？

(3)小结：为了种出一粒粒的粮食，农民们不怕风吹日晒雨淋，不怕劳累，洒下多少辛勤的汗水，正如我们所学的古诗《悯农》讲的那样，我们要爱惜粮食。

3. 怎样爱惜粮食

(1)请小朋友讲一讲你们是怎样对待粮食的？

(2)我们以后应该怎么对待粮食呢？

(四)活动延伸

回家和爸爸妈妈一起讨论你们最喜欢吃的食物是由什么做成的。